Konzepte der Humanwissenschaften

Frederick S. Perls

Das Ich, der Hunger und die Aggression

Die Anfänge der Gestalttherapie

Klett-Cotta

Aus dem Amerikanischen übersetzt von
Gudrun Theusner-Stampa
Die Originalausgabe erschien unter dem Titel »Ego, Hunger and Aggression«
im Verlag Allen & Unwin Ltd., London 1947
und im Verlag Random House, Inc., Vintage Books New York 1969

Printed in Germany 1978
Umschlaggestaltung: Heinz Edelmann
Satz und Druck: Kösel, Kempten
ISBN 3-12-906450-8

Dem Andenken an Max Wertheimer gewidmet

Inhalt

Vorwort aus dem Jahr 1944

Dieses Buch hat viele Fehler und Mängel — dessen bin ich mir ganz bewußt. Ich fordere daher den Leser auf, sich auf diese Mängel gefaßt zu machen, wenn ich mich für ihr Vorhandensein auch nicht entschuldigen kann.

Wenn ich ein besseres Buch hätte schreiben können, hätte ich es getan; wenn ich schon länger Englisch sprechen würde als nur ein Jahrzehnt, wären mein Wortschatz und meine Ausdrucksweise angemessener. Ein höherer Intelligenzquotient hätte mich befähigt, grundlegendere Strukturen zu erfassen und sowohl in meinen Theorien als auch in denen anderer mehr Widersprüche zu entdecken. Hätte ich nur fünfzig bis hundert Jahre länger Gelegenheit gehabt, Erfahrungen zu sammeln, dann hätte ich den Leser mit Fallgeschichten überschüttet. Und wenn ich ein besseres Gedächtnis hätte ..., und wenn nicht gerade Krieg wäre ..., usw. Heute gibt es viele »Psychologien«, und jede Schule hat recht, zumindest teilweise. Aber leider ist auch jede Schule selbstgerecht. Der tolerante Psychologieprofessor nimmt meistens die verschiedenen Schulen aus ihren Schubladen heraus, diskutiert sie, zeigt seine Vorliebe für die eine oder andere — aber wie wenig tut er für ihre Integration!

Ich habe versucht zu zeigen, daß man etwas derartiges tun *kann,* wenn man die trennenden Abgründe überbrückt, und ich kann nur hoffen, daß ich Hunderte von anderen Psychologen, Psychoanalytikern, Psychiatern usw. dazu anregen kann, dasselbe zu tun.

Beim Schreiben dieses Buches habe ich viel Hilfe, Anregung und Ermutigung bekommen, aus Büchern, von Freunden und Lehrern, vor allem aber von meiner Frau, Dr. Lore Perls. In den Diskussionen, die ich über viele der in diesem Buch dargestellten Probleme mit ihr führte, haben sich viele Fragen geklärt; sie hat wertvolle Beiträge zu diesem Buch geleistet, wie z. B. die Beschreibung der »Schulter-Haltung«.

Professor K. Goldstein verdanke ich meine erste Bekanntschaft mit der Gestaltpsychologie. Leider war ich 1926, als ich am Frankfurter Neurologischen Institut bei ihm arbeitete, noch zu sehr von der orthodoxen psychoanalytischen Methode eingenommen, so daß ich nur einen Bruchteil dessen, was mir geboten wurde, aufnehmen konnte.

Wilhelm Reich hat als erster meine Aufmerksamkeit auf einen höchst wichtigen Aspekt der psychosomatischen Medizin gelenkt — auf die Funktion der Muskulatur als Panzer.

Schließlich danke ich meinen Freunden für ihre Hilfe bei der Überwindung meiner Sprachschwierigkeiten und auch für ihren technischen Beistand.

Ich habe das Manuskript für dieses Buch schon vor einigen Jahren geschrieben, und die Theorien, die ich hier dargestellt habe, sind inzwischen durch weitere praktische Arbeit bestätigt worden. Aber diese Theorien sind erst ein Anfang. Zur Zeit bin ich mit Forschungen über den negativen Einfluß des Figur-Hintergrund-Problems auf Psychosen im allgemeinen und auf die Struktur der Schizophrenie im besonderen beschäftigt. Es ist noch zu früh, um etwas über die Ergebnisse zu sagen, aber es sieht so aus, als ob etwas dabei herauskommen würde. Ich hoffe daher, in nicht allzu ferner Zukunft etwas Licht in das Problem dieser geheimnisvollen Krankheit bringen zu können.

Vorläufig soll dieses Buch deshalb ein Beitrag zur organismischen (psychosomatischen) Medizin sein. Es bedeutet einen Schritt in Richtung auf das Endziel: eine integrierte Theorie, die alle physischen *und* psychischen Erscheinungen umfaßt. Wir sind von diesem Ziel zwar noch weit entfernt, aber wir wissen mittlerweile, daß es existiert und daß wir es durch eine Synthese und Zusammenarbeit aller heute bestehenden Schulen erreichen können. Einer solchen Synthese muß jedoch eine erbarmungslose Ausscheidung aller nur hypothetischen Ideen vorausgehen, besonders jener Hypothesen, die zu starren, unbeweglichen Überzeugungen geworden sind. Für manche sind diese Hypothesen nicht mehr elastische, immer wieder neu zu überprüfende Theorien, sondern Realität.

Dieses Manuskript ist 1941/1942 entstanden. Viele Anspielungen auf aktuelle politische und militärische Gegebenheiten werden überholt sein, bis das Buch in die Hände des Lesers gelangt, sind in dem besonderen Zusammenhang dieses Buches aber immer noch relevant.

134. Militärhospital Südafrika
Dezember 1944
Fritz Perls

Vorwort aus dem Jahr 1969

Für den heutigen Leser stellt *Das Ich, der Hunger und die Aggression* den Übergang von der orthodoxen Psychoanalyse zur Gestalt-Methode dar. Es enthält viele Gedanken, die selbst heute — nach zwanzig Jahren — noch nicht ihren Weg in die moderne Psychiatrie gefunden haben.

Die Auffassungen von der Realität des Hier und Jetzt, vom Organismus als Ganzheit und von der Dominanz des dringlichsten Bedürfnisses werden allgemein akzeptiert. Bei weitem noch nicht verstanden werden die Bedeutsamkeit der Aggression als einer biologischen Kraft, das Verhältnis der Aggression zur Assimilation, das symbolische Wesen des Ichs, die phobische Haltung in der Neurose und die Einheit von Organismus und Umwelt.

Im Lauf des letzten Jahrzehnts ist die Theorie vom Gewahrsein weithin akzeptiert worden; sie wird im Sensitivitätstraining und in T-Gruppen in die Praxis umgesetzt. Man hat die Bedeutung des spontanen nonverbalen Ausdrucks (wie z. B. von Hand- und Augenbewegungen, der Körperhaltung und der Stimme) erkannt. Im therapeutischen Milieu tritt an die Stelle der phobischen (der sogenannten objektiven) Couch-Situation allmählich immer mehr die Begegnung zwischen einem menschlichen Therapeuten und einem anderen Menschen — nicht einem »Fall«.

Das sind gute Anfänge, aber es ist noch viel zu tun. Die allermeisten Therapeuten und Patienten sind noch nicht auf den Gedanken gekommen, daß Einzeltherapie und Langzeittherapie wahrscheinlich überholt sind. Es ist zwar nicht zu leugnen, daß Gruppen und Workshops sich immer stärker durchsetzen, aber das beruht mehr auf ihrer Wirtschaftlichkeit als auf ihrer Wirksamkeit. Dennoch sollte die Einzelsitzung eher die Ausnahme sein als die Regel. Vielleicht klingt das ebenso ketzerisch wie eine Feststellung, die ich schon vor einiger Zeit getroffen habe: Die Beschäftigung mit dem Verhalten außerhalb des Hier und Jetzt ist Zeitverschwendung.

Seit den großartigen Entdeckungen Freuds ist man ein gutes Stück vorangekommen. Einige der wichtigen Schritte waren: die Betonung der Selbstachtung durch Sullivan, Bernes Konzept von den »Spielen der Erwachsenen«, Rogers' Betonung des Feedback und insbesondere der Umstand, daß Reich die Psychologie der Widerstände auf ein nüchternes Fundament gestellt hat. Die Entwicklung von der Symptomtherapie zur

Charakter- und Existenztherapie bis hin zum Entstehen der humanistischen Psychologie ist recht vielversprechend.

Seit der Niederschrift von *Gestalt-Therapie in Aktion* habe ich viele neue Ideen entwickelt. Am wichtigsten ist, daß es mir endlich gelungen ist, einen Weg aus der Sackgasse zu finden, den Status quo zu überwinden, in dem die Therapie üblicherweise steckenzubleiben scheint. Ohne einen adäquaten Standpunkt ist der Therapeut von Anfang an verloren. Auch die Anwendung der besten Technik und die genialste Konzeption können den Patienten nicht daran hindern, die Bemühungen des Therapeuten zu durchkreuzen. Dadurch friert die Therapie ein, und echte Reifung kommt nicht zustande.

Das Ich, der Hunger und die Aggression kann dazu beitragen, daß der Leser diesen Standpunkt gewinnt. Da der Standpunkt auf Polaritäten und Zentrierung beruht, ist das erste Kapitel wichtig, wenn es auch nicht leicht zu lesen ist. Was das übrige angeht, ist ein Großteil des historischen Materials heute überholt, aber die Bedeutung der falsch eingesetzten Aggression ist heute noch genauso groß wie damals, als ich das Buch schrieb. Eine Rückwendung der Aggressionskraft von der Zerstörung der Städte und der Menschen auf die Assimilierung und das Wachstum — das wäre ein Prozeß, den man sich nur inbrünstig wünschen kann, aber er ist verdammt unwahrscheinlich.

Fritz Perls, 1969

»Die Psychoanalyse ruht sicher auf der Beobachtung der Tatsachen des Seelenlebens, ihr theoretischer Überbau ist darum noch unvollständig und in beständiger Umwandlung begriffen.«

Sigmund Freud *

Vorsatz

In diesem Buch wollen wir einige psychische und psychopathologische Reaktionen des menschlichen Organismus in seiner Umwelt untersuchen.

Im Mittelpunkt steht die Theorie, der Organismus strebe nach der Aufrechterhaltung eines Gleichgewichts, das durch seine Bedürfnisse fortwährend gestört und durch ihre Befriedigung oder Beseitigung wiedergewonnen wird.

Schwierigkeiten, die zwischen dem Individuum und der Gesellschaft entstehen, führen zu Delinquenz und Neurose. Die Neurose ist gekennzeichnet durch viele Formen der Vermeidung, hauptsächlich Vermeidung des Kontakts.

Man kann die Beziehungen zwischen Individuum und Gesellschaft und zwischen sozialen Gruppen nicht verstehen, ohne das Problem der Aggression zu berücksichtigen.

Im gegenwärtigen Krieg wird kein Wort mehr gebraucht und mehr verachtet als »Aggression«. Es sind viele Bücher erschienen, in denen die Aggression nicht nur verdammt, sondern auch versucht wird, ein Mittel gegen sie zu finden, aber weder die Analyse noch die Bedeutung der Aggression sind ausreichend geklärt. Selbst Rauschning hält vor der biologischen Begründung der Aggression plötzlich inne. Andererseits sind die Mittel, die man gegen die Aggression vorschreibt, immer die gleichen unwirksamen Unterdrückungsmethoden: Idealismus und Religion.

Wir wissen immer noch nichts über die Dynamik der Aggression, obwohl schon Freud darauf hingewiesen hat, daß verdrängte Energien nicht nur nicht verschwinden, sondern sogar gefährlicher und wirksamer werden können, wenn man sie in den Untergrund treibt.

Als ich mich daranmachte, das Wesen der Aggression zu untersuchen, kam ich immer mehr zu der Überzeugung, daß es eine Energie wie Ag-

---

* *Gesammelte Werke,* Frankfurt/M. (S. Fischer), 3. Aufl. 1963, Bd. XIV, S. 303.

gression gar nicht gibt; daß Aggression vielmehr eine biologische Funktion ist, die sich in unserer Zeit in ein Werkzeug des Massenwahnsinns verwandelt hat.

Zwar können mit Hilfe der neuen intellektuellen Methoden des *Holismus* (der Feld-Konzeption) und der *Semantik* (der Bedeutung der Bedeutung) unsere theoretischen Anschauungen heute erheblich verbessert werden, aber in bezug auf die Massenaggression habe ich, so fürchte ich, auch kein praktisches Heilmittel anzubieten.

Anstatt Neurose und Aggression unter rein psychologistischem Blickwinkel zu betrachten, gehe ich nach der holistisch-semantischen Methode vor, die selbst bei der am besten entwickelten psychologischen Methode, der Psychoanalyse, eine Reihe von Mängeln ans Licht bringt.

In der Psychoanalyse wird die Bedeutung des Unbewußten und des Geschlechtstriebs, der Vergangenheit und der Kausalität, der Assoziation, der Übertragung und der Verdrängung betont; aber die Funktionen des Ichs und des Hungertriebs, der Gegenwart und der Zielgerichtetheit, der Konzentration, der spontanen Reaktion und der Rückwendung werden entweder unterschätzt oder vernachlässigt.

Nachdem diese Lücken gefüllt sind und nachdem zweifelhafte psychoanalytische Ausdrücke wie Libido, Todestrieb und andere untersucht worden sind, wird im zweiten Teil, der von der geistigen Assimilation und vom paranoiden Charakter handelt, die größere Reichweite des neuen Konzepts demonstriert.

Im dritten Teil werden Anweisungen für eine auf den veränderten theoretischen Grundlagen beruhende therapeutische Technik eingehend erläutert. Da ich die Vermeidung für das zentrale Symptom nervöser Störungen halte, habe ich die Methode des freien Assoziierens oder der Gedankenflucht ersetzt durch *das* Mittel gegen die Vermeidung — die Konzentration.

I

Holismus und Psychoanalyse

Rezept

»Einige Bücher muß man kosten, andere ganz hinunterschlucken, und einige wenige muß man kauen und hinunterschlucken.« *Bacon*

Dieses Buch kann man, fürchte ich, nicht auf einmal verschlingen. Im Gegenteil, je mehr Sie, geneigte Leserin und geneigter Leser, bereit sind, es sorgfältig zu kauen, desto mehr werden Sie sich davon assimilieren und desto mehr wird es Ihnen nützen. Da Sie vielleicht finden werden, daß manche Teile schwer zu begreifen sind, und da Sie sie erst verstehen werden, nachdem Sie sich einen Begriff vom Ganzen gemacht haben, mag es ratsam sein, dieses Buch mindestens zweimal zu lesen.

Beim ersten Mal sollten Sie sich bei diesen Teilen — hauptsächlich den beiden ersten Kapiteln — nicht zu lange aufhalten, wenn Sie sie nicht sofort verstehen. Betrachten Sie die Lektüre mehr wie eine Fahrt durch ein umwölktes Gebirge, und seien Sie zufrieden, wenn Sie hier und dort einen Gipfel die Wolken durchstoßen sehen, oder wenn Sie vor dem dunstigen Hintergrund einen markanten Punkt wahrnehmen.

Im letzten Teil werden Sie eine Reihe von Übungen finden, die Ihnen vielleicht gefallen. Wenn Sie dann zu dem Schluß kommen, daß dies ein sinnvolles Buch ist und bei der Entwicklung von Konzentration, Intelligenz und Genußfähigkeit nützlich sein könnte, fangen Sie an, es zu studieren, und kauen Sie jeden Teil so lange durch, bis Sie es »haben«. Das bedeutet, daß es nicht genügt, dieses Buch nur mit dem Intellekt zu erfassen; Sie sollten es vielmehr mit Ihrem ganzen Organismus assimilieren, bis Sie die Wahrheit erkennen — oder die Realität, denn eine andere Wahrheit als die Realität gibt es nicht.

1
Differenzierendes Denken

Der Drang, alles über sich selbst und die Mitmenschen zu wissen, hat junge Intellektuelle aller Zeiten veranlaßt, bei den großen Philosophen Auskunft über die menschliche Persönlichkeit zu suchen. Manche sind dabei zu einer befriedigenden Ansicht gekommen, viele jedoch blieben unzufrieden und enttäuscht. Entweder fanden sie wenig Realismus in der Schulphilosophie und Schulpsychologie oder sie fühlten sich unterlegen (minderwertig) und dumm, weil sie offenbar unfähig dazu waren, so komplizierte philosophische und wissenschaftliche Konzepte zu erfassen.

Lange Zeit habe ich selbst zu denen gehört, die zwar voll Interesse waren, aus dem Studium der akademischen Philosophie und Psychologie aber keinen Nutzen ziehen konnten, bis ich auf die Schriften von Sigmund Freud stieß, der damals noch völlig außerhalb der Schulwissenschaft stand, und auf S. Friedländers Philosophie der »schöpferischen Indifferenz«.

Freud hat gezeigt, daß der Mensch Philosophie, Kultur und Religion geschaffen hat, und daß wir, um die Rätsel unseres Daseins zu lösen, uns am Menschen orientieren müssen und nicht an irgendeiner äußeren Instanz, wie alle Religionen und viele Philosophen immer behauptet haben. Die wechselseitige Abhängigkeit zwischen dem Beobachter und den beobachteten Fakten, die die heutige Wissenschaft postuliert, ist durch Freuds Entdeckungen vollständig bestätigt worden. Infolgedessen sollte man auch sein System nicht betrachten, ohne ihn als den Urheber mit einzubeziehen.

Es gibt kaum einen Bereich des menschlichen Lebens, für den Freuds Forschungen sich nicht schöpferisch oder zumindest anregend ausgewirkt haben. Um in die Beziehungen zwischen den vielen beobachteten Fakten Ordnung hineinzubringen, hat er eine Reihe von Theorien entwickelt, die zusammen das erste System einer wirklichen *strukturellen* Psychologie bildeten. Seit der Zeit, als Freud auf der Grundlage unzureichenden Materials auf der einen und gewisser persönlicher Komplexe auf der anderen Seite sein System aufgebaut hat, haben wir so viele neue wissenschaftliche Einsichten gewonnen, daß wir den Versuch machen können, das Gefüge des psychoanalytischen Systems dort zu festigen, wo seine Unvollständigkeit und sogar Fehlerhaftigkeit am meisten ins Auge fallen:

a bei der Behandlung der psychischen Gegebenheiten, als existierten sie isoliert vom Organismus;
b bei der Verwendung der linearen Assoziationspsychologie als Grundlage eines vierdimensionalen Systems;
c bei der Vernachlässigung des Phänomens der Differenzierung.

Bei dieser Revision der Psychoanalyse habe ich vor:
a die psychologische Auffassung durch eine organismische zu ersetzen;
b die Assoziationspsychologie durch die Gestaltpsychologie zu ersetzen;
c differenzierendes Denken auf der Grundlage der »schöpferischen Indifferenz« von S. Friedländer anzuwenden.

Das differenzierende Denken hat Ähnlichkeit mit den dialektischen Theorien, aber ohne ihre metaphysischen Folgerungen. Es hat daher den Vorteil, einem die hitzigen Diskussionen über dieses Thema zu ersparen (da viele Leser sich wahrscheinlich für die dialektische Methode und Philosophie begeistern oder aber besonders empfindlich gegen sie sind), ohne den wertvollen Kern zu opfern, der im dialektischen Denken enthalten ist.

Die dialektische Methode läßt sich mißbrauchen und ist oft mißbraucht worden. Manchmal mag man sogar geneigt sein, mit Kants Bemerkung übereinzustimmen, nach der die Dialektik eine *ars sophistica disputatoria* ist, also Geschwätzigkeit. Diese Einstellung hat Kant jedoch nicht davon abgehalten, selber dialektisch zu denken.

Gegen Hegels dialektischen Idealismus als einen philosophischen Versuch, Gott durch andere metaphysische Begriffe zu ersetzen, ist viel einzuwenden, und Marx' Übertragung der dialektischen Methode des Materialismus ist ein Fortschritt, aber keine Lösung. Die Mischung von wissenschaftlicher Forschung und Wunschdenken, die seinem System zugrunde liegt, ist ebenfalls kein dialektischer Realismus.

Ich habe die Absicht, klar zu unterscheiden zwischen der Dialektik als einem philosophischen Konzept und der Brauchbarkeit bestimmter Regeln, wie sie in der Philosophie von Hegel und Marx zu finden sind und dort angewandt werden. Diese Regeln fallen ungefähr mit dem zusammen, was wir als »differenzierendes Denken« bezeichnen können. Ich persönlich bin der Meinung, daß diese Methode in vielen Fällen ein geeignetes Mittel ist, um zu neuen wissenschaftlichen Einsichten zu gelangen, und daß sie zu Ergebnissen führen kann, wo andere intellektuelle Methoden, z. B. das Denken nach dem Prinzip von Ursache und Wirkung, versagen.

Manch einem Leser mag es widerstreben, in der Einführung zu einem Buch, das von Problemen der praktischen Psychologie handelt, einer so theoretischen Diskussion zu folgen. Aber er muß sich mit bestimmten Grundbegriffen bekanntmachen, die sich durch das ganze Buch ziehen. Zwar wird sich der praktische Wert dieser Ideen erst dann offenbaren, wenn man ihre wiederholte Anwendung verfolgt; der Leser sollte jedoch von Anfang an zumindest ihre grobe Struktur kennen. Diese Methode hat noch einen Vorteil: Früher nahm man an, der Wissenschaftler beobachte eine Reihe von Gegebenheiten und ziehe Schlüsse aus ihnen. Wir haben heute jedoch verstehen gelernt, daß die Beobachtungen eines jeden von uns durch spezifische Interessen bestimmt werden, durch vorgefaßte Meinungen und eine — oft unbewußte — Einstellung, die in entsprechender Weise Fakten sammelt und auswählt. Anders ausgedrückt: Die objektive Wissenschaft gibt es nicht, und da jeder Autor einen bestimmten subjektiven Blickwinkel hat, ist auch jedes Buch von der Geisteshaltung des Autors abhängig. Mehr als in jeder anderen Wissenschaft stehen in der Psychologie Beobachter und beobachtete Gegebenheiten in einem untrennbaren Zusammenhang. Die schlüssigste Orientierung müßte zu erreichen sein, wenn wir einen Punkt finden könnten, von dem aus der Beobachter die umfassendste und am wenigsten verzerrte Anschauung gewinnen könnte. Ich glaube, daß S. Friedländer einen solchen Punkt gefunden hat.

In seinem Buch *Schöpferische Indifferenz* stellt Friedländer die Theorie auf, jedes Ereignis stehe in Beziehung zu einem Nullpunkt, von dem aus eine Differenzierung in Gegensätze stattfinde. Diese *Gegensätze* zeigen *in ihrem spezifischen Zusammenhang* eine große Affinität zueinander. Indem wir wachsam im Zentrum bleiben, können wir eine schöpferische Fähigkeit erwerben, beide Seiten eines Vorkommnisses zu sehen und jede unvollständige Hälfte zu ergänzen. Indem wir eine einseitige Anschauung vermeiden, gewinnen wir eine viel tiefere Einsicht in die Struktur und die Funktion des Organismus.

Aus dem folgenden Beispiel können wir vielleicht eine vorläufige Orientierung gewinnen: Wenn wir eine Gruppe von sechs Lebewesen betrachten: einen Imbezillen (I), einen durchschnittlichen Normalbürger (N), einen hervorragenden Staatsmann (S), eine Schildkröte (SK), eine Katze (K) und ein Rennpferd (R), fällt uns sofort auf, daß sie in zwei Gruppen zerfallen — Menschen und Tiere, und daß jede der Gruppen eine spezifische Eigenschaft aus der unendlichen Zahl von Merkmalen, die Lebewesen charakterisieren können, aufweist: I, N und S zeigen verschiedene Grade der Intelligenz; SK, K und R verschiedene Grade von Geschwindigkeit. Sie »unterscheiden« sich voneinander in bezug auf ihre Intelligenz oder auf ihre Geschwindigkeit. Wenn wir sie weiter differenzieren, können wir leicht eine Ordnung herstellen: Es stellt sich heraus, daß der I. Q. (Intelligenzquotient) von N größer ist als der von I und der von S größer als der von N, ebenso wie die Geschwindigkeit von K größer ist als die von SK und die von R größer ist als die von K (S>N>I; R>K>SK).

Wir können nun weitere Tiere und Menschen auswählen, jedes ein wenig verschieden vom anderen in bezug auf die ausgewählten Merkmale; wir können die Unterschiede messen, wir können sogar mit Hilfe der Differentialrechnung die Lücken ausfüllen, aber schließlich kommen wir an einen Punkt, wo sich die Wege der Mathematik und der Psychologie zu trennen scheinen.

Die mathematische Sprache kennt kein »langsam« und »schnell«, nur »langsamer« und »schneller«, aber in der Psychologie arbeiten wir mit Ausdrücken wie »langsam«, »schnell«, »dumm« oder »intelligent«. Solche Begriffe werden von einem »normalen« Standpunkt aus formuliert, der all jenen Ereignissen gegenüber indifferent ist, von denen wir nicht den Eindruck haben, daß sie ungewöhnlich sind. Wir sind gleichgültig gegen alles, was von unserem subjektiven Standpunkt aus »nicht differenziert« ist. Das in uns erweckte Interesse ist gleich »Null«.

Diese »Null« hat eine zweifache Bedeutung, die eines *Anfangs* und die eines Zentrums. Primitive Völkerschaften und Kinder stellen die Null an den Anfang der *Reihe* 0, 1, 2, 3 usw., in der Arithmetik ist sie die Mitte eines Plus-Minus-*Systems*. Sie ist ein Nullpunkt, von dem zwei Linien ausgehen, die sich in die Plus- und in die Minus-Richtung erstrecken. Wenn wir diese beiden Funktionen der Null auf unsere Beispiele anwenden, können wir entweder zwei Reihen oder zwei Systeme bilden. Wenn wir annehmen, daß I einen I. Q. von 50, N einen I. Q. von 100 und S einen I. Q. von 150 hat, können wir eine Reihe konstruieren: 0, 50, 100, 150. Das ist eine Anordnung von zunehmender Intelligenz. Wenn wir jedoch einen I. Q. von 100 als normal annehmen, dann haben wir ein Plus-Minus-System: —50, 0, +50, bei dem die Zahlen den Grad der Differenzierung vom Nullpunkt (Mittelpunkt) angeben.

Tatsächlich gibt es in unserem Organismus viele Systeme, die um den Nullpunkt von Normalität, Gesundheit, Indifferenz usw. herum angeordnet sind. Jedes dieser Systeme differenziert sich in zwei Gegensätze wie plus—minus, klug—dumm, schnell—langsam usw.

Das augenfälligste Beispiel aus dem psychischen Bereich ist vielleicht das Lust—Unlust-Prinzip. Sein Nullpunkt ist — wie wir später zeigen werden — das Gleichgewicht des Organismus. Jede Störung dieses Gleichgewichts wird als unlustvoll erlebt, die Rückkehr zu ihm als lustvoll. Der Arzt ist vertraut mit dem Nullpunkt des Stoffwechsels (Grundumsatz), zu dem man zwar mit Hilfe einer komplizierten Formel ge-

langt, der jedoch den praktischen Aspekt des Normalen hat = 0. Die Abweichungen (gesteigerter oder verminderter Stoffwechsel) werden im Verhältnis zum Nullpunkt ausgedrückt.
Differenzierendes Denken — die Einsicht in die Funktionsweise solcher Systeme — liefert uns ein geistiges Präzisionsinstrument, das weder außerordentlich schwer zu begreifen noch besonders schwer zu handhaben ist. Ich werde die Erörterung auf jene drei Punkte beschränken, die für das Verständnis dieses Buches unentbehrlich sind: Gegensätze, Prä-Differenz (Nullpunkt) und Grad der Differenzierung.

Die drei Zeichnungen I a, I b und I c sollen dazu beitragen, meine Auffassung vom differenzierenden Denken zu erklären, soweit sie meine Beweisführung in diesem Buch betrifft.

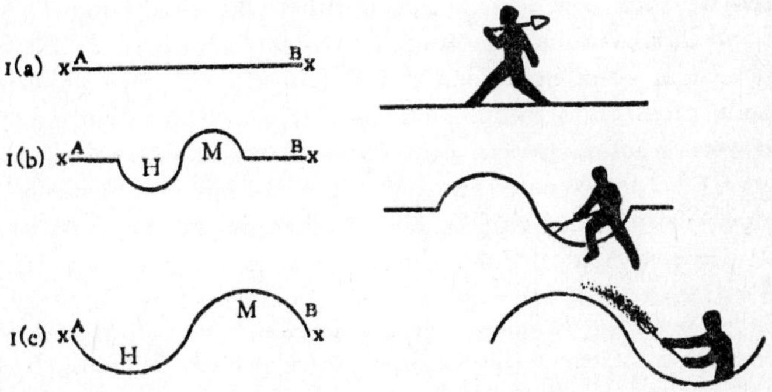

A—B stelle die Oberfläche eines Geländes dar. Wir nehmen jeden beliebigen Punkt als Nullpunkt, den Punkt, von dem die Differenzierung ausgeht.
Wir haben Teile des Geländes in eine Vertiefung (V) und die ihr entsprechende Erhebung (E) differenziert. Die Differenzierung ist graduell und geschieht (zeitlich) zugleich und in genau dem gleichen Grad nach beiden Seiten (im Raum). Jeder Spaten voll Erde ruft einen Fehlbetrag im Boden hervor, der als Überschuß auf das Hügelchen gehäuft wird (Polarisierung).
Die Differenzierung ist beendet. Das ganze ebene Gelände ist in zwei Gegensätze verwandelt worden, Vertiefung und Erhebung.
Das Denken in Gegensätzen ist die Quintessenz der Dialektik. Gegensätze *im gleichen Zusammenhang* stehen in einer engeren Beziehung zueinander als zu irgendeinem anderen Begriff. Im Bereich der Farbe denkt man in Verbindung mit weiß an schwarz, nicht an grün oder rosa.

Tag und Nacht, warm und kalt, ja, Tausende solcher Gegensätze sind in der Alltagssprache miteinander gekoppelt. Wir können sogar so weit gehen zu sagen, daß weder »Tag« noch »warm« tatsächlich oder in Worten existieren würden, bestünden nicht ihre Gegenteile »Nacht« und »kalt«. An Stelle der Wahrnehmung würde sterile Gleichgültigkeit herrschen. In der Terminologie der Psychoanalyse finden wir die Begriffe Wunscherfüllung—Versagen, Sadismus—Masochismus, bewußt—unbewußt, Realitätsprinzip—Lustprinzip, usw.[1]

Freud hat es als »eine unserer überraschendsten Entdeckungen« betrachtet, als er registrierte, daß ein Element des manifesten oder erinnerten Traums, das ein Gegenteil zuläßt, sowohl für sich selbst als auch für sein Gegenteil sowie für beide zugleich stehen kann. Er macht uns auch darauf aufmerksam, daß in den ältesten uns bekannten Sprachen Gegensätze wie hell—dunkel, groß—klein durch die gleichen Wurzeln ausgedrückt wurden (der sogenannte antithetische Inhalt der Urworte). Beim Sprechen wurden diese durch Betonung und begleitende Gesten unterschieden, beim Schreiben durch Hinzufügen einer näheren Bestimmung, d. h. eines Bildes oder Zeichens, das nicht lautlich ausgedrückt werden sollte.

Für unsere beiden Wörter »hoch« und »tief« hat das Lateinische nur ein Wort: *»altus«*, das einfach eine Ausdehung in der Vertikalen bedeutet; die Situation oder der Zusammenhang bestimmt, ob wir dieses

---

[1] Roget hat in seinem *Thesaurus* hervorgehoben, wie sehr die Welt der Worte aus Gegensätzen besteht: »Um die Beziehungen zwischen Wörtern, die einander entgegengesetzte und einander wechselseitig bedingende Vorstellungen ausdrücken, deutlicher hervorzuheben, habe ich sie, wo immer das Thema eine solche Anordnung zuließ, so in zwei parallelen Spalten auf der gleichen Seite angeordnet, daß man jede Gruppe von Ausdrücken leicht mit denen vergleichen kann, die in der Nachbarspalte stehen und ihre Antithese darstellen.«
Und weiter weist er darauf hin, daß die Gegensätze nicht durch die Wörter vorgegeben werden, sondern durch ihren Zusammenhang:
»Es kommt oft vor, daß zum gleichen Wort mehrere korrelative Ausdrücke gehören, je nachdem, in welchem Zusammenhang man es betrachtet. So stehen dem Wort ›Geben‹ sowohl ›Empfangen‹ als auch ›Nehmen‹ gegenüber. Die erste Wechselbeziehung hat einen Bezug zu den an der Transaktion beteiligten Personen, während die zweite sich auf die Art und Weise der Transaktion bezieht. ›Alt‹ hat die Gegensätze ›neu‹ und ›jung‹, je nachdem, ob es auf Dinge oder auf Lebewesen angewandt wird. ›Angriff‹ und ›Verteidigung‹ sind einander wechselseitig bedingende Ausdrücke, ebenso wie ›Angriff‹ und ›Widerstand‹. Zu dem Begriff ›Widerstand‹ gehört als Korrelat wiederum ›Unterwerfung‹. Der abstrakte Begriff ›Wahrheit‹ ist dem ›Irrtum‹ entgegengesetzt, aber das Gegenteil von mitgeteilter Wahrheit ist ›Falschheit‹, usw.«

Wort mit »hoch« oder »tief« übersetzen. Ähnlich bedeutet das lateinische *»sacer«* »tabu«, was in Übersetzungen gewöhnlich entweder als »heilig« oder als »verflucht« umschrieben wird.
Das Denken in Gegensätzen ist im menschlichen Organismus tief verwurzelt. Die Differenzierung in Gegensätze ist eine wesentliche Eigenschaft unseres Geistes und des Lebens selbst. Es ist nicht schwierig, die Kunst des Polarisierens zu lernen, vorausgesetzt, man behält den Punkt der Prä-Differenz im Sinn. Sonst entstehen Fehler, die zu willkürlichen und falschen Dualismen führen. Für den Frommen sind »Himmel und Hölle« richtige Gegensätze, nicht aber »Gott und die Welt«. In der Psychoanalyse sind Liebe und Haß richtige Gegensätze, Geschlechtstrieb und Todestrieb dagegen falsche Gegenüberstellungen.
Gegensätze entstehen durch die Differenzierung von »etwas nicht Differenziertem«, wofür ich den Ausdruck »prä-different« vorschlage. Der Punkt, von dem die Differenzierung ausgeht, wird gewöhnlich Nullpunkt genannt[2].

WU GI.

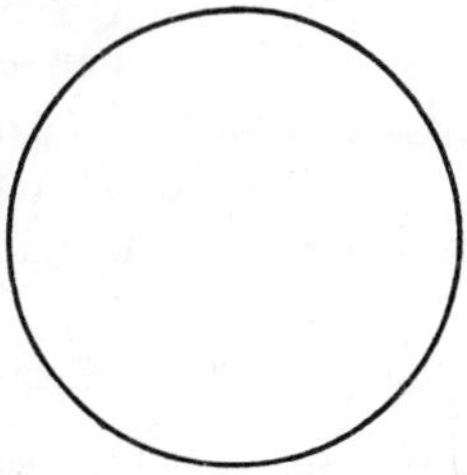

TAI GI.

Der Nullpunkt ist entweder durch die beiden Pole gegeben — wie beim Magneten — oder er wird mehr oder weniger willkürlich bestimmt. In der Temperaturmessung z. B. hat die Wissenschaft die Temperatur schmelzenden Eises als Nullpunkt angenommen; die Fahrenheit-Skala, die immer noch in großen Teilen der Welt üblich ist, hat als Nullpunkt eine Temperatur gewählt, die 17,8 auf der Celsius-Skala entspricht. Für medizinische Zwecke könnte man ein Thermometer einführen, das als Nullpunkt die normale Körpertemperatur hat. Gewöhnlich unterschei-

[2] Die meisten Mythen und Philosophien von der Entstehung der Welt versuchen den Ursprung des Weltalls zu erklären, indem sie einen Urzustand völliger Ungeschiedenheit annehmen. Dieser prä-differente Zustand ist das chinesische Wu Dschi, das durch einen einfachen leeren Kreis ○ dargestellt wird und den Nicht-Beginn darstellt, eine Vorstellung, die dem hebräischen Tohuwabohu (dem Chaos vor der Schöpfung) ähnlich ist. Das Tai Dschi drückt symbolisch die fortschreitende Differenzierung in Gegensätze aus und entspricht in seiner Bedeutung der biblischen Schöpfungsgeschichte.

den wir warm und kalt nach der Wahrnehmung unseres Organismus. Wenn wir aus einem heißen Bad steigen, empfinden wir die Temperatur eines Raumes als kalt, die wir nach einem kalten Bad als angenehm warm bezeichnen würden.

Die Situation, das »Feld«, ist ein entscheidender Faktor bei der Wahl des Nullpunkts. Wenn Chamberlain 1938 bei seiner Rückkehr aus München mit dem Ruf: »Nieder mit dem Gassenjungen Hitler!« begrüßt worden wäre, hätte es wahrscheinlich ein großes Geschrei gegeben, aus Protest gegen eine solche Beleidigung des Oberhauptes eines befreundeten Staates, während diese Worte zwei Jahre später zur britischen Parole wurden. Hitler war 1938 derselbe »Gassenjunge« wie 1940, aber der emotionale Nullpunkt der Briten hatte sich erheblich verändert.

S. Friedländer unterscheidet zwischen uninteressierter Distanziertheit — der Haltung »mir ist es wurscht« — und »schöpferischer Gleichgültigkeit«. Diese ist von Interesse erfüllt und erstreckt sich nach beiden Seiten der Differenzierung. Sie ist keineswegs identisch mit einem absoluten Nullpunkt, sondern hat immer einen Aspekt des Gleichgewichts. Als Beispiele aus dem medizinischen Bereich könnte man die Menge von Thyroxin oder den Blut-pH-Wert im menschlichen Organismus anführen; das Gegenteil (die Abweichung vom Nullpunkt) davon wäre im ersten Fall das Myxödem oder die Basedow'sche Krankheit, im zweiten Fall Acidose oder Alkalose [3].

Wir müssen betonen, daß sich die zwei (oder mehr) Richtungen einer

---

[3] Roget bemerkt zu diesem Thema: »In vielen Fällen lassen zwei Ideen, die einander völlig entgegengesetzt sind, eine neutrale Idee oder Zwischen-Idee zu, die den gleichen Abstand von beiden hat: Sie sind alle durch entsprechende festgelegte Begriffe auszudrücken. In den folgenden Beispielen lassen also die Wörter in der ersten und dritten Spalte, die einander entgegengesetzte Vorstellungen ausdrücken, eine Zwischenbedeutung zu.

Identität	Differenz	Unvereinbarkeit Widerspruch
Anfang	Mitte	Ende
Vergangenheit	Gegenwart	Zukunft

In anderen Fällen ist das Zwischenwort lediglich die Negation zweier einander entgegengesetzter Positionen, wie z. B.:

Konvexität	Flachheit	Konkavität
Verlangen	Gleichgültigkeit	Abneigung

Manchmal gibt das Zwischenwort den richtigen Maßstab an, mit dem die beiden Extreme verglichen werden, wie im Fall von

Insuffizienz	Suffizienz	Redundanz

Hier ist der mittlere Begriff, Suffizienz, einerseits der Insuffizienz und andererseits der Redundanz entgegengesetzt.«

Differenzierung gleichzeitig entwickeln, und daß die Ausdehnung nach beiden Seiten im allgemeinen gleich ist. Bei einem Magneten nimmt die Stärke der Anziehungskraft im selben Verhältnis zu oder ab wie die Entfernung der Pole zum Nullpunkt. Das Maß der Differenzierung wird zwar oft vernachlässigt, weil es sich dabei nur um einen »graduellen Unterschied« handelt, es ist aber sehr wichtig. Eine heilsame Droge und ein tödliches Gift haben zwar entgegengesetzte Wirkungen, unterscheiden sich jedoch manchmal nur durch den Grad der Dosierung. Quantität verwandelt sich in Qualität. Wenn man die Spannung herabsetzt, wird Schmerz manchmal zur Lust (und umgekehrt), lediglich durch eine Veränderung der Intensität.

Hier folgt ein Beispiel für das »Denken in Gegensätzen«, das den Vorteil dieser Denkweise aufzeigen kann. Nehmen wir an, Sie hätten eine Enttäuschung erlitten. Wahrscheinlich werden Sie dazu neigen, Personen oder Umständen die Schuld daran zu geben. Wenn Sie das Gegenteil von »Enttäuschung« suchen, kommen Sie auf »erfüllte Erwartung«. Sie gewinnen dadurch einen neuen Aspekt — das Wissen, daß zwischen Ihren Enttäuschungen und Ihren Erwartungen ein funktionaler Zusammenhang besteht: große Erwartung — große Enttäuschung; geringe Erwartung — geringe Enttäuschung; keine Erwartung — keine Enttäuschung[4].

Die Wörter »Differenzierung« und »Fortschritt« werden oft fast als Synonyme gebraucht. Die hochdifferenzierten Mitglieder einer gut organisierten Gesellschaft nennt man Spezialisten. Wollte man sie ausschalten, würde das richtige Funktionieren der ganzen Organisation ernsthaft behindert. Die Entwicklung eines Embryos ist eine Differenzierung in verschiedene Arten von Zellen und Geweben mit entsprechend unterschiedlichen Funktionen. Wenn hochkomplizierte Zellen im fertigen Organismus zerstört werden, findet ein *Rückschritt* zur Produktion weniger differenzierter Zellen statt (z. B. Narbenbildung). Wenn ein Mensch mit ungenügend entwickelten Ichfunktionen im Leben Problemen begegnet, die ihm für eine Lösung zu schwierig erscheinen, wird er diesen Problemen ausweichen, und es findet kein Fortschritt zu neuen Differenzierungen und Entwicklungen statt, sondern manchmal eine Rückwärtsbewegung, die auch Teile der vorausgegangenen Ent-

[4] Vor relativ kurzer Zeit hat A. S. Eddington den Versuch unternommen, Gegensätze zu polarisieren, um eine neue Theorie des Universums aufzustellen. Hier wird die Differenzierung Gabelung genannt, die Pole sind die symmetrischen (Raum, Zeit und Schwerkraft) und die antisymmetrischen (elektromagnetischen) Felder.

wicklung mit umfaßt. Der Betroffene fällt jedoch selten bis auf eine wirklich infantile Stufe zurück.
K. Goldstein hat diese Regression bei Soldaten mit Gehirnverletzungen nachgewiesen. In solchen Fällen hören nicht nur jene Teile der Persönlichkeit, die dem verletzten Teil des Gehirns entsprechen, auf, richtig zu funktionieren, sondern die ganze Persönlichkeit fällt auf einen primitiveren Zustand zurück.
Zwar können wir sehr komplizierte intellektuelle Kunststücke vollführen, z. B. Wörter von ihrer Bedeutung loslösen, und dann Behauptungen aufstellen wie: »Der Schnee ist schwarz«, aber für Menschen mit bestimmten Gehirnverletzungen ist eine solche Behauptung unmöglich; sie widersprechen wie Kinder: »Aber das ist ja nicht wahr, der Schnee ist weiß«.

Ich habe die Absicht, in diesem Buch das oben demonstrierte differenzierte Denken in vollem Umfang anzuwenden. Andererseits habe ich vor, mit der Anwendung des Gesetzes von Ursache und Wirkung so vorsichtig wie möglich zu sein. Nicht nur haben neue Entdeckungen[5] den universellen Wert dieses Gesetzes als einziges Prinzip, mit dessen Hilfe sich Ereignisse erklären lassen, in Frage gestellt — die unterschiedslose, fast zwanghafte Suche nach »Ursachen« ist sowohl in der Wissenschaft als auch im Alltagsleben eher ein Hindernis als eine Hilfe. Die meisten Menschen sind auf ihre Frage nach dem »Warum?« mit den folgenden Antworten zufrieden:
Rationalisierung (er hat ihn getötet, *weil* seine Ehre es verlangte);
Rechtfertigung (er hat ihn getötet, *weil* er ihn beleidigt hatte);
Zustimmung (er wurde hingerichtet, *weil* das Gesetz für sein Verbrechen die Todesstrafe vorsah);
Ausrede (er hat ihn zufällig getötet, *weil* das Gewehr losgegangen ist);
Identität (er ist zu spät ins Büro gekommen, *weil* er den Bus versäumt hat);
Zweck (er ist in die Stadt gefahren, *weil* er einkaufen wollte).
Es ist besser und erbringt ausgezeichnete Ergebnisse, auf kausale Erklärungen von Ereignissen zu verzichten und sich statt dessen auf ihre *Beschreibung* zu beschränken — »wie?« zu fragen statt »warum?«. Die moderne Wissenschaft hat immer mehr erkannt, daß sich alle relevanten Fragen durch genaue und eingehende Beschreibung beantworten lassen.

[5] Plancks Quantentheorie und das von Heisenberg und S. Nordinger aufgestellte »Prinzip der Ungewißheit«, das auf dem ungeordneten Verhalten der Quantenenergien beruht.

Die kausale Erklärung gilt außerdem nur für isolierte Ereignisketten. In der Realität finden wir Überdeterminierung (Freud) oder Koinzidenz, d. h. viele Ursachen von größerer oder geringerer Bedeutung laufen in dem spezifischen Ereignis zusammen. Ein Mann ist durch einen Ziegel getötet worden, der vom Dach eines Hauses heruntergefallen ist — was ist die Ursache seines Todes?
Es gibt unzählige Ursachen. Die Zeit, zu der er an der gefährlichen Stelle vorbeigekommen ist, den Sturm, der den Ziegel gelockert hat, die Unvorsichtigkeit des Baumeisters, die Höhe des Hauses, das Material des Dachziegels, die Dicke der Schädeldecke des Opfers, den Umstand, daß er den fallenden Dachziegel nicht gesehen hat usw. ad infinitum.
In der Psychoanalyse (meinem eigenen Beobachtungsfeld) ist man oft geneigt, »Heureka« zu rufen, wenn man glaubt, man habe die »Ursache« gefunden; danach wird man immer wieder enttäuscht, wenn die erwartete Veränderung im Zustand des Patienten nicht eintritt.
D'Alembert, Mach, Avenarius und andere haben an die Stelle der Vorstellung von der Kausalität die Vorstellung von der Funktion gesetzt (wenn »a« sich verändert, verändert sich auch »b«). Mach ging sogar so weit, die Kausalität eine plumpe Vorstellung zu nennen: »Eine Dosis Ursache führt zu einer Dosis Wirkung: Es ist eine Art pharmazeutische Weltanschauung«.
Die Vorstellung von der Funktion umfaßt die Koinzidenz eines Ereignisses sowie seines Urantriebs — seine Dynamik. *Wo ich in diesem Buch das Wort »Energie« verwende, meine ich einen Aspekt einer Funktion.* Energie ist dem Ereignis immanent. Sie ist, um eine Definition von F. Mauthner zu verwenden, »die Beziehung zwischen Ursache und Wirkung«; man sollte sie aber keineswegs als eine nicht vom Ereignis zu trennende und doch dieses auf magische Weise verursachende Kraft ansehen.
Die griechische Philosophie bediente sich des Ausdrucks *energeia* (en ergi) einfach in der Bedeutung von Handlung, Tätigkeit, fast synonym mit *Praxis*. Später nahm er jedoch immer mehr die Bedeutung einer Kraft an, durch die Ereignisse erzeugt werden. Der Physiker J. P. Joule (1818—1889) spricht von Energien, die Gott der Materie verliehen hat.
Diese theologische Vorstellung von Energien als von etwas, das hinter den Ereignissen wirksam ist und sie auf irgendeine unerklärliche Weise hervorruft, ist rein magischer Art. Leben und Tod, Kriege und Seuchen, Blitz und Regen, Erdbeben und Überschwemmungen führten die Menschen zu der Annahme, diese Erscheinungen würden durch »Kräfte«, »Ursachen« herbeigeführt, z. B. durch »Götter«. Diese göttlichen Kräfte

stellte man sich nach dem Bild des Menschen vor. In der mosaischen Religion wurden sie auf einen einzigen Gott, Jehova, reduziert, der theoretisch eine Kraft ohne Bild sein sollte.
Eine solche Energie war jedoch zu undifferenziert. Sie war eine Deckenergie, die dadurch, daß sie alles erklärte, nichts erklärte. Darum wurden neue Götter geschaffen, und um sie von den übernatürlichen göttlichen Kräften der alten Zeit zu unterscheiden, nannte man sie Naturkräfte (z. B. Schwerkraft, Elektrizität).
Ein interessantes Beispiel für die »Wiederkehr des Verdrängten« findet sich in Freuds Werk. Dort folgt auf die Gottesleugnung die alles beherrschende Kraft der Libido, und später wird das »Leben« als ein Konflikt zwischen Eros und Thanatos, den Göttern der Liebe und des Todes, aufgefaßt.
Wenn wir zu dem Schluß kommen, daß das kausale Denken zu willkürlich ist, und wenn wir uns statt dessen am differenzierenden und funktionalen Denken orientieren, können wir versuchen, in den vielfältigen Funktionen und Kräften eine Richtschnur zu finden, die unser Dasein ausmachen.
Die Naturwissenschaft hat entdeckt, daß zwei Energien, der Magnetismus und die Elektrizität (die man früher als zwei getrennte Kräfte angesehen hatte), eine Reihe von Funktionen gemeinsam haben. Man hat sie infolgedessen unter dem Oberbegriff Elektromagnetismus zusammengefaßt.
Andererseits haben sich, im Gegensatz zu dieser Vereinfachung, neue Komplikationen ergeben. So nimmt man an, daß die tote, anorganische Materie in ihren Atomen unerhörte Mengen von Energie enthält: daß gigantische Bindekräfte die Bestandteile eines Atoms zusammenhalten. Millionen Volt werden angewandt, um diese Bestandteile zu spalten und um die Bindekräfte freizusetzen, und *in diesen Verbindungs- und Spaltungsprozessen begegnen wir einem Gesetz, das sich nach meiner Überzeugung allgemein anwenden läßt.*
Jede Veränderung in der Substanz der Welt ereignet sich in Raum und Zeit. Jede Veränderung bedeutet, daß Teilchen der Welt sich entweder enger zusammenschließen oder sich voneinander entfernen. *Panta rei:* Alles ist im Fluß — selbst die Dichte ein und derselben Substanz ändert sich mit Unterschieden des Drucks, der Schwerkraft und der Temperatur.
Ein einfaches und einleuchtendes Beispiel liefert die Funktion magnetischen Eisens. Eine Seite des Magneten zieht magnetisierte Eisenteilchen an, die andere stößt sie ab, und je weiter die Entfernung vom Nullpunkt (dem Indifferenzpunkt), desto stärker sind diese Kräfte.

In der Regel wirken die bindenden und die spaltenden Kräfte jedoch gleichzeitig, und es ist oft schwierig, die Gegensätze zu isolieren.
In der Chemie werden die bindenden Funktionen mit dem Wort Affinität bezeichnet. In der Elektrolyse tritt die spaltende Funktion des elektrischen Stroms deutlich zutage. Die zerstörerischen Wirkungen von Blitz oder Röntgenstrahlen sind ebenso bekannt wie die Anziehung, die die Schwerkraft charakterisiert.
Wärme ist im Grunde eine spaltende Funktion. Der atmosphärische Druck, der eine Funktion der Erdgravitation ist, hält das Wasser in flüssiger Form zusammen. Wenn wir entweder diesen Druck vermindern (z. B. in einem Vakuum oder durch große Höhe) oder Wärme anwenden, überwinden wir die bindende Kraft des Drucks [6]. Ich werde in diesem Buch das Symbol ¶ für die Bindefunktion oder -energie verwenden, und das Symbol ♯ für ihr Gegenteil.
Ich möchte ein Schema aufstellen, das zwar ungenau ist, aber vielleicht doch eine annähernde Vorstellung von der Verteilung der beiden einander entgegengesetzten Funktionen in menschlichen Beziehungen vermitteln kann:

ZUNEIGUNG	¶ ¶ ¶ ♯
SEXUELLE BETÄTIGUNG	¶ ¶ ¶ ¶
SADISMUS	¶ ¶ ♯ ♯
AGGRESSION	¶ ♯ ♯ ♯
ABWEHR (Zerstörung)	♯ ♯ ♯ ♯

Zuneigung ist die Tendenz, freundlichen Kontakt aufzunehmen, sich mit dem Menschen zu verbinden, für den man Zärtlichkeit empfindet oder von dem man sich Zärtlichkeit wünscht. Es besteht ständig der Wunsch, mit dem Geliebten oder mit irgend etwas, das ihm gehört, in Kontakt zu sein, weil man seine ununterbrochene Gegenwart wünscht.
Das Gegenteil von Zuneigung ist Abwehr, die sich (als Zerstörungstendenz) gegen jeden störenden Faktor richtet, welcher Art er auch sein mag.
Man muß betonen, daß Zerstörung und Vernichtung keineswegs identisch sind. *Vernichtung* bedeutet, daß man etwas verschwinden läßt, aus »etwas« »nichts« macht, während Zerstörung bedeutet, daß man nur die Struktur verschwinden läßt. Wenn ein Ding zerstört wird, bleibt das Material selbst erhalten, wenn auch in seinem physikalischen

---

[6] Die scheinbar paradoxe Verwendung von Wärme zum Schweißen und Löten — also zum Zweck der Verbindung von Metall — läßt sich leicht erklären. Die Wärme schmilzt, spaltet die Moleküle; und beim Abkühlen kommt die Verbindung zustande.

oder sogar in seinem chemischen Zustand verändert. Die Störung mag eine Mücke sein, die uns umsummt oder ein Impuls in uns selber, den wir verdammen oder das Zappeln eines Kindes, das uns mißfällt, weil es in unseren Augen eine Unart ist. Solche Dinge können uns reizbar machen, und in all diesen Fällen wollen wir den Störfaktor vernichten; aber wir sind schon mit Zerstörung zufrieden, denn wirkliche Vernichtung ist niemals möglich. Eine Pseudovernichtung wird — wie wir später sehen werden — mit Hilfe bestimmter psychischer Zaubertricks wie Vergessen, Projizieren, Skotomisieren, durch Verdrängung oder Flucht vor dem Problem erreicht.

Zwischen diese beiden Extreme habe ich den Sadismus als eine Mischung von ¶ und ♯ gestellt. Der Sadist liebt sein Objekt und will ihm zugleich wehtun. Eine moderne Form des Sadismus ist das Hänseln oder »Aufziehen«, dessen verdeckte Feindseligkeit das »Opfer« leicht erkennt.

Bei der sexuellen Betätigung ist das Vorhandensein des ¶ offensichtlich. Das ♯, z. B. die Überwindung von Widerstand, ist weniger leicht zu erkennen. Aber es ist bei vielen Leuten so stark, daß sie das Interesse an der sexuellen Betätigung vollkommen verlieren, wenn der Partner zu leicht nachgibt. Es ist noch schwerer zu erkennen, daß bei der sexuellen Betätigung die Wärme als der ♯-Faktor wirkt. Genau wie die Wärme den Kontakt zwischen Molekülen lockert, muß im Geschlechtsleben eine Phase des Anwärmens vorausgehen, bevor das ¶ ins Spiel kommt. Ein Mensch, der nicht schmelzen kann, der kalt (frigide) bleibt und keine Wärme ausstrahlt (was das natürliche Mittel ist, um im Partner eine Reaktion auszulösen), wird diese wesentliche Ausstrahlung wahrscheinlich durch Alkohol oder eine Art von Bestechung ersetzen (z. B. durch Schmeicheleien oder Geschenke).

Nun bleibt nur noch die Aggression zu betrachten. Die aggressiven Versuche, mit dem feindlichen Objekt in Kontakt zu kommen, sind ein Ausdruck des ¶. Wir finden z. B. in der Literatur viele Beispiele dafür, wie Menschen große Schwierigkeiten überwinden, um den »Bösewicht« aufzuspüren und an ihm Rache zu üben, und umgekehrt: Der Wolf gibt sich große Mühe, um Rotkäppchen endlich verschlingen zu können.

2

Psychologischer Ansatz

Patient: »Ja, Herr Doktor, das hab ich früher schon mal gehabt.«
Arzt: »Sind Sie deswegen in ärztlicher Behandlung gewesen?«
Patient: »Ja, ich war deswegen bei Dr. X.«
Arzt: »Und was hat er Ihnen verschrieben?«
Patient: »Das waren so kleine weiße Pillen ...«
Ich glaube, jeder praktische Arzt hat auf die Frage nach Einzelheiten einer früheren Behandlung schon einmal eine ähnlich unklare Antwort bekommen. Der Ausdruck »kleine weiße Pillen« hat keinerlei Aussagewert; er kann für Hunderte ganz verschiedener Medikamente stehen, er ist ein *Deckausdruck.*

Solche Deckausdrücke, die keinen genauen Bezug haben und verbergen, statt zu offenbaren, begegnen uns oft. Leute, die von Nervosität sprechen, können Angst, Reizbarkeit, Ärger, sexuelle Spannung, Verlegenheit usw. meinen.

»Denken« ist eines der am weitesten verbreiteten Deckwörter, hinter ihm verbergen sich so heterogene geistige Vorgänge wie Planen, Sich-Erinnern, Sich-Vorstellen, unhörbares Reden usw.

Bei dem Bestreben, Klarheit in unserem Geist zu schaffen, sollten wir Deckausdrücke vermeiden und statt dessen Wörter gebrauchen, die genau den Sinn dessen ausdrücken, was wir mitteilen wollen. An Stelle von »Ich dachte an meine Kindheit«, »Ich dachte, du wärest böse«, »Ich dachte an diesen Unfall« sollten wir ausdrücklich sagen: »Ich habe mich an meine Kindheit erinnert«, »Ich fürchtete (ich bildete mir ein), du seist böse«, »Ich hab diesen Unfall noch einmal vor mir gesehen«. Eine solche Sprechweise ist realitätsnäher und drückt viel deutlicher aus, welche Art von Geistestätigkeit gemeint ist.

An der Geistestätigkeit des Denkens ist der Gebrauch von Worten in so hohem Maß beteiligt, daß wir versucht sind, das Denken als tonloses oder stummes Sprechen zu definieren. Das würde bedeuten, daß Denken sich immer in Worten vollzieht. Aber ein Schachspieler z. B. benützt beim Denken in viel geringerem Maß Wörter, sondern vielmehr visuelle Vorstellungen von den verschiedenen Kombinationen der Schachfiguren. Anders ausgedrückt, das stumme Sprechen ist nur eine, wenn auch eine sehr häufige Form des Denkens.

Wir können die Gegensätze unterscheiden: Sprechen mit der Stimme und stummes Sprechen. Ihr prä-differentes Stadium kann man bei Kindern und Eingeborenen als Murmeln, Nuscheln oder Flüstern beobachten, und eine Regression auf dieses Stadium kann bei erregten, sehr alten oder geistesgestörten Menschen vorkommen.

Andere Aspekte des Denkens sind die Gegensätze zu »glauben« und »mutmaßen«. Denken ist das »Mittel«, mit dessen Hilfe wir nicht nur die Zukunft vorwegnehmen, sondern auch fiktiv in die Vergangenheit zurückkehren (erinnern), eigene Bilder ersinnen (phantasieren) und auf dem Schachbrett der Logik allerlei intellektuelle Spiele spielen (philosophieren).

Das Denken ist ein Handeln in homöopathischen Dosen; es ist ein zeit- und kraftsparendes Werkzeug. Wenn wir ein Paar Schuhe brauchen, können wir uns viel Zeit sparen, indem wir im voraus planen, uns vorstellen oder uns ein Bild machen, was für eine Art von Schuhen wir gern hätten; wir werden sie dann wahrscheinlich auch finden. Kurz: Im Denken nehmen wir Handeln vorweg.

Die so gesparte Energie entwickelt sich weiter: Wir verschmelzen verschiedene Sinneserfahrungen zu »Objekten«, stempeln sie ab und handhaben diese »Wort«-Symbole, *als ob* sie die Objekte selbst wären. Wir können hier nicht auf die Einzelheiten der höheren Denkformen eingehen, das kategoriale (manchmal »abstrakt« genannte) Denken. Kategoriales Denken ist ein Einordnen verschiedener verwandter Objekte und Abstraktionen in »Schubladen«; es vereinfacht die Orientierung des Menschen in der Umwelt und den Umgang mit ihr. Ein Verlust des kategorialen Denkens bedeutet eine Einschränkung der Orientierung und des Handelns (K. Goldstein). Hier begegnen wir einer weiteren Anwendung des Gesetzes, nach dem Quantität sich in Qualität verwandelt. Durch eine Verringerung der Handlungsintensität, unter Beibehaltung des ursprünglichen Antriebs, verwandelt sich Handeln in Denken. Wenn dies zutrifft, sollten wir in der Lage sein, den Nullpunkt, das prä-differente Stadium von Denken und Handeln, zu finden. Die Affenversuche von Köhler beweisen, daß ein solcher Nullpunkt existiert (*Intelligenzprüfungen an Anthropoiden,* 1917). Besonders ein Versuch zeigt eine Situation, in der Denken und Handeln noch nicht richtig differenziert sind. Er dient ferner als Einführung zu der folgenden Diskussion der »Feld«-Psychologie.

Eines der Tiere versucht, eine Frucht zu ergreifen, die außerhalb seiner Reichweite auf dem Boden liegt. Es hat Zugang zu einer Reihe von Bambusstöcken, die hohl sind und zusammengesteckt werden können. Zunächst versucht das Tier vergebens, die Frucht mit einem der Stöcke zu erreichen. Dann probiert es andere aus, stellt aber fest, daß sie nicht lang genug sind. Endlich scheint es sich einen längeren Stock vorzustellen; durch Versuche gelingt es ihm, zwei Stöcke zusammenzustecken und schließlich die Frucht zu erreichen.

Es ist nicht schwer zu erkennen, daß der Affe sich ein Werkzeug geschaffen hat. Die Kombination von zwei Stöcken ist an sich noch kein Werkzeug — sie wird erst in dieser spezifischen Situation, beim Gebrauch durch dieses spezifische Tier, zum Werkzeug. Sie ist kein Werkzeug (ein Ding mit »adäquaten Funktionen«) für einen Hund, und auch für den Affen ist sie kein Werkzeug, wenn die Frucht in einer Kiste ist. Sie ist nur in einem spezifischen »Feld« ein Werkzeug, nur wenn sie durch die Ganzheit der beschriebenen Situation bestimmt ist.

Der »Feld«-Begriff steht in direktem Gegensatz zur Auffassung der herkömmlichen Wissenschaft, die die Realität immer als ein Konglomerat isolierter Teile — eine Welt, die aus unzähligen Teilchen und Stückchen zusammengesetzt ist — angesehen hat.

Selbst unser Geist besteht nach dieser Auffassung aus einer großen Zahl einzelner Elemente. Man nennt diese Theorie Assoziationspsychologie; sie beruht auf der Annahme, daß in unserem Geist eine Vorstellung an die andere geknüpft ist wie Perlen auf einer Schnur, und daß eine Vorstellung nach der anderen an die Oberfläche kommt, wenn an der Schnur gezogen wird.

In Wirklichkeit sind Assoziationen geistige Teilchen, die man künstlich von umfassenderen Einheiten isoliert hat, die wir Bereiche, Situationen, Zusammenhänge, Kategorien und dergleichen nennen können. Assoziationen sind keineswegs einfach aneinandergehakt. Im Gegenteil, es sind ziemlich komplizierte geistige Operationen daran beteiligt. Wenn ich z. B. mit dem Begriff »Tasse« »Untertasse« assoziiere, rufe ich das Bild oder die Kategorie »Geschirr« in mir wach. Davon wähle ich die Vorstellung »Untertasse« aus. Assoziiert man »Tee« mit »Tasse«, so vervollständigt man damit eine unvollständige Situation: Man assoziiert das Füllen der Tasse, und zeigt damit wahrscheinlich an, daß man durstig ist. Zu »schwarz« würde ich »weiß« assoziieren, wenn ich mich für Farben interessieren würde. Ich würde »Tod« assoziieren, wenn ich »schwarz« als einen Teil des Trauerns interpretieren würde.

Niemand kann sich des Eindrucks erwehren, daß den Assoziationen etwas Seltsames und Künstliches anhaftet. Wortspiele beruhen z. B. auf einer oberflächlichen akustischen Ähnlichkeit, die weit entfernt ist vom tatsächlichen Inhalt: Die Wörter werden isoliert von ihrem Bedeutungszusammenhang gebraucht.

Freud bediente sich der Assoziationspsychologie, aber er machte trotz dieses Hemmnisses verblüffende Entdeckungen, weil er hinter den Assoziationen intuitiv eine Reihe von Gestalten sah. Der Wert von Assoziationen liegt nicht in ihnen selbst, sondern im Vorhandensein spezifischer Bereiche, deren Bestandteile sie sind. Jungs Assoziationsschema dient als Mittel, um einen Zusammenhang aufzurühren, der emotional besetzt ist, z. B. mit Verlegenheit oder Verwirrung. Zu Freuds Entdeckungen gehören »Ganze«, wie das Überich und das Unbewußte, sowie »Holoide« (Gebilde, die Ganzen ähneln) — Komplexe, Wiederholungsmuster, Träume; aber obwohl er mit der rein isolationistischen Anschauung gebrochen hatte, übersah er die Allgegenwart von Bedeutungszusammenhängen und erkannte hauptsächlich solche von pathologischer Bedeutung. Wäre Freud nicht gewesen, wäre die Assoziationspsychologie heute, wo sie hingehört: in der Fossilienabteilung irgendeines Wissenschaftsmuseums. An ihren Platz ist die Gestaltpsychologie getreten. Sie wurde hauptsächlich von W. Köhler und M. Wertheimer entwickelt, die behaupten, primär sei ein umfassendes Gebilde vorhanden — das sie »Gestalt« nennen —, und die isolierten Teilchen und Stücke seien sekundäre Gebilde. Wertheimer formuliert die Gestalttheorie folgendermaßen: »Es gibt Ganzheiten, deren Verhalten nicht durch das ihrer einzelnen Elemente bestimmt wird, sondern bei denen die Teilprozesse selbst durch die dem Ganzen innewohnende Natur bestimmt werden. Die Gestalttheorie hofft das Wesen solcher Ganzheiten zu bestimmen.« Da das Wort »Gestalt« eine spezifische wissenschaftliche Bedeutung hat, für die im Englischen kein entsprechendes Wort existiert, hat man den deutschen Ausdruck weitgehend auch im angelsächsischen Sprachgebiet beibehalten. R. H. Thouless schlägt vor, den üblichen Ausdruck *Gestaltpsychologie* durch den angemesseneren Begriff *Feldtheorie der Psychologie* auf der Basis der »Relativitätstheorie« zu ersetzen[1].

Ich möchte auf meiner Schreibmaschine zwei einfache Beispiele vorführen, die zeigen, wie identische »Dinge« eine verschiedene Bedeutung haben, je nach der Gestalt, in der sie erscheinen:

A	B
3	2
2	1
Soldat	Ordnung
2	1
3	2

Die senkrechten Reihen bestehen aus den Zahlen drei, zwei, eins, zwei, drei und zwei, eins, null, eins, zwei, aber niemand würde die waage-

[1] G. F. Stout: *A Manual of Psychology.* London 1938.

rechten Reihen als »So-eins-dat« und »Null-rdnung« lesen. Ob die Zeichen 1 und 0 Buchstaben oder Zahlen bedeuten, bestimmt sich durch ihren Kontext, durch die Gestalt, von der sie einen Teil bilden. Die Kategorie der Buchstaben und die Kategorie der Zahlen überschneiden sich zufällig; zwar sind die Zeichen formal identisch, sie haben aber eine verschiedene Bedeutung.

Daß ein gesprochenes Wort eine Gestalt ist, eine Einheit von Lauten, ist leicht zu verstehen. Nur wenn diese Gestalt nicht deutlich ist — wenn wir z. B. den Namen eines Menschen am Telefon nicht verstehen —, bitten wir darum, das Wort zu buchstabieren, es in einzelne Buchstaben zu zerlegen. Diese Regel gilt auch für das gedruckte Wort. Fehler beim Lesen zeigen eine deutliche Beziehung zwischen der gelesenen und der gedruckten Gestalt.

Ein weißer Gegenstand, den man vor einem dunklen (grauen oder schwarzen) Hintergrund sieht, erscheint weiß, während der gleiche Gegenstand vor einem grünen Hintergrund rot erscheinen kann, vor einem roten als grün usw.

Ein weiteres sinnfälliges Beispiel ist ein musikalisches Thema: Wenn eine Melodie in eine andere Tonart transponiert wird, wird jede einzelne Note verändert, aber das »Ganze« bleibt sich gleich.

Ein Satz von Schachfiguren in der Schachtel kann einen nicht lange fesseln, da er aus 32 *selbständigen Figuren* besteht, aber die Figuren im Spiel, ihre *Interdependenz* und die sich fortwährend wandelnde Situation faszinieren die Spieler immer wieder. In der Schachtel repräsentieren die Schachfiguren die isolationistische Anschauung, auf dem Schachbrett, dem »Feld«, die ganzheitliche, holistische Auffassung.

Holismus (holos = ganz) ist ein von General Smuts[2] geprägter Ausdruck, der die Auffassung bezeichnet, daß die Welt »an sich« nicht aus Atomen besteht, sondern aus Strukturen, die eine andere Bedeutung haben als die Summe ihrer Bestandteile. Wenn man in einem Schachspiel die Stellung auch nur einer einzigen Figur verändert, so kann darin der Unterschied zwischen Gewinnen und Verlieren liegen.

Der Unterschied zwischen der isolationistischen und der ganzheitlichen Auffassung ist etwa dem Unterschied zwischen einer mit Sommersprossen übersäten und einer braungebrannten Haut zu vergleichen.

Während das Studium der Gestaltpsychologie eingehende wissenschaftliche und experimentelle Arbeit erfordert, ist eine sorgfältige Lektüre des Buches von Smuts wärmstens zu empfehlen, da es für viele verständlich ist. Es gibt einen umfassenden Überblick über die Bedeutung von

---

[2] *Holism and Evolution*, 1926.

Ganzheiten, sowohl in der Biologie als auch in vielen anderen Bereichen der Wissenschaft. Ich persönlich stimme mit der Bezeichnung »struktureller Holismus« als besonderem Ausdruck des ¶ überein, und ich begrüße auch die Unterscheidung zwischen Ganzheiten und Holoiden (Gebilden, die Ganzheiten ähneln): Wenn ein Heer ein aggressiv defensives Ganzes ist, dann sind die Bataillone, Schwadronen usw. Holoide; wenn die menschliche Persönlichkeit ein Ganzes ist, können wir Komplexe und Wiederholungsmuster Holoide nennen. In dem Konzept von Smuts ist jedoch die Gefahr der Vergöttlichung enthalten, und ich bin nicht geneigt, ihm in dem zu folgen, was ich einen idealistischen oder sogar theologischen Holismus nennen würde.

Indem wir den Kontext oder das Feld oder das Ganze, in das ein Phänomen eingebettet ist, nicht aus den Augen lassen, vermeiden wir viele Mißverständnisse, die aufgrund einer isolationistischen Anschauung in der Wissenschaft sogar noch öfter vorkommen können als im Alltagsleben. So hält man es z. B. gewöhnlich für ausreichend, ein Wort zu definieren, damit der Leser oder Hörer seine Bedeutung verstehen kann. Das gleiche Wort kann jedoch in verschiedenen Bereichen oder Bedeutungszusammenhängen auftreten und in jedem Kontext eine andere Bedeutung haben.

Wir haben dies bei den Zeichen 1 und 0 gesehen, ebenso bei Deckwörtern wie »denken«. Ein Satz, eine Rede oder ein Buchstabe, die aus dem Zusammenhang gerissen sind, können einen völlig verzerrten Sinn bekommen.

Wir dürfen auch nicht vergessen, daß das Denken in Gegensätzen nur in ihrem spezifischen Bereich oder Kontext anwendbar ist, genau wie Definitionen von spezifischen Situationen abängig sind.

Das folgende Schema soll dies veranschaulichen, und es kann uns gleichzeitig einen weiteren Einblick in das Problem der Differenzierung geben. Es gibt einige der Bedeutungen des Wortes »Schauspieler« wieder sowie deren Gegensätze:

Ein Schauspieler ist ein	*im Gegensatz zu*
1. Bühnenangestellter	seinem Regisseur
2. Darsteller	einem Zuschauer
3. Männliches Wesen	einer Schauspielerin
4. Darsteller	dem Autor
5. Berufsschauspieler	einem Privatmann
6. ein schauspielernder Mensch	einem Menschen, der sich natürlich verhält

gehört zum Bereich	*Beispiele für Prä-Differenz*
Gesellschaftsordnung	Charlie Chaplin
Darstellung	Hamlet, 3.2
Geschlecht	Schauspieler auf einer griechischen Bühne
Literatur	Shakespeare
Status	Amateur
Ausdruck	spielendes Kind

Die ersten drei Spalten bedürfen keiner Erklärung; die Beispiele für Prä-Differenz sind schwieriger zu verstehen, ich möchte deshalb einige erklärende Bemerkungen hinzufügen:

1. Jedermann weiß, daß Charlie Chaplin zugleich der Haupt-Schauspieler und der Regisseur seiner Filme ist. Bei einer Wanderbühne mag der Unterschied zwischen dem Direktor und seinen Angestellten nicht sehr groß sein; in einem Broadway-Theater jedoch kennt der Direktor einige seiner Schauspieler vielleicht nicht einmal.
2. Ich beziehe mich auf die Szene mit der Bühne auf der Bühne, wo der Schauspieler, der den Hamlet spielt, sich ein Schauspiel ansieht.

Bei jedem Dialog findet ein Wechsel der Funktionen statt: der gleiche Mensch, der im einen Augenblick der Darsteller oder Sprecher ist, kann im nächsten Augenblick der Zuschauer oder Zuhörer sein.

Noch stärker differenziert (und mit einer gewissen Persönlichkeitsspaltung verbunden) ist die Situation eines Menschen, der vor dem Spiegel probt, bevor er vor dem Publikum erscheint oder bevor er mit jemandem zusammentrifft, den er beeindrucken möchte. Die pathologische Erscheinung der Befangenheit gehört in diesen Bereich. Eine Differenzierung in Darsteller und Zuschauer hat stattgefunden: Es besteht ein Konflikt zwischen dem »Im-Rampenlicht-Stehen« und dem Beobachten der Zuschauer.

3. In vielen Theatern (z. B. bei den Griechen, den Japanern und bei Shakespeare) waren die Schauspieler ausschließlich männlichen Geschlechts.
4. Der Fall Shakespeare ist bekannt. Wenn er als Autor keinen Erfolg gehabt hätte, wäre er wahrscheinlich Schauspieler geblieben.
5. Der Berufsschauspieler ist das Ergebnis einer ziemlich fortgeschrittenen Entwicklung der Schauspielkunst. Ein überzeugendes Beispiel für den prä-differenten Zustand finden wir bei den Rüpeln im *Sommernachtstraum.*
6. Ein Kind, das einen Löwen spielt, *ist* ein Löwe, und es kann von seinem Spiel so in Anspruch genommen sein, daß es wütend wird, wenn man es ins Alltagsleben zurückruft.

Wir können also, wenn wir das »Feld«, den Kontext, haben, die Gegenteile bestimmen, und wenn wir die Gegenteile haben, können wir das spezifische Feld bestimmen. Diese Einsicht wird uns sehr nützlich sein, wenn wir versuchen, die Struktur und das Verhalten des Organismus in seiner Umgebung zu verstehen.

3

Der Organismus und sein Gleichgewicht

Ein Medizinstudent sieht sich ganz am Anfang seines Studiums Tausenden von *isolierten* Fakten gegenüber. Man denke nur an das Studium der Anatomie: Hier folgt die Ausbildung des Studenten nicht der Entwicklung der medizinischen Wissenschaft (sondern geht genau entgegengesetzt vor), die sich durch Differenzierung entwickelt: vom Allgemeinen zum Besonderen, vom Umfassenden zu den Einzelheiten, von den Ganzheiten zu den Teilvorgängen.

Ich bin der Meinung, daß eine völlige Umkehrung der Ausbildungsmethoden in dieser Hinsicht für den Medizinstudenten von großem Vorteil sein könnte. Bei der Beobachtung vollständiger Situationen (einfacher Fälle) würde ihn seine noch rege Neugier befähigen, durch das Studium anatomischer, physiologischer und pathologischer Details in Zusammenhang mit dem lebenden Organismus Inseln des Wissens aufzubauen. An Stelle der üblichen Vermittlung isolierter Fakten durch einzelne Lehrer sollten die Professoren gemeinsam einen ganzheitlichen Zugang zum menschlichen Organismus ausarbeiten. Im unmittelbaren Umgang mit seinem Patienten sähe sich der Student der menschlichen Persönlichkeit gegenüber, während er unter dem heutigen System zunächst den toten Körper studiert, dann die mechanischen Funktionen des lebenden Organismus und erst ganz am Schluß noch ein paar Tropfen Kenntnis von der »Seele« schlürft.

Die isolierte Behandlung der verschiedenen Aspekte der menschlichen Person unterstützt nur ein magisches Denken und fördert die Ansicht, Körper und Seele seien getrennte Einheiten, die auf geheimnisvolle Weise miteinander verknüpft sind.

Der Mensch ist ein lebendiger Organismus, und bestimmte Aspekte von ihm werden Körper, Geist und Seele genannt. Wenn wir den Körper als die *Summe* der Zellen definieren, den Geist als die *Summe* der Wahrnehmungen und Gedanken und die Seele als die *Summe* der Gefühle, und selbst wenn wir diesen Begriffen den Begriff »strukturelle Integration« (oder die Vorstellung, daß diese Gesamtsummen als Ganzheiten existieren) hinzufügen, erkennen wir doch, wie künstlich solche Definitionen und Unterteilungen sind, und wie wenig sie der Realität entsprechen. Der Aberglaube, es handle sich dabei um verschiedene Teile, die man zusammensetzen oder auseinandernehmen kann, ist ein Erbe aus Zeiten, in denen der Mensch (voller Schrecken und Widerstreben, den Tod hinzunehmen) die Phantasievorstellung von Gespenstern und Geistern hervorbrachte, die ewig leben und in den Körper hinein- und wieder herausschlüpfen können. Gott kann — dieser Vorstellung gemäß — einem Stück Lehm Leben einhauchen. Der indischen Reinkarnationslehre zufolge kann die angebliche Seele von einem Organismus in den anderen schlüpfen, vom Elefanten in den Tiger, vom Tiger in die Kakerlake und im nächsten Leben in einen Menschen, bis alle Bedingungen einer unerreichbaren Ethik schließlich erfüllt sind und die Seele im Nirwana Ruhe finden kann. Selbst in unserer europäischen Kultur glauben viele Menschen an Geister und Gespenster und bieten Okkultisten, Kaffeesatz-Deuterinnen und ähnlichen Leuten eine willkommene Gelegenheit, ihr Brot zu verdienen. Und glauben nicht Millionen an ein Leben nach dem Tod, weil es tröstlich ist zu glauben, daß die Toten nicht tot sind?

Wenn man dieses Leib-Seele-Konzept auf mechanische Dinge anwendet, kann man vielleicht seine Absurdität besser verdeutlichen. Wenn Sie Ihr Auto lieben, von seinem gleichmäßigen Motorgeräusch begeistert sind und sich über sein schönes Design freuen, könnten Sie das Gefühl haben, es habe eine Seele. Aber wer würde glauben, daß seine Seele plötzlich seinen Körper verläßt, um sich in einem Autohimmel zu vergnügen (oder in einer Hölle für ungezogene Autos Qualen zu leiden), während die Autoleiche auf einem Autofriedhof verrottet und verrostet?

Man könnte einwenden: Das Auto ist etwas vom Menschen Gemachtes, etwas Künstliches. Aber wer legt Wert darauf, von der unsterblichen Seele eines Tintenfisches oder eines Hundes zu sprechen? Beide kann der Mensch bis jetzt gewiß noch nicht herstellen. Es gibt allerdings Menschen, wie z. B. Conan Doyle, die überzeugt sind, daß es wie für die Menschen auch für Hunde einen Himmel gibt. Das mag zynisch und gotteslästerlich klingen, aber ich habe damit lediglich das Konzept einer so künstlichen Spaltung des Organismus in Leib und Seele zu Ende geführt.

Ein Kompromiß zwischen dieser isolationistischen Auffassung vom Organismus [1] und der ganzheitlichen Auffassung ist die Theorie des psychophysischen Parallelismus, die behauptet, physische und psychische Funktionen liefen getrennt voneinander ab, wenn auch parallel. Der Hauptmangel dieser Theorie liegt darin, daß sie nichts über die Verbindung zwischen diesen beiden Schichten aussagt. Ist es so, daß der

---

[1] *Isoliert-stückhafte Betrachtungsweise,* Ternus.

Körper als eine Art Spiegel die Seele nachäfft (und umgekehrt), daß also beide die gleichen Funktionen jeweils gleichzeitig hervorbringen? Sind die Funktionen von Leib und Seele lediglich Koinzidenzen, oder sind sie identisch?

Mir scheint, daß die Parallelisten versuchen, zwei einander entgegengesetzte Weltanschauungen, die materialistische und die idealistische, zu kombinieren. Die materialistische Lebensanschauung proklamiert die konkrete Substanz als Grundlage des Seins. Diese »Ur-Sache« bringt Seele und Geist hervor: Die Gedanken sind eine Art Absonderung der Gehirnsubstanz; Liebe ist ein Produkt der Sexualhormone. Die entgegengesetzte, die idealistische (oder spiritualistische) Auffassung besagt: Die Idee erschafft die Dinge. Das bekannteste Beispiel für diese »Weltanschauung« [dt. im Text] ist die Erschaffung der Welt durch Götter. Der Parallelist klebt diese beiden Anschauungen zusammen, ohne eine produktive Integration der Struktur zu erreichen.

All diese Hypothesen sind mehr oder weniger dualistisch — Versuche, Verbindungen zwischen Leib und Seele zu finden. Aber all diese Theorien, selbst die »prästabilierte Harmonie« bei Leibniz, führen in die Irre, denn sie gründen sich auf eine künstliche Spaltung, die es in Wirklichkeit nicht gibt. Sie wollen eine Einheit wiederherstellen, die immer schon bestanden hat. Leib und Seele sind, wenn auch nicht in der Sprache, so doch »in der Sache« identisch; die Worte »Leib« und »Seele« bezeichnen zwei Aspekte der gleichen Sache.

Die Melancholie z. B. zeigt (unter anderem), zwei Symptome: eine Eindickung der Gallensäfte (»melancholia« heißt »schwarze Galle«) und eine tiefe Traurigkeit. Der Mensch, der glaubt, daß die Melancholie organisch bedingt sei, wird sagen: »Dieser Mensch ist traurig, weil seine Galle dickflüssig ist.« Der Psychologe behauptet: »Die deprimierenden Erlebnisse und die Stimmung des Patienten verdicken seine Gallensäfte«. Die beiden Symptome sind jedoch nicht wie Ursache und Wirkung miteinander verknüpft — sie sind zwei Manifestationen eines Ereignisses.

Wenn die Herzkranzgefäße eines Menschen verhärtet sind, führen Aufregungen bei ihm, unter anderen auffallenden Symptomen, zu Angstanfällen. Andererseits ist ein Angstanfall bei einem Menschen mit gesundem Herzen identisch mit bestimmten physiologischen Veränderungen in den Funktionen des Herzens und des Atmungsapparats. Einen Angstanfall ohne Atembeschwerden, Beschleunigung des Pulses und ähnliche Symptome gibt es nicht. Es gibt keine Gemütsbewegung wie Wut, Traurigkeit, Scham oder Ekel, ohne daß ihre physiologischen wie ihre psychischen Komponenten ins Spiel kämen.

Wie leicht man grundlegende Fehler machen kann, läßt sich an einem Gesetz ablesen, das der Psychoanalytiker W. Stekel formuliert hat, der behauptet, ein Neurotiker habe Empfindungen anstatt Gefühle, z. B. ein brennendes Gesicht anstatt Scham, Herzklopfen anstatt Angst. Aber diese Empfindungen sind ja Bestandteile der entsprechenden Gefühle. Der Neurotiker erlebt nicht Empfindungen *anstelle* von Gefühlen, sondern auf Kosten oder sogar unter Ausschluß des Bewußtseins der Gefühlskomponente; da er zum Teil das »Gefühl seiner selbst« (das sensomotorische Gewahrsein) verloren hat, erlebt er eine unvollständige Situation — ein Skotom (blinder Fleck) für die psychische Manifestation der Gemütsbewegung.

Da es uns in diesem Buch nicht so sehr um eine universelle ganzheitliche Auffassung geht, sondern um eine spezifisch organische, unterscheidet sich unser Ansatz von dem Smuts'. Anstelle der Aspekte Materie, Leben und Geist wählen wir die Aspekte Leib, Seele und Geist. Die Identität von Leib und Seele — zumindest theoretisch — zu erkennen, ist nicht sehr schwer. Das Problem wird etwas komplizierter, wenn wir den Geist einbeziehen. Hier hat eine Differenzierung in Entgegengesetztes stattgefunden. Wenn Sie frösteln, treten bestimmte Phänomene an der Haut, in den Muskeln usw. ein. Zugleich mit diesen Empfindungen registriert der Geist: »Ich fröstle«, oder er denkt an das Gegenteil: »Ich möchte mich warm fühlen, ich möchte nicht frösteln.« (Dieser Protest, dieser Widerstand, ist ein biologisches Phänomen; man darf ihn nicht mit dem psychoanalytischen Konzept von Widerstand verwechseln.) Wenn der Geist die Situation immer akzeptierte, wäre seine Existenz überflüssig. Die Feststellung »Ich fröstle« könnte von exhibitionistischem oder wissenschaftlichem Interesse sein, hätte aber keinen biologischen Wert. Ist diese Feststellung jedoch nicht eine bloße Feststellung, sondern ein Gefühlsausdruck, ein Hilfeschrei: »Ich fröstle — gib mir Wärme!«, dann drückt sie den Drang nach ihrem Gegenteil aus.

Versuche mit niederen Tieren zeigen, daß Tiere grundsätzlich gleich reagieren, ob mit oder ohne Gehirn. Der einzige Unterschied besteht darin, daß hirnlose Tiere langsamer reagieren als Tiere mit einem Gehirn. Wir können dies so interpretieren, daß »das Gehirn den Organismus mit verbesserten Signalen hinsichtlich seiner Bedürfnisse versorgt«. Diese Signale haben ein Merkmal, das den Erfordernissen des Organismus entgegengesetzt ist, wie das folgende Beispiel zeigen wird: Herr Braun macht an einem sehr heißen Tag einen Spaziergang. Er schwitzt und verliert eine bestimmte Menge Wasser. Wenn wir die im ausgeglichenen Organismus erforderliche Flüssigkeitsmenge als W bezeichnen und den verlorenen Teil als X, dann bleibt ihm die Menge W minus X;

diesen Zustand erlebt er als Durst, als einen Wunsch, das organismische Flüssigkeitsgleichgewicht wiederherzustellen, als einen Drang, seinem System die Menge X wieder einzuverleiben. Dieses X erscheint in seinem Geist (der, gegen das —X protestierend, an das Gegenteil denkt) als Vision von einem strudelnden Bach, einem Krug Wasser oder einem Wirtshaus. Das —X im Leib-Seele-System erscheint in seinem Geist als X. Mit anderen Worten: W minus X existiert im »Leib« als ein Mangel (Austrocknung), in der »Seele« als Empfindung (Durst) und im »Geist« als das Komplementärbild. Wenn dem Organismus die Menge X realen Wassers zugeführt wird, wird der Durst aufgehoben, gestillt, und das Gleichgewicht W wiederhergestellt; das *Bild* von X im Geist verschwindet zugleich mit dem Vorhandensein des *realen* X im Leib-Seele-System. Durst stellt — wie übrigens jede Art von Verlangen — einen Mangel oder ein Minus im Gleichgewicht des Organismus dar. Ist die Situation umgekehrt, so besteht ein Plus im Leib-Seele-System und ein Minus im Geist. Das einfachste Beispiel für ein solches Plus (oder einen Überschuß, wie man auch sagen kann) ist der Abfall. Faezes und Urin stellen einen Überschuß an Nahrungsaufnahme dar. Dieses Plus an Material ruft im Menschen das Bild seines Minus hervor: den Ort, wo man diesen Überschuß loswerden kann. Im ersten Beispiel stellt das Verschwinden des Minus das organische Flüssigkeitsgleichgewicht wieder her. Defäkation, Urinieren oder die Absonderung von Sekreten (z. B. der Geschlechtsdrüsen) und von Gefühlen führen gleichermaßen zum organischen Gleichgewicht.

Die Plus- und Minus-Funktionen des Stoffwechsels stellen das Wirken der Grundtendenz eines jeden Organismus dar, nach Gleichgewicht zu streben. Es besteht jeden Augenblick die Möglichkeit, daß irgendein Geschehen das Gleichgewicht des Organismus stört, und gleichzeitig erhebt sich eine Gegentendenz, es wiederzuerlangen. Je nach ihrer Stärke nennen wir diese Tendenz ein Verlangen, einen Drang, ein Bedürfnis, einen Wunsch, eine Leidenschaft, und wenn sie sich regelmäßig verwirklicht, nennen wir sie eine Gewohnheit. Aus diesen dringenden Bedürfnissen leiten wir das Vorhandensein von Trieben ab. Dies ist eine intellektuelle Folgerung aus Beobachtungen von Verhaltensweisen, dringenden Bedürfnissen und physiologischen Symptomen. Solange wir uns bewußt bleiben, daß der Terminus »Trieb« nur ein bequemes Wortsymbol für bestimmte komplexe Ereignisse im Organismus ist, dürfen wir ihn benützen. Aber wenn wir einen Trieb als Realität ansehen, machen wir den gefährlichen Fehler, ihn als »prima causa« (Ursache) aufzufassen und in eine neue Falle der Vergöttlichung zu gehen — eine Falle, der nicht einmal Freud entgangen ist.

Man hat oft versucht, die Triebe aufzuzählen und zu klassifizieren. Aber jede Klassifikation, die das organismische Gleichgewicht außer acht läßt, muß notwendigerweise willkürlich sein: ein Produkt der spezifischen Interessen des klassifizierenden Wissenschaftlers.
Um ganz genau zu sein: Man muß Hunderte von Trieben anerkennen und man muß sich klarmachen, daß Triebe nicht absolut, sondern relativ sind, je nach den Erfordernissen des jeweiligen Organismus. Nehmen wir als Beispiel eine schwangere Frau: Das in ihr wachsende Kind braucht Kalzium, und sie verspürt ein Bedürfnis nach Kalzium. Wenn ihr Kalzium-Defizit stark genug wird, kann sich die Verwirklichung der Gegentendenz zu einer so »triebhaften« Gier nach diesem Mineral entwickeln, daß es Fälle gegeben hat, wo solche Frauen den Kalk von den Wänden geleckt haben. Unter gewöhnlichen Umständen macht sich jedoch dieser »Kalzium-Trieb« nicht bemerkbar, da normalerweise genug Kalzium in der täglichen Nahrung enthalten ist, um die Entstehung eines Kalzium-Defizits zu verhindern.
Das Bedürfnis nach Vitaminen oder nach gewöhnlichem Salz führt zu derselben Situation. Diese Bedürfnisse werden gewöhnlich nicht bemerkt, da die betreffenden Stoffe in der üblichen Nahrung ausreichend vorhanden sind. Die Wissenschaft kann nur dann von einer ausgewogenen Ernährung sprechen, wenn all die verschiedenen Arten von Hungertrieben befriedigt werden [2].
Die Mangelerscheinungen im menschlichen Organismus sind nicht ausschließlich biologischer Art. Besonders die Zivilisation hat im Menschen eine Anzahl zusätzlicher Bedürfnisse hervorgerufen — einige eingebildete und einige reale Bedürfnisse von sekundärer Bedeutung. Ein Beispiel für sekundäre Bedürfnisse ist der Gebrauch bestimmter Suchtmittel (z. B. Morphine), der im Organismus ein wirkliches Bedürfnis hervorruft. Nach Ehrlichs Theorie von den Seitenketten wird der Organismus des Morphinisten von unvollständigen Molekülen überschwemmt, die ein echtes Bedürfnis nach ihrer Vervollständigung hervorrufen. Der Morphiumhunger ist ein echter, wenn auch krankhafter Trieb geworden. Daß der Morphinismus tatsächlich zum Trieb geworden ist, sieht

[2] Ein interessanter Ausdruck des Salztriebes ist das Zeichen für Kochsalz in der Schrift eines afrikanischen Stammes, das die Wichtigkeit des Salzes und zugleich die Gier danach symbolisiert: 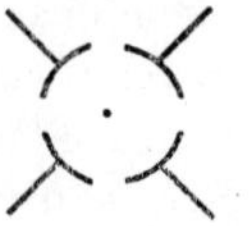 Aus allen Richtungen strecken sich Hände nach dem Mineral aus, das so dringend gebraucht wird.

man auch an dem Umstand, daß diese Sucht niemals durch »Willenskraft« geheilt werden kann.

Die Krankhaftigkeit eines solchen Triebes ist offensichtlich, denn wir beobachten ihn hauptsächlich bei Individuen, die sich von der Mehrheit deutlich unterscheiden; handelt es sich um eine kollektive Gewohnheit, dann ist ein solcher Trieb nicht so auffällig. Der Organismus eines fettleibigen Börsenmaklers, der sein Büro im 40. Stock hat, hat sich in so hohem Maß verändert, daß sich bei dem Mann ein »Lift-Trieb« entwickelt hat — tatsächlich kann er sein Büro nicht erreichen, wenn er nicht im Aufzug befördert wird. Als eingebildete Bedürfnisse können wir Liebhabereien, Moden, Glücksspiel und anderes anführen, was für den Organismus nicht lebenswichtig ist, trotzdem aber starkes Interesse erregt. Von hier aus ist es nur ein Schritt zu den (krankhaften) Zwängen und Phobien, wie z. B. sinnlosem Zählen, dem mehrmaligen Nachprüfen, ob eine Tür verschlossen ist, der Unfähigkeit, eine Straße zu überqueren oder sich in einem geschlossenen Raum aufzuhalten. Wir können nicht all die verschiedenen Triebe des Organismus aufzählen, aber wir können sie unter zwei Überschriften zusammenfassen, gemäß ihren Hauptfunktionen, der Selbsterhaltung und der Arterhaltung. Die Selbsterhaltung wird gesichert durch Befriedigung der Nahrungsbedürfnisse sowie durch Selbstverteidigung, während die Geschlechts-»Triebe« für die Arterhaltung sorgen.

Die Triebeinteilung Freuds erfordert eine Neuordnung vom organismischen Standpunkt aus. Mit seiner Eros-Thanatos-Theorie werde ich mich später befassen. In diesem Stadium muß ich lediglich seiner ursprünglichen Klassifikation widersprechen (von der er selber nicht allzuviel hielt, und die er nur als eine vorläufige Hypothese ansah). Seiner Unterscheidung zwischen Ichtrieben und Sexualtrieben liegt offensichtlich ein dualistisches Konzept zugrunde, das einen geeigneten theoretischen Hintergrund für seine Beobachtungen des neurotischen Konflikts liefern soll; aber die Beziehung zwischen Ich- und Sexualtrieb unterscheidet sich nicht wesentlich von der Beziehung zwischen Ich- und Hungertrieb. Das Ich ist weder ein Trieb, noch hat es Triebe; es ist eine organismische Funktion, wie ich in einem späteren Kapitel zeigen werde.

Der folgende Traum eines Soldaten im Ersten Weltkrieg liefert uns ein einfaches Beispiel für das Erleben von Mängeln und Überschüssen im Organismus. Sein Bericht lautet zusammengefaßt folgendermaßen:

»Es war Anfang 1918 in Frankreich. Unsere Kompanie lag in einem alten Fabrikgebäude. Um die ›öffentliche Bedürfnisanstalt‹ zu erreichen, mußten wir einen großen, eis- und schneebedeckten Hof überqueren, und Soldaten einer anderen Einheit wachten darüber, daß wir den schönen Schnee im Hof nicht verdarben, indem wir ihn als Pissoir benutzten. Was wir 1918 zu essen bekamen, war in jeder Hinsicht unzureichend. Ich schlief im oberen von zwei übereinander aufgestockten Betten. Ich träumte, ich sei gerade auf Urlaub in meiner Heimatstadt angekommen. Ich ging zu Fuß vom Bahnhof in die Vorstadt, wo meine Eltern wohnen. Meine Mutter hatte mir geschrieben, sie wolle Zwetschgenknödel machen — mein Lieblingsessen — wenn ich auf Urlaub nach Hause käme, und ich freute mich schon auf diese Köstlichkeit, von der ich viele Portionen essen wollte. Ich fühlte einen heftigen Harndrang und betrat eine öffentliche Toilette, wo ich mich entleerte. Dann marschierte ich weiter ... Damit war mein Traum zu Ende, und plötzlich wachte mein Kamerad im unteren Bett auf und machte in deftiger Sprache seinem Groll darüber Luft, daß ich auf ihn hinuntergepinkelt hatte.«

Unvollständige Situation	*Kompensation durch den Traum*
MINUS	PLUS
Schlechtes Essen	Schmackhafte Knödel
Fehlen der vertrauten Umgebung	Zu Hause
ÜBERSCHUSS	MANGEL
Urin	Nachttopf
Langer, kalter Weg zum Pissoir	Kein weiter Weg

4
Realität

Kein Organismus ist autark. Er braucht die Welt zur Befriedigung seiner Bedürfnisse. Einen Organismus für sich allein zu betrachten, bedeutet, daß man ihn als eine künstlich isolierte Einheit ansieht, während in Wirklichkeit immer eine Interdependenz zwischen dem Organismus und seiner Umwelt besteht. Der Organismus ist ein Teil der Welt, aber er kann die Welt auch als etwas von ihm Getrenntes erleben — als etwas, das ebenso real ist wie er selbst.

Jahrhunderte hindurch haben wenige Probleme die Philosophen mehr beschäftigt als das der Realität. Es gibt zwei Hauptrichtungen des Denkens: Der einen Richtung zufolge besteht die Welt nur durch die Wahrnehmung, der anderen zufolge existiert sie unabhängig von der Wahrnehmung. Jeder erinnert sich an die Geschichte von dem Mann, der dem Philosophen gegen das Schienbein trat und ihm klarzumachen versuchte, der Schmerz existiere nur in seiner, des Philosophen, Wahrnehmung.

Aber das Problem ist nicht ganz so einfach. Seine Lösung ist zugleich einfacher und komplizierter. Ich bin nicht geneigt, mich in diesem Buch mehr mit philosophischen Fragen zu beschäftigen, als für die Lösung unserer Probleme absolut nötig ist, und ich bin gewiß nicht bereit, mich an irgendeinem bloßen Wortstreit zu beteiligen. Auf eines muß ich hinweisen: Wenn der Mann nicht den Impuls gehabt hätte, den Philosophen zu treten, hätte dieser von der Existenz seines Schienbeins nichts gemerkt. Wir können sogar noch einen Schritt weiter gehen und sagen: Die Werkzeuge der Wahrnehmung entwickeln sich im Dienst unserer Interessen. Darum sollte die Frage lauten: Existiert die Welt *an sich,* oder existiert sie nur insoweit, als es um unsere Interessen geht?

Wir nehmen an, daß es eine objektive Welt gibt, aus der das Individuum sich seine subjektive Welt schafft: Wir wählen uns entsprechend unseren Interessen Teile der absoluten Welt aus, aber diese Auswahl ist begrenzt durch die Reichweite unserer Wahrnehmungswerkzeuge sowie durch soziale und neurotische Hemmungen. Später werden wir die Bekanntschaft einer anderen, einer Pseudo-Welt machen, die in unserem Leben und in unserer Kultur eine enorme Rolle spielt, und die eine eigenständige Realität geworden ist — die Welt der Projektionen.

Das ganze Problem der Existenz der Welt ist auf die Frage zusammengeschrumpft: Wieviel von ihr existiert für das Individuum?

Der äußere Kreis soll die Welt *an sich* darstellen.

Der nächste Kreis zeigt unser indirektes Wissen von der Welt an, ein Wissen, das wir mit den Werkzeugen unseres Verstandes (durch Bücher, Unterricht) und mit verfeinerten Mitteln der Wahrnehmung (z. B. Teleskop und Mikroskop) erwerben. Wir machen uns die Existenz dieses Teils der Welt am besten durch die unheimliche Erfahrung mit der Galton-Pfeife klar, die einen Ton von sich gibt, der oberhalb des menschlichen Hörbereichs liegt. Wenn man auf dieser Pfeife bläst, hält der gut erzogene Hund mitten im Lauf inne, obwohl man selbst keinen Laut hört. Dieses Pfeifen liegt gerade jenseits des nächsten Kreises, der unsere — ziemlich stabilen — Möglichkeiten der Wahrnehmung umfaßt. Der Stabilität der Sinne entgegengesetzt ist die Instabilität unserer Interessen (der folgende Kreis), die der Grund für die große Unterschiedlichkeit unserer Beobachtungen und Kontakte ist. Die subjektive Welt wird weiter eingeengt durch den Verlust von Sinnesfunktionen (Blindheit, Empfindungslosigkeit usw.) und durch soziale und neurotische Hemmungen.

Um die wechselseitige Abhängigkeit der objektiven und der subjektiven Welt im einzelnen ein wenig zu veranschaulichen, lege ich das folgende Schema vor, das ein und dasselbe Objekt in seiner Beziehung zu einer Anzahl von Leuten zeigt. Das gewählte Objekt ist ein Kornfeld.

Bauer		Agronom
Pilot	Kornfeld	Kaufmann
Maler		Liebespaar

Wir versuchen, uns der objektiven Welt mit Hilfe von Definitionen zu nähern, und wir können das »Kornfeld« annähernd als ein Stück Land definieren, auf dem Getreide angebaut wird. Ist diese sogenannte *objektive* Realität notwendigerweise identisch mit den *subjektiven Realitäten* aller in dem Schema aufgeführten Personen? Gewiß nicht. Ein Kaufmann, der sich das Kornfeld ansieht, wird den Gewinn überschlagen, den er aus dem Handel mit der Ernte erreichen kann, während ein Liebespaar, das sich das Kornfeld aussucht als einen Ort, an dem es sich von der Welt zurückziehen kann, überhaupt nicht an seinem Handelswert interessiert ist. Ein Maler mag sich an seinen langsam wechselnden Harmonien von Licht und Schatten begeistern; für den Piloten dagegen, der gleich eine Notlandung machen muß, dient die Bewegung des Getreides nur als Anzeiger der Windrichtung. Für einen Agronomen sind Windrichtung oder Farbharmonien ohne Bedeutung, da es ihm um die chemische Zusammensetzung des Bodens geht. Der von uns oben definierten objektiven Realität kommt die subjektive Realität des Bauern am nächsten, der das Feld bestellt und das Korn angebaut hat.

Es mag so scheinen, als seien die Dinge komplizierter geworden als vorher. Aus einer Realität entstehen sechs; aber diesen sechs Realitäten ist das spezifische Interesse gemeinsam, das subjektive Realitäten kennzeichnet.

Daß der spezifische Interessenbereich bei der Entstehung der subjektiven Realität der entscheidende Faktor ist, läßt sich leicht demonstrieren, wenn man in jedem der oben genannten Fälle Alternativen wählt. Wir können das Kornfeld durch etwas anderes ersetzen, das jeweils im spezifischen Interessenbereich der genannten Personen liegt. Der Zusammenhang zwischen dem Piloten und dem Kornfeld ist nicht die Assoziation »Windrichtung«, sondern der Bereich, der den Bedürfnissen des Piloten entspricht, d. h. seine Minus-Situation, von der wir im vorigen Kapitel gesprochen haben. Der Pilot könnte also auch am Rauch eines Schornsteins die Windrichtung ablesen. Der Kaufmann könnte als Alternative den Ankauf von Geflügel wählen, der Maler einen Bach, die Liebenden einen Heuschober, der Bauer die Rinderzucht und der Agronom einen Kartoffelacker.

Die sechs Leute haben sechs verschiedene Interessenbereiche. Sie interessieren sich für solche Objekte der Außenwelt, die geeignet sind, ihre unterschiedlichen Bedürfnisse zu befriedigen, und nur durch *Zufall* ist das Kornfeld das Objekt, das ihren verschiedenen Interessenbereichen gemeinsam ist. Wir können sogar so weit gehen zu sagen, daß die Realität, auf die es ankommt, die Realität der Interessen ist — die *innere* und nicht die *äußere* Realität. Das wird uns am besten klar durch die Absurdität, zu der ein Austausch der Alternativen führen würde, wenn wir die spezifischen Interessen außer acht lassen würden. Ein Pilot, der versuchen würde, sich mit Hilfe eines Heuschobers über die Windrichtung zu informieren, ein Kaufmann, der Bäche aufkaufen würde, Liebende, die sich im Rauch eines Schornsteins verstecken würden ...

Spezifische Interessen werden durch spezifische Bedürfnisse diktiert.

Wenn wir also die spezifischen Bedürfnisse in unser Schema eintragen, sehen wir, daß in jedem Fall das Kornfeld das Plus darstellt, das Mittel zur Befriedigung der verschiedenen Defizite.

Bauer will seinen Lebensunterhalt erwerben		*Agronom* sucht nach wissenschaftlichen Daten
Pilot braucht einen Platz zum Landen	Kornfeld	*Kaufmann* will Geld verdienen
Maler sucht nach einem Sujet		*Liebespaar* will allein sein

Die Beziehung zwischen dem Bedürfnis des Organismus und der Realität entspricht der Beziehung zwischen Leib—Seele und Geist. Das Bild im Geist verschwindet (wie wir gesehen haben), sobald das Bedürfnis des Organismus befriedigt wird. Genau das gleiche geschieht mit unseren subjektiven Wirklichkeiten. Sie verschwinden, sobald sie nicht mehr gebraucht werden.

Nach der Landung hat der Pilot kein wesentliches Interesse mehr an dem Kornfeld, und auch der Maler nicht, der sein Bild fertig gemalt hat. Ein Mann, dessen »Hobby« das Lösen von Kreuzworträtseln ist, mag sich stundenlang den Kopf zerbrechen, aber sobald er das Problem gelöst hat, verliert das Rätsel seine Anziehungskraft und ist nur noch ein Stück Papier. Die Situation ist vollendet. Das Interesse an dem Rätsel ist befriedigt und *dadurch* annulliert worden; es tritt in den Hintergrund und gibt den Vordergrund frei für andere Tätigkeiten.

Wenn man durch eine Stadt fährt, bemerkt man normalerweise nicht, ob und wo ein Briefkasten vorhanden ist. Die Situation ändert sich jedoch, wenn man einen Brief aufgeben möchte. Dann hebt sich von einem gleichgültig betrachteten Hintergrund ein Briefkasten ab und wird zur subjektiven Realität — mit anderen Worten, er wird zur Gestalt vor einem gleichgültigen Hintergrund [1].

---

[1] Wenn man vergißt, den Brief aufzugeben, muß dies nicht auf Verdrängung oder Widerstand beruhen. Es kann vielmehr darauf zurückgehen, daß das Interesse am Aufgeben des Briefes nicht stark genug ist, um das »Figur-Hintergrund-Phänomen« hervorzubringen.

Ein weiteres Beispiel: Herr Y hat ein Auto gekauft, z. B. einen Chevrolet. Solange sein Stolz auf das Auto anhält, wird er finden, daß diese Automarke sich vorteilhaft von der Masse der Wagen auf der Straße abhebt.
Diese beiden Beispiele sollten genügen, um zu zeigen, daß wir nicht unsere ganze Umgebung auf einmal wahrnehmen. Wir sehen die Welt nicht so an, als wären unsere Augen Linsen einer Kamera. Wir wählen Objekte gemäß unseren Interessen aus, und diese Objekte erscheinen als hervorstechende Gestalten vor einem undeutlichen Hintergrund. Beim Fotografieren streben wir danach, die optischen Unterschiede zwischen dem menschlichen Auge und der Kamera zu überwinden, indem wir absichtlich eine Figur-Hintergrund-Wirkung erzeugen. Nahaufnahmen auf der Leinwand zeigen oft den Helden als deutliche Vordergrund-Figur vor einem verschwommenen Hintergrund [2].
Freud ist der Lösung des Figur-Hintergrund-Problems, wie sie die Gestaltpsychologie gefunden hat, nahegekommen. Er versuchte das Problem dadurch zu lösen, daß er annahm, Objekte (sowohl reale Objekte als auch Vorstellungsbilder von Objekten) könnten mit seelischer Energie »geladen« (besetzt) werden, und jeder psychische Vorgang sei von einer Änderung der Besetzung begleitet [3].
Diese Theorie ist zwar als Arbeitshypothese brauchbar, aber sie hat einige Nachteile.
Für Freud bedeutet Besetzung hauptsächlich Besetzung mit Libido.
Die Vorstellung der Besetzung ist von den Pseudopodien der Amöbe abgeleitet, die zur Nahrungsaufnahme benützt werden. Sie ist ohne ausreichende Rechtfertigung vom Ernährungs- auf den Sexualbereich übertragen worden, mit dem Ergebnis, daß in der psychoanalytischen Theorie Ernährungsfunktionen mit sexuellen Vorgängen vermischt worden sind.
Die Beziehung zwischen dem Organismus und dem »Geist« entspricht

---

[2] Unter den Bedingungen der Krankheit können wir beim Menschen das Fehlen der Figur-Hintergrund-Bildung beobachten. Diesen Zustand nennt man »Entpersönlichung« (Depersonalisation); er kommt nach Schocks und außerordentlicher psychischer Belastung vor, nach dem Verlust eines geliebten Menschen und in geringerem Maß auch im Rauschzustand. Die Welt wird dann als etwas Starres, emotional Stumpfes, optisch aber klar Konturiertes wahrgenommen. Die Ähnlichkeit mit der Funktionsweise der unbelebten Fotolinse ist offensichtlich.
[3] Besetzung bedeutet Hinzufügung von Energie, die auf geheimnisvolle Weise in ein reales oder vorgestelltes Objekt projiziert oder injiziert wird.

der Beziehung zwischen dem Organismus und der Realität auf drei Weisen.

1. Sowohl der Geist als auch die Realität vervollständigen ein organismisches Bedürfnis.

2. Sie funktionieren nach dem Figur-Hintergrund-Prinzip. Sobald die Befriedigung erlangt worden ist, verschwinden sowohl das geistige Bild (die Vorstellung) als auch das reale Objekt aus unserem Bewußtsein.

Es gibt natürlich Unterschiede zwischen Realität und Vorstellungsbild, zwischen Erkennen und Sich-Vorstellen, sonst würden wir das Bild für die Realität halten (Halluzination) [4]. Anfänglich sind Wahrnehmungen und Vorstellungen nicht unterschieden, sondern identisch. In Träumen kann man dies erleben. Bei einem lebhaften Traum ist man tatsächlich in der Situation, die man erlebt, als sei sie Wirklichkeit. Im Wachzustand sind nur wenige Menschen fähig, sich an einen Traum mit all seiner ursprünglichen Intensität zu erinnern und ihn so noch einmal zu erleben. Sie erinnern sich nur an das Material, und nur dann und wann können sie eine Gemütsbewegung reproduzieren, die sie im Traum erlebt haben. Die Identität von Wahrnehmung und Vorstellung im Traum — sein halluzinatorischer Charakter — manifestiert sich in der Enttäuschung oder Erleichterung, die man verspürt, wenn man merkt, daß der Traum »nur ein Traum« war [5].

---

[4] Halluzinationen kommen nicht nur bei Geisteskranken vor, sondern auch bei normalen Menschen, die im Zustand großer Spannung sind, z. B. bei Hunger oder Angst.

[5] Jaensch hat den Beweis für den prä-differenten Zustand von Vorstellung und Wahrnehmung geliefert. Er hat diesen Zustand »eidetisch« genannt und gezeigt, daß er gewöhnlich bei Kindern vorhanden ist und daß einige Leute ihn auch noch als Erwachsene erleben können. Diese Menschen können ihre eidetischen Fähigkeiten mit großem Erfolg einsetzen, z. B. bei Prüfungen. Sie lesen einfach im Geist die erforderlichen Seiten des Lehrbuches ab, die sie zuvor wirklich gelesen haben — vielleicht sogar, ohne den Inhalt zu verstehen. Ein solch gutes »Gedächtnis« ist an sich noch nicht unbedingt ein Zeichen von Intelligenz. Viele Leute mit einem eidetischen Gedächtnis sind dumm, wenn auch andere, wie Goethe, es sehr nützlich fanden, sich, wenn es nötig war, an ungeheuer viele Dinge erinnern zu können. Später werde ich einige Ratschläge geben, wie man dieses biologische Gedächtnis verbessern kann.

5

Die Antwort des Organismus

Wenn die Existenz der subjektiven Welt von unseren Trieben abhängig ist, wie kann die Gestaltpsychologie andererseits behaupten, daß der Organismus Situationen »beantworte«? Das sieht doch wie eine Umkehrung dessen aus, was wir bisher festgestellt haben.
Ist der Organismus das Primäre, und wird die Welt durch seine Bedürfnisse geschaffen? Oder ist primär eine Welt vorhanden, auf die der Organismus reagiert? Beide Ansichten sind *in toto* richtig. Sie widersprechen sich keineswegs: Aktionen und Reaktionen sind ineinander verwoben.
Bevor wir dieses Problem angehen, müssen wir uns klarmachen, was die Wörter »antworten auf, beantworten« bedeuten. Wir sind es gewöhnt, das Wort »antworten« im Sinn der *verbalen* Beantwortung einer Frage zu verwenden. Aber auch Nicken oder Kopfschütteln werden als Antworten akzeptiert, obwohl sie nicht verbal sind. Wenn wir dieses Wort in einer erweiterten Bedeutung verwenden, können wir jede Reaktion auf eine Aktion eine »Antwort« nennen. Die Re-aktion, die Antwort, ist eine Folge, etwas Sekundäres, das auf etwas folgt, das zuerst geschehen ist.
Die Abfolge Realität—Antwort steht im Gegensatz zur *Gleichzeitigkeit* von Trieb und Realität. Die innere Hunger-Spannung und der appetitanregende Anblick von Nahrung erscheinen und verschwinden gleichzeitig, während die Reaktion eines Kindes die Folge einer Forderung seitens des Kindermädchens ist. Auch hier müssen wir uns wieder davor hüten, eine Kausalität anzunehmen und zu sagen, eine Antwort werde durch eine Frage *bestimmt.* Die einzigen Ausnahmen sind jene Fälle, in denen genau die gleiche Reaktion stereotyp auf eine Aktion folgt. In solchen Fällen sprechen wir z. B. von einem »Reflex«, womit wir zum Ausdruck bringen, daß die Abfolge von Aktion und Reaktion nicht durch einen Entschluß bestimmt wird.
Wie bereits erwähnt, beschränken sich die Antworten nicht auf Worte. Wir können eine Situation mit allen Arten von Gemütsbewegungen beantworten — mit Angst, Furcht, Begeisterung, Ekel, Aktivität, Weinen, Flucht, Angriff oder vielen anderen Reaktionen.
Um nur ein aus dem Alltagsleben gegriffenes Beispiel zu geben: Mehrere Leute werden Zeugen eines Autounfalls. Die meisten von ihnen werden entweder mit Interesse (inter-esse = dazwischen sein) oder mit

Flucht reagieren — oder mit echter oder vorgeblicher Gleichgültigkeit. Die interessierten Leute werden die Situation mit ¶ beantworten. Sie werden sich an den Ort des Unfalls hingezogen fühlen, und wenn sie in vernünftiger Weise aktiv sind, werden sie den Krankenwagen rufen oder Hilfe leisten; vielleicht stehen sie auch neugierig herum und sind nur im Weg. Andere bringen Assoziationen hervor, z. B. die Erinnerung daran, daß eine Tante einen ähnlichen Unfall gehabt hat, oder sie halten Predigten über die Gefahren überhöhter Geschwindigkeit oder des Autofahrens in betrunkenem Zustand. Die dieser Gruppe entgegengesetzte Haltung ist die der Vermeidung (♯). Der eine wird vielleicht ohnmächtig; andere laufen weg und behaupten, sie könnten den Anblick von Blut und verstümmelten Leibern nicht ertragen. Wieder andere sagen, sie könnten sich den Unfall nicht ansehen, denn sie fürchteten, er würde ihnen dann nicht mehr aus dem Kopf gehen und schließlich dazu führen, daß sie selber einen Unfall hätten. Erschöpfte Menschen, die sich selber tapfer zeigen möchten, reagieren mit vorgeblicher Gleichgültigkeit, und nur bei der echten Gleichgültigkeit ist keine Reaktion vorhanden, da keine Störung der Persönlichkeit stattgefunden hat.

Der nächste Schritt, den es zu betrachten gilt, ist dieser: Wir wählen uns nicht nur unsere Welt, sondern wir können auch von anderen als Objekte ihres Interesses ausgewählt werden. Sie können Forderungen an uns stellen; unsere Antworten darauf können entweder bejahend sein (wir entsprechen ihren Wünschen) oder verneinend (wir sind in Abwehrstellung oder lehnen ihre Forderungen ab).

Die von uns geschaffene Kultur ist voll von Ansprüchen. Es gibt Konventionen, Gesetze, Verpflichtungen, Abstände, die man überwinden muß, wirtschaftliche Schwierigkeiten und eine Menge von Pflichten, die wir erfüllen müssen. Sie sind eine kollektive Realität, und dazu noch eine sehr mächtige, objektiv in ihren Wirkungen, wenn auch nicht ihrem Sinne nach.

Und als ob das noch nicht genügte, hat der Mensch sich auch noch eine zusätzliche Welt geschaffen, die für die meisten Leute ebenfalls eine Realität ist. Diese imaginäre Realität besteht aus Projektionen; das wichtigste Beispiel dafür ist die Religion.

Wenn wir nochmals auf unser Beispiel mit dem Kornfeld zurückkommen, können wir nun die »Antwort des Organismus« auf die Situation hinzufügen und kommen zu folgender Erweiterung:

Person	*Kornfeld-Situation*	*Antwort*
Pilot	Anzeiger für die Windrichtung	Landen
Bauer	Lebensunterhalt	Ernten

Maler	Landschaft	Malen
Liebespaar	Versteck	Sich Verbergen
Agronom	Boden	Material sammeln
Kaufmann	Ware	Geld bieten

Wir haben nun den Zyklus der Interdependenz von Organismus und Umwelt abgeschlossen. Wir haben folgendes gefunden:

1. den Organismus in Ruhe
2. den Störfaktor, der sein kann

a) eine äußere Störung — eine an uns gestellte Forderung oder irgendein Eingriff, der uns in Abwehrstellung bringt;

b) eine innere Störung — ein Bedürfnis, das genug Stoßkraft gesammelt hat, um nach Befriedigung zu streben und das folgendes erfordert:

3. die Erschaffung eines Vorstellungsbildes oder einer Realität (Plus-Minus-Funktion und Figur-Hintergrund-Erscheinungen);
4. die Antworten auf die Situation, die abzielt auf
5. eine Verminderung der Spannung — Erlangung der Befriedigung oder Erfüllung der Forderungen, die
6. zur Rückkehr des organischen Gleichgewichts führen.

Ein Beispiel für den Ablauf des Zyklus bei einer Störung von innen her könnte sein:

1. Ich liege auf dem Kanapee.
2. Der Wunsch, etwas Interessantes zu lesen, dringt in mein Bewußtsein.
3. Ich erinnere mich an eine bestimmte Buchhandlung.
4. Ich gehe dorthin und kaufe ein Buch.
5. Ich lese.
6. Ich habe genug davon und lege das Buch beiseite.

Ein Beispiel für den Ablauf des Zyklus bei einer Störung von außen her könnte sein:

1. Ich liege auf dem Kanapee.
2. Eine Fliege krabbelt mir übers Gesicht.
3. Ich bemerke den Störenfried.
4. Ich werde ärgerlich und hole eine Fliegenpatsche.
5. Ich töte die Fliege.
6. Ich gehe zum Kanapee zurück.

Der Zyklus bei einer äußeren Störung unterscheidet sich im Grunde nicht von dem Ablauf des Zyklus bei einer inneren Störung. Auch hier ist die erste Antriebskraft ein Trieb (z. B. der Selbsterhaltungstrieb). In bestimmten Situationen würde ich die Fliege vielleicht gar nicht beachten. Dann würde sie natürlich nicht als Störenfried wirken, und der ganze Zyklus würde gar nicht zustandekommen.

Dieser Zyklus führt zum Verständnis eines der wichtigsten Phänomene, nämlich der Tatsache der Selbstregulierung des Organismus, die sich, wie W. Reich hervorgehoben hat, stark unterscheidet von der Triebregulierung durch Moral oder Selbstbeherrschung. Die moralische Regulierung muß zur Ansammlung unvollendeter Situationen in unserem Organismus und zur Unterbrechung des organismischen Zyklus führen. Diese Unterbrechung wird durch Muskelkontraktion und Anästhesie herbeigeführt. Ein Mensch, der sich selber nicht mehr »fühlt«, der z. B. seinen Geschmackssinn »betäubt« hat, kann nicht spüren, ob er hungrig ist oder nicht. Deshalb kann er nicht erwarten, daß seine »Selbstregulierung« (sein Appetit) richtig funktioniert, und er muß seinen Geschmackssinn künstlich anregen.
Wir können solche Verletzungen des Prinzips der gesunden Selbstregulierung den normalen Funktionen gegenüberstellen. Im Geschlechtsleben z. B. führt die Hormonproduktion durch die Drüsen zu einem organischen Überschuß, die gesteigerte sexuelle Spannung ruft ein Vorstellungsbild hervor bzw. führt zur Wahl eines realen Objektes, das zur Befriedigung des Bedürfnisses nach einer Wiederherstellung des organismischen Gleichgewichts geeignet ist.
Es ist etwas schwieriger, das Prinzip der Selbstregulierung zu erkennen, wenn es um weniger manifeste Funktionen geht, aber da es ein allgemeines Prinzip ist, gilt es für jedes System, jedes Organ, jedes Gewebe und jede einzelne Zelle. Ohne Selbstregulierung würden die Zellen entweder absterben oder wuchern (z. B. Degeneration oder Krebs). Es ist auch schwierig, den Augenblick des Gleichgewichts in der Atmung exakt zu demonstrieren, da ein ständiger Sauerstoffbedarf besteht und da die Produktion von CO_2 ununterbrochen weitergeht. Hier wird die Selbstregulierung durch die pH-Konzentration ausgeführt. Gähnen und Seufzen sind Symptome der Selbstregulierung. Bei Angst funktioniert die Selbstregulierung nicht richtig.
Die Wiederherstellung des organismischen Gleichgewichts ist keineswegs immer so leicht und einfach, wie es nach dem eben Gesagten erscheinen könnte. Oft müssen mehr oder weniger heftige Widerstände überwunden werden, die von geographischen Hindernissen bis hin zu finanziellen Schwierigkeiten und sozialen Tabus reichen können.
Das Prinzip, das unsere Beziehungen zur Außenwelt regelt, ist das gleiche wie das intra-organismische Prinzip des Strebens nach Gleichgewicht. Den Vorgang, durch den der Mensch sich in Einklag mit der Außenwelt bringt, nennen wir Anpassung. Diese Anpassung kann von primitiven biologischen Funktionen bis zu weitreichenden Veränderungen der Welt durch einen einzelnen Menschen gehen.

Im allgemeinen ist die Anpassungsfähigkeit sehr begrenzt. Wir können uns innerhalb weniger Minuten an die Wassertemperatur anpassen, wenn wir ein kaltes oder ein heißes Bad nehmen, aber der Unterschied zwischen der Körpertemperatur und der des Wassers darf bestimmte Grenzwerte nicht überschreiten, sonst käme der Organismus zu Schaden — durch Verbrennungen oder Schock. Manche Menschen haben ihre Anpassungsfähigkeit allerdings soweit trainiert, daß sie in eiskaltes Wasser springen oder sogar über glühende Kohlen gehen können.

Wenn wir unseren Blick ein paar Minuten lang auf eine leuchtende Farbe richten, verschwindet die Leuchtkraft der Farbe. Helles Rot z. B. wird zu einem stumpfen, sich einem Grauton annähernden Rot. Blicken wir danach auf eine neutral gefärbte Fläche, so erscheint vor unseren Augen die Komplementärfarbe, in diesem Fall grün. Dieses Grün ist die Ergänzungstätigkeit des Organismus in Richtung auf die Anpassung; es ist das zum Plus »rot« gehörige Minus.

Häufig brauchen wir uns unserer Umgebung nicht anzupassen, sondern können die Umwelt unseren Bedürfnissen und Wünschen anpassen. Klimaanlagen und Zentralheizung sind Beispiele, die sich dem Vorgang der Akklimatisierung gegenüberstellen lassen.

Die Anpassung unserer Umwelt an unsere Bedürfnisse nennen wir ein alloplastisches (das andere formendes) Verhalten, die Eigenanpassung ein autoplastisches Verhalten. Die alloplastische Tätigkeit eines Vogels verändert seine Umwelt durch Nestbau oder das Aufsuchen eines wärmeren Klimas, der alloplastische Charakter des Menschen führt zu dem Drang, zu organisieren, zu befehlen oder Dinge zu erfinden und zu entdecken. Das Gegenteil, der autoplastische Charakter, wird durch das Chamäleon veranschaulicht, und beim Menschen durch seine Fähigkeit zur Anpassung und Geschmeidigkeit.

Alloplastisches und autoplastisches Verhalten sind beim Menschen auf tragische Weise miteinander verwoben, besonders in industrialisierten Ländern, wo sich die Umwelt so rasch verändert, daß der menschliche Organismus nicht damit Schritt halten kann.

Die Folge ist eine ungeheure Belastung und Abnutzung des menschlichen Organismus, der kaum Zeit hat, sein Gleichgewicht in genügendem Maß wiederherzustellen, ein Thema, das von einer Reihe Autoren und besonders von F. M. Alexander in seinem Buch *Man's Supreme Inheritance* ausführlich behandelt worden ist.

6

Abwehr

Wenn es keinen der Fortpflanzung dienenden Geschlechtstrieb gäbe, könnte der Hungertrieb — dessen Befriedigung das Verzehren von Tieren und Pflanzen erfordert — noch eine Zeitlang gestillt werden. Aber da kein Nachschub mehr käme, würde das Leben auf der Erde bald aufhören.

Wenn es andererseits keinen Selbsterhaltungstrieb und keinen Hunger gäbe, sondern nur den Geschlechtstrieb, würden innerhalb weniger Jahre Flora und Fauna diesen Erdball in solchem Maß überfüllen, daß sich kein Tier bewegen könnte und für neuen Pflanzenwuchs kein Platz mehr wäre. Die Lebensbedingungen auf dieser Erde scheinen also gut ausgewogen zu sein: Die Vermehrung von Flora und Fauna liefert genug Nahrung, und ihr Verzehr verhindert eine Überfüllung des Erdballs. Dieses Gleichgewicht ist nicht der Erfolg einer geheimnisvollen Vorsehung, sondern ein Naturgesetz. Würde eine der beiden Seiten überwiegen, so würde das Leben auf diesem Planeten aufhören.

Die Organismen haben jedoch etwas gegen das Gefressenwerden und entwickeln mechanische und dynamische Abwehrvorrichtungen. Jeder Angriff, jede Aggression, die auf unsere partielle oder totale Zerstörung abzielt, wird als Gefahr erlebt. Im Kampf ums Überleben entwickeln sich die Mittel für Angriff und Verteidigung in ähnlicher Weise, wenn auch in verschiedener Richtung. Der Angreifer entwickelt all seine Möglichkeiten, an das Opfer heranzukommen (♯♯♯¶), der Verteidiger all seine Möglichkeiten, um die Angriffe unwirksam zu machen (♯♯♯♯).

Der Aggressor strebt nicht nach der Vernichtung seines Objekts. Er will sich einer Sache bemächtigen, aber er trifft auf Widerstand. Dann geht er dazu über, den Widerstand zu zerstören, wobei er von der Substanz, die ihm wertvoll ist, soviel wie möglich intakt läßt. Das gilt für Nationen ebenso wie für Einzelmenschen und Tiere. Als die Nazis den tschechoslowakischen Staat zerbrachen, vermieden sie sorgfältig die Zerstörung der Skoda-Werke. Der Geschäftsmann, der einen Konkurrenten ausschaltet, achtet sorgfältig darauf, daß der Kundenstamm des Konkurrenten erhalten bleibt. Der Tiger tötet nicht, um zu vernichten, sondern um sich Nahrung zu verschaffen.

Gefahr wird, ob sie von außen (Angriff) oder von innen kommt [1], mit

[1] Abgesehen von äußerer Gefahr, erleben wir auch Gefahren in uns selbst

den Augen, den Ohren, der Haut, kurzum, jeweils mit den Sinnesorganen erkannt, durch die wir mit dem Feind Kontakt aufnehmen. Ursprünglich war die Kontakt- und Beobachtungszone die Haut, diese biologische Grenze zwischen dem Organismus und der Welt. Später erstrecken sich die Vorposten der Verteidigung, die Wache halten gegen den Feind, immer weiter hinaus. Anstelle des Hautkontaktes geben nun Ohren, Augen und Nase und, in neuer Zeit, auch technische Instrumente (Periskop, Radar usw.) das Gefahrensignal, der Organismus geht in Verteidigungsstellung und setzt seine Mittel des Widerstands ein.

Der Organismus lebt im wesentlichen zentrifugal, aktiv. Jede Abwehr erfordert einen unerhörten Aktivitätsaufwand, zu dem manchmal auch ausgedehnte Vorbereitungen gehören. Die Mittel der Abwehr (Verteidigung) sind mechanischer oder dynamischer Art. Die mechanischen Abwehrmittel sind eingefrorene, versteinerte, angehäufte Aktivitäten, wie Muschelschalen oder Betonbefestigungen; die dynamischen Abwehrmittel sind motorischer (z. B. Flucht), sekretorischer (die Tinte des Tintenfisches, Schlangengift) oder sensorischer (erkundender) Art. Der Verteidiger ist also ebenso aktiv wie der Angreifer, so daß die Tendenz des Organismus, zentrifugal zu leben, wie bei fast allen anderen Funktionen auch, aufrechterhalten bleibt.

Reflexe(in der Phylogenese) und bedingte Reflexe(in der Ontogenese) sind das Ergebnis vorangegangener bewußter Aktivität. Sie sind eine Einrichtung, die Zeit und Konzentration spart. Da die Organisation einer Persönlichkeit gemäß dem Figur-Hintergrund-Prinzip funktioniert, wird der Geist, der unfähig ist, mehrere Aufgaben auf einmal zu erledigen, dadurch frei, sich der wichtigsten Aufgabe anzunehmen, während die niederen (Reflex-)Zentren — wenn sie gut trainiert sind — keiner Aufmerksamkeit mehr bedürfen. Dieser Automatismus führte zu der noch heute weit verbreiteten Vorstellung, die rezeptorischen Nerven unterschieden sich in ihrer Richtung von der der motorischen und sekretorischen Nerven. Die Ansicht, nur die motorischen und sekretorischen Nerven seien zentrifugal, ist eine Erbschaft aus dem mechanischen Zeitalter, als man noch annahm, die Lichtstrahlen z. B. bewegten sich aktiv durch die Drähte der Sehnerven und stimulierten den Organismus zu einer Reaktion. Diese Theorie bildet immer noch die Grundlage der neurologischen Lehre. Ihr zufolge ist ein Teil des Nerven-

---

(meist bilden wir sie uns ein), und zwar immer dann, wenn wir gegen einen Teil unser selbst feindselige Gefühle haben. Eine starke Gemütsbewegung kann das Ideal gefährden, ein unerschütterlicher »männlicher« Mann zu sein; Sexualimpulse bedeuten eine Gefahr für die fromme Jungfrau usw., usw.; wo und wann immer eine solche Gefahr sich erhebt, mobilisieren wir Schutzkräfte.

systems afferent, der andere efferent, und beide sind Teil eines Reflexbogens (Abb. 1). Einer anderen Auffassung zufolge sind sie zwei Zacken einer Gabel ähnlich (Abb. 2).

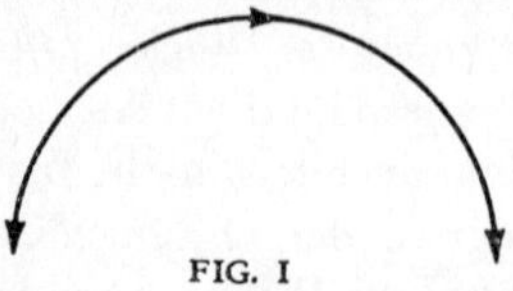

FIG. I

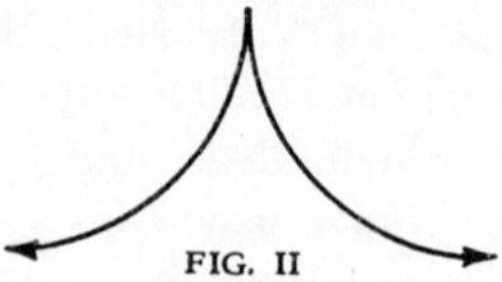

FIG. II

Goethe, der Neurologe Goldstein und der Philosoph Marcuse betonen die zentrifugale Tendenz des sensomotorischen Systems. Goldstein behauptet, sowohl das sensorische als auch das motorische Nervensystem erstreckten sich vom Gehirn zur Peripherie.

Die britische Admiralität hat den Standort der *Bismarck* nicht auf passive Weise, im Sinne des Reflexbogens, erkannt. Sie hat die Augen der Flotte, die Aufklärungsflugzeuge, ausgesandt.

Radioempfänger werden installiert, um drahtlose Botschaften zu empfangen. Wir kaufen Zeitungen, um zu erfahren, was in der Welt geschieht, und wir wählen aus und lesen, was uns interessiert.

Sobald wir den Gebrauch der Sinne als eine Tätigkeit ansehen, die dem Gebrauch der Fühler durch das Insekt entspricht, und nicht als etwas Passives, als etwas, das uns widerfährt, erkennen wir, daß die neue Auffassung weiter reicht als die alte, und daß sie Hilfstheorien überflüssig macht. Würde ein Wurm kriechen, weil seine sensorischen Nerven durch die Berührung mit dem Boden stimuliert werden, könnte er erst aufhören, wenn er völlig erschöpft wäre, da er, gezwungen von den automatischen Impulsen, die die motorischen Nerven von den sensorischen empfangen, immer weiterkriechen müßte. Um Theorie und Beobachtung in Einklang zu bringen, muß der Wissenschaftler zusätzliche Nerven annehmen, die den Reflexbogen hemmen und dem Wurm die Willensfreiheit verschaffen, im Kriechen innezuhalten. Durch die Annahme, daß der Organismus zentrifugal lebt, beseitigen wir diesen Widerspruch: Der Wurm kriecht aufgrund seiner sensorischen und motorischen Aktivitäten in einem biologischen »Feld« in Richtung auf die »End-Gewinne« seiner Triebe.

Wenn wir nachts durch einen Wald gehen, verwandeln wir das Hören in Hinhören; wir schärfen unseren Blick, schauen nach allen Seiten aus und machen die Augen zur Vorhut gegen mögliche Gefahren. Die sensorische Tätigkeit ist die gleiche wie bei der Abwehr (Verteidigung). Ein hungriges Kind sieht die Semmel im Bäckerladen nicht nur; es *starrt* sie an. Es ist nicht so, daß der Anblick des Brotes den Hunger des

Kindes als Reflex hervorruft. Im Gegenteil, der Hunger führt dazu, daß das Kind nach Nahrung Ausschau hält, und daß es sich auf die Nahrung zu bewegt. Eine gut ernährte feine Dame *sieht* die gleiche Semmel nicht einmal, sie existiert nicht für sie, sie ist für sie keine »Figur«.

Der Umstand, daß das Ich sich jeweils nur auf eine Sache konzentriert, hat einen großen Nachteil: Der Organismus kann überrascht werden, er kann unversehens getroffen werden [2]. Ein Ausgleich für diesen Nachteil ist die Verwendung eines Panzers (Schalen usw. bei niederen Tieren, Charakterpanzer bei Menschen, Häuser und Festungen). Aber selbst eine vorzüglich befestigte Burg läßt sich nicht hermetisch abschließen: Sie muß Türen und andere Öffnungen haben, elastische Verbindungen mit der Welt.

Zur Bewachung dieser Öffnungen hat der menschliche Geist einen Zensor entwickelt, einen moralischen Wachhund. Dieser — nach *innen* gerichtete — Zensor hat in der Theorie Freuds am Anfang eine große Rolle gespielt. Wir dürfen aber nicht vergessen, daß die Aufgabe des Zensors auch in seiner Ausrichtung *nach außen* liegt. In einem Land wie Nazideutschland verhindert der Zensor das Eindringen unerwünschter Nachrichten durch das Stören von Rundfunksendern und die Beschlagnahmung gegnerischer Zeitungen. Die Zensurinstanz in unserem Geist neigt dazu, unerwünschtes Material daran zu hindern, ins Bewußtsein zu dringen: Gedanken, Gefühle und Empfindungen von innen, Wissen von außen. Es ist das Ziel des Zensors, nur solches Material zuzulassen, das er für gut hält, und alle bösen Gedanken, Wünsche usw. auszuschließen.

Was bedeutet dieses »gut« und »böse«?

---

[2] Beim Witzeerzählen machen wir uns diese Schwäche unserer Organisation zunutze, indem wir die Aufmerksamkeit des Zuhörers in eine bestimmte Richtung lenken und ihn dann unerwartet aus einer ganz anderen Richtung anspringen und dadurch einen leichten Schock hervorrufen. Wir fühlen uns hilflos und dumm, wenn wir die Pointe nicht begreifen, sobald wir den Witz jedoch verstehen, ist das holistische Gleichgewicht wiederhergestellt. Diese Wiederherstellung geschieht auf ähnliche Weise, mit einem »Anti-Schock«. Die Lösung »springt einem ins Auge«, man erlebt dies mit Überraschung, begleitet von Ausrufen wie »Ach ja!, »Nun hab' ich's« usw. Wenn der Witz abgedroschen ist oder die Pointe vorweggenommen wird, sind wir uninteressiert oder gelangweilt.

7

Gut und Böse

Obwohl uns die Gestaltpsychologie schon sehr beim Verstehen unserer subjektiven Welten geholfen hat, gibt es noch einen Faktor, der weiter untersucht werden muß: den Faktor der Wertung. Wäre es richtig, daß die Welt nur unseren Bedürfnissen entsprechend existiert, dann würden Objekte für uns entweder existieren oder nicht. Der durchschnittliche Lehrer ist z. B. mehr an den Schülern interessiert, die leicht lernen und keine Schwierigkeiten machen. Es gibt Lehrer, die zumindest gelegentlich von den schwierigen Schülern keine Notiz nehmen und sie manchmal behandeln, als seien sie nicht vorhanden. Im allgemeinen unterscheiden die Lehrer bei den Kindern zwischen »guten« und »schlechten« Schülern.

Diese Bewertung erfordert, daß wir einen neuen Aspekt unseres Lebens berücksichtigen. Die Unterscheidung nach »gut« und »böse« (bzw. schlecht), Bewertung, Ethik, Moral, oder wie immer man die Wertungen nennen mag, spielen eine wichtige Rolle im Denken des Menschen und lassen sich weder durch das Figur-Hintergrund-Phänomen noch durch den Holismus erklären, wenn auch zwischen »Sich-gut-oder-schlecht-Fühlen« und vollständigen oder unvollständigen Ganzen eine gewisse Beziehung besteht. Im Namen von »Gut« und »Böse« werden Kriege geführt, Menschen bestraft oder erzogen, Freundschaften geschlossen oder aufgekündigt. Dramen zeigen gewöhnlich eine Person — den Helden (die Heldin) — die weiß und mit Flügeln dargestellt wird, und ihren Gegenspieler, den Schurken, schwarz und gehörnt. Himmel und Hölle. Hohe Ehren und Kerker. Zuckerbrot und Peitsche. Lob und Verdammung. Tugend und Laster. Gut und böse, gut und böse, gut und böse ... Wie das endlose Dröhnen eines Zuges hört dieses »gut und böse« niemals auf, das Denken und Handeln der Menschen zu durchziehen.

Vier Bestandteile kommen, so scheint mir, in dem Cocktail Ethik zusammen: Differenzierung, Frustration, das Figur-Hintergrund-Phänomen und das Gesetz, daß Quantität sich in Qualität verwandelt.

Zur Demonstration der Differenzierung haben wir die Vertiefung und Erhebung gewählt, die aus einer ebenen Fläche geschaffen werden können. Sehen wir uns zwei Leute an, die eine solche Differenzierung zustande gebracht haben, einen Tiefbauingenieur in der Stadt und den Eigentümer eines Kohlenbergwerks. Der Ingenieur muß in einer Straße

Gräben ziehen, um ein Kabel zu verlegen. Sein Interesse wird hauptsächlich der richtigen Ausführung seiner Gräben gelten, und die Erhebung wird ihm lästig sein; noch lästiger ist sie für den Verkehr.
Der Eigentümer einer Kohlengrube dagegen interessiert sich für die Erhebung, den Aushub — den großen Kohlenberg, der sich aufhäuft und darauf wartet, verkauft zu werden. Für ihn ist das Loch im Boden, der Schacht, aus dem die Kohle gefördert worden ist, eine Last, da es Gesetze gibt, die von ihm Sorgfalt und Vorsicht verlangen, damit keine Unfälle vorkommen.
Wir sehen also, daß die Erhebung bzw. die Vertiefung für diese beiden Männer von unterschiedlichem Interesse sind und von ihnen verschieden gewertet werden. Ihre Vorlieben und Abneigungen gehen in entgegengesetzte Richtungen; ihre Vorlieben sind identisch mit ihren Interessen, und ihre Abneigungen sind identisch mit den Forderungen, die an sie gestellt werden. Ihre Einstellung an sich ist ähnlich. Beide Männer haben Vorlieben und Abneigungen, die wiederum einen schwachen Beiklang von »gut« bzw. »schlecht« haben. Der Ingenieur mag den störenden Erdhaufen verfluchen, aber er würde ihn nicht — wie es ein Kind vielleicht täte — »böse« nennen. Er hat schon gelernt, seine Einstellung zu *Objekten* und *Verhaltensweisen* zu differenzieren, während für das kleine Kind alle Dinge lebendig sind und sich »verhalten«, anstatt Eigenschaften zu haben. Wir sprechen von einem guten oder schlechten Apfel, wobei wir seine Qualität billigen oder mißbilligen; wenn wir diese Wertung jedoch auf Verhaltensweisen anwenden, fangen wir an zu moralisieren. Dieser Moralismus — die Unterscheidung zwischen Gut und Böse — entsteht in der frühen Kindheit. Die Psychoanalyse behauptet, es gebe im Leben des Kindes eine Periode, die man als das Stadium der Ambivalenz bezeichnen kann — die Periode der zwiespältigen Wertung — und ein postambivalentes Stadium, in dem das Kind eine Objektivität erreicht, zu der es vorher nicht fähig war, und die es ihm ermöglicht, die guten und schlechten Eigenschaften einer Persönlichkeit abzuwägen. Die weitere Entwicklung (die über das Denken nach dem Schema von »Gut« und »Böse« hinausgeht) kann zu einer Haltung der »interessierten« Distanziertheit führen.
Welche Figur-Hintergrund-Bildungen führen zur Ambivalenz? Ein Kind kann seine Mutter nicht als Individuum begreifen oder auch nur irgendeine Art einer vollständigen Kenntnis oder ein volles Verständnis seiner Mutter erlangen. Nur die Teile der Welt, die wir brauchen, werden zur »Figur« und heben sich deutlich von dem sie umgebenden Chaos ab. Infolgedessen existieren für das Kind nur jene Aspekte der Mutter, die es braucht. Für den Säugling existiert, wie Freud gezeigt

hat, die Welt nur als etwas Fleischiges, das Milch gibt. Dieses »Etwas« wird später die Mutterbrust genannt. Im Verlauf der Entwicklung, während die weiteren Bedürfnisse des Kindes offenbar werden, kommen immer mehr Aspekte der Mutter zur Verwirklichung und werden so für das Kind existent.

Nun können zwei Situationen entstehen: Die Mutter wird den Forderungen des Kindes entweder gerecht oder nicht. Im ersten Fall (z. B. beim Stillen) wird das Kind befriedigt. Es fühlt sich »gut«, und das »Bild« der Mutter (das beschränkt ist auf das Fühlen, Riechen und Sehen der Brust) verschwindet im Hintergrund, bis der wiederkehrende Hunger es erneuert (organismische Selbstregulierung).

Die zweite Situation, die in jeder Hinsicht der ersten entgegengesetzt ist, entsteht, wenn die Bedürfnisse des Kindes nicht erfüllt werden. Das Kind erleidet eine Frustration, die Bedürfnisspannung steigert sich, und der Organismus aktiviert Energien, die »Mittel«, um den »Zweck« zu erreichen: Befriedigung. Das Kind wird sehr erregt, fängt an zu weinen oder bekommt einen Wutanfall. Wenn diese verstärkte Aktivität am Ende zur Befriedigung führt, erleidet das Kind keinen Schaden, im Gegenteil, es hat seine Kräfte und Ausdrucksmittel entwickelt. Wenn die Frustration jedoch länger andauert, als das Kind den Aufschub ertragen kann, fühlt es sich sehr »schlecht«. Das »Bild« der Mutter, soweit das Kind es begreift, tritt nicht vollständig in den Hintergrund zurück, sondern wird isoliert, durchtränkt nicht mit Libido, sondern mit Wut, und haftet in der Erinnerung. Das Kind hat ein Trauma erlitten, das sich jedesmal wiederholen wird, wenn eine reale Frustration eintritt.

Das Kind (wie der menschliche Organismus im allgemeinen) erlebt also zwei einander entgegengesetzte Reaktionen, je nachdem, ob seine Bedürfnisse befriedigt oder frustriert werden. Es fühlt sich »gut«, wenn es befriedigt wird, und es fühlt sich »schlecht«, wenn man es frustriert.

Aber irgendwie paßt unsere Theorie nicht ganz zu den Tatsachen: Wir stellen fest, wenn ein Trieb befriedigt wird, versinkt das gewünschte Objekt in die Vergessenheit. Das Gute im Leben nehmen wir als selbstverständlich hin. Der größte Luxus trägt, sobald er selbstverständlich geworden ist (und solange er nicht als Befriedigung eines realen Bedürfnisses erlebt wird), nicht zu unserem Glück bei. Andererseits erlebt das unbefriedigte Kind ein Trauma: Das ersehnte Objekt wird zu einem »Ding«, das in der Erinnerung haftet.

Diesen beiden Tatsachen steht eine andere gegenüber — die Tatsache, daß wir uns auch an gute Dinge erinnern.

Sehen wir uns das folgende Schema an:

	Befriedigung	*Vorübergehende Frustration*	*Frustration*
Befriedigung	sofort	aufgeschoben	überfällig
Erinnerung	keine	angenehm	unangenehm
Einfluß auf die Persönlichkeit	Trägheit	Arbeit	Trauma
Lust/Unlust-Prinzip	Lust	»Realität«	Schmerz
Reaktion	indifferent	gut	schlecht

Zur Erklärung dieses Schemas betrachten wir den Sauerstoffhunger [1].

Gewöhnlich ist die Atmung für uns etwas Selbstverständliches. Wir merken nicht, daß wir atmen und sind der Atmung gegenüber gleichgültig. Nehmen wir nun an, wir wären mit einer Anzahl anderer Leute in einem Raum zusammen. Allmählich wird die Luft stickig, aber so unmerklich, daß die Stickigkeit unsere Bewußtseinsschwelle nicht überschreitet und unser Organismus keine Schwierigkeiten hat, sich anzupassen. Wenn wir nach einer Weile ins Freie gehen, merken wir den Unterschied sofort und spüren, wie gut die Luft ist. Wenn wir in den Raum zurückkehren, merken wir, wie schlecht die Luft dort ist. Nach dieser Erfahrung sind wir fähig, uns an die frische und die verbrauchte Luft zu erinnern und beide zu vergleichen (Lust-Unlust-Prinzip).

Die traumatische Wirkung von Verdrängungen oder Frustrationen in der Kindheit hat zu dem voreiligen Schluß geführt, ein Kind solle, solange es heranwächst, keine Entbehrungen erleiden. Kinder, die nach dieser Devise aufgezogen werden, sind jedoch nicht weniger nervös als Kinder, die zu große Frustrationen erlitten haben. Sie zeigen typische Merkmale eines neurotischen Charakters, sie sind unfähig, Frustrationen

---

[1] Ich habe absichtlich darauf verzichtet, hier das Beispiel eines gestillten Babys anzuführen. Erstens ist es zu früh, hier schon die angebliche Libidobesetzung zu erörtern; zweitens ist der zufriedene, glückliche Säugling, wie wir ihn kennen, ein Produkt unserer Kultur. Das Tierjunge trinkt, wann es will, und bei primitiven Völkern haben die Mütter die Gewohnheit, das Baby mit sich herumzutragen, und ihm so oft die Brust zu geben, wie es nach Nahrung verlangt. (Weinland hat ein weibliches Känguruh mit einem Jungen im Beutel beobachtet, das immer noch von seiner Mutter gesäugt wurde.) In unserer Kultur setzen wir jedoch nach Möglichkeit feste Stillzeiten an. Wenn das Kind seine Brustmahlzeit bekommt, bekommt es also eine zweifache Befriedigung: Es gewinnt den Kontakt mit der Mutter wieder (die bewußte Befriedigung, d. h. das Sich-Festbeißen) und erlangt die aufgeschobene Stillung seines Hungers (zweite Spalte). Die Frage, die es zu beantworten gilt, ist deshalb, ob die Zufriedenheit des Babys (die auf die Beendigung der vorübergehenden Frustration zurückgeht) natürlichen oder sozialen Ursprungs ist.

zu ertragen und so verwöhnt, daß selbst ein geringer Aufschub der Befriedigung bei ihnen ein Trauma hervorruft. Wenn sie nicht sofort bekommen, was sie wollen, benützen sie die Schreitechnik, die sie vollkommen beherrschen. Solche Kinder fühlen sich sehr leicht schlecht und sehen in ihrer Mutter, wie wir gleich zeigen werden, die »böse« Mutter — die Hexe.

Dies zeigt uns, daß man Kinder nach dem »Realitätsprinzip« (wie Freud es nannte) aufziehen sollte — d. h. die Befriedigung wird bejaht, aber das Kind soll auch fähig sein, die Spannung des Aufschubs zu ertragen [2]. Es sollte bereit sein, im Austausch für die Befriedigung etwas zu leisten, und das sollte mehr sein als ein gemurmeltes »Danke«.

Sofortige Befriedigung läßt keine Erinnerung zurück. Die »gute« Mutter wird nicht als solche erlebt, wenn sie alle Forderungen des Kindes sofort erfüllt, sondern nur dann, wenn sie dies nach einer Verzögerung, einem Aufschub, tut. Die gute Mutter, im Märchen dargestellt als die gute Fee, erfüllt immer außergewöhnliche Wünsche.

Wenn ich das Lustprinzip in die erste Spalte gesetzt habe, so habe ich das deshalb getan, weil es theoretisch dorthin gehört; aber normalerweise ist diese Lust bei sofortiger Befriedigung (ohne eine bewußt erlebte Spannung) so gering, daß sie fast unbemerkt vorübergeht.

Was den sozialen Aspekt des Lust-Unlust-Prinzips angeht, so mag es wohl sein, daß Angehörige der privilegierten Klassen weniger Unlust erleben als die der Arbeiterklasse; man kann ihr Leben indessen mit dem eines verwöhnten Kindes vergleichen (die Erfüllung ihrer echten Bedürfnisse ist unschwer gewährleistet), und da sie weder Spannung noch Verzögerung erleben (deren Aufhebung Glück bedeutet), schaffen sie sich diese Spannung oft künstlich, z. B. beim Glücksspiel oder durch Drogen. Geld zu gewinnen oder zu verlieren, die Frustration und die Befriedigung, die mit der Einnahme von Drogen verbunden sind, verschaffen ihnen die Empfindungen von Unlust und Pseudolust. Dieser Mangel an Lust ist sehr real, obwohl für die Ärmeren ihr Leben glänzend und romantisch aussieht. Ein Festmahl, das für einen Börsenmakler vielleicht nur eine langweilige Verpflichtung ist, die seiner Leber zusetzt, kann für seine Sekretärin ein Fest sein, an das sie sich noch nach

[2] Seiner Besetzungstheorie zum Trotz scheint Freud die Realität als etwas Absolutes angesehen zu haben. Er hat nicht genügend betont, daß sie stark von unseren individuellen Interessen und von der Gesellschaftsstruktur abhängig ist. Das vermindet jedoch nicht den Wert dessen, was er unter dem »Realitätsprinzip« verstand, das man zutreffender als das »Prinzip des Aufschubs« bezeichnen sollte, um den Zeitfaktor hervorzuheben und es so von dem kurzschlüssigen, ungeduldigen und gierigen Verhalten abzuheben.

Jahren erinnert. Aber dieses Erlebnis ist nur schön als seltenes Ereignis. Wenn die Sekretärin selber zur Angehörigen der Oberschicht wird, nimmt sie diese Dinge bald genauso selbstverständlich hin wie ihr früherer Arbeitgeber und findet das Leben ebenso langweilig wie er (biologische Selbstregulierung).
Ich hoffe, ich habe eines klargemacht — zur wirklichen Befriedigung ist eine gewisse Spannung notwendig. Wenn diese Spannung zu sehr ansteigt, verwandelt sich (nach einem Gesetz der Dialektik) Quantität in Qualität, Lust verwandelt sich in Unlust, so wie eine Umarmung zum Clinch wird, das Küssen zum Beißen, das Streicheln zum Schlagen. Wenn der Vorgang sich umkehrt und die hohe Spannung sich abschwächt, wird das Unangenehme zum Angenehmen. Dies ist der Zustand, den wir Glück nennen.

Nachdem wir klargestellt haben, was »Sich-gut-fühlen« bzw. »Sich-schlecht-fühlen« bedeutet (je nachdem, ob Bedürfnisse befriedigt oder frustriert worden sind) müssen wir herausbekommen, warum wir dieser Reaktion so selten begegnen. Was veranlaßt ein Kind zu sagen, »Mutter ist böse«, anstatt »Ich fühle mich schlecht«? Um dies zu verstehen, müssen wir uns den Vorgang der Projektion ansehen, der in unserer psychischen Struktur eine große Rolle spielt, und dessen Bedeutung man gar nicht hoch genug veranschlagen kann.
Im Kino haben wir eine weiße Leinwand vor uns; im Hintergrund befindet sich ein Apparat, der sogenannte »Projektor«, durch den Zelluloidstreifen laufen, die man »Filme« nennt. Wir bekommen diese »Filme« selten zu sehen, und wenn wir eine Vorführung genießen, denken wir gewiß nicht an diese Zelluloidstreifen. Was wir sehen und genießen, ist der projizierte Film — das Bild, das auf die Leinwand projiziert wird. Das gleiche geschieht, wenn ein Kind oder ein Erwachsener projiziert. Das Kind, das unfähig ist, zwischen seinen Reaktionen und deren Urheber zu unterscheiden, fühlt sich nicht selber gut oder schlecht; es erlebt vielmehr die Mutter als »gut« oder »böse«. Mit dieser Projektion entstehen zwei Phänomene: Ambivalenz und Ethik.
Wir haben gesehen, daß man sich an alle extremen Verhaltensweisen, seien sie gut oder böse, erinnern kann und erinnert. Immer, wenn die Mutter dem Kind mit »guten« oder »bösen« Taten starken Eindruck macht, erinnert sich das Kind daran. Sie bleiben nicht als isolierte Einheiten im Gedächtnis des Kindes, sondern bilden umfassende Ganzheiten, gemäß ihren Affinitäten. Anstelle einer chaotischen Masse von Erinnerungen bekommt das Kind zwei »Gruppen« von Erinnerungen: auf der einen Seite Bilder von der guten Mutter, auf der anderen Seite Bil-

der von der bösen Mutter. Diese beiden Gruppen kristallisieren sich zu Vorstellungsbildern: die gute Mutter (die Fee) und die böse Mutter (die Hexe). Wenn die gute Mutter in den Vordergrund tritt, rückt die Hexe völlig in den Hintergrund und umgekehrt.

Manchmal sind beide Mütter gegenwärtig, und das Kind gerät durch seine ambivalenten Gefühle in einen Konflikt. Da es unfähig ist, diesen Konflikt zu ertragen und die Mutter so zu akzeptieren, wie sie ist, fühlt es sich zwischen Liebe und Haß hin- und hergerissen und gerät in äußerste Verwirrung (wie Buridans Esel oder Professor Pawlows doppelt konditionierter Hund).

Ambivalente Haltungen gibt es natürlich nicht nur bei Kindern. Niemand kann sie endgültig überwinden, außer in bestimmten Bereichen und zu bestimmten Zeiten, wenn rationale Aspekte an die Stelle der emotionalen getreten sind. Die psychoanalytische Vorstellung eines postambivalenten Stadiums ist ein unerreichbares Ideal, das selbst in der streng objektiven Welt der Wissenschaft nur bis zu einem gewissen Grad zu verwirklichen ist. Oft genug werden hochangesehene Wissenschaftler beleidigend, wenn man ihre geliebten Theorien in Zweifel zieht. Objektivität ist eine Abstraktion, die man schattenhaft erahnen kann, wenn man von einer großen Zahl von Meinungen, Berechnungen und Ableitungen ausgeht, aber Sie und ich sind als menschliche Wesen nicht »jenseits von Gut und Böse« (Nietzsche), sei es, daß wir moralisieren oder von utilitaristischen oder ästhetischen Standpunkten aus urteilen. Sie können sich wahrscheinlich auch an einen Menschen erinnern, den Sie früher sehr gern gehabt haben, der Ihnen aber nach irgendeiner Enttäuschung so widerwärtig wurde, daß nichts, was er später tat, in Ihren Augen Gnade fand. Die Nazis haben diese Haltung sogar zum Prinzip gemacht. Sie nennen es die Freund-Feind-Theorie und behaupten, sie könnten jeden nach Belieben zum Freund oder zum Feind erklären, ganz wie es die politische Situation erfordert.

Richtig und Falsch, Gut und Böse stellen uns vor die gleichen Probleme, wie es die Realität getan hat. Genau wie die meisten Leute die Welt als etwas Absolutes betrachten, sehen sie auch die Moral als etwas Absolutes an. Selbst Menschen, die erkennen, daß die Auffassung von Sittlichkeit relativ ist (was in einem Land »richtig« ist, kann in einem anderen »falsch« sein), tragen moralistische Maßstäbe zur Schau, sobald es um ihre eigenen Interessen geht. Der gegen Fußgänger unduldsame Autofahrer verflucht die Autofahrer, sobald er selbst Fußgänger ist.

Das Urteil eines Kindes über seine Mutter ist — wie wir gesehen haben — von der Erfüllung oder Versagung seiner Wünsche abhängig. Diese ambivalente Einstellung ist genauso bei den Eltern vorhanden.

Wenn ein Kind ihre Wünsche erfüllt (wenn es gehorsam ist) und sich auch nicht einmal gegen sinnlose Forderungen wehrt, sind die Eltern zufrieden, und das Kind wird als »gut« beurteilt. Wenn das Kind den Eltern die Erfüllung ihrer Wünsche versagt (selbst in Fällen, in denen es offensichtlich nicht verstehen und noch weit weniger erfüllen kann, was von ihm verlangt wird, und wo man es unmöglich für seine Handlungen oder Reaktionen verantwortlich machen kann), wird es oft »ungezogen« oder »böse« genannt.

Ein Lehrer stuft seine Schüler als »gut« oder »schlecht« ein, je nachdem, ob sie seine Wünsche in bezug auf Lernen, Aufmerksamkeit oder Stillsitzen erfüllen können; wenn der Lehrer sich für Sport interessiert, wird er vielleicht Schüler bevorzugen, die dieses Interesse teilen. Staaten verschiedener Struktur stellen unterschiedliche Forderungen an ihre Bürger, wobei der »gute« Bürger natürlich derjenige ist, der sich an die Gesetze hält, während der »schlechte« Bürger als Verbrecher bezeichnet wird. Der mit seiner Regierung zufriedene Bürger bezeichnet sie als »gut«. Wenn sie ihm jedoch zuviele Beschränkungen auferlegt und zuviel von ihm fordert, wird sie zur »schlechten« Regierung.

Der Staat, der durchschnittliche Vater oder die Erzieherin — sie alle benehmen sich wie verwöhnte Kinder. Sie nehmen einen Menschen nur dann zur Kenntnis, wenn er durch eine ungewöhnliche Handlungsweise in den Vordergrund tritt — eine Heldentat, eine sportliche Höchstleistung, richtiges Benehmen in schwierigen Situationen. Auf der anderen Seite steht der Bürger, der zum Störfaktor im glatten Ablauf der gesellschaftlichen Funktionen wird — der große Verbrecher. Er bekommt unter Umständen eine ebensogroße Schlagzeile auf der ersten Seite wie der Held. Ein im übrigen gleichgültiger Vater bemerkt sein Kind gewiß dann, wenn es seinen heiligen Schlaf stört.

In jeder Gesellschaft sind außer diesen emotionalen Reaktionen einige Forderungen so unerbittlich, so tief verwurzelt, daß sie zu Verhaltensvorschriften, Dogmen und Tabus geworden sind; sie verleihen unserem Moralsystem seinen festgelegten und starren Charakter. Diese Starrheit wird durch das Vorhandensein jener eigenartigen moralischen Einrichtung in uns noch verstärkt, die man »Gewissen« nennt. Dieses Gewissen hat eine unbewegliche Moral. Es fehlt ihm an einer flexiblen Einschätzung sich wandelnder Situationen. Es sieht Grundsätze, aber nicht Tatsachen, und es läßt sich symbolisch darstellen als die Gestalt der Gerechtigkeit mit den verbundenen Augen.

Was haben wir bisher festgestellt? Gut oder böse (schlecht), richtig oder falsch — dies sind Urteile, die von einzelnen oder von Kollektiveinrichtungen gemäß der Erfüllung oder Versagung ihrer Forderungen gefällt werden. Meist verlieren sie ihren persönlichen Charakter und werden, gleichgültig, was ihr sozialer Ursprung einmal gewesen sein mag, zu Grundsätzen und Maßstäben des Verhaltens.

»Ein Organismus beantwortet eine Situation.« Im allgemeinen hat der Mensch vergessen, daß »Gut« und »Böse« ursprünglich auf emotionale Reaktionen zurückgehen, und neigt dazu, beide als Tatsachen zu akzeptieren. Das hat zur Folge, daß emotionale Reaktionen ausgelöst werden, sobald eine Person oder Gruppe gut oder böse genannt wird (Liebe und Haß, ¶ und ♯, Beifall und Verdammung. Liebe zum Führer und Haß auf den jeweiligen Feind. Unterwerfung gegenüber dem eigenen Gott und Abscheu vor fremden Göttern.) Immer, wenn wir jemand oder etwas als »gut« oder »böse« erleben, erfahren wir die ganze Skala emotionaler Reaktionen, von Empörung bis Rachsucht, von stillschweigender Wertschätzung bis zur Erteilung hoher Ehren. Wenn wir Menschen oder Dinge als »gut« oder »schlecht« (böse) bezeichnen, hat das mehr als eine beschreibende Bedeutung — es enthält einen dynamischen Eingriff. Der Ausruf »Du bist ein böser Junge« ist meist mit Wut, ja sogar mit Feindseligkeit geladen. Er verlangt eine Änderung und droht mit unliebsamen Folgen; der emotionale Inhalt von »Du bist ein guter Junge« ist dagegen Lob, Stolz und Verheißung.

Mit der wechselnden Stärke der Reaktionen kommen unterschiedliche Mengen von ¶ und ♯ ins Spiel. Es ist nicht schwer zu erkennen, daß unsere Reaktionen gegenüber den guten Dingen und Personen ¶ sind. Mit der emotionalen Reaktion des Gernhabens oder Liebens ist die Tendenz verknüpft, Kontakt aufzunehmen. Die Mutter liebkost das gute Kind; das Kind zeigt seiner Erzieherin seine Dankbarkeit, indem es sie umarmt und küßt; der König schüttelt dem Helden die Hand; der französische Staatschef pflegt, wenn er den Orden der Légion d'Honneur verleiht, den Empfänger zu umarmen. Bei Kindern wird der Kontakt oft indirekt hergestellt, indem man ihnen etwas schenkt, z. B. etwas zum Essen (Süßigkeiten), bei Erwachsenen, indem man ihnen Gaben verleiht, die ihrer Eitelkeit schmeicheln (Orden und Titel).

Am anderen Ende der Skala steht die Vernichtung. Das schlechte Ding oder die böse Person werden in solchem Maß als Ärgernis oder Störfaktor empfunden, daß der Wunsch besteht, es oder sie zu beseitigen. Das Kind möchte die »böse« Mutter aus dem Fenster werfen, es möchte, daß sie tot wäre. (Es muß betont werden, daß das Kind dies während einer Periode der Frustration wirklich ernst meint. Sobald die Frustration in den Hintergrund tritt, verschwindet der Todeswunsch wahrscheinlich wieder.) Die Mutter ihrerseits droht vielleicht, das ungezogene Kind zu verlassen, es ihrer Gegenwart zu berauben, wohl wissend, wie sehr das Kind sie braucht. Die römisch-katholische Kirche exkommuniziert diejenigen, die ihre Gebote übertreten. In orientalischen Erzählungen tötet der Despot all diejenigen, die ihm lästig werden. In unserer Zeit hat dieses Verfahren einen Höhepunkt erreicht in der Technik der Nazis, sich der Opposition durch Konzentrationslager, Auslöschung ganzer Rassen oder die lapidare Feststellung »Auf der Flucht erschossen« zu entledigen.

Bei der Überprüfung des in der Ethik herrschenden Widerspruchs (die deutlichen, unzweideutigen emotionalen Reaktionen auf der einen und die Relativität der ethischen Normen auf der anderen Seite), haben wir festgestellt, daß »Gut« und »Böse« (Schlecht) ursprünglich Gefühle des Behagens und des Unbehagens sind. Diese werden auf das Objekt projiziert, das diese Gefühle wachgerufen hat, und das in der Folge gut oder böse genannt wird. Später werden die Ausdrücke gut und böse losgelöst von den ursprünglichen Handlungen gebraucht, behalten jedoch die Bedeutung von Signalen sowie die Fähigkeit — wenn auch in einem anderen Zusammenhang —, all die mäßigen oder heftigen Reaktionen auf eine Wunscherfüllung bzw. Wunschversagung hervorzurufen.

8

Die Neurose

Ich habe wiederholt erwähnt, daß unser Organismus nicht fähig ist, sich zu einem bestimmten Zeitpunkt auf mehr als eine Angelegenheit zu konzentrieren. Dieser Mangel, der auf dem Figur-Hintergrund-Phänomen beruht, wird zum Teil ausgeglichen durch die ganzheitliche Tendenz des menschlichen Geistes — durch das Streben nach Vereinfachung und Vereinheitlichung. Jedes wissenschaftliche Gesetz, jedes philosophische System, jede Verallgemeinerung beruht auf der Suche nach dem gemeinsamen Nenner, nach dem Faktor, der bei einer Reihe von Dingen identisch ist, kurzum, nach der »Gestalt«, die einer Anzahl von Erscheinungen gemeinsam ist.

Man wird nun einwenden, einige Leute könnten sich sehr wohl auf mehrere Dinge gleichzeitig konzentrieren. Das ist nicht wahr. Vielleicht pendeln sie zwischen verschiedenen Gegenständen rasch hin und her, aber mir ist bisher noch niemand begegnet, der z. B. in der folgenden Abbildung sechs *und* sieben Würfel gleichzeitig sehen konnte.

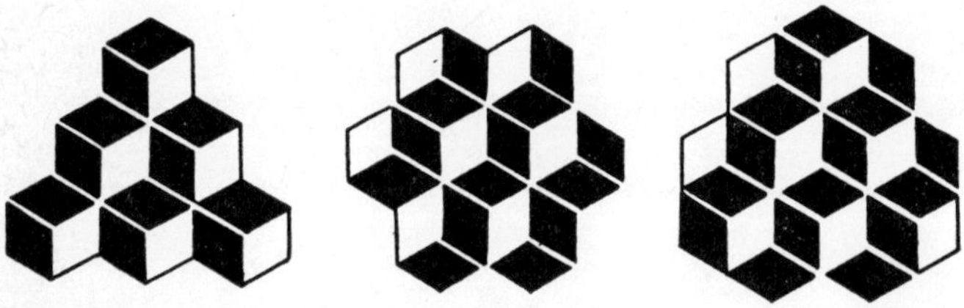

6 Würfel 7 Würfel 6 oder 7 Würfel

Die Schaffung neuer Ganzheiten kommt nicht durch Verschmelzung zustande, sondern durch mehr oder weniger heftige Kämpfe. Obwohl wir einen Großteil dieses Themas für das Kapitel über die Ichfunktionen übriglassen müssen, können wir schon hier auf den Umstand hinweisen, daß z. B. Kriege oft zur Schaffung größerer Gebilde oder zur Vereinigung von Massen führen. Diese Vereinigung kann extensiv oder intensiv sein. Obwohl sich Rußland nach dem Ersten Weltkrieg als Ganzes nicht ausdehnte, wurde seine unzusammenhängende innere Struktur deutlich integrierter und straffer, während die gegenwärtige Ausdehnung Deutschlands (1942) alles andere als integrierend ist.

Die Gesetze des Konflikts (♯) und der Integration (¶) treten in den Beziehungen von einzelnen ebenso zutage wie in den Beziehungen zwischen Gruppen, und sie gelten ebenso für die Interdependenz zwischen dem einzelnen und der Gemeinschaft. Der wichtigste Konflikt, der entweder zu einer integrierten oder zu einer neurotischen Persönlichkeit führen kann, ist der Konflikt zwischen den sozialen und den biologischen Bedürfnissen der Menschen. Was unter sozialem Blickwinkel gut oder schlecht ist (und meist als richtig oder falsch bezeichnet wird), kann für den Organismus keineswegs gut oder schlecht (gesund oder ungesund) sein. Gegen die biologischen Gesetze der Selbstregulierung hat die Menschheit eine moralistische Regulierung geschaffen — die Regeln der Ethik, das System des genormten Verhaltens.
Ursprünglich pflegten die Führenden (Könige, Priester usw.) Gesetze zu erlassen, um sich das Regieren zu vereinfachen, und die »herrschenden« Klassen folgten später diesem Beispiel; wurde das Prinzip der Selbstregulierung in unerträglichem Maß verletzt, dann kam es zu Revolutionen. Nachdem die Mächtigen dies erkannt hatten, nahmen sie stärker Rücksicht auf die Bedürfnisse der Untertanen, zumindest soweit, daß Revolutionen vermieden wurden. Man nennt ein solches System gewöhnlich Demokratie. Unter dem Faschismus werden um einer kleinen herrschenden Gruppe willen die Lebensbedürfnisse großer Gruppen nicht berücksichtigt, während im Sozialismus (und in der Atlantik-Charta) das oberste Ziel in der Freiheit von Not gesehen wird. Das sollten jene nicht vergessen, die Faschismus und Sozialismus der gleichen Kategorie zurechnen! Der einzige Bereich, in dem beide gleich sind, ist ihre Wertschätzung des Holismus (totalitäre Staatsführung und Planwirtschaft).

Trotz der relativen Gleichförmigkeit der Menschen (wenn jemand das Herz auf der rechten Seite oder sechs statt fünf Finger hat, wird er als Mißgeburt betrachtet, und ein Mensch mit zwei Mündern oder nur einem Auge liegt fast außerhalb der Grenzen unserer Vorstellungskraft) wird es niemals möglich sein, das Verhalten aller Mitglieder einer Gruppe zu normen. Manche Individuen können den Forderungen, die an sie gestellt werden, nicht nachkommen; sie nennt man Verbrecher. Weil sie nicht in das allgemeine Muster passen, erwecken sie den Zorn ihrer Herrscher. Man bestraft die Verbrecher, entweder um sie zu »erziehen« oder um bei ihren Mitmenschen Angst und Schrecken zu erregen, damit sie nicht auch ungehorsam, also »böse« werden.
Oft genug läßt sich jedoch die gesellschaftlich notwendige Selbstbeherrschung nur auf Kosten einer Entkräftung und Schädigung der Funktio-

nen großer Teile der menschlichen Persönlichkeit erreichen — um den Preis der Schaffung kollektiver und individueller Neurosen [1].

Die religiöse und kapitalistische Entwicklung der Gesellschaft trägt die Hauptverantwortung für die Entstehung kollektiver Neurosen, für welche die heute auf der Welt wütenden selbstmörderischen Kriege symptomatisch sind. »Die Welt ist verrückt geworden«, sagte E. Jones einmal zu mir, »aber Gott sei Dank tritt gelegentlich eine Besserung ein.« Leider sind solche gelegentlichen Besserungen der Rückkehr eines Pendels zu vergleichen, das zu neuem Schwung ausholt — dem Schwung des Zwanzigsten Jahrhunderts.

Die ansteckende Qualität der Neurose beruht auf einem komplizierten psychischen Vorgang, bei dem Schuldgefühle und die Angst, ein Außenseiter zu sein (#), eine große Rolle spielen ebenso wie der Wunsch, Kontakt aufzunehmen, und sei es auch nur ein Pseudokontakt. Der Drogensüchtige verleitet andere dazu, auch Drogen zu nehmen. Religiöse Sekten senden Missionare aus, um Heiden zu bekehren, und der politische Idealist versucht, mit allen Mitteln die ganze Welt davon zu überzeugen, daß seine Ansicht die einzig »richtige« ist. Und willst du nicht mein Bruder sein, dann schlag' ich dir den Schädel ein.

Ein einfaches Beispiel für die Verbreitung neurotischer Ansteckung wurde in einer Londoner Wochenzeitung berichtet. Die Angehörigen eines bestimmten heidnischen Stammes pflegten den Geschlechtsverkehr schon vor der Ehe [2]. Missionare griffen ein und erklärten, das sei

---

[1] In den Zeiten vor der Psychoanalyse sah man in den Neurosen funktionelle Krankheiten. Die Neurose ist eine Desorganisation des richtigen Funktionierens der Persönlichkeit in ihrer Umwelt. Obwohl im allgemeinen keine groben physiologischen Veränderungen zu finden sind, allenfalls geringfügige Abweichungen wie vasomotorische Instabilität, Störungen der Drüsensekretion und schlechte Muskelkoordination, ist eine Neurose in gleicher Weise als Krankheit anzusehen wie z. B. Herzschwäche.

Der Spielraum zwischen einer angemessenen und einer unzureichenden Herzfunktion ist ziemlich groß. Die Anstrengung eines Marathonlaufs wäre für ein Herz, das nicht hundertprozentig funktioniert, zu groß; andererseits kann ein Mensch mit geschädigten Herzklappen, wenn er ein ruhiges, bequemes Leben führt, ein hohes Alter erreichen. Ein ähnlich breiter Spielraum besteht im Hinblick auf unser Funktionieren in der Gesellschaft.

[2] Vielleicht die wichtigste unserer moralischen Institutionen ist die Ehe. Sie hat zweifellos viele Vorteile, aber wenn man die nützlichen und die schädlichen Aspekte der Ehe gegeneinander aufwiegt, bleibt zweifelhaft, welche Seite den Ausschlag gibt. Wenn die Ehesituation wirklich so attraktiv wäre, bliebe unverständlich, warum es die römisch-katholische Kirche für nötig hält,

Sünde. Der Beobachter beschreibt, wie diese harmlosen und freimütigen Menschen befangen wurden, den Missionaren aus dem Weg gingen und sich zu Lügnern und Heuchlern entwickelten. Wir dürfen annehmen, daß sie später nicht nur die Missionare mieden, sondern auch die Gemeinschaft, und daß sie schließlich ihre sexuellen Bedürfnisse sogar vor sich selber verbargen.

Wenn ein ganzes Gemeinwesen auszieht und Zauberworte herbetet, beschwörende Gesten vollführt und übernatürlichen Wesen Opfer darbringt, in der Erwartung, dies werde die Götter gnädig stimmen und der Dürre ein Ende bereiten, und wenn alle an die Wirksamkeit dieses Verfahrens glauben, dann wird niemand die Dummheit dieses Verhaltens, die Sinnlosigkeit einer solchen Kollektivneurose erkennen. Aber wenn ein Individuum aufwacht und wieder zu Sinnen kommt, gerät es in Konflikt mit seiner Umwelt, es wird von Familie und Freunden isoliert, eine Gestalt, die sich vom Hintergrund der Gemeinschaft abhebt, ein Objekt der Feindseligkeit und Verfolgung. Vielleicht entwickelt dieser Mensch eine individuelle Neurose, durch einen Prozeß, den man ohne Kenntnis des paranoischen Charakters nicht vollständig verstehen kann. Die Gemeinschaft verhält sich aggressiv gegenüber demjenigen, der ihre Ideologie anzweifelt, und sie tut das Äußerste, um ihm zu schaden. Der Betroffene seinerseits wird, wenn er nicht zurückschlagen kann, seine Aggression entweder verdrängen oder sie auf seine Gegner projizieren und so die reale Verfolgung in einen Verfolgungswahn und in Angst umwandeln [3]. Als Ausgestoßener zieht er sich von der Welt zu-

die Scheidung unmöglich zu machen. Wenn es jemandem irgendwo gefällt, braucht man keine hohen Mauern, um ihn dort festzuhalten.

Wir betrachten glückliche Ehen als außergewöhnliche, lobenswerte Beispiele für die übrige Menschheit. Dann gibt es eine Anzahl einigermaßen »guter« Ehen, die in erste Linie eine Sache der Bequemlichkeit und der Gewohnheit sind. Wenige Ehen sind offenkundig unglücklich, aber für viele Menschen ist die Ehe voller verdrängter Leiden, die ihr Ventil in gesteigerter Reizbarkeit finden, in der Tendenz, einander zu unterdrücken usw.; kurz, viele Ehepartner leben in intimster Feindschaft miteinander. Untreue, Trennung und Scheidung sind (meist erfolglose) Versuche, in gesunde Lebensumstände zurückzukehren. Die primitive Methode, vor der Ehe Geschlechtsverkehr zu haben, bis sich durch den spontanen Kontakt (im Gegensatz zu moralischen Verpflichtungen und finanziellen Vorteilen) ein befriedigender Partner gefunden hat, ist eine viel bessere Voraussetzung für einen fortdauernden Kontakt, der schließlich in eine »Ehe« übergehen kann. Unter diesen Umständen steht nicht die Institution, sondern der Mensch im Vorgergrund.

[3] Jüdische Kinder z. B. werden leicht neurotisch, wenn sie antisemitischer Verfolgung ausgesetzt sind.

rück und verliert den Kontakt zu den Mitmenschen; je weniger Möglichkeiten er hat, seine sozialen Bedürfnisse zu befriedigen, und je mehr Triebbefriedigung er entbehren muß, desto schlimmer wird der neurotische Teufelskreis.

Es gibt zwei einander entgegengesetzte Möglichkeiten der Heilung: die autoplastische und die alloplastische. Entweder gibt der einzelne seine Ketzerei auf und kehrt als verlorener Sohn in den Schoß der kollektiven Neurose zurück (das ist schwierig, nachdem er seine Einsicht gewonnen hat), oder es gelingt ihm, die übrige Gemeinschaft zu seiner Denkweise zu bekehren. Eine solche erfolgreiche alloplastische Heilung dadurch, daß der einzelne die anderen auf seine Seite herüberzieht, bedeutet nicht nur eine Rechtfertigung seiner Existenz, eine Wiederherstellung des Kontakts, sondern auch einen Entwicklungsschritt, eine Rückkehr zur Natur und zur Gesundheit und einen Fortschritt in Richtung auf ein erweitertes Wissen.

Dieser Prozeß entspricht der Behandlung einer individuellen Neurose. Das Fortschreiten der Neurose muß zum Stillstand gebracht und die Rückkehr zu den Schichten biologischer Gesundheit muß angeregt werden.

Der Leser sollte es nicht als eine Beleidigung auffassen, wenn ich ihn manchmal als Neurotiker bezeichne — wenn ihm der Schuh nicht paßt, braucht er ihn nicht anzuziehen. Da wir jedoch in einer neurotischen Kultur leben, ist es nicht wahrscheinlich, daß die Persönlichkeit irgendeines Menschen keine Beeinträchtigung erlitten hat. Das Leugnen unangenehmer Tatsachen erspart einem zwar manches Unbehagen und schafft die Illusion, sie seien nicht vorhanden — *mais ce ne les empêche pas d'exister!* [4] Die meisten Menschen haben nur die Wahl zwischen individueller und kollektiver Neurose (z. B. Religion), individueller und kollektiver Kriminalität (Verbrechertum, Hitler-Faschismus) oder einer Mischung aus beidem (z. B. die meisten Fälle von Jugendkriminalität). Der Mensch ist gefangen zwischen Skylla und Charybdis — zwischen Kriminalität und Neurose. Es ist nahezu unmöglich, den Gefahren einer sozialen oder biologischen Schädigung zu entgehen. In dieser verzweifelten Lage hat der Mensch unzählige Mittel entwickelt, um sich vor beiden Gefahren zu schützen.

Unter den Vorkehrungen gegen »Missetaten« finden wir die Polizei und das Gewissen, unter den Vorkehrungen gegen die Neurose den »Ruf

[4] Anm. d. Übers.: Anspielung auf ein Gespräch zwischen Charcot und Freud, in dem Charcot diesen Ausspruch getan hat, z. B. *Ges. Werke,* Bd. I, S. 24: »Ça n'empêche pas d'exister«.

nach der Natur« und in katholischen Ländern Ventile wie den Karneval. Ein erträgliches Dasein ist jedoch möglich, wenn wir Sicherheitsmaßnahmen zur Abwehr realer Gefahren ergreifen. Das gesunde Individuum ist fähig, richtig einzuschätzen, welche Gefahren real und welche eingebildet sind, und nach diesem Urteil zu handeln. Jeder, der schon einmal Alpträume gehabt oder sich geängstigt hat, wenn er durch einen dunklen Wald ging, wo jedes Knacken eines Zweigs, jedes Blätterrascheln das Nahen eines Feindes anzukündigen schien, weiß, welch unnötige Leiden uns solche unwirklichen — eingebildeten — Gefahren auferlegen.

Das biologische Vermeiden gefährlicher Kontakte ist oft zur Selbsterhaltung notwendig, ebenso zur Erhaltung von Dingen, mit denen wir uns identifizieren, die innerhalb unserer Ichgrenzen liegen (Teil II) und uns deshalb wertvoll sind. Alles, was die Gesamtpersönlichkeit oder Teile von ihr zu schädigen droht, wird als Gefahr empfunden, als etwas Feindliches, das vernichtet werden muß, indem man es zerstört oder indem man es meidet.

Es gibt eine große Vielfalt von Handlungen, die dazu dienen sollen, unerwünschte Kontakte zu meiden; die wichtigsten davon sind Schutz und Flucht. Im Krieg gibt es aktive Verteidigung (persönliche Abwehr) und aktive Flucht (Weglaufen); partielle Verteidigung (Sich-Eingraben, Tarnung) und partielle Flucht (strategischer Rückzug nach Plan); mechanische Abwehr (Stahlhelme, Befestigungen) und mechanische Flucht (Fahrzeuge). Sowohl bei der Flucht wie beim Angriff wird künstlicher Nebel erzeugt, um dem Feind den optischen Kontakt unmöglich zu machen. Die Deckung des Rückzugs durch eine kämpfende Nachhut ist eine Kombination von Flucht und Verteidigung. Prinzipiell treten in der Kriegführung (und das gilt ebenso für den Wettbewerb im Handel, die politische Intrige, die Kriminologie, die Charakterbildung und die Neurose) zwei Entwicklungen besonders hervor: die Kombination von Angriff und Verteidigung (z. B. die Kanonen und die Panzerplatten des Panzers) und die Reaktion auf neue Angriffswaffen mit einer angemessenen Abwehr.

Tiere entgehen Gefahren mit Hilfe ihrer Haut und deren Abkömmlingen (Schalen, Hörner, Sinne usw.); sie flüchten mit Hilfe des Muskelsystems (Weglaufen und Wegfliegen); sie haben Tarnung (Mimikry) und andere Mittel zur Verfügung, um das Auge des Feindes zu täuschen. Indem es sich totstellt, strebt das unbeweglich verharrende Tier danach, übersehen zu werden. Der Tintenfisch wendet die Vernebelungstechnik an, um zu entkommen, die Ratte schlüpft in ihr Versteck usw. Mit der komplizierteren Entwicklung des menschlichen Organismus werden auch die Mittel des Vermeidens differenzierter. Im juristischen Bereich ist die Aufgabe der Verteidigung oft komplizierter als die des Angreifers — des Staatsanwalts —, der selber wiederum der Verteidiger des Gesetzes ist, das seinerseits die Gesellschaft gegen Kriminelle verteidigt, die sich ihrerseits vielleicht gegen das Verhungern verteidigt haben. In der Psychoanalyse zeigen Ausdrücke wie *Abwehrneurose* und *Phobie,* daß Freud versucht hat, die Neurosen gemäß den Mitteln des Vermeidens zu klassifizieren. Aber dieser Versuch ist nicht zu Ende geführt worden, wie man an der Verwendung von Ausdrücken wie »Zwangsneurose« oder »Hysterie« sehen kann.

Anna Freud hat gezeigt, daß die Abwehrdynamik der bewußten Persönlichkeit — *Das Ich und die Abwehrmechanismen* — ein allgemeines Gesetz ist. Die Abwehr macht wirklich einen Großteil der Vermeidung aus.

Der Nachteil des »Vermeidens« ist die Schädigung der ganzheitlichen Funktion. Durch die Vermeidung fallen unsere Handlungsbereiche und unser Verstand auseinander. Jeder Kontakt, sei er feindlich oder freundlich, vermehrt unsere Handlungsbereiche, trägt zur Integration unserer Persönlichkeit bei und steigert durch Assimilierung unsere Fähigkeiten, solange er nicht mit unüberwindlichen Gefahren verbunden ist.

Ein scheinbarer Widerspruch muß noch berücksichtigt werden: das Vermeiden der Isolierung. Dies läßt sich am besten an einem Menschen zeigen, der nicht nein sagen kann und der anscheinend viel weniger Angst hat vor dem Anknüpfen von Kontakten als vor dem Kontaktverlust. Dazu ist zu sagen, daß Kontakt sein dialektisches Gegenteil, die Isolierung, in sich schließt, ein Faktor, der erst im Verlauf der Besprechung der Ichfunktionen ganz deutlich wird. Ohne die Komponente der Isolierung wird der Kontakt zu einem Ineinanderfließen (Konfluenz). Selbst die amerikanischen Isolationisten wollten 1941 den kommerziellen Kontakt mit den Achsenmächten aufrechterhalten, während sie zugleich den Zusammenstoß mit ihnen vermieden. Genau das gleiche trifft für Menschen zu, die nicht nein sagen können. Ihre Tendenz ist es, Feindseligkeit zu vermeiden.

Die Mittel der Vermeidung sind so vielfältig, daß es kaum möglich ist, sie zu ordnen, aber es könnte sich lohnen, sich dem Problem dialektisch zu nähern. In einem (wenn auch unvollständigen) Schema können wir Folgendes festhalten:

a) Die Mittel, die zur Vernichtung tendieren, die eine subtrahierende Funktion haben;

b) Die entgegengesetzte Funktion, die Plus-Funktion — das hypertrophe Anwachsen oder die hypertrophen Zusätze;

c) Veränderungen und Verzerrungen.

Verbindende und trennende Funktionen kommen natürlich immer gleichzeitig vor. Das ist aber nur in der Kategorie c) deutlich, während bei a) oder b) Addition bzw. Subtraktion auffallend im Vordergrund stehen.

a) Subtraktion:	1. Skotom
	2. Selektivität
	3. Hemmung
	4. Verdrängung
	5. Flucht
b) Addition:	6 Überkompensation
	7. Panzer
	8. Zwangsvorstellungen
	9. Dauerprojektion
	10. Halluzinationen
	11. Beschwerden
	12. Intellektualismus
	13. Schlechte Koordination
c) Veränderungen:	14. Verschiebung
	15. Sublimierung
	16. Viele Charakterzüge
	17. Symptome
	18. Schuldgefühle und Angst
	19. Projektionen
	20. Fixierung
	21. Unentschlossenheit
	22. Rückwendung (Retroflexion)

a) Subtraktion

1. Das einfachste Mittel der Vernichtung ist das Skotom (der blinde Fleck, die Ausschaltung von Wahrnehmungsbereichen). Dies ist einer jener (bereits erwähnten) Zaubertricks, die in Situationen angewandt werden, in denen eine wirkliche Vernichtung unmöglich ist. Durch vorgebliches Nichthören oder Nichtsehen scheint die Ursache des Unbehagens zu verschwinden. Kinder bedecken oft Augen oder Ohren mit den Händen und zeigen so den Ursprung jener Vogel-Strauß-Politik und Heuchelei, die viele spätere Handlungen kennzeichnen können. Der Ausgleich für ein Skotom findet sich in der Korsakowschen Krankheit, bei der eine Erinnerungslücke mit eingebildeten Geschehnissen ausgefüllt wird.

2. Selektivität ist ein Mittel, um einen objektiven Standpunkt zu vermei-

den. Wo Selektivität durch die Bedürfnisse des Organismus diktiert wird, gehört sie zur unveränderlichen Grundlage unseres Daseins, ihre willkürliche Anwendung jedoch führt zu Halbwahrheiten, die gefährlicher sind als Lügen. Sie wird in der Propaganda und im Zusammenhang mit der Höflichkeit verwendet, in Kriegsberichten und bei Gerüchten, beim Wunschdenken und bei der Hypochondrie, und sie erreicht ihren Höhepunkt in der Mentalität des hysterischen und des paranoischen Charakters.

Man hat unter diesen Gesichtspunkten den Eindruck, Freud habe sich von Bergsons Konzept des Unbewußten die Vergangenheit, die Kausalität, ausgewählt, Adler dagegen die Zukunft, die Zielgerichtetheit.

3. Bei der Hemmung wird ein Ausdruck, der aus dem innerorganischen Bereich hinausgelangen sollte, zurückgehalten — er wird inhibiert, nicht exhibiert. Durch Vermeidung z. B. des Weinens wird der Forderung der Gesellschaft nach Selbstbeherrschung Genüge getan. Der Nachteil dabei ist, daß ein solches Verhalten oft zu hysterischen Symptomen führt. Gehemmter Ausdruck kann als Befangenheit erscheinen.

4. Die Psychoanalyse hat immer wieder bewiesen, daß mit Hilfe von Verdrängungen eine bewußte Wahrnehmung vermieden wird. Auf die Dauer wird nichts dadurch gewonnen, daß man einen Impuls aus dem Bereich des Bewußten in den des Unbewußten verlegt.

5. Flucht ist eine der bekanntesten Vermeidungen — aber niemand kann vor sich selbst davonlaufen. Der Flüchtende gewinnt nichts, da er alle seine unerledigten Probleme mit sich nimmt. Die Flucht in die Krankheit und die Flucht in die Zukunft sind — zumindest, soweit es um Tagträume geht — von der Psychoanalyse entlarvt worden, aber ihr Gegenteil — die Flucht aus der Gegenwart in die Vergangenheit und in die »Ursachen« — ist durch die Freudsche Lehre in Wirklichkeit unterstützt worden.

b) Addition

6. Die bekannteste Addition ist die Überkompensation (Adler). Das unangenehme Minderwertigkeitsgefühl muß vermieden werden. Es wird eine Mauer von Gegensätzen zu spezifischen Minderwertigkeiten um die verletzliche Stelle herum aufgebaut; die Folge sind eine Menge von Schutzmaßnahmen, auch wenn sie gänzlich überflüssig sind. Der männliche Protest — der Peniswunsch — ist eine solche Schutzmaßnahme gegen diese Haltung, die viele Frauen unnötigerweise als Schwächen ansehen (S. Rado).

7. Der Panzer (Reich) zeigt eine ähnliche Struktur. Muskelkontraktionen, die zu schlechter Koordination und Unbeholfenheit führen, sollen den Ausdruck unerwünschter »vegetativer Energien« vermeiden helfen (damit meint Reich offenbar alle Funktionen außer den motorischen).
8. Bei der Zwangsneurose schaffen die Vermeidung von Kontakt mit verbotenen Objekten (z. B. Schmutz) und die Vermeidung bestimmter Wünsche (z. B. aggressiver Tendenzen) ein psychisches Neoplasma von Zeremonien und »Vergewisserungshandlungen«. Die Entwicklung großer Teile der Persönlichkeit kommt zum Stillstand.
9. Daß Dauerprojektionen wie die Erschaffung von Göttern eine Addition sind, ist jedem klar, der diese Tatsache nicht auf den Kopf stellt — also nicht glaubt, diese Götter hätten den Menschen erschaffen. Aber selbst beim Gläubigen bleibt die Religion eine »Als-Ob«-Fiktion, eine Tatsache, die man erkennt, wenn man einen Frommen mit einem Psychotiker vergleicht, der an einem religiösen Wahn leidet und Gott als eine persönliche Realität erlebt. Die Religion tendiert dazu, das Erwachsenwerden der Menschen zu verhindern und die Gläubigen in einem infantilen Zustand zu halten. »Wir sind alle Kinder eines Vaters — Kinder Gottes!«
10. Halluzinationen sind zusätzliche Tätigkeiten, die die Wahrnehmung der Realität verdecken und so vermeidbar machen. Eine Frau, die ein Stück Holz herumträgt und es wie ihr Kind behandelt, vermeidet es auf diese Weise, sich klarzumachen, daß ihr Baby gestorben ist.
11. Der Meckerer hat seinem Dasein eine Klagemauer hinzugefügt. Er zieht es vor, sich ständig zu beschweren, anstatt zu handeln.
12. Der Intellektualismus ist eine geistige Hypertrophie und keineswegs identisch mit Intelligenz, eine Tatsache, die viele Leute ungern zugeben. Er ist eine Haltung, die dazu dient, tiefe Gemütsbewegung zu vermeiden.
13. Nach F. M. Alexander sind viele unserer Handlungen von einer Unmenge überflüssiger Tätigkeiten begleitet; dieser Überfluß ist die Folge der Vermeidung einer angemessenen »sensorischen Wahrnehmung« und tritt als schlechte Koordination in Erscheinung.

c) Veränderungen

In dieser Gruppe sind Plus- und Minus-Funktionen entweder gemischt oder es finden einfache Veränderungen statt.
14. Bei der Verschiebung vermeiden wir den Kontakt mit dem ursprünglichen Objekt, indem wir unsere Aufmerksamkeit einem weniger unzulässigen Objekt zuwenden. Herr X. ist nicht das passive Opfer des Vor-

gangs, daß an die Stelle einer Vaterfigur ein Onkel tritt, sondern Herr X. wendet sein Interesse absichtlich vom Vater ab und dem Onkel zu.

15. Die Sublimierung ist der Verschiebung insofern ähnlich, als sie eine Handlung an die Stelle einer anderen — unzulässigeren — setzt. Es ist die ursprüngliche direkte Handlung, die vermieden werden muß. Es erscheint fraglich, ob wir die Verschiebung mit Recht als eine krankhafte und die Sublimierung als eine gesunde Funktion bezeichnen [5].

16. Zwei Beispiele, die zur Charakter-Gruppe und ihren Plus-Minus-Funktionen gehören:

Ein übermäßig reinlicher Mensch will den Kontakt mit Schmutz vermeiden, ist aber gleichzeitig stark an allem interessiert, was mit Schmutz zu tun hat (Waschen, übertriebener Eifer beim Aufspüren kleinster Verunreinigungen usw.). Der Rowdy läßt sich leicht als Feigling entlarven. Sobald er jemandem begegnet, der sich nicht einschüchtern läßt, bricht sein tyrannischer Charakterzug zusammen. Auch das strengste Gewissen verliert, wenn man richtig mit ihm umgeht, seine Macht über seine Opfer.

17. Die Plus-Minus-Funktion von Symptomen läßt sich am folgenden Beispiel zeigen: Eine Frau hat eine funktionelle Lähmung des rechten Arms. Diese Lähmung ist zwar an sich ein Mangel, wird von ihr jedoch als ein ergänzender Faktor erlebt. Die Analyse offenbart, daß sie sehr reizbar ist und immer noch dazu neigt, ihre bereits erwachsene Tochter zu schlagen. Indem sie ihren Arm lähmt, vermeidet sie es, ihrer Heftigkeit Ausdruck zu verleihen — sie vernichtet die Versuchung, ihre Tochter ins Gesicht zu schlagen.

18. Das Freisein von Angst und Schuldgefühlen ist einer sehr primitiven psychoanalytischen Auffassung zufolge alles, was zur Heilung einer Neurose erforderlich ist. Diese Gefühle sind tatsächlich sehr unangenehm. Schuldgefühle (die auf der projizierten Aggression beruhen) treiben den »Sünder« in die Vermeidung: »Ich werde es nicht wieder tun.« Aber oft genug zeitigen solche Schuldgefühle, wie z. B. beim chronischen Alkoholismus, obwohl sie im Augenblick sehr tief empfunden werden, keine bleibenden Folgen. Sie bestechen das Gewissen oder die Umwelt vorläufig, treten aber ziemlich rasch in den Hintergrund, sobald sich die Situation geändert hat — sobald der Kater vorbei ist.

Mit der Angst wollen wir uns im nächsten Kapitel beschäftigen.

---

[5] Es heißt, Dante und Schubert hätten ihre künstlerischen Leistungen sexueller Frustration und Sublimierung zu verdanken. Goethe jedoch war sehr schöpferisch, er war sogar noch vielseitiger als die zuerst Genannten, obwohl (oder vielleicht weil) er viele und oft befriedigende Liebschaften hatte.

19. Projektionen, z. B. von Aggression, ziehen eine gewisse Aggressionsmenge von der Persönlichkeit ab, fügen jedoch der Umwelt die gleiche Aggressionsmenge hinzu. Man vermeidet auf diese Weise das Bewußtsein, selbst aggressiv zu sein, fügt aber seinem Leben Angst hinzu.
20. Das Phänomen der Fixierung zeigt dem beiläufigen Beobachter nur seine Hypertrophie, die ungeheure Bindung (übermäßige Liebe, verdrängten Haß oder Schuldgefühle) an eine Person oder eine Situation (z. B. die Familie). Zugleich mit dieser Fixierung tritt jedoch immer auch das Gegenteil in Erscheinung — die Vermeidung des Kontakts mit allem, was außerhalb der Fixierungsgrenzen liegt. Zu entscheiden, was zuerst da war, die Henne oder das Ei — die Angst vor Kontakten außerhalb oder das Sich-Anklammern an vertraute Situationen — ist nicht leicht.
21. Das beste Beispiel für die Spannung zwischen Plus und Minus ist die Unentschlossenheit. Nach den Beobachtungen Karl Landauers zeigen sehr kleine Kinder wenig Neigung, Gefahren zu vermeiden: Gefahren sind faszinierend, und das Kind läuft auf sie zu. Bald lernt es jedoch, seine Haltung umzukehren und wegzulaufen. Im Zustand der Unentschlossenheit sind wir hin- und hergerissen zwischen dem Wunsch, uns zu nähern, und dem Drang zu fliehen, zwischen Kontakt und Vermeidung, aber sobald eine Seite überwiegt, ist der Konflikt gelöst, die Unentschlossenheit verschwindet.
22. Mit der Rückwendung (Retroflexion) werden wir uns später ausführlich beschäftigen.

Das Ziel jeder Behandlung, sei es eine psychotherapeutische oder irgendeine andere Art von Behandlung, ist die Förderung des organismischen Gleichgewichts, die Wiederherstellung optimaler Funktionen, die Beseitigung der »Zusätze« und der Ausgleich der Mängel. Die Psychoanalyse ist bestrebt, die bewußte Persönlichkeit durch Hinzunahme jener Teile zu vervollständigen, die abgelehnt (verdrängt oder projiziert) worden sind. Das wiedergewonnene Gewahrsein ist identisch mit der Aufhebung vieler Vermeidungen. Für Freud ist das Vermeiden oder Annehmen des Gewahrseins mehr als eine Veränderung eines Merkmals: Es bedeutet eine Einordnung in die Systeme des Bewußten und des Unbewußten. Das unbewußte Material wechselt unter bestimmten Bedingungen, besonders im Verlauf einer Psychoanalyse, seinen Platz. Dieser sogenannte topische Aspekt läßt sich auch auf den »Triebzyklus« anwenden und hat einen höheren praktischen Wert als die obige Aufzählung von Vermeidungen, die hauptsächlich dazu diente, uns mit den verschiedenen Mitteln des Vermeidens bekanntzumachen; sie demonstriert die gleichzeitig vorhandenen Vorteile und Nachteile und die Hoffnungslosigkeit des Versuchs, durch neurotische Vermeidung zu brauchbaren Ergebnissen zu kommen.

Im 5. Kapitel haben wir gezeigt, daß das organismische Gleichgewicht durch einen Zyklus erlangt wird, den wir den Stoffwechsel zwischen Organismus und Welt genannt haben, und der sich aus sechs Gliedern zusammensetzt:

1. der Organismus in Ruhe;
2. der Störfaktor, der a) ein äußerer, b) ein innerer sein kann;
3. die Erschaffung eines Vorstellungsbildes oder einer Realität (Plus-Minus-Funktion und Figur-Hintergrund-Phänomen);
4. die Antwort auf die Situation, die abzielt auf
5. eine Verminderung der Spannung und zur
6. Rückkehr des organismischen Gleichgewichts führt.

Dieser Stoffwechsel wird gestört, sobald ein Zyklus an irgendeiner Stelle unterbrochen wird, genau wie ein elektrischer Stromkreis an beliebiger Stelle unterbrochen werden kann. Der Kontakt kann in der Leitung, in den Schaltern oder in der elektrischen Birne unterbrochen werden. Wenn wir den »Triebzyklus« betrachten, finden wir die Unterbrechung — das Vermeiden von Kontakt — überall, außer

1. beim Organismus in Ruhe. Da dies der Nullpunkt ist, erhebt sich die Frage der Vermeidung gar nicht erst. Es ist falsch, Langeweile oder Depression als Nullpunkt anzunehmen, da beide offenkundig emotionale Situationen sind, nämlich Störfaktoren, die auf bestimmte Hemmungen zurückgehen.

Beim Sexualtrieb begegnen wir, dem Triebzyklus folgend, einer ganzen Reihe von Möglichkeiten, sich seinen Forderungen zu entziehen:

2.

a) der Einübung in Askese, dem Wunsch nach Kastriertwerden, der Vermeidung anregender Speisen und Getränke, dem ganzen Instrumentarium ideologischer (meist religiöser) Unterdrückung, der Skotomisierung und der Tatsache, daß Sexualimpulse fälschlich für etwas anderes gehalten werden.

b) Welche Möglichkeiten hat der Ehemann bzw. die Ehefrau, die Erfüllung ihrer »ehelichen Pflicht« zu vermeiden? Rationalisierung (Ausreden), Symptome (Kopfschmerzen), muskuläre Panzerung (Vaginismus), »Sich-Totstellen« (man ist *zu* müde), das Vermeiden von Situationen (man hat zuviel zu tun), getrennte Schlafzimmer, Vermeidung der Reizung (man unterläßt es, sich »schön« zu machen), aktive Abwehr (Reizbarkeit, Spott).

3. Unterdrückung der Phantasie, religiöse Tabus, Beschäftigungen, die

die Aufmerksamkeit von sexuellen Vorstellungsbildern ablenken; Vermeiden der Realität; die Suche nach einem Liebesobjekt wird unterlassen; man entwickelt eine übermäßig kritische Haltung; der Sexualimpuls wird in unangemessene Kanäle (Masturbation, Verkehr mit Prostituierten, Perversionen) abgeleitet.

4. Vermeidung sexueller Gefühle oder Betätigungen in erotischen Situationen: genitale Desensibilisierung (Frigidität), Panzerung (muskuläre Anspannung), Abschweifen der Aufmerksamkeit (an etwas anderes denken), Verschiebung (etwas Nicht-Sexuelles tun oder sagen), Flucht, Skotomisierung und Projektion.

5. Das Ausbleiben eines befriedigenden Orgasmus (W. Reich, *Die Funktion des Orgasmus*) verhindert eine angemessene Verminderung der Sexualspannung. Eine solche unzureichende sexuelle Betätigung kann auf der Unfähigkeit beruhen, Empfindungen zu ertragen, die mit der hohen Spannung des Orgasmus verbunden sind (»Kurzschluß«, ejaculatio praecox). Andere Mittel, um einen befriedigenden Orgasmus zu verhindern, sind: Sublimierung, Vermeidung der Folgen (coitus interruptus), Angst vor Kräfteverlust (Samenverhaltung). Gemütsbewegung und überschüssige Erregung werden oft unter dem hemmenden Einfluß von Scham vermieden (Mangel an Konzentration, Angst, gestört zu werden). »Denken« ist neben anderen Ablenkungen ein weiteres Mittel, der sexuellen Spannung auszuweichen.

In den meisten dieser Fälle wird keine Befriedigung erreicht, da die Situation unvollständig bleibt. Dies wiederum führt zu dauernder sexueller Reizbarkeit, ein Umstand, der Freud wahrscheinlich veranlaßt hat, die Libido (unter anderem) als eine frei schwebende Energie anzusehen, die außerhalb des Zyklus von Sexualtrieb und Befriedigung Verheerungen anrichten kann.

6. Jede dieser Vermeidungshaltungen verhindert die Rückkehr des organismischen Gleichgewichts.

Schon wieder stellen wir fest, daß uns eine verwirrende Aufzählung von Möglichkeiten unbefriedigt läßt, da wir kein vereinfachendes Gesetz entdecken können. Am Anfang stehen ursprünglich soziale Forderungen und Triebforderungen (nicht Ursachen, da die Antworten bei verschiedenen Gruppen unterschiedlich sind). Diese Forderungen, z. B. die Zehn Gebote, der Verhaltenskodex, Forderungen des Gewissens oder der Umwelt, werden ebenso wie die Triebbedürfnisse vom Organismus mit Gefühlen beantwortet: mit Angst, Scham und ähnlichen Gefühlen, wenn die Forderungen nicht sofort akzeptiert werden können. Die fordernde soziale Institution setzt ihre Forderungen mit Bestrafung und Belohnung, mit Drohungen und Verheißungen durch. Um der Bestrafung zu entgehen und die Belohnung zu bekommen, vermeidet man die mißbilligten Handlungen. Die Forderungen des Organismus (Hunger, Schlafbedürfnis usw.) sind jedoch nicht weniger stark und schmerzlich als die der Gesellschaft. Daher rührt die Häufigkeit sozialer und neurotischer, äußerer und innerer Konflikte.

Soweit ist der Vorgang einfach. Er wird erst verwirrend durch die Vielfalt der auftretenden Vermeidungen. Die Vermeidungstechnik wandelt sich stark, je nach der Situation und den Möglichkeiten, die einem zur Verfügung stehen.

Eine verheiratete Frau hat einen Liebhaber. Der Ehemann erhebt, wie es sich so trifft, heftige Einwände. Sie könnte sich entschließen, ihren Liebhaber ganz und gar zu *meiden*; sie könnte es *vermeiden*, mit ihm gesehen zu werden, oder, wenn sie entdeckt wird, ohnmächtig werden, um sich den Wutausbrüchen ihres Mannes zu *entziehen*; wenn sie schließlich das Bewußtsein wiedererlangt, könnte sie Lügen erfinden oder ihm diesen oder jenen Vorwurf machen, wodurch sie Schuldgefühle oder Bestrafung *vermeiden* könnte. Wenn sie sich jedoch seinen Forderungen fügt — da ihre Angst größer ist als ihr Verlangen —, wird sie vielleicht kühl und feindselig werden und alles *vermeiden*, was ihm Lust bereiten könnte. In jedem Fall wird er am Ende leiden, da er seine Beziehung auf Forderungen und nicht auf Verständnis aufgebaut hat.

Aus all dem können wir zwei Schlüsse ziehen:

1. »Vermeidung« ist ein allgemeiner Faktor, der wahrscheinlich in jedem neurotischen Mechanismus zu finden ist;
2. selten und nur im Fall wirklicher Gefahr ist durch Vermeidung etwas zu gewinnen.

9

Organismische Reorganisation

In der Geschichte des Individuums wie in der ganzer Generationen gleichen das Auf und Ab und der Rhythmus von Aktion und Reaktion den Bewegungen eines Pendels. Es ist schwierig, dem Nullpunkt nahe zu bleiben — sich nicht zu den Höhen der Begeisterung erheben zu lassen, aber auch nicht in die Tiefen der Verzweiflung hinabzugleiten. Das mechanistische Denken des letzten Jahrhunderts rief in unserem Jahrhundert sein Gegenteil hervor, die Entwicklung der Psychologie und besonders der Psychoanalyse.

Im Bereich der Psychoanalyse schwang das Pendel vom historischen Denken Freuds zum futuristischen Denken Adlers. Auf Freuds pessimistische Aussage »Wir sind nicht Herr im eigenen Haus!« folgte Adlers Protest, die Machtgier. Die rein psychologistische Haltung mancher Analytiker (die die Physiologie verachten wie die Asketen des Mittelalters) fand ihren Widerhall in dem Versuch Reichs, den Charakter als einen Panzer darzustellen, der hauptsächlich aus Muskelkontraktionen besteht.

Außerhalb dieser fortschrittlichen Entwicklung stehen jene Analytiker, die (indem sie isolierte Probleme überbewerten und den Kontakt zur menschlichen Persönlichkeit als ganzer verlieren) fundamentale Irrtümer begehen, wie O. Rank und zum Teil C. G. Jung. Beide leisten zwar wertvolle Beiträge zur Psychoanalyse (z. B. Jungs Konzept von Introversion und Extraversion), aber sie erweitern beide die fragwürdigen Teile der Theorien Freuds. Rank hat den historischen Gesichtspunkt ad absurdum geführt — Jung das Konzept der Libido. Der eine ist in den Wehen des Geburtstraumas steckengeblieben, der andere hat die Termini *Libido* und *das Unbewußte* so aufgebläht, daß sie, wie Spinozas Gottesbegriff, fast alles umfaßten und deshalb nichts erklärten.

Keiner von ihnen trägt zu einem ganzheitlichen Verstehen des Organismus bei. Die Beiträge von Adler und Reich sind dagegen insofern für die Psychoanalyse wertvoller, als sie Aspekte liefern, die bestimmte Theorien Freuds ergänzen. Leider bekämpfen Freudianer und Adlerianer einander, oder sie verbergen ihre gegenseitige Verachtung hinter einer pseudotoleranten, aber blinden Haltung, leben also in der besten Tradition des Sektierertums. Obwohl beide daran gewöhnt sind, in Gegensätzen zu denken — Freud generell, Adler gelegentlich (oben—unten; männlich—weiblich; überlegen—unterlegen) — weigern sie sich, sich selbst als Gegensätze zu sehen, die einander in vieler Hinsicht wechselseitig ergänzen.

Außer mit der Betrachtung der Dialektik in der psychoanalytischen Bewegung können wir uns auch mit der Dialektik der Psychoanalyse selbst befassen. Ausgehend von dem Wort Psychoanalyse schlagen wir folgendes Ergänzungsschema vor:

Seele

Synthese——————Analyse

Leib

Die Gegensätze Leib und Seele sind als Differenzierungen des Organismus betrachtet worden. In bezug auf die Analyse behauptet Freud, eine Synthese sei nicht notwendig — die Libido werde, nachdem sie einmal freigesetzt ist, ihren eigenen Weg der Sublimierung finden. Trotzdem spricht man in psychoanalytischen Kreisen von Umerziehung oder Neukonditionierung. Freud erkennt z. B., daß die phobische Haltung (die Tendenz, der Konfrontation mit Konflikten, Trieben, Schuldgefühlen usw. auszuweichen) ein wesentlicher Teil jeder Neurose ist und verschreibt als Gegenmittel den Kontakt mit dem Gefürchteten. Einen Menschen, der an Platzangst leidet, überredet er — nach einer gewissen Dauer der Analyse —, den Versuch zu machen, eine Straße zu überqueren. Er ist sich allerdings darüber klar, daß bloßes Reden nicht genügt. Ich bezweifle aber, ob Freud sich der Tatsache voll bewußt war, daß Deutungen auch ein Teil der aktiven Psychoanalyse sind, da der Patient durch sie mit dem Teil seiner selbst konfrontiert wird, den er meiden möchte. Dieses aktive Verhalten, die Tatsache, daß man dem Patienten einen geistigen Spiegel vorhält, zielt auf eine Synthese ab, auf Integration — die Wiederherstellung des Kontakts zwischen den isolierten Teilen seiner Persönlichkeit.

Sowohl die Analyse als auch die Synthese tendieren dazu, Ordnung in die Persönlichkeit des Patienten zu bringen und es seinem Organismus zu ermöglichen, mit minimaler Anstrengung zu funktionieren. Wir können diesen Vorgang Neukonditionierung oder Reorganisation nennen. Wenn wir auf diese Weise den Gegenpol zu dem Begriff Psychoanalyse suchen, kommen wir zu der etwas schwerfälligen Formulierung »organismische Reorganisation des Individuums«. Wenn wir diese Folgerungen akzeptieren, müssen wir die Grundregel der Psychoanalyse erweitern. Diese Regel lautet kurz gefaßt: »Der Patient soll alles sagen, was ihm in den Sinn kommt, selbst wenn er Verlegenheit oder andere Gefühle des Widerstands empfindet, er darf überhaupt nichts unterdrücken.« Zur Vervollständigung dieser Regel müssen wir hinzufügen, er solle auch alles mitteilen, was er *körperlich* empfindet. Der Patient wird von sich aus alle starken physischen Symptome erwähnen wie Kopfschmerzen, Herzklopfen usw., aber er wird das weniger Aufdringliche, wie z. B. ein leichtes Jucken, Unruhe und alle subtileren Ausdrücke der Körpersprache, auf deren Bedeutung W. Reich und G. Groddeck hingewiesen haben, vernachlässigen. Eine einfache Methode, die ganze organismische Situation zu erfassen, besteht in der Aufforderung an den Patienten, er solle dem Analytiker alles mitteilen, was er geistig, emotional und *körperlich* erlebt.

Die zweite von mir vorgeschlagene Veränderung der Grundregel betrifft die Unterdrückung von Verlegenheit. Der Patient, der eifrig bestrebt ist, die Forderungen des Analytikers zu erfüllen, wird ins andere Extrem verfallen: Anstatt etwas zurückzuhalten, wird er *sich zwingen*, alles zu sagen. Er bringt dies zuwege, indem er seine Verlegenheit unterdrückt. Der Patient erwirbt sehr bald eine Technik, entweder das peinliche Material unverbindlich zu formulieren oder sich zusammenzunehmen und seine Gefühle abzustumpfen. So wird er scham-los, aber nicht frei von Scham; die Fähigkeit, Verlegenheit zu ertragen, das wertvollste Ergebnis einer richtigen Anwendung der Grundregel, bleibt unentwickelt. Das Problem der Verlegenheit soll in einem späteren Kapitel behandelt werden, das sich mit der Ichentwicklung befaßt. Wir müssen also eine zweite Veränderung in der Formulierung der Grundregel vornehmen: Wir müssen dem Patienten einprägen, daß er weder etwas unterdrücken noch etwas erzwingen darf, und daß er nicht vergessen darf, dem Analytiker jedes bißchen bewußten Widerstand wie z. B. Verlegenheit, Scham usw. mitzuteilen.

In ähnlicher Weise sollte der Analytiker keinen Druck auf den Patienten ausüben und ihn nicht überreden zu sprechen, sondern auf die Widerstände und Vermeidungen achten. Wenn man aus einem Wasserhahn Wasser holen will, würde einem nicht im Traum einfallen, das Wasser aus dem Rohr herauszuquetschen; man würde einfach den Widerstand lockern, den Hahn, der das Wasser zurückhält. Wenn Ferenczi behauptet, der Schließmuskel des Anus sei das Manometer des Widerstands, und wenn Reich diese Beobachtung auf jede mögliche Kontraktion ausdehnt, haben beide recht, aber man darf keinen Augenblick vergessen, daß diese Muskelkontraktionen nur »Mittel zum Zweck«

sind, Funktionen im Interesse von Gefühlen, und daß sie ins Spiel gebracht werden, um Gefühle des Ekels, der Verlegenheit, der Angst, der Scham und der Schuld zu vermeiden.
Außer dem analen Widerstand gibt es noch viele andere Widerstände, vor allem den Widerstand gegen das In-Sich-Aufnehmen, den oralen Widerstand. Ein muskulärer Widerstand findet sich bei der Angst.

Ich kann kein besseres Beispiel finden als das Phänomen der Angst, um die Überlegenheit der organismischen Auffassung gegenüber einem rein psychologischen oder physikalischen Ansatz zu demonstrieren. Der Allgemeinpraktiker mit der herkömmlichen physiologischen Anschauung sieht, wenn er im Zusammenhang mit Herzkrankheiten Angstanfällen begegnet, in diesen die Wirkung einer mangelhaften Funktion des kardialen Systems. Wenn diese Anfälle aber ein integraler Bestandteil der Krankheit wären, müßten sie dauernd auftreten, was natürlich nicht der Fall ist. Andererseits erkennt der Allgemeinmediziner meist, daß ein zusätzlicher Faktor, nämlich Aufregung, dabei eine Rolle spielt, der das Herz zusätzlich belastet; er warnt seine Patienten deshalb vor dieser Gefahr. Diese Angstanfälle kommen durch das Zusammentreffen von Herzkrankheit und Aufregung zustande.
Bei der Darstellung des psychologischen Ansatzes, die Angst zu verstehen, werde ich mich auf eine Zusammenfassung der psychoanalytischen Theorien beschränken. Freud hat die Angstneurose als eine Erkrankung definiert, die sich von anderen Neurosen unterscheidet, und er hat sie, wie man es vom Urheber der Libidotheorie nicht anders erwarten konnte, auf unterdrückte Sexualimpulse zurückgeführt. Aber *wie* diese Sexualimpulse in Angst verwandelt werden, konnte er nicht verraten. Er erklärte sie einerseits *teleologisch,* wie Adler (er erklärte, die Angst sei in die Zukunft gerichtet — sie sei ein Gefahrensignal oder Warnsignal des Unbewußten), andererseits erklärte er sie historisch, wobei er von Rank die Vorstellung des Geburtstraumas als dem Ursprung der Angst übernahm. Wann immer wir in eine gefährliche Lage kommen, behauptet er, ruft unser Unbewußtes, um uns zu warnen, schnell wieder die Erinnerung an unsere Geburt wach.
Andere Psychoanalytiker stellen andere Theorien über die Angst auf. Harnick behauptet, der Säugling, dessen Nase durch die Brust der Mutter zugedrückt wird, erlebe Angst, und die späteren Angstanfälle seien Wiederholungen dieser Situation. Adler, Reich und Horney machen unterdrückte Aggressionen für die Entwicklung der Angst verantwortlich, während Benedikt — einer späten Theorie Freuds folgend — die Angst als Folge der Verdrängung des »Todestriebs« ansieht.

Da diese Theorien von hervorragenden Wissenschaftlern vorgebracht worden sind, müssen wir ihre Beobachtungen als richtig akzeptieren, wenn sie auch nur für die Situationen gültig sind, in denen sie gemacht wurden. Aber wir müssen jeder Art von Spekulation mißtrauen, in der Wissenschaft ebenso wie anderswo, die zu voreiligen Verallgemeinerungen führt. Entweder ist »Angst« ein Deckbegriff, und die verschiedenen Erklärungen gelten für verschiedene Phänomene, oder der Begriff Angst ist ein spezifisches Phänomen, und die verschiedenen Theorien sind unvollständige Erklärungen, die wahrscheinlich einen Faktor auslassen, der ihnen allen gemeinsam ist — den für die Angst spezifischen. Beobachtungen scheinen darauf hinzuweisen, daß das letztere der Fall ist, und daß wir nach dem gemeinsamen Faktor der aufgestellten Hypothesen suchen müssen.
Wir haben drei Gruppen von psychoanalytischen Theorien: eine, nach der die Angst durch das Geburtstrauma oder das Brusttrauma entsteht, und eine, nach der die Angst auf verdrängte Triebe zurückgeht. Daneben gibt es die Gefahrentheorie, die wir als nicht spezifisch für die Angst weglassen können. Angst ist eine häufige Antwort des Organismus auf eine reale oder eine eingebildete Gefahr, aber andere Reaktionen (z. B. Geistesgegenwart, Mißtrauen, Furcht, Panik) sind ebenso möglich.
Die erste Gruppe bezieht sich auf die Sauerstoffzufuhr, auf die Atmung des Individuums. Der Wechsel von der Versorgung durch die mütterliche Placenta zur aktiven Lungenatmung mag das neugeborene Kind tatsächlich seiner dringend benötigten Sauerstoffnahrung berauben, und das schafft ein starkes Sauerstoffdefizit und einen entsprechend starken *Sauerstoffhunger*. Das gleiche gilt für Harnicks Theorie, nach der die Brust der Mutter die Atmung des Kindes behindern und so ein ähnliches Sauerstoffdefizit schaffen kann.
Wenn wir die zweite Gruppe betrachten, finden wir einen Schlüssel zur Lösung des Problems, warum der Allgemeinpraktiker Herzpatienten vor *Aufregung* und körperlicher Anstrengung warnt. Bei konzentriertem Triebausdruck finden sich die gleichen körperlichen Symptome wie beim Anstrengungssyndrom (gesteigerte Herz- und Atemtätigkeit, die schon bei mäßigeren Anstrengungen auftreten). Sowohl der sexuelle Orgasmus als auch Wutausbrüche sind Höhepunkte der Erregung. Wenn wir alle nebensächlichen Faktoren ausschließen, erkennen wir, daß Erregung und Sauerstoffmangel jeweils den Kern der genannten Theorien bilden, und wenn wir einen Angstanfall beobachten, stellen wir ausnahmslos Erregung und Schwierigkeiten beim Atmen fest. Aber das gibt noch keine Antwort auf die Frage, wie Angst hervorgerufen wird,

und welche Beziehung zwischen Erregung und Atmung einerseits und zwischen Angst und Atembeschwerden andererseits besteht [1].

Das Bild der Erregung besteht, wie jedermann schon erlebt hat, in gesteigertem Stoffwechsel, also gesteigerter Herztätigkeit, beschleunigtem Puls, verstärkter Atmung. Dies ist Erregung, aber nicht Angst. Wenn das Kind während der Geburt oder an der Mutterbrust an einer unzureichenden Sauerstoffzufuhr leidet, entsteht jedoch eine Angstsituation. Ein Erwachsener dagegen, der eine Angstattacke hat, wird weder in diesem Augenblick geboren, noch von einer Brust erstickt. Wenn es uns gelänge, festzustellen, daß in aufregenden Situationen die Sauerstoffzufuhr ebenso unzulänglich ist wie in den beiden erwähnten infantilen

[1] Im Fall des Anstrengungssyndroms und anderer kardiovaskulärer Schwächen kompensiert das Herz den gesteigerten Stoffwechsel, der bei Erregung und gesteigerter Muskeltätigkeit stattfindet, nicht ausreichend. Diese Insuffizienz wird besonders auffallend, wenn das Gleichgewicht der Schilddrüsenfunktion gestört ist — dieses liegt, wie ich schon erwähnt habe, zwischen der Erregbarkeit eines basedoiden und der Stumpfheit eines Myxödem-Typus. Jeder Arzt wird zwei Tatsachen bestätigen: erstens, wie leicht Basedowkranke Angstanfälle bekommen, und wie relativ immun der Myxödem-Typus gegen sie ist; zweitens, daß der erstere einen erhöhten, der letztere einen erniedrigten Grundumsatz hat. Der Stoffwechsel ist ein chemischer Prozeß, der in unserem Organismus stattfindet und Bedingungen schafft, die für uns lebenswichtig sind, z. B. Wärme. In dieser Hinsicht verhält sich der Organismus genau wie eine Verbrennungsanlage. Ein Ofen braucht, um zu brennen und Wärme zu produzieren, zwei Arten von Brennstoff — Sauerstoff und Kohlebestandteile. Im allgemeinen denken wir nur an letztere (Kohle oder Holz) und vergessen den anderen Brennstoff (die Luft), der kostenlos zur Verfügung steht. Ein Ofen kann nicht brennen, wenn er nicht genug festen Brennstoff hat oder wenn ihm die nötige Luftmenge fehlt. Die Verbrennung von Substanzen im menschlichen Körper findet in den Geweben statt. Den Kohlenbrennstoff liefert unsere Nahrung, die durch einen komplizierten Assimilationsprozeß verflüssigt worden ist, den wir später im einzelnen betrachten werden. Der Sauerstoff wird von den roten Blutkörperchen in die Gewebe transportiert.

Erregung ist identisch mit gesteigertem Stoffwechsel, d. h. vermehrter Verbrennung und gesteigertem Bedarf an flüssigem Brennstoff und Sauerstoff. Um diesen gesteigerten Bedarf zu befriedigen, muß das Blut rasch mehr Sauerstoff in die Gewebe bringen. Die Pumpe — das Herz — muß sich beschleunigen, und die Blutgefäße müssen sich erweitern, um mit dem stärkeren Blutstrom fertig zu werden, da es den einzelnen Blutkörperchen unmöglich ist, mehr Sauerstoff zu transportieren. Den größeren Sauerstoffbedarf müssen die Lungen erfüllen, indem sie die Atmung verstärken (entweder durch schnellere Atemzüge oder durch Vergrößerung des Atemvolumens oder durch beides).

Situationen, könnten wir vielleicht erkennen, *wie* Erregung sich in Angst verwandelt, und so ein tausendjähriges Rätsel lösen.

Wir bekommen einen Hinweis von der Sprache, denn das Wort *Angst* ist verwandt mit dem lateinischen Wort *angustus* (eng), es weist also auf ein Gefühl der Beengung in der Brust hin. Im Zustand der Angst ziehen wir unsere Brust zusammen, wir »verengen« sie.

Es gibt viele Situationen, in denen die Menschen es sich nicht erlauben, Erregung und ihre Symptome, besonders die geräuschvolle und verstärkte Atmung, offen zu zeigen. Man denke an einen onanierenden Jungen, der fürchtet, sein Keuchen könnte ihn verraten. Bei der Entwicklung eines »beherrschten« Charakters (kühl, ruhig und gesammelt) wird die Unterdrückung von Erregung oft übertrieben. Dieses Vermeiden von Zeichen der Erregung kann einen frigiden Charakter hervorbringen, aber keine Angst; wenn ein solcher Mensch trotz aller eingeübten Beherrschung erregt wird, unterdrückt er den Ausdruck der Erregung, z. B. verstärktes Atmen. Er vermindert seine Sauerstoffzufuhr, indem er seine Muskeln (soweit sie mit der Atmung zu tun haben) starr macht, die Brust zusammendrückt, anstatt sie auszudehnen, das Zwerchfell nach oben zieht und damit die Erweiterung der Lunge verhindert. Er legt einen Panzer an, wie Reich es nennt. (Dieser Ausdruck ist jedoch nicht ganz zutreffend, da ein »Panzer« etwas Mechanisches ist.)

Im Zustand der Angst besteht kein akuter Konflikt zwischen dem Drang zu atmen (das Erstickungsgefühl zu überwinden) und der diesem Drang entgegengesetzten Selbstbeherrschung. Wenn wir uns klarmachen, daß die eingeschränkte Sauerstoffzufuhr zu einer Beschleunigung der Herzpumpe führt (in dem Versuch, eilig genug Sauerstoff in die Gewebe zu schaffen), verstehen wir das Herzklopfen des Angstanfalls. Es können einige Komplikationen eintreten, z. B. Verengungen der Blutgefäße, die der Arzt oft durch spezifische Medikamente bekämpft. Aber in jedem Fall läßt sich unser Problem durch folgende Formel lösen: *Angst ist gleich Erregung plus unzureichende Sauerstoffzufuhr.*

Angstanfälle sind noch von einem weiteren Symptom begleitet — von Unruhe. Diese Unruhe ist gewöhnlich in jenen Erregungszuständen zu beobachten, die keine natürliche Abfuhr finden. Unser Organismus produziert Erregung in Situationen, die außerordentlich viel (überwiegend motorische) Aktivität erfordern. Ein Zustand der Wut ist identisch mit dem Wunsch, anzugreifen, und mit der Mobilisierung aller verfügbaren Muskelkraft. Es sind Fälle bekannt, in denen Menschen in der Verzweiflung oder im Zustand des Wahnsinns geradezu übermenschliche Kräfte entfaltet haben. Wenn die Erregung von ihrem eigentlichen Ziel abgelenkt wird, desintegriert sich die motorische Aktivität und wird teilweise dazu benützt, die Antagonisten ins Spiel zu bringen, d. h. jene Muskeln, die zur Einschränkung der motorischen Aktivität, für die »Selbstbeherrschung«, gebraucht werden. Aber es bleibt genug Erregung übrig, die allerlei unkoordinierte Bewegungen wie Armeschwenken, Hin- und Hergehen und Sich-im-Bett-Herumwerfen auslösen kann. Wegen dieses Erregungsüberschusses kann das organismische Gleichgewicht nicht wiederhergestellt werden. Wenn die Abfuhr dieser Erregung verhindert wird, kommt die Motorik nicht zur Ruhe; der Organismus bleibt *unruhig*.

Für diesen Zustand hat Freud den Ausdruck »frei flottierende Angst« geprägt, einen Begriff, der für die isolationistische Anschauung typisch ist. Ein Stück Angst kann nicht frei im Organismus herumschwimmen. Das prä differente Stadium der Angst zeigt sich im Lampenfieber und in der Examensangst. Lampenfieber (Erregung vor einem Auftritt) erleben die meisten Schauspieler; ihre Klagen darüber sind jedoch nicht gerechtfertigt, denn ohne diese Erregung wäre ihre Darstellung frigide und unlebendig. Es besteht die Gefahr, daß sie versuchen, ihre Aufregung zu unterdrücken, weil sie deren Bedeutung nicht verstehen und unfähig sind, die Spannung auszuhalten, d. h. *sowohl* zu warten *als auch* aufgeregt zu sein. Diese Spannung verwandelt, vermittels der Selbstbeherrschung, oft die Erregung in Angst, es sei denn, die Schauspieler wählen den Ausweg starker Unruhe oder hysterischer Ausbrüche. Die Prüfungsangst brauchen wir nicht im einzelnen zu untersuchen. Je mehr ein Mensch eine Prüfung als etwas Entscheidendes ansieht, desto mehr Energien wird sein Organismus mobilisieren. Je weniger er die Spannung aushalten kann, desto leichter wird seine Erregung sich in Angst verwandeln.

Wir mögen zwar in der Lage sein, den Augenblick in der Lebensgeschichte des Betreffenden aufzuspüren, in dem diese Verwandlung zum erstenmal stattfand, aber der aktuelle Angstanfall ist keine mechanische Kopie eines früheren, sondern wird jeweils in einem bestimmten gegenwärtigen Augenblick neu produziert. Oft läßt sich Angst auflösen und wieder in Erregung zurückverwandeln, ohne daß man unbedingt in die Vergangenheit hinabtauchen müßte. Die Vergangenheit mag keine andere Bedeutung haben als die, daß man aus ihr erfährt, unter welchen Umständen die Gewohnheit der Atemhemmung sich gebildet hat.

Man kann lernen, Angst zu überwinden, indem man die Muskeln entspannt *und* der Erregung Luft macht. Oft ist keine tiefe Analyse nötig, aber wenn unbewußte Verkrampfungen der Brust- und Zwerchfellmuskulatur zur festen Gewohnheit geworden sind, mag eine Konzentrationstherapie angezeigt sein. Um das Bild der Angst nicht zu verwischen, habe ich auf die Behandlung verschiedener Komplikationen verzichtet, ich habe z. B. die Tatsache unerwähnt gelassen, daß der Kohlendioxyd-Gehalt des Blutes zu hoch wird, und daß eine forcierte Hyperventilation kein Heilmittel gegen die Angst sein kann. Der Organismus funktioniert nicht normal, bevor die Muskelverkrampfungen sich nicht gelöst haben, oder solange der Patient bei seiner Atemtechnik die Einatmung betont. Die Einzelheiten der Behandlung und der richtigen Atmung werden im letzten Teil des Buches besprochen.

Die folgende Beschreibung eines Patienten liefert schlüssige Beweise für die Wechselwirkung von Angst und Erregung:

»Meine früheste Erinnerung daran, daß ich das Gefühl der Aufregung oder Erwartung unterdrückt habe, liegt etwa siebzehn Jahre zurück; es war kurz vor meiner schriftlichen Aufnahmeprüfung. Ich fühlte die Erregung in der Brust, spürte aber zugleich, daß ich dieses Gefühl zurückhielt und ihm nicht erlaubte, sich auszudrücken; dies wurde mir zur Gewohnheit bis vor etwa neun Jahren, als dieses Gefühl bei bestimmten Tennismatches wieder auftrat. Ich stellte fest, daß meine Aufregung oder Erwartung (wie immer man es nennen mag) so groß war, daß sie sich in Angst verwandelte und dann absolut unerträglich wurde. Ich unterdrückte das Gefühl und ließ nicht zu, daß es zum Ausdruck kam. Immer, wenn das Match von einem Satz abhing, fand ich die Erregung unerträglich, und ich ging wie ein Löwe im Käfig herum, unfähig, stillzusitzen oder stillzustehen. Ich ging oft vom Tennisplatz weg und kam erst zurück, wenn ich glaubte, der Satz sei vorbei und die Entscheidung sei gefallen. Ich war völlig angespannt, und jeder Muskel zog sich zusammen (besonders die Brustmuskeln); die Folge war, daß ich kurzatmig wurde, schon bevor fünf oder sechs Punkte gefallen waren. Dieses Gefühl wurde schließlich aufgrund der fortwährenden Unterdrückung so akut, daß ich alles tat, was in meiner Macht stand, um meinen kleinen Tennisklub zu zwingen, die Teilnahme an diesen Turnieren aufzugeben, und sogar zu allerlei Vorwänden griff, um dieses Ziel zu erreichen. Diese Schwäche zeigt sich nun leider auch auf dem Golfplatz, wo ich mir natürlich keine Erleichterung mehr dadurch verschaffen kann, daß ich weggehe. Infolgedessen ziehe ich die Brustmuskeln so stark zusammen, daß es mir schließlich schwerfällt, den Ball richtig zu schlagen. Bei manchen Gelegenheiten zieht sich meine Brust so stark zusammen, daß ich mein Herz in der Kehle schlagen fühle, was sich so sehr steigert, daß es mich fast erstickt. Einmal mußte ich eine kleine Prüfung ablegen, die aus einer schriftlichen Arbeit am Vormittag und einer mündlichen Prüfung am Nachmittag bestand. Am Tag vor der Prüfung erlebte ich

das übliche Gefühl der Beklommenheit in der Magengrube, begleitet von Aufregung, aber es ist fast unmöglich zu beschreiben, wie ich mich am Morgen und am Nachmittag des Prüfungstages fühlte. Es war mir so eng in der Brust, daß ich kaum atmen konnte; ich konnte weder sitzen noch stehen und rannte wie ein Wahnsinniger in dem Gebäude auf und ab, und als ich schließlich von dem Prüfer hineingerufen wurde, war ich praktisch sprachlos und zitterte wie Espenlaub. Die gleichen Gefühle und Empfindungen habe ich auch schon auf dem Rennplatz erlebt: Als ich den ersten Teil einer Doppelwette gewonnen hatte, konnte ich dem zweiten Lauf nicht einmal mehr zusehen und ging fort, um erst nach dem Rennen zurückzukommen. Ich könnte noch viele Erlebnisse dieser Art erzählen; immer, wenn ich ein Gefühl der Erwartung, der Erregung oder der Angst habe, fühle ich diesen schrecklichen Druck in der Brust, ich kann dem Gefühl keinen Ausdruck geben, und schließlich gelingt es mir, meine Erregung zu dämpfen. Dann stelle ich fest, daß ich jeden Mut verloren habe, mich irgendeiner Situation auszusetzen, in der eines der drei genannten Gefühle auftaucht.«
Am Phänomen der Angst wollte ich die großen theoretischen und praktischen Veränderungen demonstrieren, die sich als Folge scheinbar geringfügiger Änderungen der Grundregel der Freudschen Theorie ergeben. Sie führen auch zu einem Wechsel von der Technik des »freien Assoziierens« zu einer »Konzentrationstherapie«, wie sie W. Reich eingeführt hat und die ich systematisch weiterzuentwickeln versuche. Das Ziel der neuen Technik besteht in einer zeitlichen Abkürzung der Neurose-Behandlung und im Aufbau einer Grundlage für den Zugang zu bestimmten Psychosen.

10

Die klassische Psychoanalyse

Unsere Einstellung zu den guten und schlechten Dingen des Lebens geht — wie wir gesehen haben — Hand in Hand mit Reaktionen in Gegensätzen. Streng genommen sind diese Reaktionen keine Reaktionen, sondern gleichzeitige Vorkommnisse, wobei »gut« eine Entsprechung zu Liebe, Zuneigung, Stolz und Lust, »schlecht« eine Entsprechung zu Haß, Ekel, Scham und Unlust ist; sie sind jeweils Variationen des ¶ und des ♯ und spielen bei der Erfüllung oder Versagung jedes Wunsches, jedes Triebes ihre Rolle.

Ohne Zweifel sind die Ausdrucksformen des Sexualtriebes sehr mächtig und zweifellos haben ¶ und (in geringerem Maß) ♯ an seinen Funktionen teil. Aber sind Liebe, Zuneigung, Stolz und Lust alle Ausdruck des Sexualtriebes, wie Freud in seiner Libidotheorie behauptet?

Im Lauf meiner Beobachtungen habe ich festgestellt, daß der Hungertrieb und die Ichfunktionen in fast jeder Psychoanalyse eine viel größere Rolle spielten, als ich zu erwarten gelernt hatte. Jedesmal, wenn ich versuchte, aus der psychoanalytischen Literatur etwas über den Hungertrieb zu erfahren, stellte ich fest, daß die Analyse des Hungers mit dem einen oder anderen Libidoaspekt vermischt war. Man versuchte ernsthaft, sich dem Problem der Ichfunktionen zu nähern, aber Freud hatte dem Ich die Rolle der zweiten Geige zugewiesen, während das Unbewußte an führender Stelle stand. Ich konnte mich des Eindrucks nicht erwehren, daß das Ich in der Psychoanalyse etwas Unbequemes war, und noch dazu leider etwas, das sich in jedem Dasein wissenschaftlich und praktisch bemerkbar machte [1].

Schließlich kam ich an einen Punkt, wo die Libidotheorie — obwohl sie beim Erwerb von Wissen über pathologische Charaktere des oralen, des narzißtischen und des melancholischen Typus eine wertvolle Hilfe ist — mehr hinderlich als hilfreich wurde. Da beschloß ich, den Organismus ohne Libido-Brille zu betrachten, und ich erlebte einen der aufregendsten Abschnitte meines Lebens — ich erlebte einen Schock und

[1] Vor kurzem hat ein bedeutender Analytiker das Unbewußte mit einem Elefanten verglichen und das Ich mit einem kleinen Baby, das versucht, den Elefanten zu führen. Was für eine isolationistische Vorstellung! Was für eine Enttäuschung für den Allmachtsehrgeiz! Was für eine Persönlichkeitsspaltung!

eine Überraschung. Der neue Ausblick übertraf alle meine Erwartungen. Ich stellte fest, daß ich einen geistigen Stillstand überwunden und neue Einsichten gewonnen hatte. Ich begann, in den Ansichten Freuds Widersprüche und Grenzen zu sehen, die mir zwanzig Jahre lang durch die Großartigkeit und den Wagemut seiner Konzepte verborgen geblieben waren.

Dann machte ich Bilanz. Ich hatte jahrelang bei einer Reihe von Psychoanalytikern gelernt. Mit einer Ausnahme — K. Landauer — waren all jene, die mir etwas genützt hatten, von der Linie der Orthodoxie abgewichen. In den vorigen Jahrzehnten, seit es die Psychoanalyse gibt, haben sich sehr viele »Schulen« entwickelt. Das beweist einerseits, welch große Anregung von Freud ausgegangen ist, es beweist aber andererseits auch die Unvollständigkeit oder Unzulässigkeit seines Systems. In anderen neuen Zweigen der Wissenschaft, z. B. in der Bakteriologie und in der Zytologie, war die Entwicklung von Schulen entweder unbedeutend, oder es erfolgte eine Aussöhnung, die zu einer einheitlichen Forschung führte.

Solange ich noch ganz in der psychoanalytischen Atmosphäre lebte, konnte ich nicht einsehen, daß die große Opposition gegen die Theorien Freuds in gewissem Maß gerechtfertigt sein könnte. Wir pflegten jeden Zweifel als »Widerstand« beiseitezuschieben. Aber Freud selbst wurde im höheren Alter skeptisch in bezug auf die Frage, ob eine Psychoanalyse jemals beendet werden könne. Der offensichtliche Widerspruch dieses Bekenntnisses zur Verdrängungstheorie fiel mir ins Auge. Wenn der neurotische Konflikt ein Kampf zwischen dem verdrängenden Zensor und den verdrängten Sexualtrieben war, sollte entweder die angemessene Abfuhr des Sexualtriebes die Heilung bewirken, oder es sollte genügen, wenn der Zensor zum Schweigen gebracht wurde. Wenn der Zensor lediglich von der Umwelt übernommen (introjiziert) worden war, konnte es nicht schwierig kein, seine Forderungen herabzuschrauben und die verdrängten Triebe freizusetzen. In der Praxis findet man jedoch nur selten eine Neurose, die dieser Theorie ganz entspricht. Gewöhnlich umfaßt weder die Analyse des Zensors (des Gewissens) noch die der Übertragung noch die des Sexualtriebes das ganze Feld der Neurose. Meine Erfahrungen als Psychiater in der südafrikanischen Armee zeigten mir, daß nur bei etwa 15 Prozent der Neurosen Störungen der sexuellen Befriedigung vorliegen und daß nur in zwei bis drei Prozent der Fälle hysterische Symptome sich auf tatsächliche sexuelle Frustration zurückführen lassen.

Daraus entsteht ein weiteres Problem: Wenn keine sexuelle Verdrängung stattfindet, was geschieht dann? Trägt eine Konzentration auf den

Sexualtrieb in jedem Fall zu Anpassung und Stabilisierung bei? In meinem eigenen Fall war es gewiß nicht so. Im Gegenteil; erst nachdem ich die Libidotheorie und die Überbewertung des Sexuellen fallen gelassen hatte, konnte ich eine vernünftige Haltung finden — eine Harmonie zwischen mir, meiner Arbeit und meiner Umwelt. In den letzten Jahren bin ich zu folgenden Schlüssen gekommen:

Der prinzipielle Ansatz Freuds gegenüber den psychogenen Erkrankungen ist richtig. Eine Neurose hat einen Sinn; sie ist eine Störung der Entwicklung und der Anpassung; die Triebe und das Unbewußte spielen eine unermeßlich viel größere Rolle im Menschen, als man sich jemals hat träumen lassen. Neurosen sind das Ergebnis eines Konflikts zwischen Organismus und Umwelt. Unsere geistig-seelische Struktur wird stärker durch Triebe und Gefühle bestimmt als durch Vernunft.

Auf der Soll-Seite stellen wir fest, daß Freud die Kausalität, die Vergangenheit und den Sexualtrieb überschätzt und die Bedeutung von Zielgerichtetheit, Gegenwart und Hungertrieb unterschätzt hat. Außerdem konzentrierte sich seine Technik ursprünglich auf das Krankheitssymptom. Indem man nach den Einzelheiten des Symptoms forschte (sogenannte Assoziationen), wurde Material an die Oberfläche gebracht, mit dessen Enthüllung der Patient Schwierigkeiten hatte. Diese Konzentration auf den Krankheitsbereich wurde entstellt und entwickelte sich zu einem Denken in »freien« Assoziationen, was einen Wettlauf zwischen den geistigen Fähigkeiten des Analytikers und denen des Patienten zur Folge hatte. Die psychoanalytische Technik entwickelte sich auf diese Weise fort von der ursprünglichen Konzentration auf das Symptom und hin zu einer »De-Zentrierung«, wobei es dem Zufall und dem Druck des Unbewußten überlassen blieb, wieviel Unbewußtes an die Oberfläche kommen und bearbeitet werden würde.

Parallel zu dieser Vermeidung der Konfrontation mit dem Symptom läuft die Vermeidung der Konfrontation mit dem Analytiker. Der Patient muß so liegen, daß er den Analytiker nicht sehen kann. Das psychoanalytische Gespräch hat sich von einer Konsultation in ein (fast zwanghaftes) Ritual verwandelt, bei dem eine Reihe unnatürlicher — fast religiöser — Bedingungen beachtet werden muß.

Freud hat der Menschheit durch die Befreiung des Sexualtriebes zwar einen großen Dienst erwiesen, aber, um Bertrand Russell zu zitieren, die Zeit ist reif »für die Analyse anderer Triebe und vor allem des Hungertriebes«. Das wird jedoch nur möglich, wenn man den Sexualtrieb auf seinen eigenen Bereich beschränkt, nämlich auf die Sexualität und nichts als diese.

Der physische Aspekt dieses Triebes beruht auf der Funktion der Fortpflanzungsdrüsen. Wenn das organismische Denken einen Sinn hat, müssen wir den Ausdruck Libido auf den psychochemischen Aspekt des Sexualtriebes beschränken, und wir sollten daraus folgern, daß kastrierte Tiere (Ochsen usw.) oder kastrierte Menschen (Eunuchen usw.) nicht fähig wären, Liebe, Zuneigung oder irgendeine andere Form »sublimierter« Libido zu empfinden.

Lassen Sie uns zwei Situationen vergleichen! Ein junger Mann, den seine sexuelle Spannung sehr beunruhigt, fühlt den unabweisbaren Drang nach Geschlechtsverkehr und geht zu einer Prostituierten. Nachdem er Befriedigung erlangt hat, fühlt er sich erleichtert und empfindet vielleicht auch eine gewisse Dankbarkeit, aber oft fühlt er sich angeekelt und verspürt den Wunsch, das Mädchen wegzustoßen — sie so schnell wie möglich loszuwerden. Die Situation ist anders, wenn ein Mann Geschlechtsverkehr mit einem Mädchen hat, das er liebt. Er fühlt sich nicht angeekelt, sondern er bleibt gern bei ihr.

Was ist der entscheidende Unterschied? Im ersten Fall schätzt oder akzeptiert der Mann die »Persönlichkeit« der Prostituierten nicht. Wenn wir von dem sexuellen Impuls absehen, bleibt nichts übrig, was ihn veranlassen würde, ihre Gegenwart zu suchen. Die Geliebte wird jedoch auch in Situationen ohne sexuellen Drang akzeptiert, da ihre Gegenwart *an sich* befriedigend ist.

Im ersten Fall wird der Ekel nicht verdrängt. Er ist lediglich der beherrschenden »Figur« des sexuellen Verlangens gegenüber zum »Hintergrund« geworden. Wenn der Ekel nicht im Hintergrund bleibt, vermischt er sich mit dem Sexualimpuls, stört die sexuelle Betätigung und kann sogar zur Vordergrundfigur werden; dann macht er den Mann impotent oder durch »Doppelkonditionierung« so verwirrt, daß er vielleicht sein Objekt ganz aufgibt.

Freud sagt, manch ein junger Mann in unserer Gesellschaft könne kein Verlangen empfinden, wo er liebt, und nicht lieben, wo er Verlangen empfindet. Das sieht wie eine Spaltung der Libido in animalische und geistige Liebe aus. Wäre Liebe die Folge der Überflutung unseres Organismus mit Sexualhormonen, würde diese geistige Liebe verschwinden, sobald der körperliche Drang verschwindet. Doch die Zuneigung bleibt oder wächst sogar, besonders nach einem vollkommenen Orgasmus.

Die Nähe des Gefühls, das man Liebe nennt, zum Sexualtrieb ließ Freud seinen grundlegenden Fehler begehen. Das Kind, das die Mutter liebt wegen all der Befriedigung, die es von ihr bekommt, wird sich an sie als an diejenige, die für Nahrung, Obdach und Wärme sorgt, auch zur Befriedigung seiner ersten bewußten sexuellen Bedürfnisse wenden (gewöhnlich zwischen dem vierten und sechsten Lebensjahr).

Wir sehen nun, wie wichtig es ist, den Ausdruck »Sexualtrieb« als bloße Abstraktion zu betrachten. Wenn ein Trieb keine festumrissene Realität ist, stand es Freud frei, in sein Konzept vom Sexualtrieb soviele organismische Funktionen hineinzunehmen, wie er für seine Theorie brauchte. Wir müssen untersuchen, wieviele solcher organismischen Funktionen (Partialtriebe genannt) dem Bündel der »Sexualtriebe« einzuverleiben sind, und wieviele unter einen neuen Oberbegriff gestellt werden sollten. Freud interpretiert die Liebe in der Zeit vor dieser sexuellen Entwicklung (im sogenannten prä-ödipalen Stadium) irrtümlicherweise so, als sei auch sie sexueller Art. Aus den sich daraus ergebenden Komplikationen findet er einen Ausweg, indem er die *präsexuelle* Liebe *prägenital* nennt, wobei er behauptet, die Vorstadien der genitalen Energie seien mit den Körperöffnungen, der oralen und der analen Zone, verbunden.

Diese Körperöffnungen, die orale und die anale Zone, sind tatsächlich sehr wichtig, nicht für die Entwicklung der sexuellen Energie, sondern für die Ichentwicklung. Sie sind leicht sexualisierbar, aber *ursprünglich* nicht »libidinös besetzt«.

Während seiner Beobachtung eines Falles von Hysterie erkannte Freud, daß zwischen dieser Krankheit und sexueller Aushungerung ein Zusammenhang bestand; auf der Grundlage dieses Falles entwickelte er seine Methode zur Behandlung der Hysterie und später der anderen Neurosen. Jeder Analytiker weiß, daß in diesen Fällen die Ergebnisse oft ausgezeichnet und dauerhaft sind, *falls* der Patient ein gesundes Sexualleben aufnimmt.

Unter den Analytikern herrscht allgemein die Ansicht, die Hysterie komme bei ihren Klienten kaum noch vor, denn das Unbewußte sei gewarnt worden und auf eine kompliziertere Neurose regrediert. Das ist in der Regel nicht der Fall. Wir müssen die Erklärung vielmehr in der sozialen Entwicklung suchen. In unserer Zeit sind die sexuellen Tabus gelockert worden, und die Frauen haben größere wirtschaftliche und dadurch auch sexuelle Freiheit erreicht. Die Erkenntnisse Freuds haben sich ausgebreitet, und der praktische Arzt wird heutzutage in Fällen von offenkundiger sexueller Aushungerung leichter zur »Ehe« raten als früher. Andererseits habe ich — wie auch andere Psychotherapeuten — die Erfahrung gemacht, daß Hysteriefälle sehr hartnäckig sein können. Diese Fälle, besonders von Jugendlichen mit sogenanntem »moralischem Schwachsinn«, zeigen, trotz guter sexueller Entwicklung und orgasmischer Potenz, eindeutige Störungen der Ichentwicklung.

Vier Faktoren haben Freuds weitere Forschung bestimmt: die Rolle der Libido in der Hysterie, die Existenz verdrängter, unbewußter Anteile unserer Persönlichkeit, der Umstand, daß alle psychischen Prozesse sinnvoll und determiniert sind, und das Wissen, daß organische Lebewesen sich von einer niederen zu höheren Ebenen weiterentwickeln. Er stand vor der Frage: Woher kommt die Libido? Sie konnte nach seiner Meinung nicht plötzlich auftauchen, da seine Beobachtungen deutlich zeigten, daß Kinder lange vor der Pubertät sexuell neugierig sind und sexuelle Antriebe haben.

Früher wurde die Pubertät (mit der Entwicklung der Fortpflanzungsfähigkeit und den heftigen Störungen in der Persönlichkeitsentwicklung) in den Riten aller Völker als der Beginn des Geschlechtslebens anerkannt und entsprechend gefeiert. Eine Erregbarkeit der Genitalien ist jedoch sogar schon bei Babies zu beobachten. In Kuba beruhigen die Ammen das Baby, indem sie mit seinen Genitalien spielen, so wie wir dem Baby den Schnuller geben.

Aus dem »Wonneludeln« (dt. im Text; lustvolles Daumenlutschen) des Kleinkindes schloß Freud auf die Existenz eines Nullpunkts, an dem sich der Trieb in zwei Richtungen, den Hungertrieb und die Libido, differenziert.

Gegen diese Theorie sind mehrere Einwände zu erheben:

1. Die Differenzierung beginnt schon im Fötus, und zwar mit der Entwicklung des alimentären und des urogenitalen Systems.

2. Die Analyse des Hungertriebes, isoliert von jeder libidinösen Besetzung, wird von der Psychoanalyse kaum berücksichtigt. Alle mit den Funktionen der Nahrungsaufnahme und der Ausscheidung zusammenhängenden Begriffe wie Introjektion, Kannibalismus und Defäkation haben immer einen sexuellen Beiklang.

3. *Die normale Assimilation wird übersehen,* und pervertierte Vorstellungen wie Retentionslust oder Hemmung der oralen Entwicklung (z. B. Kannibalismus) werden normal genannt. In Wirklichkeit ist Retention schmerzhaft und Entleerung lustvoll. Retention kann eine Lust sekundärer Art mit sich bringen, so z. B. den Beweis für die eigene Willenskraft oder Eigensinn.

4. Die Libidotheorie ist ein biologisches Konzept, aber gewisse soziale Aspekte sind mit ihr vermischt. Die anale Zone hat ihre neurotische Bedeutsamkeit ohne Zweifel durch die Zivilisation bekommen.

5. Freud bläht den Ausdruck »Libido« so sehr auf, daß er manchmal für etwas stehen kann wie Bergsons *élan vital* und dann wieder für den psychischen Exponenten des Sexualtriebes — ausschließlich in dieser Bedeutung wird er im vorliegenden Buch gebraucht. Manchmal bedeutet er Befriedigung oder Lust, und er kann auch auf das Liebesobjekt überspringen (Besetzung), aber ohne die entsprechenden Hormone.

Je mehr man versucht, der Bedeutung des Begriffs »Libido« auf den Grund zu kommen, desto verwirrter wird man. Manchmal ist die Libido eine bewegende Kraft, eine schöpferische Energie, und ein andermal ist sie ein Stoff, der bewegt wird. Wodurch? Mir scheint, daß Freud mit seinem Libidobegriff die universelle ◐-Funktion erfassen wollte, von der wir bereits gesprochen haben, und zugleich die organismische Sexualfunktion, und daß er seine Libidotheorie nur aufstellen konnte, indem er den Begriff »Libido« ohne eindeutigen Bezug verwendete.
6. Im Deutschen bezeichnet »Lust« einen triebhaften Drang ebenso wie ein Vergnügen (siehe die Ableitungen *lüstern* und *lustig*). Entsprechend steht der Ausdruck »Libido« unter anderem für sexuelle Energie *und* für Befriedigung. Die Befriedigung des Hungers, die Defäkation sind jedoch an sich schon lustvoll — wie jede andere Wiederherstellung des organismischen Gleichgewichts —, und es ist nicht nötig, sie mit einer zusätzlichen sexuellen Energie auszustatten. Die Komplizierung einfacher biologischer Fakten führt zu unnötig komplizierten Erklärungen.
Um zu zeigen, daß ich nicht übertreibe, zitiere ich Marie Bonaparte, eine führende Psychoanalytikerin: »Das Zeichen für die Befriedigung des Nahrungsbedürfnisses ist die Lust, in deren Dienst die orale Libido steht, die die Ursache dafür ist, daß Lebewesen das orale Aufnehmen als Lust empfinden. Auch der Ausscheidungsvorgang kann starke Lust hervorrufen, und die anale und urethrale Libido drücken auf ihre Weise die Befriedigung des Organismus aus, dessen Verdauungsfunktionen in Ordnung sind.«
Dies ist ein lehrreiches Beispiel dafür, wie der Libidobegriff zu Verwirrungen führen muß:
1. Libido verursacht Lust.
2. Libido drückt Befriedigung aus.
Wenn man an dieselbe Stelle zwei andere Wörter setzt:
1. Ich verursache Unlust,
2. Ich drücke Unlust aus,
dann stellt sich heraus, daß es sich dabei um zwei ganz verschiedene Erlebnisse handelt. Indem wir die Lust der Befriedigung eines jeden Triebes zuschreiben, können wir die unnötigen Komplikationen beseitigen, die aus dem Monopol der Libido entstanden sind.
K. Abraham, der zur Kenntnis der Charakterbildung viel Wertvolles beigetragen hat, trifft auf ähnliche Schwierigkeiten, wenn er versucht, seine Beobachtungen in Freuds Hypothese einzufügen. Hier ist ein sehr einfaches Beispiel, um zu zeigen, welche geistigen Purzelbäume gemacht werden, um die Libidotheorie zu unterstützen:
»Die Entwöhnung ist die ursprüngliche Kastration.«

1. Kastration ist ein pathologisches, Entwöhnung ein biologisches Phänomen.
2. Kastration bedeutet das totale oder partielle Wegnehmen der Genitalien.
3. Entwöhnung bedeutet, daß der Säugling der Mutterbrust beraubt wird. Diese Beraubung als Kastration zu bezeichnen ist etwa das gleiche, als wollte man alle Hunde Foxterrier nennen.
4. Die Geburt — und nicht die Entwöhnung — ist die ursprüngliche Trennung, die das Kind erleiden muß.

Trotz all dieser theoretischen Komplikationen und Widersprüche waren Freuds Libidotheorie und seine psychoanalytische Technik von unerhörtem Wert. Er ist der Livingstone des Unbewußten und er schuf die Grundlagen für seine Erforschung. Das Ergebnis seiner Theorie war eine Neuorientierung der Methoden des Umgangs mit Neurosen und Psychosen. Die Forschung erbrachte eine Anzahl höchst wertvoller Beobachtungen und Fakten. Es wurde nicht nur eine neue Wissenschaft geschaffen, sondern eine neue Lebensanschauung.
Freud hat die Orientierung unserer persönlichen Existenz von der Peripherie des Bewußtseins ins Unbewußte verlagert, ebenso wie Galilei die Erde als Mittelpunkt des Weltalls entthront hat. Und ebenso wie die Astronomie — da sie immer mehr »Fixpunkte« und Systeme als nur relativ »absolut« anzusehen gezwungen war — zuvor ihre Konzeption des Äthers zur Grundlage ihrer Erkenntnisse gemacht hatte, hatte Freud seine Libidotheorie geschaffen. Aber »alles fließt«: Jede neue Theorie wird von einer noch neueren überlagert, und unter der Einwirkung neuer wissenschaftlicher Fakten müssen die Schützengräben der Äther-Theorie und der Libidokonzeption geräumt werden.
Eine Beobachtung Leverriers verschaffte Einstein die Grundlage, um die Phantasie vom Äther zunichte zu machen. Sich der Libidotheorie zu entledigen, ist viel einfacher. Wenn wir uns auf einen der vielen Widersprüche, auf die Gleichung: Libido = Befriedigung = sexuelle Energie, beschränken, stellen wir fest, daß »Libido« einerseits als ein allgemeines organismisches Erlebnis, andererseits als Energie betrachtet wird. Freud wendet diese Energie im Sinne von Bergsons *élan vital* an. Wir räumen ein, daß die ursprüngliche Grundlage der Libidokonzeption Freuds organismisch war, aber der Begriff wurde immer mehr im Sinne einer mystischen Energie, abgelöst von ihrer materiellen Grundlage, gebraucht.
Letztlich bekommt die Libido eine Bedeutung, die sich der von ¶ annähert. Während die Libido einen Trieb repräsentiert, ist ¶ eine uni-

verselle kosmische Funktion, die auch der anorganischen Welt eigen ist. Das Gegenteil von ¶ ist ♯, wofür Freud richtig die Bezeichnung Destruktion wählt, aber auch Destruktion ist für ihn ein Trieb.

Um den Unterschied zwischen der Auffassung Freuds und meiner eigenen zu zeigen, zitiere ich, was Freud in der *Encyclopedia Britannica* zu diesem Thema schreibt: »Die Analyse der Beobachtung führt zur Aufstellung zweier Triebgruppen, der sogenannten Ichtriebe, deren Ziel die Selbstbehauptung ist, und der Objekttriebe, die die Beziehung zum Objekt zum Inhalt haben. Die sozialen Triebe werden nicht als elementar und unableitbar anerkannt. Theoretische Spekulation läßt die Existenz von zwei Grundtrieben vermuten, die sich hinter den manifesten Ich- und Objekttrieben verbergen, dem Trieb zur immer weiter strebenden Vereinigung, dem Eros, und dem zur Auflösung des Lebenden führenden Destruktionstrieb. Die Kraftäußerung des Eros wird in der Psychoanalyse *Libido* genannt.« (G. W. XIV, S. 301—302)

Lassen Sie uns versuchen, einige der Widersprüche zu erkennen, die in der obigen Theorie und in anderen Aspekten der Psychoanalyse enthalten sind.

1. Nach Freud ist das Ich der oberflächlichste Anteil des Es, aber die *Triebe* gehören den tiefsten Schichten des Organismus an. Wie kann also ein »Ich« »Triebe« haben?

2. »Ichtriebe, deren Ziel die Selbstbehauptung ist.«
Selbsterhaltung wird durch den Hungertrieb und durch Abwehr gewährleistet. Bei beiden spielt Zerstörung (Destruktion) eine große Rolle, aber nicht als Trieb — nur im Dienst von Hunger und Abwehr. In Freuds Theorie wird die Destruktion den Objekttrieben gegenübergestellt, aber Zerstörung ohne ein »Destruktionsobjekt« kann es nicht geben.

3. Die Anordnung im obigen Zitat weist darauf hin, daß Ichtriebe dem Eros entsprechen, Objekttriebe der Destruktion. Freud hat es wahrscheinlich andersherum gemeint.

4. ¶ und ♯ kommen, wie bereits erwähnt, universell vor. In Freuds Terminologie wird Eros als allgemeiner Ausdruck verwendet, aber der Destruktionstrieb wird absichtlich auf Lebewesen beschränkt. Dieser Trieb wird an anderen Stellen Todestrieb genannt. (Eine Widerlegung dieser *Thanatos-Theorie* findet sich an anderer Stelle in diesem Buch).

5. Ich muß immer wieder betonen, daß der wichtige Hungertrieb nicht einmal erwähnt wird. Ohne Berücksichtigung des Hungertriebes kann die Frage der Destruktion und Aggression ebensowenig gelöst werden wie unsere sozialen und wirtschaftlichen Probleme.

6. Ich bekenne, daß ich altmodisch genug bin, um die Triebprobleme

unter dem Gesichtspunkt des Überlebens zu betrachten. Für mich ist der Sexualtrieb der Repräsentant der Arterhaltung, während der Hungertrieb und der Abwehrtrieb die Selbsterhaltung vertreten.
Ich und Selbst sind keineswegs identisch. Die Ichfunktionen kommen beim Sexual- wie beim Hungertrieb vor. Bewußte Wünsche in bezug auf die Selbst- oder Arterhaltung sind selten vorhanden; wir bemerken nur Wünsche und Bedürfnisse, die befriedigt werden wollen.

Wie ist es möglich, daß die oben erwähnten Schwächen in Freuds System nicht deutlich hervorgehoben worden sind? Ich bin der Meinung, daß die meisten Leute, die mit der Psychoanalyse in Berührung gekommen sind, von dem neuen Ansatz, der der Verschreibung von Beruhigungsmitteln, der Hypnose und der Überredungstherapie so weit überlegen war, so fasziniert waren, daß er für sie zur Religion wurde. Die meisten verschluckten die Theorien Freuds mit Haut und Haaren, ohne zu erkennen, daß diese blinde Übernahme die Wurzel einer Engstirnigkeit bildete, die viele Möglichkeiten seiner genialen Entdeckungen lähmte. Dabei kam ein Sektierertum heraus, das gekennzeichnet ist durch eine fast religiöse Gläubigkeit, leidenschaftliche Suche nach neuen Beweisen und eine herablassende Ablehnung aller Tatsachen, die geeignet gewesen wären, diese sakrosankten Denkungsarten zu stören. Zusätzliche Theorien komplizierten das ursprüngliche System, und wie immer bei Sekten, jeder wurde unduldsam gegen jeden, der von den angenommenen Grundsätzen abwich. Wenn jemand nicht an die »absolute Wahrheit« glaubte, war eine Theorie zur Hand, die die Komplexe und Widerstände des Skeptikers dafür verantwortlich machte.
Es gibt noch einen Punkt in der klassischen Psychoanalyse, der der Prüfung durch das dialektische Denken nicht standhält — Freuds »archäologischer« Komplex, sein einseitiges Interesse an der Vergangenheit. Keine Objektivität, keine wirkliche Einsicht in das Wirken der Dynamik des Lebens ist möglich, ohne daß man den Gegenpol berücksichtigt, also die Zukunft, und vor allem die Gegenwart als Nullpunkt von Vergangenheit und Zukunft. Eine Zusammenfassung der historischen Sichtweise Freuds finden wir im Konzept der Übertragung [2].
Neulich, während ich auf eine Straßenbahn wartete, dachte ich über das Wort »Übertragung« nach, und mir wurde klar, daß es keine Straßenbahn gäbe, wenn sie nicht von der Fabrik oder von anderen Straßenbahnlinien auf die vor mir liegenden Schienen »übertragen« (versetzt)

---

[2] Nach Freud beruht eine Neurose auf drei Stützpfeilern: auf dem Sexualtrieb, der Verdrängung und der Übertragung.

worden wäre. Aber der Betrieb einer Straßenbahnlinie wird durch diese »Übertragung« allein nicht erklärt. Er ist ein Zusammenwirken verschiedener Faktoren, z. B. Versorgung mit Elektrizität und Vorhandensein von Personal. Diese Faktoren sind jedoch lediglich »Mittel zum Zweck«; der entscheidende Faktor ist das Bedürfnis nach Beförderung. Ohne die Bedürfnisse der Fahrgäste würde der Straßenbahndienst rasch abgeschafft werden. Man hätte ihn nicht einmal geschaffen.

Es ist bedauerlich, daß man solche Gemeinplätze anführen muß, um zu demonstrieren, wie gesucht und vergleichsweise unwichtig die Rolle der Übertragung im Gesamtkomplex der Psychoanalyse ist. Und doch wird alles, was in der Psychoanalyse geschieht, nicht als spontane Reaktion des Patienten auf die analytische Situation gedeutet, sondern man nimmt an, daß sie von der verdrängten Vergangenheit diktiert wird. Freud geht sogar so weit zu behaupten, eine Neurose sei geheilt, sobald die infantile Amnesie aufgehoben sei, sobald der Patient ein kontinuierliches Wissen um seine Vergangenheit gewonnen habe. Wenn ein junger Mann, der niemals Verständnis für seine Schwierigkeiten gefunden hat, dem Analytiker gegenüber ein Gefühl der Dankbarkeit entwickelt, bezweifle ich, ob es in seiner Vergangenheit einen Menschen gibt, von dem er seine Dankbarkeit auf den Analytiker übertragen könnte.

Andererseits wird stillschweigend zugestanden, daß das zukunftsorientierte, das teleologische Denken in der Psychoanalyse durchaus eine Rolle spielt. Wir analysieren einen Patienten, *um* ihn zu heilen. Der Patient sagt viele Dinge, *um* Wesentliches zu verbergen. Der Analytiker *strebt danach*, zum Stillstand gekommene Entwicklungen anzuregen und zu vollenden.

Außer der Übertragung, den spontanen Reaktionen und dem auf die Zukunft gerichteten Denken spielen die Projektionen in der analytischen Situation eine sehr große Rolle. Der Patient sieht unangenehme Teile seiner eigenen unbewußten Persönlichkeit im Analytiker, der oft suchen kann, bis er schwarz wird, um das Original zu finden, dessen Vorstellung der Patient auf ihn übertragen hat.

Ein Fehler, der der Überschätzung von Ursachen und Übertragung ähnlich ist, hängt mit der Auffassung der »Regression« zusammen. Regression im psychoanalytischen Sinn ist eine historische Regression, ein Zurückgleiten in die Kleinkinderzeit. Wäre es nicht möglich, sie auch anders zu deuten? Regression könnte auch nichts weiter sein als ein Zurückgreifen auf das wahre Selbst, ein Zusammenbruch der Verstellungen und all jener Charakterzüge, die nicht Teil der Persönlichkeit geworden sind und nicht in das »Ganze» des Neurotikers eingebaut worden sind.

Um den entscheidenden Unterschied zwischen *aktueller* und *historischer* Regression und *aktueller* und *historischer* Analyse zu verstehen, müssen wir unsere Aufmerksamkeit zuallererst dem Zeitfaktor zuwenden.

11
Die Zeit

Alles hat Ausdehnung und Dauer. Wir messen die Ausdehnung nach Länge, Breite und Höhe, die Dauer nach der Zeit. Diese vier Dimensionen sind alle vom Menschen angewandte Maße. Dieser Stuhl vor mir *ist* nicht einen Meter hoch, aber *ich* kann ihn so messen, und wenn ich den Stuhl umwerfe, beträgt seine Höhe nur einen halben Meter; die vorherige Höhe ist nun die Breite. Die Zeit wird nur in einer Dimension gemessen — der Länge. Wir sagen, vor »kurzer« und vor »langer« Zeit, aber wir sprechen nie von breiter oder schmaler Zeit. Der Ausdruck, »es ist höchste Zeit«, hat seinen Ursprung wahrscheinlich im höchsten Stand der Gezeiten oder in der Wasseruhr. Während wir für die objektive Zeitmessung feste Punkte wählen (v. Chr. und A. D., vor Mittag, nach Mittag), ist der psychologische Nullpunkt das stets Gegenwärtige, das gemäß unserer Organisation vorwärts und rückwärts reicht, wie die Made, die sich durch den Käse frißt und Spuren ihres Daseins hinterläßt.

Wenn man die Dimensionen der Zeit wegläßt, führt dies zu logischen Trugschlüssen, zum Betrug in der Argumentation: Die Logik behauptet, daß a gleich a ist, daß z. B. ein Apfel sich in einem anderen Zusammenhang selbst ersetzen kann. Das trifft solange zu, als man nur die Ausdehnung der Frucht berücksichtigt, was meistens der Fall ist. Aber es ist falsch, sobald man ihre zeitliche Dauer mit einbezieht. Der unreife Apfel, die schmackhafte Frucht und der faule Apfel sind drei verschiedene Erscheinungsweisen des raumzeitlichen Ereignisses »Apfel«. Aber da wir vom Nützlichkeitsdenken bestimmt sind, nehmen wir natürlich die eßbare Frucht als Bezugspunkt, wenn wir das Wort »Apfel« gebrauchen.

Sobald wir vergessen, daß wir raumzeitliche Ereignisse sind, stoßen Ideen und Wirklichkeit zusammen. Die Forderung nach dauerhaften Gefühlen (ewige Liebe, Loyalität) kann zu Enttäuschungen führen, welkende Schönheit zu Depressionen. Leute, die den Rhythmus der Zeit verloren haben, sind bald nicht mehr zeitgemäß.

Und was ist dieser Rhythmus der Zeit? Anscheinend sind wir als Organismus optimal für das Erleben des Zeitsinnes — der Dauer — eingerichtet. In der Sprache drückt sich dies aus als *ver-»gehen«* — *Ver-»gangen«-heit* (im Englischen als *passing* — *pastime* — the *past,* im Französischen als le *pas* — *passer* — *passé*). Der Nullpunkt ist also für

uns die Gehgeschwindigkeit. Die Zeit vergeht! Die Zeit, die verfliegt oder kriecht oder gar stillsteht, bezeichnet die Plus- und Minusabweichungen. Ein solches Urteil enthält sein psychisches Gegenteil; wir hätten es gern, wenn die verfliegende Zeit langsamer verginge, und daß sie sich beeilte, wenn sie dahinkriecht.
Die Konzentration auf Dinge als raumzeitliche Ereignisse wird als Geduld erlebt, eine Spannung zwischen einem Wunsch und seiner Erfüllung als Ungeduld. Anscheinend enthält die Vorstellung in diesem Fall nur die Dimension der Ausdehnung, und die Zeitkomponente wird als Ungeduld abgespalten. Auf diese Weise tritt das Zeitbewußtsein oder der Zeitgewinn ins menschliche Leben und in die Psychologie ein.
Einstein ist der Meinung, der Zeitsinn sei eine Sache der Erfahrung. Das kleine Kind hat ihn noch nicht entwickelt. Ein Säugling wacht auf, wenn die Hungerspannung so stark geworden ist, daß sie den Schlaf unterbricht. Das beruht nicht auf Zeitgefühl; im Gegenteil, erst der Hunger trägt zur Entstehung eines solchen Gefühls bei. Obwohl wir keine organischen Entsprechungen des Zeitsinnes kennen, muß man annehmen, daß er existiert, wenn auch vielleicht nur wegen der Genauigkeit, mit der manche Leute angeben können, wie spät es ist.
Je länger die Wunscherfüllung aufgeschoben wird, desto größer wird die Ungeduld, wenn die Konzentration auf das Befriedigungsobjekt gerichtet bleibt. Der Ungeduldige will das unmittelbare, *zeitlose* Zusammentreffen seiner Vorstellung mit der Realität. Wenn Sie auf eine Straßenbahn warten, mag die Vorstellung »Straßenbahn« in den Hintergrund treten, und Sie können sich mit Denken, Beobachten, Lesen oder irgendeinem anderen Zeitvertreib unterhalten, bis die Bahn kommt. Wenn die Straßenbahn jedoch als Figur in Ihrer Vorstellung bleibt, erscheint die Kraft ¶ als Ungeduld, Sie haben Lust, der Bahn entgegenzulaufen. »Wenn der Berg nicht zum Propheten kommt, muß der Prophet zum Berge gehn.« Wenn Sie die Tendenz unterdrücken, der Bahn entgegenzulaufen (und diese Selbstbeherrschung ist bei den meisten von uns automatisch und unbewußt geworden), werden Sie unruhig und ärgerlich; wenn Sie zu gehemmt sind, um durch Fluchen und »Nervosität« Dampf abzulassen, und wenn Sie diese Ungeduld verdrängen, werden Sie sie wahrscheinlich in Angst, Kopfschmerzen oder irgendein anderes Symptom verwandeln.
Jemand wurde gebeten, Einsteins Relativitätstheorie zu erklären. Er sagte: »Wenn man eine Stunde mit seinem Mädchen verbringt, vergeht die Zeit wie im Flug; eine Stunde kommt einem wie eine Minute vor; aber wenn man zufällig auf einem heißen Ofen sitzt, vergeht die Zeit ganz langsam, Sekunden kommen einem wie Stunden vor.« Das ent-

spricht nicht der psychischen Realität. In einer Stunde der Liebe tritt der Zeitfaktor, wenn der Kontakt vollkommen ist, überhaupt nicht in Erscheinung. Wenn einem das Mädchen aber lästig wird, wenn der Kontakt zu ihr verlorengeht und Langeweile aufkommt, wird man vielleicht die Minuten zählen, bis man sie loswerden kann. Der Zeitfaktor wird auch dann erlebt, wenn die Zeit beschränkt ist, wenn man in die verfügbaren Minuten soviel wie möglich hineinpressen möchte.

Es gibt aber auch Ausnahmen von der Regel. Die verdrängten Erinnerungen in unserem Unbewußten sind nach Freud zeitlos. Das bedeutet, daß sie keiner Veränderung unterworfen sind, solange sie in einem System bleiben, das von der übrigen Persönlichkeit isoliert ist. Sie sind wie Sardinen in einer Dose, die scheinbar immer sechs Wochen alt bleiben (oder was immer ihr Alter gewesen sein mag), wie zu dem Zeitpunkt, zu dem sie gefangen wurden. Solange sie von der übrigen Welt isoliert sind, findet sehr wenig Veränderung statt, bis sie (dadurch, daß sie gegessen werden oder oxydieren) in den Stoffwechsel der Welt zurückkehren.

Das Zeit-Zentrum unserer selbst als bewußter raumzeitlicher Ereignisse ist die Gegenwart. *Es gibt keine andere Realität als die Gegenwart.* Unser Wunsch, mehr von der Vergangenheit zu behalten oder die Zukunft vorwegzunehmen, kann dieses Realitätsempfinden völlig überwuchern. Obwohl wir die Gegenwart von der Vergangenheit isolieren können (Ursachen) ebenso wie von der Zukunft (Ziel), muß jedes Aufgeben der Gegenwart als Zentrum des Gleichgewichts — als Angelpunkt unseres Lebens — zu einer unausgeglichenen Persönlichkeit führen. Es ist gleich, ob man das Übergewicht nach rechts hin bekommt (übergroße Gewissenhaftigkeit), nach links (Impulsivität), nach vorn (Zukunft) oder nach hinten (Vergangenheit); man kann in jeder Richtung das Gleichgewicht verlieren.

Das gilt für alles, und natürlich auch für die psychoanalytische Behandlung. Hier ist die einzige existierende Realität das analytische Gespräch. Was wir dort auch immer erleben — wir erleben es in der Gegenwart. Das muß die Grundlage für jeden Versuch einer »organismischen Reorganisation« sein. Wenn wir uns erinnern, erinnern wir uns in dieser Sekunde und zu bestimmten Zwecken; wenn wir an die Zukunft denken, erwarten wir Dinge, die noch kommen, aber wir tun es im gegenwärtigen Augenblick und aus verschiedenen Gründen. Eine besondere Vorliebe für historisches oder futuristisches Denken zerstört immer den Kontakt zur Realität. Ein Mangel an Kontakt mit der Gegenwart, ein Mangel an aktuellem »Gefühl« unserer selbst, führt zur Flucht, entweder in die Vergangenheit (historisches Denken) oder in die

Zukunft (vorwegnehmendes Denken). Sowohl »Epimetheus« Freud als auch »Prometheus« Adler haben, indem sie dem Wunsch des Neurotikers, sich in die Vergangenheit zu versenken oder die Zukunft zu sichern, entsprachen, den archimedischen Punkt der Wiederherstellung verfehlt. Wenn man die Gegenwart als ständigen Bezugspunkt aufgibt, verwandelt sich der Vorzug des Zurückgehens in die Vergangenheit, der darin liegt, aus Erfahrungen und Fehlern Nutzen zu ziehen, in sein Gegenteil: Es ist schädlich für die Entwicklung. Wir werden sentimental oder nehmen die Gewohnheit an, den Eltern oder den Verhältnissen die Schuld zu geben (Ressentiment); oft wird die Vergangenheit auch ein »Ziel frommer Wünsche«. Kurz, wir entwickeln einen retrospektiven (zurückschauenden) Charakter. Der prospektive (vorausschauende) Charakter verliert sich, im Gegensatz dazu, in der Zukunft. Seine Ungeduld verleitet ihn zu phantastischen Erwartungen, die — im Gegensatz zu realer Planung — sein Interesse an der Gegenwart, seinen Kontakt zur Realität verzehren.
Mit seiner Ansicht, der Kontakt mit der Gegenwart sei wesentlich, hat Freud die richtige Intuition gehabt. Er fordert freischwebende Aufmerksamkeit, was ein Gewahrsein aller Gefühle und Erfahrungen bedeutet. Was jedoch geschieht, ist, daß Patient und Analytiker langsam aber sicher auf zwei Dinge konditioniert werden: auf die Technik des freien Assoziierens, der Gedankenflucht, und auf einen Zustand, in dem Analytiker und Patient gleichsam zu einem nach Erinnerungen fischenden Zweckverband werden, wobei die freischwebende Aufmerksamkeit davonschwebt. Aufgeschlossenheit wird in der Praxis auf das fast ausschließliche Interesse an der Vergangenheit und an der Libido eingeschränkt.
In bezug auf die Zeit ist Freud nicht genau. Wenn er sagt, der Traum stehe mit einem Bein in der Gegenwart, mit dem anderen in der Vergangenheit, bezieht er die letzten paar Tage in die Gegenwart mit ein. Aber auch das, was vor nur einer Minute geschehen ist, ist Vergangenheit, nicht Gegenwart. Der Unterschied zwischen Freuds Auffassung und der meinen mag unwesentlich erscheinen, aber er ist tatsächlich nicht nur eine Sache der Pedanterie, sondern ein Prinzip, das praktische Folgen mit sich bringt. Ein Sekundenbruchteil kann den Unterschied zwischen Leben und Tod bedeuten, wie wir im ersten Kapitel gesehen haben, wenn z. B. ein herunterfallender Dachziegel zufällig einen Mann tötet.
Die Nichtbeachtung der Gegenwart machte die Einführung der »Übertragung« notwendig. Wenn wir der spontanen und schöpferischen Haltung des Patienten keinen Raum geben, müssen wir entweder in der Vergangenheit nach Erklärungen suchen (also annehmen, daß er jede

Kleinigkeit seines Verhaltens aus alten Zeiten auf die analytische Situation überträgt), oder wir müssen uns, wenn wir dem teleologischen Denken Adlers folgen, darauf beschränken, herauszubekommen, was für Ziele, was für Arrangements der Patient im Sinn hat, mit welchen Plänen er hinter dem Berge hält.
Ich leugne keineswegs, daß alles seinen Ursprung in der Vergangenheit hat und zu weiterer Entwicklung neigt, aber was ich deutlich machen möchte, ist der Umstand, daß Vergangenheit und Zukunft sich fortwährend an der Gegenwart orientieren und zu ihr in Beziehung gesetzt werden müssen. Ohne Bezug zur Gegenwart werden sie bedeutungslos. Man denke an ein so konkretes Ding wie ein vor Jahren gebautes Haus, das seinen Ursprung in der Vergangenheit hat und einem Zweck dient, nämlich, bewohnt zu werden. Was geschieht mit dem Haus, wenn man sich allein mit der historischen Tatsache zufriedengibt, daß es einmal gebaut worden ist? Ohne Pflege würde das Haus verfallen, da es dem Einfluß von Wind und Wetter, Verwitterung und Fäulnis und anderen zersetzenden Kräften ausgesetzt wäre, die zwar klein und manchmal unsichtbar sein mögen, aber eine kumulative Wirkung haben.

Freud hat unsere Begriffe von Kausalität, Sittlichkeit und Verantwortlichkeit erschüttert, aber er hat auf halbem Wege Halt gemacht: Er hat die Analyse nicht bis zur letzten Folgerichtigkeit getrieben. Er sagte, wir seien weder so gut noch so schlecht, wie wir glauben, aber wir seien unbewußt meistens schlechter, manchmal auch besser. Demgemäß hat er die Verantwortung vom Ich auf das Es übertragen. Außerdem hat er intellektuelle Begründungen als Rationalisierungen entlarvt und festgestellt, das Unbewußte liefere die Gründe für unsere Handlungen.
Wie können wir das kausale Denken ersetzen? Wie können wir mit dem Problem fertig werden, unsere Orientierung aus der Gegenwart zu beziehen und zu einem wissenschaftlichen Verständnis unseres Handelns zu gelangen, ohne nach Gründen zu fragen? Ich habe schon die Vorteile erwähnt, die sich aus dem funktionellen Denken ergeben. Wenn wir den Mut haben zu dem Versuch, der modernen Naturwissenschaft in ihrer Erkenntnis zu folgen, daß es auf die Frage »Warum?« keine endgültigen Antworten gibt, dann kommen wir zu einer sehr tröstlichen Entdeckung: Alle relevanten Fragen lassen sich beantworten, wenn man »Wie?«, »Wo?« und »Wann?« fragt; die eingehende Beschreibung ist identisch mit Konzentration und vermehrtem Wissen. Die Forschung erfordert eingehende Beschreibungen ohne Vernachlässigung des Zusammenhangs. Der Rest ist eine Angelegenheit von Meinungen oder Theorien, von Glauben oder Deutungen.

Wenn wir diese Gedanken über die Gegenwart anwenden, können wir unser Gedächtnis und unsere Beobachtungsgabe verbessern. Wir sprechen davon, daß uns Erinnerungen in den Sinn kommen: Unser Ich ist ihnen gegenüber mehr oder weniger passiv. Aber wenn wir uns in eine Situation zurückversetzen, wenn wir uns vorstellen, wir seien wirklich an Ort und Stelle, und wenn wir dann in allen Einzelheiten beschreiben, was wir sehen oder tun, und dabei das Präsens benutzen, werden wir unser Erinnerungsvermögen sehr verbessern. Übungen dieser Art sind im letzten Teil dieses Buches enthalten.
Dem futuristischen Denken, das in der Psychologie Adlers im Vordergrund steht, wird in Freuds Auffassung nur sekundäre Bedeutung zugewiesen (z. B. der sekundäre Krankheitsgewinn). Er hielt sich an Ursachen, wenn er auch in der *Psychopathologie des Alltagslebens* viele Beispiele anführt, um zu zeigen, daß Vergessen und Sich-Erinnern auch Tendenzen haben, nicht nur Ursachen. Einerseits bestimmen die Erinnerungen das Leben des Neurotikers, andererseits erinnert er sich oder vergißt zu bestimmten Zwecken. Ein alter Soldat wird sich vielleicht an Heldentaten erinnern, mit denen er prahlen kann — er mag sogar Erinnerungen erfinden, *um mit ihnen zu prahlen.*
Unsere Art zu denken wird durch unseren biologischen Aufbau bestimmt. Wir haben den Mund vorne und den After hinten. Diese Tatsachen haben etwas damit zu tun, was wir essen oder wem wir begegnen und auch damit, was wir hinter uns lassen oder durchlassen. Der Hunger steht gewiß im Zusammenhang mit der Zukunft und der Stuhlgang mit der Vergangenheit.

12
Vergangenheit und Zukunft

Obwohl wir nicht viel mehr über die Zeit wissen, als daß sie eine der vier Dimensionen unseres Daseins ist, können wir die Gegenwart definieren. Die Gegenwart ist der sich ständig bewegende Nullpunkt der Gegensätze Vergangenheit und Zukunft. Eine gut ausgewogene Persönlichkeit berücksichtigt Vergangenheit und Zukunft, ohne den Nullpunkt, die Gegenwart, aufzugeben, ohne Vergangenheit oder Zukunft als Realitäten anzusehen. Wir schauen alle vorwärts und zurück, aber ein Mensch, der sich einer unangenehmen Gegenwart nicht stellen kann und hauptsächlich in der Vergangenheit oder in der Zukunft lebt, eingehüllt in historisches oder futuristisches Denken, ist nicht an die Realität angepaßt. Die Realität bekommt also — zusätzlich zur Figur-Hintergrund-Bildung, von der schon die Rede war — einen neuen Aspekt durch das Aktualitätsgefühl.

Tagträumen ist eine der wenigen Beschäftigungen, die allgemein als Flucht vom Nullpunkt der Gegenwart in die Zukunft erkannt werden, und es ist üblich, dies als eine Flucht aus der Realität zu bezeichnen. Andererseits gibt es Menschen, die zum Analytiker kommen, nur allzu bereit, sich der volkstümlichen Vorstellung von der Psychoanalyse zu fügen — nämlich, alle möglichen Kindheitserinnerungen oder -Traumata auszugraben. Wenn der Analytiker retrospektiv veranlagt ist, kann er Jahre mit diesem vergeblichen Bemühen verschwenden. In seiner Überzeugung, das Ausgraben der Vergangenheit sei ein Heilmittel gegen die Neurose, arbeitet er nur dem Widerstand des Patienten in die Hände, der diesen hindert, sich der Gegenwart zu stellen.

Das ständige Graben in der Vergangenheit hat insofern noch einen Nachteil, als dabei das Gegenteil, die Zukunft, nicht in Betracht gezogen wird, wodurch man bei einer ganzen Gruppe von Neurosen am Wesentlichen vorbeigeht. Sehen wir uns einen typischen Fall einer antizipatorischen Neurose an: Ein Mann macht sich beim Schlafengehen Sorgen darüber, wie er wohl schlafen wird. Am Morgen ist er voller guter Vorsätze in bezug auf die Arbeit, die er im Büro tun will. Wenn er dort ankommt, führt er seine Vorsätze nicht durch, sondern bereitet alles Material vor, das er dem Analytiker mitteilen will, obwohl er diese Fakten in der Analyse dann gar nicht vorbringt. Wenn die Zeit herankommt, zu der er das vorbereitete Material benützen sollte, ist er statt dessen im Geiste damit beschäftigt, sich erwartungsvoll das Abendessen mit seiner Freundin auszumalen, aber während der Mahlzeit spricht er von all den Arbeiten, die er vor dem Schlafengehen noch erledigen muß, und so weiter und so fort. Dieses Beispiel ist keine Übertreibung, denn es gibt ziemlich viele Leute, die immer der Gegenwart ein paar Schritte oder sogar Meilen voraus sind. Sie ernten nie die Früchte ihrer Anstrengungen, da ihre Pläne nie mit der Gegenwart — mit der Realität — in Berührung kommen.

Was nützt es, wenn man einem Mann, der von einer unbewußten Angst vor dem Verhungern verfolgt wird, die Erkenntnis verschafft, daß seine Angst ihre Wurzeln in der Armut hat, die er in der Kindheit erlebt hat? Es ist viel wichtiger, ihm zu zeigen, daß er durch sein gebanntes In-die-Zukunft-Starren und sein Streben nach Sicherheit sein *gegenwärtiges* Leben zugrunderichtet, daß sein Ideal der Anhäufung überflüssigen Reichtums vom Lebensgefühl isoliert und getrennt ist. Wesentlich ist, daß ein solcher Mann lernt, das »Gefühl seiner selbst« zu haben, daß er alle Bedürfnisse und Antriebe, alle Lüste und Schmerzen, alle Gefühle und Empfindungen wieder zu ihrem Recht kommen läßt, die das Leben lebenswert machen — die zum Hintergrund geworden oder um seines goldenen Ideals willen verdrängt worden sind. Er muß lernen, außer seinen Geschäftsverbindungen noch andere Kontakte zu knüpfen. Er muß lernen, zu arbeiten *und* zu spielen. Solche Menschen entwickeln eine offene Neurose, sobald sie ihren einzigen Kontakt zur Welt — den Geschäftskontakt — verloren haben. Sie ist bekannt als Neurose des Geschäftsmannes im Ruhestand. Was nützt ihm eine historische Analyse, abgesehen davon, daß sie ihm einen Zeitvertreib verschafft, mit dem er ein paar Stunden seines leeren Lebens ausfüllen kann? Manchmal könnte ein Kartenspiel denselben Zweck erfüllen. In Seebädern findet man oft diesen Typus, der (da er keinen Kontakt zur Natur hat) sich weigern würde, seinen stickigen Spielsalon zu verlassen, um sich die Schönheit eines Sonnenuntergangs anzusehen. Er würde lieber bei seiner sinnlosen Beschäftigung bleiben, Spielkarten auszutauschen, an seinem »Schnuller« festhalten, als sich dem Kontakt mit der Natur zu stellen.

Andere Typen, die in die Zukunft schauen, sind die Besorgten, die Astrologen, die Leute, denen Sicherheit über alles geht und die nichts dem Zufall überlassen.

Historiker, Archäologen, Erklärungssucher und Ewig-Unzufriedene schauen in die andere Richtung, und am meisten hängt der an der Vergangenheit, der im Leben unglücklich ist, »weil« er einen Kastrationskomplex bekommen hat, da seine Mutter ihm drohte, ihm als Strafe fürs Onanieren den Penis abzuschneiden.

Die Entdeckung eines solchen »Grundes« in der Vergangenheit ist selten ein für die Heilung entscheidender Faktor. Die meisten Menschen in unserer Gesellschaft haben keine »ideale« Erziehung genossen, und die meisten haben in der Kindheit Kastrationsdrohungen erlebt, ohne impotent zu werden. Ich kenne einen Fall, in dem alle möglichen Einzelheiten eines solchen Kastrationskomplexes ans Licht kamen, ohne die Impotenz wesentlich zu beeinflussen. Der Analytiker hatte den Ekel des Patienten vor dem weiblichen Geschlecht gedeutet. Der Patient hatte die Deutung akzeptiert, aber es war ihm nie gelungen, den Ekel zu fühlen, zu erleben. Daher konnte er den Abscheu nicht in sein Gegenteil, in Begierde, verwandeln.

Der zurückschauende Mensch vermeidet es, die Verantwortung für sein Leben und seine Handlungen zu übernehmen; er zieht es vor, einem Ereignis in der Vergangenheit die Schuld zu geben, anstatt etwas zu unternehmen, um die gegenwärtige Situation zu verbessern. Für Aufgaben, mit denen man fertig werden kann, braucht man weder Sündenböcke noch Erklärungen. Bei der Analyse des zurückschauenden Charakters findet man immer ein deutliches Symptom: die Unterdrückung des *Weinens.* Trauern ist ein Teil des Resignationsprozesses, der notwendig ist, wenn das Festhalten an der Vergangenheit überwunden werden soll. Dieser Prozeß, der als »Trauerarbeit« bezeichnet wird, ist eine der genialsten Entdeckungen Freuds. Der Umstand, daß die Resignation, das Aufgeben, der Verzicht, die Arbeit des ganzen Organismus erfordert, zeigt, wie wichtig das »Gefühl seiner selbst« ist, wie notwendig das Erleben und der Ausdruck der tiefsten Gefühle sind, damit man sich nach dem Verlust eines wertvollen Kontakts wieder neu anpassen kann. Um die Möglichkeit neuer Kontaktaufnahme wiederzugewinnen, muß man die Aufgabe des Trauerns erledigen. Obwohl das traurige Ereignis vorbei ist, ist das Tote nicht tot — es ist noch gegenwärtig. Die Trauerarbeit wird in der Gegenwart geleistet: Entscheidend ist nicht, was der Tote dem Trauernden bedeutet hat, sondern was er ihm *immer noch* bedeutet. Der Verlust einer Krücke ist unwichtig, wenn man vor etwa fünf Jahren einen Schaden davongetragen hat und inzwischen geheilt ist; es kommt allein darauf an, ob man jetzt noch gelähmt ist und die Krücke braucht.

Wenn ich auch versucht habe, das futuristische und das historische Denken abzuwerten, möchte ich doch keinen falschen Eindruck erwecken. Wir dürfen die Zukunft nicht ganz vernachlässigen (z. B. das Planen) und ebensowenig die Vergangenheit (unabgeschlossene Situationen), aber wir müssen erkennen, daß die Vergangenheit vorbei ist, obwohl sie uns eine Reihe unfertiger Situationen übriggelassen hat, und

daß *Planung eine Leitlinie für unser Handeln sein muß, nicht eine Sublimierung oder ein Ersatz.*
Die Menschen machen oft »historische Fehler«. Damit meine ich nicht, daß sie geschichtliche Daten verwechseln, sondern daß sie vergangene Situationen für aktuelle halten. Im Bereich der Justiz gelten immer noch Gesetze, die schon lange ihre Existenzberechtigung verloren haben. Auch religiöse Menschen halten immer noch dogmatisch an Riten fest, die früher einmal sinnvoll waren, in einer anderen Zivilisation aber fehl am Platz sind. Wenn der Jude im alten Israel am Sabbat nicht mit einem Fahrzeug fahren durfte, hatte das seinen Sinn, denn das Lasttier sollte einen Ruhetag haben, aber der fromme Jude von heute unterzieht sich unnötigen Unbequemlichkeiten, wenn er sich weigert, eine Straßenbahn zu benützen, die auf alle Fälle fährt. Er verwandelt Sinn in Unsinn — zumindest erscheint es uns so. Er selbst sieht es unter einem anderen Blickwinkel. Das Dogma könnte sich seine Dynamik nicht bewahren, es könnte nicht einmal bestehen, wenn es nicht von futuristischem Denken getragen würde. Der Gläubige befolgt das religiöse Gesetz, *um* bei Gott »gut angeschrieben« zu sein, um als frommer Mann Ansehen zu gewinnen oder um unangenehme Gewissensbisse zu vermeiden. Er darf den historischen Fehler, den er begeht, nicht spüren, sonst zerfällt die Gestalt seines Lebens, sein Daseinssinn, und er gerät in äußerste Verwirrung, weil er seinen Kurs verloren hat.
Die futuristischen Fehler sind den historischen ähnlich. Wir erwarten etwas, hoffen auf etwas, und wir sind enttäuscht, vielleicht sogar sehr unglücklich, wenn unsere Hoffnungen sich nicht erfüllen. Wir neigen dann sehr dazu, dem Schicksal, anderen Leuten oder unserer eigenen Unfähigkeit die Schuld zu geben, aber wir sind nicht bereit, den fundamentalen Fehler zu erkennen, der in der Erwartung liegt, die Realität sollte mit unseren Wünschen zusammenfallen. Wir vermeiden es, einzusehen, daß wir für die aus unserer Erwartung, unserem futuristischen Denken, entstehende Enttäuschung verantwortlich sind, besonders wenn wir unsere tatsächlichen Grenzen nicht berücksichtigen. Die Psychoanalyse hat diesen wesentlichen Faktor übersehen, obwohl sie sich ausführlich mit Enttäuschungs-»Reaktionen« befaßt hat.
Der wichtigste »historische Fehler« der klassischen Psychoanalyse ist die ungenaue Anwendung des Ausdrucks »Regression«. Der Patient zeigt eine Hilflosigkeit, eine Abhängigkeit von seiner Mutter, die nicht zu einem Erwachsenen paßt, wohl aber zu einem dreijährigen Kind. Gegen eine Analyse seiner Kindheit ist nichts zu sagen (wenn der historische Fehler des Patienten genügend betont wird), aber um einen Fehler zu erkennen, müssen wir mit seinem Gegenteil, dem richtigen

Verhalten, konfrontiert werden. Wenn man ein Wort falsch geschrieben hat, kann man den Fehler nicht beseitigen, wenn man die richtige Schreibweise nicht kennt. Das gleiche gilt für historische oder futuristische Fehler.

Der Patient hat vielleicht nie die Reife eines Erwachsenen erlangt, und er weiß vielleicht nicht, wie man sich fühlt, wenn man von seiner Mutter unabhängig ist, wie man Kontakt zu anderen Menschen herstellt; wenn man ihn diese Unabhängigkeit nicht spüren läßt, kann er seinen historischen Fehler nicht erkennen. Wir nehmen es als selbstverständlich an, daß er dieses Gefühl kennt, und wir sind nur zu sehr bereit anzunehmen, daß er das Erwachsenenstadium erreicht habe und nur vorübergehend auf die Kindheitsstufe regrediert sei. Wir neigen dazu, die Frage der jeweiligen Situation zu übersehen. Da sein Verhalten in Situationen, die keine Schwierigkeiten bieten, oder bei Angelegenheiten, die ähnliche Reaktionen erfordern, wie man sie auch von einem Kind erwarten würde, normal ist, nehmen wir als selbstverständlich an, daß er im wesentlichen erwachsen sei. Wenn aber schwierigere Situationen entstehen, beweist er, daß er noch keine erwachsene Haltung entwickelt hat. Wie können wir von ihm erwarten, er solle wissen, wie man sich ändert, wenn er den Unterschied zwischen reifem und infantilem Verhalten nicht kennt? Er wäre nicht »regrediert«, wenn sein »Selbst« schon reif gewesen wäre, wenn er erwachsenes Verhalten assimiliert und nicht nur nachgemacht (introjiziert) hätte.

Wir können also folgern, daß die unmittelbare Zukunft in der Gegenwart enthalten ist, besonders in ihren unabgeschlossenen Situationen (Vollendung des Triebzyklus). Ein großer Teil unseres Organismus ist für »Zwecke« eingerichtet. Zwecklose, d. h. sinnlose Bewegungen können von geringfügigen Eigenheiten bis zu dem unerklärlichen Verhalten der Geisteskranken gehen.

Wenn wir die Gegenwart als Ergebnis der Vergangenheit auffassen, stoßen wir auf ebensoviele Denkrichtungen wie Ursachen. Die meisten Leute glauben an eine »primäre« Ursache« wie einen Schöpfer, andere halten sich fatalistisch an die ererbte Konstitution als den einzigen erkennbaren und entscheidenden Faktor, während für wieder andere der Umwelteinfluß die einzige Ursache unseres Verhaltens ist. Manche Leute sehen in der Wirtschaft den Grund alles Übels, andere in der verdrängten Kindheit. Meiner Auffassung nach ist die Gegenwart das Zusammentreffen vieler »Ursachen«, das zu dem ständig wechselnden, kaleidoskopischen Bild von Situationen führt, die niemals identisch sind.

13
Vergangenheit und Gegenwart

Es ist zwar noch nicht möglich, die Beziehungen zwischen Vergangenheit und Gegenwart vollständig zu erklären, aber es steht genug Material zur Verfügung, um eine unvollständige Klassifizierung zu versuchen. Die Gegenwart wird durch folgende Faktoren beeinflußt:

1. Einfluß der Konstitution (Erbgut);
2. Training des Individuums (Konditionierung durch Umwelteinflüsse);
3. futuristische Erinnerungen;
4. Wiederholungszwang (die Unvollständigkeit von Situationen);
5. Ansammlung unverdauter Erlebnisse (Traumata und andere neurotische Erinnerungen).

1. In bezug auf die *Konstitution* ist die Beziehung zwischen Vergangenheit und Gegenwart ziemlich offensichtlich. Nehmen wir die Funktion der Schilddrüse als Beispiel. Kretinismus (Myxödem) ist auf etwas zurückzuführen, das in der Vergangenheit geschehen ist. Wird ein Nachforschen in der Vergangenheit irgendeinen Wert haben, außer der Befriedigung unserer wissenschaftlichen Neugier oder der Auskunft über den Ursprung der Krankheit, so daß dieses Wissen uns helfen kann, sie heute zu heilen? Wir führen dem Organismus fortwährend Schilddrüsenhormon zu, um dem *gegenwärtigen* Tyroxinmangel abzuhelfen.

2. *Das Training des Individuums* kann man mit dem Straßenbau vergleichen; das Ziel ist eine möglichst ökonomische Lenkung des Verkehrs. Wenn jedoch die Konditionierung nicht sehr tief geht, verfällt sie nach und nach genauso, wie schlecht gebaute Straßen mit großer Wahrscheinlichkeit kaputtgehen. Verfall geht in Richtung auf Vernichtung. Alte Straßen verschwinden; unser Geist vergißt. Manche Straßen jedoch sind gebaut wie die alten Römerstraßen. Wenn wir erst einmal lesen gelernt haben, wird die Fähigkeit zu lesen auch nach vielen Jahren des Nichtlesens noch intakt sein. Wenn aber eine Rekonditionierung stattfindet, wenn der Verkehr auf neue Straßen umgeleitet wird, ist die Lage anders: Wenn wir gezwungen sind, eine fremde Sprache zu sprechen, und unsere Muttersprache wenig gebrauchen, erleben wir, daß diese verfällt, und nach einigen Jahren mögen wir es oft schwierig finden, uns auf Wörter zu besinnen, die uns früher automatisch zu Gebote standen. Die Rekonditionierung andererseits, die Rückkehr zur Muttersprache, würde weniger Zeit erfordern als man ursprünglich in der Kindheit brauchte, um sie zu lernen.

Wenn wir versuchen, das Fortschreiten einer Neurose zu verhindern, versuchen wir, den Patienten wieder auf die biologischen, gewöhnlich »normal« oder »natürlich« genannten Funktionen zu konditionieren. Zugleich dürfen wir nicht das Training vergessen, die Konditionierung unentwickelter Haltungen. Wir können die Methoden F. M. Alexanders unter dem Blickwinkel der Rekonditionierung würdigen, wenn wir nicht vergessen, daß zugleich der dynamische Einfluß der falschen Gestalt aufgelöst werden muß. Wenn wir lediglich eine Gestalt mit der anderen zudecken, sperren wir die falsche Gestalt ein, verdrängen sie, aber erhalten sie dennoch am Leben; wenn wir sie auflösen, setzen wir Energien für die Funktionen der ganzen Persönlichkeit frei.

3. Der Ausdruck: *teleologische, futuristische Erinnerungen* klingt paradox, aber wir erinnern uns oft für zukünftige Zwecke an frühere Erlebnisse. Vom psychoanalytischen Standpunkt aus ist die interessanteste Kategorie dieser Art das Gefahrsignal. Wenn sich an der gleichen Stelle einer Landstraße mehrere Autounfälle ereignet haben, werden die Behörden vielleicht ein Verkehrszeichen aufstellen, das auf die Gefahr hinweist (ein Gefahrsignal). Diese Hinweisschilder werden nicht zum Andenken an die Getöteten aufgestellt; sie sind zum »Zweck« des Schutzes vor zukünftigen Unfällen da.

Das Gefahrsignal für den Neurotiker ist nicht, wie Freud sagt, der Angstanfall. Der Nervöse stellt seine *Erinnerungen* als Stoppzeichen überall auf, wo immer er die Möglichkeit einer Gefahr wittert. Ihm erscheint dieses Verfahren vernünftig; er scheint gemäß dem Sprichwort zu handeln: »Gebranntes Kind scheut das Feuer.« Er mag sich z. B. verliebt haben und enttäuscht worden sein. Er nimmt sich deshalb sehr in acht, damit ihm ein solches »Unglück« nicht noch einmal zustößt. Sobald er das leiseste Anzeichen von Zuneigung spürt, produziert er (bewußt oder unbewußt) die Erinnerung an sein unangenehmes Erlebnis, die als rote Ampel fungiert. Er läßt den Umstand völlig außer acht, daß er einen historischen Fehler macht, daß die aktuelle Situation sich erheblich von der vorigen unterscheiden könnte.

Das Ausgraben traumatischer Situationen der Vergangenheit könnte noch mehr Material für Gefahrensignale liefern, es könnte die Handlungsfreiheit und die Lebensbereiche des Neurotikers noch mehr einschränken, solange er nicht gelernt hat, zwischen früheren und gegenwärtigen Situationen zu unterscheiden.

4. Eine sehr heikle Sache ist der *Wiederholungszwang,* der an sich schon eine verblüffende Entdeckung Freuds ist, aus der Freud aber leider absurde Folgerungen gezogen hat. Er sah in der Eintönigkeit der Wiederholungen eine Tendenz zur seelischen Verknöcherung. Diese Wieder-

holungen werden, behauptet Freud, starr und leblos, wie anorganische Materie. Seine Spekulationen über diese das Leben leugnende Tendenz führten ihn zu der Vermutung, hinter den Kulissen sei ein bestimmter Drang am Werk: ein Todes- oder Nirwana-Trieb. Er schloß ferner, genau wie die organismische Libido als Liebe nach außen gekehrt werde, so wende sich der Todestrieb nach außen als Zerstörungstendenz. Er ging sogar so weit, das Leben als einen fortwährenden Kampf zwischen dem Todestrieb und der Libido, die ihn behindert, zu erklären. Dieser antireligiöse Mann setzt Eros und Thanatos wieder auf den Thron; der Wissenschaftler und Atheist regrediert auf die Götter, um deren Zerstörung er ein Leben lang gekämpft hat.

Nach meiner Ansicht enthält Freuds Konstruktion mehrere Fehler. Ich bin nicht seiner Meinung, daß die Gestalt des »Wiederholungszwangs« den Charakter der Starrheit hat, wenn auch bei *Gewohnheiten* eine deutliche Tendenz zur Verknöcherung besteht. Wir wissen, daß dem Menschen eine Änderung seiner Gewohnheiten immer weniger möglich ist, je älter oder je unelastischer in seiner Lebensanschauung er wird. Wenn wir bestimmte Gewohnheiten verdammen und sie Laster nennen, geben wir zu erkennen, daß eine Änderung wünschenswert wäre. Meistens sind sie jedoch so sehr zu Bestandteilen der Persönlichkeit geworden, daß sie bei allem bewußten Bemühen nicht zu ändern sind, und daß jede Anstrengung auf lächerliche Vorsätze beschränkt bleibt, die vorübergehend das Gewissen bestechen, ohne das Problem selbst zu beeinflussen.

Prinzipien sind nicht weniger hartnäckig. Sie sind ein Ersatz für eine selbständige Ansicht. Wer Prinzipien vertritt, wäre im Ozean der Ereignisse verloren, wenn er sich nicht an diesen festen Anhaltspunkten orientieren könnte. Er klammert sich an sie, weil sein eigenes unabhängiges Urteilsvermögen nicht ausreicht.

Die Dynamik von Gewohnheiten ist nicht homogen. Manche sind in erster Linie kräftesparend und sind »bedingte« Reflexe. Gewohnheiten sind oft oder waren ursprünglich Fixierungen. Sie werden durch Angst am Leben erhalten, können sich aber in »bedingte« Reflexe verwandeln. Aus dieser Einsicht ergibt sich, daß eine bloße Analyse von Gewohnheiten ebensowenig ausreicht, um sie zu brechen, wie Vorsätze.

Die Struktur des Wiederholungszwangs im eigentlichen Sinn ist ganz anders als die von Gewohnheiten und Prinzipien. Wir haben vorhin das Beispiel eines Mannes gewählt, der von seinen Freunden immer wieder enttäuscht wird. Wir würden dies kaum als Gewohnheit oder Prinzip bezeichnen. Aber was ist denn dann dieser Wiederholungszwang? Um diese Frage zu beantworten, müssen wir einen Umweg machen.

K. Lewin hat folgende Gedächtnisversuche durchgeführt: Eine Reihe von Versuchspersonen bekam einige Probleme zu lösen. Es wurde ihnen nicht gesagt, daß es sich um einen Gedächtnistest handelte; sie nahmen an, es handle sich um einen Intelligenztest. Am nächsten Tag forderte man sie auf, die Probleme aufzuschreiben, an die sie sich erinnerten, und seltsamerweise erinnerten sie sich viel besser an die *ungelösten* als an die gelösten Probleme. Nach der Libidotheorie müßten wir das Gegenteil erwarten, nämlich, daß die narzißtische Befriedigung die Leute veranlassen würde, sich an ihre Erfolge zu erinnern. Oder hatten sie alle Adlersche Minderwertigkeitskomplexe und erinnerten sich nur an die ungelösten Aufgaben, um es beim nächsten Mal besser zu machen? Beide Erklärungen sind unbefriedigend.
Das Wort »Lösung« zeigt an, daß eine verwirrende Situation verschwindet, aufgelöst wird. Man hat erkannt, daß die Zwangshandlungen des Neurotikers wiederholt werden müssen, bis sie ihre Aufgabe erfüllt haben. Wenn ein Todeswunsch psychoanalytisch oder auf andere Weise aufgelöst wird, tritt das Interesse an der Durchführung der Zwangsrituale (dem »Ungeschehenmachen« des Todeswunsches) in den Hintergrund und verschwindet später ganz aus dem Bewußtsein.
Wenn ein Kätzchen versucht, auf einen Baum zu klettern und dabei scheitert, wiederholt es seine Versuche so lange, bis es ihm gelingt. Wenn der Lehrer in der Arbeit eines Schülers Fehler findet, läßt er ihn die Arbeit wiederholen, nicht, damit er die Fehler wiederholt, sondern damit er die richtige Lösung einübt. Dann ist die Situation abgeschlossen. Lehrer und Schüler verlieren jegliches Interesse an ihr, genau wie wir, wenn wir ein Kreuzworträtsel gelöst haben.
Das Wiederholen einer Handlung, bis man sie beherrscht, ist das Wesen der Entwicklung. Eine mechanische Wiederholung, die keine Vollkommenheit zum Ziel hat, steht im Gegensatz zum organischen Leben, zum »kreativen Holismus« (Smuts). Das Interesse wird nur so lange gefesselt, wie die vorliegende Aufgabe ungelöst ist. Sobald sie erledigt ist, verschwindet das Interesse, bis eine neue Aufgabe wieder Interesse weckt. Es gibt keine Sparkasse, von der der Organismus (wie die Libidotheorie nahelegt) die notwendige Menge Interesse abheben könnte.
Zwanghafte Wiederholungen sind auch keineswegs automatisch. Im Gegenteil, sie sind kraftvolle Versuche, wichtige Lebensprobleme zu lösen. Das Bedürfnis, einen Freund zu haben, ist an sich ein sehr gesunder Ausdruck des Wunsches nach menschlichem Kontakt. Der immer wieder enttäuschte Mann hat nur insofern unrecht, als er immer wieder nach dem *idealen* Freund sucht. Er kann die unangenehme Realität in Tagträumen oder sogar in Wahnvorstellungen leugnen; er kann versuchen,

selber dieses Ideal zu werden oder seine Freunde nach diesem Vorbild umzumodeln, aber er kann keine Erfüllung seiner Wünsche erlangen. Er merkt nicht, daß er einen grundlegenden Fehler macht. Er sucht die Ursache für sein Scheitern in der falschen Richtung — außerhalb, anstatt in sich selber. Er betrachtet seine Freunde als Urheber seiner Enttäuschung und erkennt nicht, daß *seine eigenen Erwartungen* für sie verantwortlich sind. Je idealistischer seine Erwartungen sind, je weniger sie mit der Realität übereinstimmen, desto schwieriger wird das Kontaktproblem. Dieses Problem wird nicht gelöst, und der Wiederholungszwang hört nicht auf, solange er seine Erwartung des Unmöglichen den Möglichkeiten der Realität nicht angepaßt hat.

Der Wiederholungszwang ist also nichts Mechanisches, nichts Totes, sondern er ist sehr lebendig. Es ist mir unverständlich, wie man hieraus einen mystischen Todestrieb ableiten kann. Dies ist der Punkt, wo Freud den festen Boden der Wissenschaft verlassen und sich in den Regionen des Mystizismus verirrt hat, wie Jung es mit seiner besonderen Entwicklung der Libidotheorie und seinem Konzept vom kollektiven Unbewußten getan hat.

Ich bin nicht dazu berufen, herauszubekommen, was Freud veranlaßt hat, seinen Todestrieb zu erfinden. Vielleicht ließen ihn seine Krankheiten oder sein Alter wünschen, es möge einen solchen Todestrieb geben, der sich in Form von Aggression entladen könne. Wenn diese Theorie zuträfe, besäße jeder genügend aggressive Mensch das Geheimnis, wie er sein Leben verlängern könnte. Diktatoren würden ewig leben.

Freud verwendet abwechselnd die Ausdrücke »Nirwana-Prinzip« und »Todestrieb«. Während das Konzept vom Todestrieb durch nichts zu rechtfertigen ist, könnte sich eine Rechtfertigung für das Nirwana-Prinzip finden, das man jedoch besser als »Tendenz« bezeichnen sollte. Jedes Bedürfnis stört das Gleichgewicht des Organismus. Der Trieb zeigt die Richtung an, in der das Gleichgewicht gestört wird — wie Freud in bezug auf den Sexualtrieb erkannt hat.

Goethe hatte eine Theorie, die der Freuds ähnlich ist, aber ihm erschien nicht die Libido, sondern die durch Mephisto symbolisierte Zerstörung als Störer der »Liebe« des Menschen zum »uneingeschränkten Frieden«. Dieser Friede ist weder uneingeschränkt noch dauerhaft. Befriedigung stellt den organismischen Frieden und das organismische Gleichgewicht wieder her, bis — früh genug — ein anderer Trieb seine Forderungen stellt.

Den Trieb mit der Tendenz zum Gleichgewicht zu verwechseln ist ebenso, als wollte man die Waren, die auf einer Waage gewogen werden, mit der Waage selbst verwechseln. Wir könnten diesen uns innewohnenden Drang, durch Triebbefriedigung zur Ruhe zu kommen, als »Streben nach dem Nirwana« bezeichnen.

Die Annahme eines »Nirwana-Prinzips« kann auch das Ergebnis eines Wunschdenkens gewesen sein. Die kurzen Zeitabschnitte, in denen die Waagschalen unseres Organismus ihr Gleichgewicht wiedergewonnen haben, sind die Augenblicke von Frieden und Glück, die nur allzubald durch neue Forderungen und Dränge gestört werden. Oft würden wir dieses friedliche Gefühl gern aus dem Trieb-Befriedigungs-Zyklus herauslösen und es verlängern. Soviel ich weiß, haben die Hindus in ihrer Ablehnung des Körpers und seiner Leiden, in ihren Versuchen, alles Verlangen abzutöten, das Nirwana zum letzten, höchsten Ziel unseres Daseins erklärt. Wenn das Streben nach dem Nirwana ein Trieb ist, kann ich nicht verstehen, warum sie soviel Energie und Übung zur Erreichung ihres Zieles aufgewendet haben, da ein Trieb für sich selbst sorgt und keiner bewußten Anstrengung bedarf.

Über den sogenannten Todestrieb wäre noch sehr viel mehr zu sagen [1]. Man hätte schon vor langer Zeit Einsicht in seine wahre Natur gewinnen können, hätten nicht Freuds Schüler, von seiner Größe fasziniert, alles, was er gesagt hat, wie eine Religion verschlungen — ähnlich, wie ich es in meinen jüngeren Jahren auch getan habe.

5. Dieses Verschlingen geistig-seelischen Materials bringt uns zu einer weiteren Form der Beziehungen zwischen Vergangenheit und Gegenwart: der großen Klasse der *traumatischen und introjizierten Erinnerungen.*

Ein einfaches Beispiel ist der dumme Schüler mit dem ausgezeichneten Gedächtnis, der ganze Absätze auswendig lernt und sie in den schriftlichen Prüfungsarbeiten leicht wiederholen kann, aber unfähig ist, die Bedeutung dessen zu erklären, was er geschrieben hat. Er hat das Material in sich aufgenommen, ohne es zu assimilieren. Dieser Art von Erinnerungen, die mehr als alles andere Freuds Interesse auf sich gezogen hat, ist eines gemeinsam: daß sie alle in einer Art geistigem Magen bereitliegen. Dreierlei kann geschehen: Entweder, man erbricht dieses Material (wie ein Reporter) oder scheidet es unverdaut wieder aus (Projektion), oder man leidet an geistig-seelischen Verdauungsstörun-

---

[1] Nach meiner Ansicht sind sowohl ¶- als auch ♯-Kräfte für den Tod verantwortlich, aber der Tod ist nicht für die Aggression verantwortlich. Bei der Verhärtung der Arterien sammelt sich eine gewisse Menge Kalzium in den Arteriengeweben an und macht sie starr, wodurch die angemessene Ernährung der Gewebe gestört wird. Ein einfaches Beispiel für die ♯-Energie ist das Magengeschwür, bei dem die Magensäfte die Wände des Organs zerstören.

gen, ein Zustand, der durch Freuds Bemerkung charakterisiert wird: »Der Neurotiker leidet an Erinnerungen.«
Um diese geistig-seelische Verdauungsstörung ganz zu begreifen und um sie heilen zu können, müssen wir uns den Hungertrieb und die organismische Assimilation in allen Einzelheiten ansehen. Störungen der Assimilation fördern — auf der psychischen Seite — die Entwicklung der Paranoia und des paranoischen Charakter. Die Untersuchung dieses Problems ist der Kernpunkt des zweiten Teils dieses Buches.

II

Geistig-seelischer Stoffwechsel

»Jedes Element fremden oder feindlichen Wesens, das in die Persönlichkeit eingeführt wird, schafft innere Reibung, hemmt ihr Arbeiten und kann zu ihrer vollständigen Auflösung führen. Die Persönlichkeit hängt wie der Organismus für ihr Fortbestehen von einer Versorgung mit den aus der Umwelt gelieferten Nahrungsstoffen verstandesmäßiger, sozialer und ähnlicher Art ab. Aber dieser fremde Stoff kann, wenn er nicht durch die Persönlichkeit entsprechend metabolisiert und assimiliert wird, die Persönlichkeit verletzen und für sie sogar schädlich sein. So wie die organische Assimilation für das tierische Wachstum wesentlich ist, so wird die geistige, sittliche und soziale Assimilation auf seiten der Persönlichkeit zu der bei ihrer Entwicklung und Ichverwirklichung zentralen Tatsache. Die Fähigkeit zur Assimilation schwankt stark je nach dem individuellen Falle. Ein Goethe konnte Wissenschaft und Kunst und Literatur aufnehmen und assimilieren.
Er konnte diese ungeheure Menge Erfahrung assimilieren, sie zu seinem eigenen Wesen machen und alles zu jener Größe und Herrlichkeit der Ichverwirklichung beitragen lassen, die ihn zu einem der größten Menschen machte.« *

---

* J. C. Smuts, *Die holistische Welt.* Berlin 1938, S. 310—311.

1

Der Hungertrieb

Wenn wir einen Würfel von einem Zentimeter Kantenlänge in seinen drei Dimensionen durchschneiden (Abb. I und II), bekommen wir acht Würfel an Stelle des einen; der Inhalt bleibt der gleiche, aber die Oberfläche wird doppelt so groß (Abb. III). Abb. I zeigt eine Oberfläche von 6 cm^2; Abb. III zeigt acht Würfel, von denen jeder sechs Seiten von einem halben Zentimeter Kantenlänge hat: $8 \times 6 \times {}^1/_2 \times {}^1/_2 = 12\ cm^2$. Nachdem wir so die Oberfläche des ursprünglichen Würfels verdoppelt haben, können wir die Unterteilung fortsetzen und damit die Oberfläche ständig vergrößern.

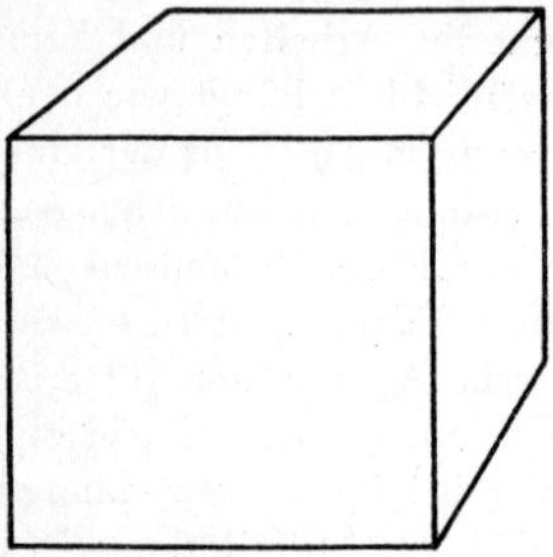

FIG. I

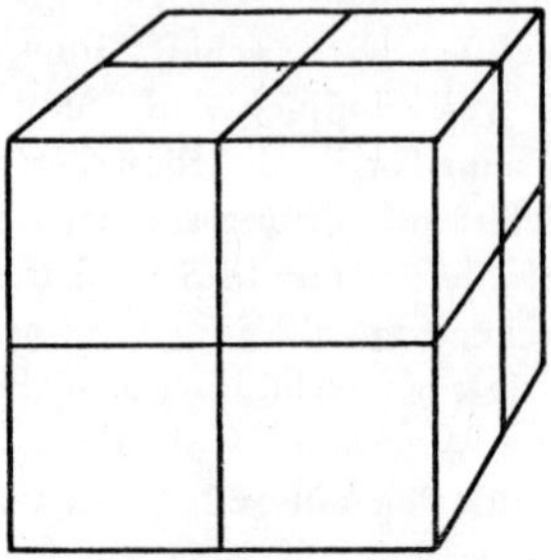

FIG. II

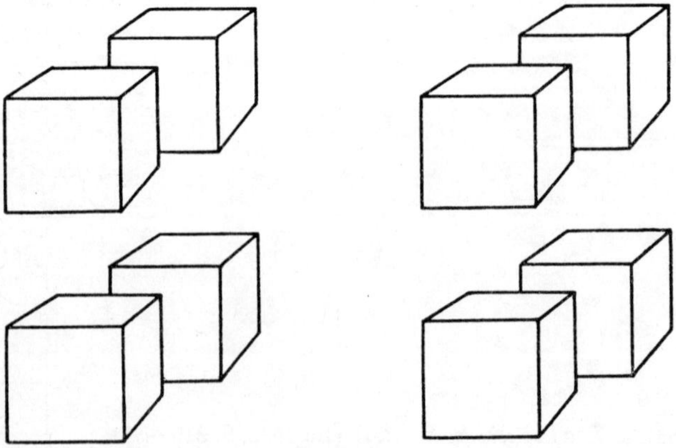

FIG. III

Der Vorteil einer großen Oberfläche ist ihre rasche und durchgreifende Reaktion auf physikalische und chemische Einflüsse. Eine Aspirintablette löst sich rascher auf, wenn man sie zerdrückt. Ein Stück Fleisch, das man in eine leichte Säure legt, braucht lange, um sich aufzulösen, denn die Säure greift nur die Oberfläche an und läßt das Innere unberührt. Wenn man jedoch das Fleisch kleinhackt und ausbreitet, löst sich die gesamte Substanz in der gleichen Zeit auf, die zunächst notwendig war, um die Oberfläche zu durchdringen.

Dieses ♯ spielt die Hauptrolle beim Vorgang der Nahrungsaufnahme. Das ¶ darf jedoch nicht übersehen werden, da es bei der Annäherung an die Nahrung (Appetit), beim Schmecken und in bestimmten synthetischen chemischen Reaktionen in unserem Organismus wirksam ist. Diese Funktionen sind beim Fötus relativ unbedeutend, aber beim postnatalen Individuum spielen sie eine ständig wachsende Rolle.

Im ersten Stadium ist der Embryo wie jedes andere Gewebe der Mutter; er bekommt alle Nahrung, die er braucht, auf dem Weg über die Placenta und die Nabelschnur — sowohl die verflüssigte und chemisch vorbereitete Nahrung als auch die notwendige Sauerstoffmenge. In den Frühstadien werden diese Nahrungsmittel den Geweben geliefert, ohne daß der Fötus sich irgendwie anstrengen muß, während später das Herz des Embryos an der Verteilung mitwirkt. Bei der Geburt hört die Nabelschnur auf zu funktionieren, die lebenswichtige Verbindung zwischen Mutter und Kind wird durchgeschnitten, und um am Leben bleiben zu können, muß das neugeborene Kind Aufgaben erfüllen, die, so leicht sie sind, für den kleinen Organismus schwierig sein können. Es muß sich seinen eigenen Sauerstoff verschaffen, d. h. es muß zu atmen anfangen, und es muß sich Nahrung einverleiben. Das Zerkleinern fester Strukturen, wie wir es am Anfang dieses Kapitels gezeigt haben, ist noch nicht erforderlich, aber die Moleküle der Proteine usw. in der Milch müssen chemisch reduziert und in einfachere Substanzen zerlegt werden. Es gibt jedoch eine bewußte, aktive Handlung, die der Säugling ausführen muß: den »Anklammerungsbiß«.

In der nächsten Phase brechen die Schneidezähne des Babys durch, und damit erscheinen die ersten Werkzeuge, mit denen es an feste Nahrung herangehen kann. Diese Schneidezähne dienen als Schere, wobei auch die Kiefermuskeln beteiligt sind; allerdings wird in unserer Kultur ihr Gebrauch oft durch den des Messers ersetzt; daraus ergibt sich eine Beeinträchtigung der Zähne und ihrer Funktion. Die Aufgabe der Zähne besteht in der Zerstörung der groben Struktur der Nahrung, wie sie in Abb. I—III gezeigt worden ist.

Die Brustwarzen der Mutter werden ein »Ding« zum Daraufbeißen.

Der »Kannibalismus«, wie dieses Stadium in der Psychoanalyse fälschlich genannt wird, kommt ins Spiel. Das Herumbeißen auf den Brustwarzen kann der Mutter wehtun. Wenn die Mutter die biologische Natur des kindlichen Beißimpulses nicht erkennt oder wenn sie eine schmerzende Brustwarze hat, gerät sie möglicherweise aus dem Gleichgewicht und gibt dem »ungezogenen« Kind vielleicht sogar einen Klaps. Wiederholte Klapse konditionieren das Kind auf eine Beißhemmung. Beißen wird gleichbedeutend mit Verletzen und Verletztwerden. Das Vergeltungstrauma kommt jedoch nicht so häufig vor wie die traumatische Frustrierung durch den Entzug der Brust (vorzeitiges oder plötzliches Abstillen). Je mehr das Beißen gehemmt wird, desto weniger entwickelt ein solches Kind die Fähigkeit, ein Objekt anzupacken, wenn die Situation es erfordert.

In diesem Fall wird ein Teufelskreis in Gang gesetzt. Das kleine Kind kann seine Impulse nicht verdrängen [1], und es kann einem so mächtigen Impuls wie dem des Beißens nicht leicht widerstehen. Beim ganz kleinen Kind sind die Ichfunktionen (und damit die Ichgrenzen) noch nicht entwickelt. Soweit ich sehen kann, hat es nur das Mittel der Projektion zur Verfügung. Das Kind kann in diesem Stadium nicht zwischen der inneren und der äußeren Welt unterscheiden. Der Ausdruck »Projektion« ist daher nicht ganz richtig, da er bedeutet, etwas, das in der *Innen*welt gefühlt werden sollte, werde als der *Außen*welt zugehörig erlebt; aber für praktische Zwecke können wir das Wort »Projektion« verwenden, anstatt »prä-differentieller Zustand der Projektion« zu sagen. (Siehe Zweiter Teil, 10. Kapitel).

Je mehr die Fähigkeit zu verletzen gehemmt und projiziert wird, desto mehr entwickelt das Kind die Angst, verletzt zu werden, und diese Vergeltungsangst ruft wiederum ein noch größeres Widerstreben hervor, jemandem Schmerz zuzufügen. In allen solchen Fällen findet sich ein ungenügender Gebrauch der Schneidezähne, zusammen mit einer allgemeinen Unfähigkeit, das Leben in den Griff zu bekommen, eine Aufgabe anzupacken. Ein weiteres Ventil für die gehemmte Aggression ist die »Retroflexion« (Rückwendung), der ich ein besonderes Kapitel gewidmet habe.

Wenn die Zahnentwicklung nach dem Erscheinen und dem Gebrauch der Schneidezähne aufhören würde, wären wir in der Lage, einen größeren Brocken in kleine Stückchen zu zerbeißen, aber das Verdauen solcher Stücke würde unseren chemischen Apparat sehr stark beanspruchen

---

[1] Verdrängung beruht ursprünglich auf der Beherrschung der Schließmuskeln von Mund, Anus und Urethra.

und lange Zeit dauern. Je feiner eine Substanz gemahlen wird, desto größer wird die Oberfläche, die sie der chemischen Einwirkung bietet. Die Aufgabe der Backenzähne ist das Zerstören der Nahrungsbrocken; das Kauen ist die letzte Stufe der *mechanischen* Vorbereitung auf die nun einsetzende Attacke durch Chemikalien, durch Körpersäfte. Die beste Vorbereitung für eine angemessene Verdauung besteht darin, die Nahrung zu einem fast flüssigen Brei zu zerkauen und sie gründlich mit Speichel zu vermischen.

Nur wenige Leute machen sich klar, daß der Magen nur eine Art Haut ist, die nicht mit Brocken fertig werden kann. Manchmal produziert der Organismus, um mangelndes Kauen auszugleichen, eine übergroße Menge Magensäure und Pepsin. Diese Anpassung bringt jedoch die Gefahr mit sich, daß sich ein Magen- oder Zwölffingerdarmgeschwür entwickelt.

Die verschiedenen Entwicklungsstufen des Hungertriebes kann man als *pränatale* (vorgeburtliche), *prädentale* (Säuglings-), *inzisorische* (Beiß-) und *molare* (Beiß-und-Kau-)Stufen klassifizieren. Bevor ich näher auf den psychischen Aspekt dieser verschiedenen Stufen eingehe, möchte ich auf ein Thema kommen, das wir schon berührt haben — das Thema der Ungeduld. Viele Erwachsene behandeln feste Nahrung, »als ob« sie flüssig wäre und in großen Schlucken verschluckt werden könnte. Solche Menschen sind immer durch Ungeduld gekennzeichnet. Sie fordern die unmittelbare Befriedigung ihres Hungers — sie haben kein Interesse an der Zerstörung fester Nahrung entwickelt. Ihre Ungeduld ist gepaart mit Gier und der Unfähigkeit, Befriedigung zu erlangen, ein Umstand, den wir später veranschaulichen werden.

Um die enge Beziehung zwischen Gier und Ungeduld zu erkennen, braucht man nur die Erregung, die Gier und die Ungeduld des Säuglings beim Trinken zu beobachten. Die Kontaktfunktion des Säuglings beschränkt sich auf den »Anklammerungsbiß«, der Rest des Stillvorgangs ist *Konfluenz* (zusammenfließen). Wenn Erwachsene sehr durstig sind, verhalten sie sich ähnlich, ohne etwas Falsches darin zu sehen. Aber Menschen, die feste Nahrung ohne zu kauen herunterschlingen, verwechseln Festes mit Flüssigem; sie haben weder die Fähigkeit entwickelt zu kauen, noch die, etwas durchzuarbeiten, noch die, Aufschub zu ertragen.

Man vergleiche den ungeduldigen Esser (der natürlich immer eine Ausrede für seine Eile findet, wie z. B. er habe »keine Zeit«) mit dem Menschen, der auf die Straßenbahn wartet. Für den Geist des gierigen Essers ist das Füllen des Mundes ebensosehr eine »Gestalt« wie die Straßenbahn für jemanden, der ungeduldig auf sie wartet. In beiden Fällen wird die Konfluenz, das Zusammenfließen von Vorstellung und Realität, erwartet und bleibt der primäre Drang. Das Füllen des Mundes tritt nicht in den Hintergrund zurück, wie es sein sollte, und die Lust des Schmeckens und der Zerstörung von Nahrung wird nicht zum Mittelpunkt des Interesses — zur »Gestalt«.

Vor allem *bleibt die Zerstörungstendenz, die im Gebrauch der Zähne ihr natürliches biologisches Ventil finden sollte, unbefriedigt.* Wir finden hier die gleichen Plus- und Minusfunktionen wie beim Vermeiden. Die Zerstörungsfunktion ist zwar an sich kein Trieb, aber sie ist ein sehr mächtiges Werkzeug des Hungertriebes; sie wird »sublimiert« — vom Objekt »feste Nahrung« abgelenkt. Sie äußert sich auf schädliche Weise, z. B. im Töten, in der Kriegführung, in Grausamkeit usw. oder, durch Retroflexion, als Selbstquälerei und sogar Selbstzerstörung.

Rein psychische Erlebnisse (Wünsche, Phantasien, Tagträume) werden oft behandelt, als seien sie objektive Realität. Bei Zwangsneurosen und auch bei anderen Neurosen kann man z. B. feststellen, daß der Wunsch, etwas Verbotenes zu tun, vom Gewissen ähnlich behandelt und bestraft wird wie die wirkliche Missetat durch die Justizbehörden. Tatsächlich können viele Neurotiker nicht zwischen einer imaginären und einer wirklichen Missetat unterscheiden.

Bei den Psychosen veranlaßt das Zusammenfließen von Einbildung und Realität den Patienten oft nicht nur, reale Strafe für imaginäre Taten zu erwarten, sondern sogar, sie selbst zu verhängen.

Hunger nach geistig-seelischer und emotionaler Nahrung verhält sich wie physischer Hunger: K. Horney bemerkt sehr richtig, daß der Neurotiker *ständig* nach Zuneigung giert, daß aber seine Gier niemals befriedigt wird. Ein entscheidender Faktor bei diesem Verhalten des Neurotikers ist der, daß er die ihm angebotene Zuneigung nicht assimiliert. Er weigert sich entweder, sie anzunehmen, oder er wertet sie ab, so daß sie ihm widerwärtig oder wertlos wird, sobald er sie bekommen hat.

Außerdem ist diese gierige, ungeduldige Haltung mehr als alles andere verantwortlich für die übermäßige Dummheit auf der Welt. Genau wie solche Leute nicht die Geduld haben, wirkliche Nahrung zu kauen, nehmen sie sich auch nicht genug Zeit, um geistige Nahrung zu verdauen.

Da die modernen Zeiten in hohem Maß das hastige Essen fördern, ist es nicht überraschend, daß ein großer Astronom gesagt hat: »Zwei Dinge sind, soweit wir wissen, unendlich — das Weltall und die menschliche Dummheit.« Heute wissen wir, daß diese Aussage nicht ganz richtig ist. Einstein hat bewiesen, daß das Weltall begrenzt ist.

2

Widerstände

Die Libidotheorie behauptet, die Entwicklung des Sexualtriebes durchlaufe eine orale und eine anale Phase, und Störungen oder Fixierungen während dieser Phasen verhinderten die Entfaltung eines gesunden Geschlechtslebens. Sowohl meine Beobachtungen als auch theoretische Überlegungen zwingen mich, dieser Hypothese zu widersprechen. Wenn das Hauptinteresse eines Menschen seinen oralen oder analen Funktionen gilt, so könnte dies sein sexuelles Interesse herabsetzen, und wenn sexuelle Tabus akzeptiert werden, könnte das Interesse am Essen und — zumindest in unserer Kultur — an der Defäkation sich steigern. Die oralen und analen Charaktere sind oft das Ergebnis von Zug und Druck — weg von den Genitalien und hin zu den Öffnungen des Ernährungstrakts.

Den genitalen Charakter als höchste Entwicklungsform anzusehen, ist ganz willkürlich. Reich z. B. erweckt dadurch, daß er die sexuelle Potenz glorifiziert, den Eindruck, er baue ein Ideal auf, das in der Realität nicht existiert. Ich stimme ihm darin zu, daß jede Störung der Orgasmusfunktion zugleich andere Funktionen der Persönlichkeit beeinträchtigt, aber das gilt auch für jede Störung der Ichfunktionen, des Hungertriebes und, wie F. M. Alexander und Reich selbst gezeigt haben, des motorischen Systems. Ich habe Fälle von Hysterie behandelt, bei denen die sexuellen Schwierigkeiten sehr rasch überwunden wurden — aber deren Analyse sich als schwierig erwies, weil ihre Ichfunktionen mangelhaft entwickelt waren.

In unserer Kultur finden wir gewiß typische orale und auch anale Charaktere, aber in der Bibel oder bei vielen primitiven Völkern finden wir nur wenige Bezugnahmen auf den Analkomplex. Die Defäkation ist ein lästiges Übel geworden, und seit der Entdeckung, daß die Fäzes bei Typhus, Cholera usw. als Bazillenträger fungieren, sind sie einem hygienischen Tabu verfallen und werden zutiefst verachtet. Bei den Chinesen finden wir das entgegengesetzte anale Verhalten. Dort ist es keine Schande, wenn man auf dem Feld des Gastgebers seine Notdurft verrichtet; im Gegenteil, es wird als Gefälligkeit angesehen, denn Dünger ist knapp und deshalb hoch angesehen.

Die Psychoanalyse hat zwar die Menschen in orale, anale und genitale Charaktere eingeteilt, hat sich aber nie um die verschiedenen Formen des Widerstands gekümmert, die diesen drei Typen entsprechen. *Oraler* und *genitaler* Widerstand werden vernachlässigt, und jeder Widerstand wird als *analer* Widerstand betrachtet, als ein Widerstreben gegen das Hergeben oder als Tendenz, die eigenen geistigen, emotionalen und physischen Inhalte zurückzuhalten. Freud hat seine Patienten wie Kinder behandelt, die auf dem Nachttopf sitzen, und die er überredete und drängte, alles von sich zu geben, was ihnen in den Sinn kam, ohne ihrer Verlegenheit nachzugeben.

Wenn wir Schwierigkeiten im oralen und genitalen Verhalten eines Menschen anerkennen, sollten wir dann nicht nach Widerständen Ausschau halten, die jeweils für diesen oder jenen Typus kennzeichnend sind? Ein genitaler Widerstand braucht nicht notwendigerweise Knauserigkeit zu sein, die ein typischer analer Widerstand ist. Wer onaniert, vermeidet nicht immer den Geschlechtsverkehr aus Angst, seinen kostbaren Samen zu verlieren — sein Widerstand könnte auf Schüchternheit beruhen oder auf Angst vor Ansteckung oder auf anderen genitalen Widerständen, zu deren typischen Folgen sexuelle Impotenz und Frigidität gehören.

Beim oralen Typus finden wir Fälle von offenkundigem oralem Widerstand, verschränkt mit einer unzureichenden Entwicklung der Beißfunktionen. Ein primitiver oraler Widerstand ist der Hungerstreik, der entweder bewußt ist, wie in den Gefängnissen (um bestimmte Forderungen durchzusetzen), oder unbewußt, in Form von Appetitlosigkeit. Wenn ein Mann sich über seine Frau ärgert, wird seine Aggression vielleicht nicht in seine Zähne gehen, sein Ärger seinen Weg vielleicht nicht dahin finden, daß er die von ihr zubereitete Nahrung »anpackt«, sondern dahin, daß er sich weigert, sie anzunehmen — »er kann einfach keinen Bissen hinunterbringen«. Ich habe vor kurzem erfahren, daß W. Faulkner bei Menschen, die unangenehme Nachrichten erhalten hatten, lokale Kontraktionen (Krämpfe) der Speiseröhre festgestellt hat; es ist offenkundig, daß sie gegen das Hinunterschlucken ungenießbarer Neuigkeiten Widerstand leisteten.

Ein oraler Widerstand von hervorragender Bedeutung ist der Ekel. Er ist (hauptsächlich als Überdruß) ein Hauptsymptom der Neurasthenie. *Verdrängter* Ekel spielt eine wesentliche Rolle beim paranoischen Charakter. Ich habe einen Grenzfall zwischen Paranoia und paranoischem Charakter beobachtet; der Patient litt an wiederholtem Erbrechen, aber ohne das emotionale Erleben von Ekel. Es waren keine »organischen« Grundlagen zu finden. Ekel ist hauptsächlich ein menschliches Phänomen. Es gibt zwar in dieser Richtung einige Beobachtungen bei Tieren (vor allem Haustieren), aber für das Tier besteht in der Regel keine Notwendigkeit, Nahrungsmittel, die ihm mißfallen, zu erbrechen. Es frißt keine Nahrung, nach der es kein Verlangen hat. Gemäß der in diesem Buch dargestellten Triebtheorie existiert ein Stück Fleisch, das auf der Wiese liegt, für die Kuh nicht, es wird niemals zur »Gestalt«, es wird nicht gefressen und kann daher keinen Ekel erregen. In der Erziehung des Menschen spielt der Ekel jedoch eine wichtige Rolle.

Ekel bedeutet die Nicht-Annahme, die emotionale Ablehnung von Nahrung durch den Organismus selbst, ob die Nahrung nun *wirklich* im Magen oder in der Kehle ist oder ob sich jemand nur *vorstellt,* sie sei dort. Sie ist sozusagen der Zensur des Geschmacks entgangen und ist bis in den Magen gelangt. Wenn ein Mensch beim Anblick von Verfaultem (oder von etwas anderem, das seinen Widerwillen erregt) angeekelt ist, verhält er sich so, »als ob« das ekelhafte Zeug schon in seinem Magen wäre. Er hat Empfindungen, die von leichtem Unbehagen bis zur Übelkeit reichen — er wird sich vielleicht sogar erbrechen, obwohl das, was seinen Ekel erregt, in Wirklichkeit außerhalb ist. Diese Art des Widerstands gehört zur Klasse der Vernichtung. Ekel bedeutet das Rückgängigmachen des oralen Kontakts, die Trennung von etwas, das Teil unser selbst geworden ist — »und der Herr spie ihn aus aus seinem Munde«.

Abscheu vor den Fäzes ist das emotionale Motiv, das hinter der Sauberkeitserziehung des Kindes steckt, und obwohl er ursprünglich ein oraler Widerstand ist, bildet er den Kern des Analkomplexes. Das Kind wird seinen eigenen physischen Produkten entfremdet, ebenso dem Vorgang ihrer Produktion[1].

Ein zusätzlicher Widerstand, ein *Widerstand gegen den Widerstand,* ist besonders wichtig: die Verdrängung des Ekels. Zum Beispiel mag ein Kind, dem irgendein Nahrungsmittel gründlich zuwider ist, Ekel empfinden und es erbrechen. Das Kind wird bestraft, denn es soll alles essen, und es wird immer wieder gezwungen, Nahrungsmittel zu essen, die es nicht mag. Also sucht es einen Ausweg aus dem Konflikt, schlingt das Essen rasch hinunter (um den abscheuerregenden Geschmack zu vermeiden) und versucht, nach einiger Zeit höchst erfolgreich, überhaupt nichts zu schmecken. So entwickelt es eine »Geschmackslosigkeit«, eine orale Frigidität. Ich gebrauche absichtlich den Ausdruck »Frigidität«, da dieser Vorgang dem Prozeß sehr ähnlich ist, durch den sich bei einer Frau,

---

[1] Seine desinteressierte und unempfindliche Haltung gegenüber seinem eigenen Produkt stellt eine vollkommene Vorbereitung auf das Leben des modernen Industriearbeiters dar, dessen Produkte ähnlich behandelt werden wie die Fäzes des Kindes. Sobald sie hergestellt worden sind, werden sie fortgeschafft, ohne irgendein Interesse geweckt zu haben. In auffallendem Gegensatz dazu steht der mittelalterliche Handwerker, der persönlichen Kontakt zu seiner Arbeit hatte und seine Erzeugnisse von anderen gewürdigt sah.

die aus verschiedenen Gründen vor ihren genitalen Empfindungen Angst hat, Frigidität entwickelt, so daß sie einerseits in der Lage ist, die sexuelle Annäherung des Mannes zu »ertragen«, daß ihr andererseits aber die Konflikte erspart bleiben, die zwischen ihr und ihrem Mann entstehen würden, falls sie ihrem Ekel und ihrer Angst nachgeben würde.

Ich habe die Frage der oralen, analen und genitalen Widerstände nur gestreift, und ich werde noch mehr zu sagen haben, besonders über den dentalen Widerstand, denn ich behaupte, daß der Gebrauch der Zähne die wichtigste biologische Repräsentanz der Aggression ist. Die Projektion, aber auch die Verdrängung der aggressiven Funktionen der Zähne (oder der Widerstand gegen sie) ist weitgehend für den beklagenswerten Zustand unserer Kultur verantwortlich.

Bevor ich in die Erörterung dieses Phänomens eintrete, muß ich jedoch noch einmal betonen, daß es den meisten Leuten schwerfällt, die strukturelle Ähnlichkeit seelischer und leiblicher Vorgänge zu akzeptieren. Jemand, dem die Theorie, oder vielmehr der Aberglaube, selbstverständlich ist, Leib und Seele seien zwei verschiedene, miteinander verknüpfte Dinge, wird sich nicht leicht von der Richtigkeit holistischen Denkens überzeugen lassen. Wenn man die Unteilbarkeit des Organismus nur für Situationen akzeptiert, in denen sie einem paßt, heißt das nicht, daß man sie begriffen hat. Solange man den Holismus nur mit dem Verstand akzeptiert und auf abstrakte, unverbindliche Weise an ihn glaubt, wird man jedesmal, wenn man mit leibseelischen Tatsachen in Berührung kommt, wieder überrascht sein und auf seine Skpesis zurückfallen.

Die Feststellung, ein Mensch ohne den richtigen Geschmack für Eßbares werde auch in bezug auf Kunst, Kleidung usw. geschmacklos sein — oder, wie die Leute sagen, einen »schlechten« Geschmack haben —, würde wahrscheinlich viel Streit hervorrufen. Ohne eine Menge von Beobachtungen wird es schwierig sein, die Tatsache richtig zu würdigen, daß unsere Einstellung zum Essen einen ungeheuren Einfluß hat auf die Intelligenz, auf die Fähigkeit, Dinge zu verstehen, das Leben in den Griff zu bekommen und bevorstehende Aufgaben anzupacken.

Jeder, der seine Zähne nicht gebraucht, verkrüppelt seine Fähigkeit, seine destruktiven Funktionen zu seinem eigenen Nutzen zu gebrauchen. Er schwächt seine Zähne und trägt zu ihrem Verfall bei. Der Umstand, daß er seine physische Nahrung nicht gründlich für die Assimilation vorbereitet, wird sich auf seine Charakterstruktur und seine Geistestätigkeit auswirken. In den schlimmsten Fällen dentaler Unterentwicklung bleiben die Menschen gleichsam ihr Leben lang Säuglinge. Wir begegnen zwar nur selten einem Menschen, der vollständig »Säugling« geblieben ist, der seine Zähne wirklich niemals gebraucht, aber es gibt viele Leute, die ihre dentale Betätigung auf weiche Nahrung beschränken, die sich leicht verflüssigt, oder auf mürbe Eßwaren, die einem zwar das Gefühl verschaffen, die Zähne würden benützt, aber keine wesentliche Anstrengung erfordern.

Der Säugling an der Mutterbrust ist ein Parasit, und Menschen, die diese Haltung ihr Leben lang beibehalten, bleiben *uneingeschränkte Parasiten* (z. B. Blutsauger, Vampire oder Goldgräber). Sie erwarten beständig, für nichts etwas zu bekommen; sie haben nicht das für das Leben eines Erwachsenen nötige Gleichgewicht erlangt, das Prinzip des Gebens und Nehmens.

Da Menschen mit einem solchen Charakter nicht die Aussicht haben, sehr weit zu kommen, versuchen sie, ihn zu bemänteln oder sie zahlen indirekt für ihn. Man erkennt sie an ihrer übertriebenen Bescheidenheit und ihrem Mangel an Rückgrat. Bei Tisch gerät ein solcher *gehemmter Parasit* bei jedem Gang, den man ihm anbietet, in Verlegenheit, aber genaueres Zusehen offenbart bald die Gier, die hinter der Bescheidenheit steckt. Er grapscht nach Süßigkeiten, wenn ihn niemand beobachtet, und er pflegt listig und unter Entschuldigungen mit ständig wachsenden Forderungen herauszukommen. Wenn man ihm den kleinen Finger reicht, nimmt er gleich die ganze Hand. Die kleinste Gefälligkeit, die er jemandem erweist, wird zum Opfer aufgebläht, für das er mit Dank und Lob belohnt zu werden erwartet. Seine Gaben sind meist leere Versprechungen, plumpe Schmeicheleien und unterwürfiges Benehmen.

Sein Gegenteil ist der *überkompensierte Parasit,* dem Nahrung nicht selbstverständlich ist, der aber in einer ständigen unbewußten Angst vor dem Verhungern lebt. Man findet ihn oft unter Beamten, die ihre Individualität und Unabhängigkeit für ihre Sicherheit opfern. Er liegt an der Brust des Staates, verläßt sich auf seine Alterspension und läßt sich so seine Ernährung für den Rest seines Lebens sichern. Eine ähnliche Angst zwingt manche, Geld anzuhäufen, immer noch mehr Geld, auf daß die Zinsen (Milch) des Kapitals (Mutter) unaufhörlich fließen.

Soviel zur charakterologischen Seite des Bildes. Daß man die Ursprünge dieser Charakterzüge in der Vergangenheit finden kann, ist nicht identisch mit einer Heilungsmöglichkeit in der Gegenwart. Das historische Denken hilft lediglich, den parasitären Charakter zu *verstehen.* Die bloße Erkenntnis dieser Unterentwicklung (das Gefühl dafür, wie ich es nenne, oder die Transposition vom Unbewußten ins Bewußte, wie Freud es nennt) kann dazu führen, daß der Patient sich entweder seines oralen Charakters schämt oder ihn akzeptiert.

Aber nur dadurch, daß er lernt, wie er seine Beißwerkzeuge, die Zähne, anwenden kann, wird er befähigt, seine Unterentwicklung zu überwinden. Dadurch wird seine Aggression an der richtigen biologischen Stelle eingesetzt. Sie wird weder sublimiert noch übertrieben, noch wird sie unterdrückt; darum harmoniert sie mit seiner Persönlichkeit.

Zweifellos leidet die Menschheit an unterdrückter individueller Aggression, und sie ist zum Ausführungsorgan und zum Opfer ungeheurer Mengen freigesetzter kollektiver Aggression geworden. Eine These, die erst später bewiesen werden soll, vorwegnehmend, könnte ich sagen: *Die biologische Aggression ist zur paranoischen Aggression geworden.*

Verstärkte paranoische Aggression ist ein Versuch, Projektionen wieder zu verdauen. Sie wird als Gereiztheit, Wut oder Wunsch empfunden, zu zerstören oder zu erobern. Sie wird nicht als dentale Aggression, nicht als zum Ernährungsbereich gehörig erlebt, sondern sie wird als persönliche Aggression gegen einen anderen Menschen oder gegen eine Ansammlung von Menschen gerichtet, die als Projektionsleinwand dienen.

Menschen, die die Aggression verdammen und doch wissen, daß Verdrängung schädlich ist, raten zu einer Sublimierung der Aggression, wie sie von der Psychoanalyse für die Libido verschrieben wird. Aber kann man die Sublimierung der Aggression um *jeden* Preis befürworten?

Mit sublimierter Libido kann man kein Kind zeugen — mit sublimierter Aggression assimiliert man keine Nahrung.

Die Wiederherstellung der biologischen Funktionen der Aggression ist und bleibt die Lösung des Aggressionsproblems. Sehr oft müssen wir jedoch unsere Zuflucht zur Sublimierung der Aggression nehmen, gewöhnlich in Notsituationen. Wenn ein Mensch Aggression unterdrückt (sie ihm also nicht mehr zur Verfügung steht), wie bei vielen Fällen von Zwangsneurose, wenn er seine Wut aufstaut, müssen wir ein Ventil für ihn finden. Wir müssen ihm Gelegenheit geben, Dampf abzulassen. Baseball spielen, Holzhacken oder jede Art von aggressivem Sport wie z. B. Fußball wirkt manchmal Wunder [2].

---

[2] Eine Frau beklagte sich einmal bei mir darüber, daß sie, obwohl sie ihren Mann gern habe, immer gereizt sei, wenn er heimkomme, und jeden Abend gebe es unangenehme Szenen. Ich riet ihr, am Nachmittag die Fußböden zu schrubben, und am nächsten Tag erzählte sie mir voll Stolz, ihre Fußböden hätten noch nie so schön und sauber ausgesehen. Ich fragte sie nach ihrem Mann, und sie sagte: »Ach ja, ich hab ganz vergessen, es Ihnen zu sagen — es war der erste nette Abend, den wir seit Jahren miteinander verbracht haben.«
Eine andere, weniger angenehme Möglichkeit der Sublimierung von Aggression zeigt das Schicksal der Galeerensklaven. Wenn der Aufseher sie mit der Peitsche schlug, waren sie natürlich wütend auf ihn, aber ihr einziges Ventil

Die Aggression hat ein Ziel mit den meisten Emotionen gemeinsam: Nicht sinnlose Entladung, sondern sinnvoller Einsatz ist ihr Ziel. Gemütsbewegungen können ein Überschuß des Organismus sein (d. h. der Organismus kann das Bedürfnis haben, sie loszuwerden), aber es besteht ein ausgeprägter Unterschied zwischen Gemütsbewegungen und bloßen Abfallprodukten. Der Organismus muß sich bestimmter Abfallprodukte entledigen, so z. B. des Urins, und es ist ihm gleichgültig, wo und wie er dieses Ziel erreicht — aber es gibt keinen biologischen Kontakt zwischen Urin und Außenwelt [3]. Die meisten Emotionen bedürfen andererseits der Welt als Objekt. Man kann einen Ersatz wählen und z. B. an Stelle eines Freundes einen Hund streicheln, da Zärtlichkeit irgendeine Art von Kontakt erfordert, aber wie andere Gefühle auch bringt Zärtlichkeit keine Befriedigung, wenn sie sinnlos entladen wird.

Im Fall der sublimierten Aggression läßt sich leicht ein Objekt beschaffen: Ein Problem kann eine harte Nuß sein, die man knacken muß, der Bohrer frißt sich ins Metall, die Zähne einer Säge zerkleinern Holz. Dies sind ausgezeichnete Ventile für Aggressionen, aber sie kommen niemals der dentalen Aggression gleich, deren Verwendung mehreren Zwecken dient: Man befreit sich von Reizbarkeit und bestraft sich nicht selbst durch Schmollen und Hungern — man entwickelt Intelligenz und hat ein gutes Gewissen, weil man »etwas für seine Gesundheit getan« hat.

Ich habe gesagt, Aggression sei *hauptsächlich* eine Funktion des Hungertriebes. Grundsätzlich kann Aggression Teil jedes Triebes sein — nehmen wir z. B. die Rolle, die die Aggression bei der Verfolgung des Sexualobjekts spielt. Die Ausdrücke Zerstörung, Aggression, Haß, Wut und Sadismus werden in der psychoanalytischen Literatur fast synonym gebraucht, und man weiß nie genau, ob von einem Gefühl, einer Funktion oder einer Perversion die Rede ist. Wenn auch unser Wissen für klar umrissene Unterscheidungen noch nicht genügend fortgeschritten ist, sollten wir doch versuchen, etwas Ordnung in diese Terminologie zu bringen.

Wenn die Hungerspannung ansteigt, bietet der Organismus die Kräfte auf, die ihm zur Verfügung stehen. Der emotionale Aspekt dieses Zustands wird zunächst als undifferenzierte Reizbarkeit erlebt, dann als Ärger und schließlich als Wut. Wut ist nicht mit Aggression identisch,

---

bestand darin, ihre Wut an den Rudern auszulassen, und dies war genau der Zweck, den das Peitschen erreichen sollte.

[3] Der Zusammenhang zwischen dem Wasserlassen und dem Feuerlöschen, von dem Freud spricht, ist kein biologisches, sondern ein kulturelles Phänomen.

findet aber ihren Ausdruck in Aggression, in der Innervierung des motorischen Systems, als Mittel zur Eroberung des benötigten Objekts. Nach der »Tötung« muß die Nahrung selbst »angepackt« werden; die Werkzeuge, die Zähne, sind immer bereit, aber sie bedürfen der motorischen Kräfte, um ihre Aufgabe zu erfüllen. Sadismus gehört zum Bereich der »sublimierten« Aggression; er ist meistens mit sexuellen Impulsen vermischt.

Die Sublimierung des Hungertriebes ist in mancher Hinsicht einfacher und in anderer Hinsicht schwieriger als die des Sexualtriebes: leichter insofern, als wir immer Objekte für die Aggression finden (jede Arbeit, insbesondere jede körperliche Arbeit, sublimiert Aggression — ein unaggressiver Grobschmied oder Holzhacker ist ein Paradox). Die Sublimierung ist insofern schwieriger, als die dentale Aggression immer ein Objekt *braucht.* Selbstgenügsamkeit, wie sie sich manchmal im Zusammenhang mit dem Sexualtrieb findet, kann es nicht geben. Es gibt Menschen, deren Geschlechtsleben sich ohne jedes reale Objekt abspielt, sie sind zufrieden mit ihren Phantasien, dem Onanieren und nächtlichen Samenergüssen — aber niemand kann den Hungertrieb ohne *reale* Objekte, ohne Nahrungsmittel befriedigen. Freud veranschaulicht diesen Umstand überzeugend durch die Geschichte von dem Hund und der Wurst [4], aber wieder einmal nimmt er sie als Beweis für die Dringlichkeit nicht des *Hungers,* sondern des Sexualtriebes und die Unmöglichkeit seiner Frustrierung.

Es gibt nicht die geringste Rechtfertigung dafür, nur den Sexualtrieb einen Objekttrieb zu nennen. Aggression ist mindestens ebenso objektgebunden wie die Sexualität, und sie kann auf die gleiche Weise wie die Liebe (beim Narzißmus oder bei der Onanie) das Selbst zum Objekt wählen. Beide können sich gegen das eigene Selbst wenden (Retroflexion).

[4] Man kann einen Hund ziemlich lange dazu bewegen, einen Karren zu ziehen, indem man ihm einfach nur eine Wurst vor die Nase hält, aber manchmal muß man dem Hund auch wirklich etwas zu fressen geben!

3

Retroflexion und Kultur

Unsere Zwangslage hat mit Moses angefangen. Keine Religion enthält eine so überwältigende Zahl von Vorschriften, die den Verzehr von Nahrungsmitteln regeln, wie die mosaische. Einige davon, wie das Tabu gegen den Verzehr von Schweinefleisch, scheinen durch spätere wissenschaftliche Entdeckungen gerechtfertigt, aber es ist trotzdem sehr wohl möglich, daß Moses Ernährungsvorschriften erlassen hat, weil er selber in bezug auf die Nahrung übertrieben heikel war, und entweder seine Vorlieben und Abneigungen verallgemeinerte oder sichergehen wollte, daß der »Zehnte« (die zehn Prozent der Nahrungsmittel, die die Priester bekamen) nach seinem Geschmack war.

Außerdem gibt es noch einen irrationalen Faktor, der das Bild kompliziert. Der Jude unterscheidet zwischen zwei Arten von Nahrung, »milchartiger« und »fleischartiger«. Das entspricht der Unterscheidung zwischen der Nahrung des Säuglings und der des »Beißlings«, dessen Wunsch, seine Mutter aufzuessen, Einhalt geboten werden muß. Die dentale Aggression wird zwar nicht ganz verboten, aber sie wird streng begrenzt und geregelt und bleibt teilweise unausgedrückt. Diese unausgedrückte Aggression muß die Opposition der Juden gegen ihren Anführer gefördert haben.

Jede privilegierte Klasse hat die Aggression der unterdrückten Klasse zu fürchten; Moses sah in solcher Aggression (die er unbewußt durch seine Ernährungsvorschriften gefördert hatte) mit Recht eine Gefahr für sich selbst. Wenn die Aggressionsspannung einer unterdrückten Klasse zu stark wird, lenken die Herrscher sie gewöhnlich nach außen gegen einen äußeren Feind. Sie zetteln einen Krieg an oder suchen einen Sündenbock in einer anderen Klasse, Rasse oder Religionsgemeinschaft. Moses jedoch wandte einen anderen Trick an: Retroflexion.

Primitive Völkerstämme beten zu ihren Fetischen um Hilfe in der Not, und der Fetisch wird, wenn er sich als unwirksam erweisen sollte, abgeschafft. Die alten Griechen verhielten sich ähnlich, aber ihre Götter waren zu gut *etabliert*, als daß man sie hätte stürzen können, und außerdem gab es so viele von ihnen. Wenn man sich von einem der Götter frustriert oder getäuscht fühlte, wandte man sich daher einem anderen zu und wurde *sein* Anhänger. Um nicht Gegenstand eines solchen illoyalen Verhaltens zu werden, erklärte der Diktator — Moses —, der sich in Jahwe hineinprojizierte, Ihn zum einzigen Gott. Einmal geriet er in Wut, als die Juden sich in seiner Abwesenheit einen »Rivalengott« gemacht hatten, das Goldene Kalb, einen Gott, den sie sehen und berühren konnten — der sich übrigens bis heute erhalten hat, wenn er auch nicht offen als solcher verehrt wird. Um seine Führungsposition zu sichern, wandte Moses den Trick an, die Aggression auf die Aggressoren *zurückfallen* zu lassen.

Retroflexion (Rückwendung) bedeutet, daß eine Funktion, die ursprünglich vom Individuum auf die Welt gerichtet war, ihre Richtung ändert und sich zurück gegen den Urheber wendet. Ein Beispiel ist der narzißtische Mensch, der, anstatt seine Liebe einem Objekt zuzuwenden, sich in sich selbst verliebt [1].

Immer wenn ein Verb zusammen mit einem rückbezüglichen Fürwort gebraucht wird, können wir nach einer Retroflexion Ausschau halten; wenn jemand mit »sich« selber spricht, tut er das, anstatt mit jemand anderem zu sprechen. Wenn ein von seinem Liebsten getäuschtes Mädchen »sich« umbringt, tut es dies, weil sein Wunsch, ihn zu töten, von der Wand seines Gewissens »zurückgeworfen« wird. Selbstmord ist ein Ersatz für Totschlag oder Mord [2].

Jetzt verstehen wir, was Moses erreichte, indem er die Aggressionen seiner Anhängerschaft auf sie selbst zurücklenkte. Der religiöse Jude gibt nicht Jahwe die Schuld für irgendeinen Mißerfolg oder ein Unglück. Er reißt nicht *Ihm* die Haare aus, schlägt nicht *Ihm* an die Brust — er wendet seinen Ärger gegen sich selbst, gibt sich selber die Schuld für jedes Mißgeschick, rauft sich selber die Haare und schlägt sich an die eigene Brust [3].

Diese auf das Selbst zurückgelenkte Aggression war der erste Schritt in der Entwicklung unserer paranoischen Kultur. Das »Mittel zum

---

[1] Die Psychoanalyse spricht von zwei Arten des Narzißmus, vom primären und vom sekundären Narzißmus. Der Ausdruck Narzißmus sollte dem vorbehalten bleiben, was die Psychoanalyse »sekundären« Narzißmus nennt. Der »primäre Narzißmus« hat nichts mit dem Verhalten des griechischen Jünglings zu tun, der die Liebe zu seiner Zwillingsschwester auf sich selbst zurücklenkte. Beim primären Narzißmus gibt es keine Retroflexion; er ist identisch mit dem, was ich sensomotorisches Bewußtsein nenne.

[2] Die Retroflexion zeigt eine dialektische Komplikation, die wir in diesem Zusammenhang vernachlässigen können, die aber im letzten Teil dieses Buches behandelt werden soll.

[3] Wenn die Juden dieser Retroflexion Einhalt gebieten und ihre Aggression gegen ihr ursprüngliches Ziel wenden würden, würden sie Moses-Jahwe angreifen; damit würde ihre Religion zerfallen, aber auch ihre Melancholie.

Zweck« für den »Endgewinn« der Verdrängung war entstanden. Diese Verdrängung setzt einen Teufelskreis in Gang. Mit Hilfe »rückgewandter« Aggression wird eine weitere Aggressionswelle erstickt und wieder gegen die eigene Person gekehrt, und so geht es immer weiter.

Moses hatte anscheinend nur die Absicht, die Aggression insoweit zu bannen, als sie seine Autorität bedrohte. In der christlichen Religion entwickelte sich dieser Prozeß jedoch weiter: Alle Triebe müssen verdrängt werden, und es kommt zu einer Spaltung zwischen Leib und Seele; der Leib als Träger der Triebe wird verachtet und als sündig verdammt. Manchmal werden sogar Übungen vorgeschrieben, um den Leib und seine Funktionen abzutöten.

Gleichzeitig wird noch ein anderer Fehler gemacht. Das emotionale Äquivalent der Aggression ist der Haß. Anstatt der Aggression Ventile zu gestatten, wird das Dogma eingeführt, daß der Haß durch Liebe kompensiert oder gar ersetzt werden könne; es kommt jedoch trotz oder gerade wegen heftiger Bestrebungen, sich in Barmherzigkeit zu üben, zu vermehrter Intoleranz und Aggression. Diese Konsequenzen werden nicht durch Liebe neutralisiert, sondern gegen den »Körper« und gegen diejenigen gewendet, die nicht an die Wahrheit dieser besonderen Religionsrichtung glauben. Dieser Fehler, der Glaube, daß Aggression durch Liebe und Religion neutralisiert werden könnten, gewinnt in unserer Zeit zunehmende Bedeutung. Zwei hervorragende Autoren, A. Huxley und H. Rauschning, sind völlig ratlos, was man mit der Aggression anfangen soll. Auch sie sehen keinen anderen Weg, mit ihr fertigzuwerden, als den, Idealismus, Liebe und Religion zu verschreiben.

Nachdem die Aggression unterdrückt, der Leib verleugnet und die »Seele« glorifiziert worden waren, brachte das Industriezeitalter eine neue Schwierigkeit mit sich: Heutzutage ist die Seele des Arbeiters für den Industriellen uninteressant. Er braucht nur die Funktionen des »Leibes«, insbesondere die jener Teile des Organismus, die für die Arbeit gebraucht werden (z.B. die Hände: vgl. das engl. »factory *hands*« = Fabrikarbeiter, Charlie Chaplin in *Modern Times*). So geht die Vitalität immer mehr verloren: Die Individualität wird getötet. Dieser Prozeß betrifft auch hochspezialisierte Arbeiter und zerstört die Harmonie ihrer Persönlichkeit.

Immer mehr Tätigkeiten werden auf die Maschine projiziert und durch sie vernichtet; auf diese Weise bekommt sie eigene Macht und eigenes Leben [4]. Sie verbündet sich mit der Religion und mit dem Industrialis-

[4] Die Nützlichkeit von Maschinen wird (wie die der Religion und anderer Projektionen) mehr als ausgeglichen durch ihre Nachteile.

mus, und sie wirkt mit bei der Zerstörung der Menschheit: Jedesmal, wenn wir einen Aufzug oder ein Auto benützen, werden die Beinmuskeln etwas geschwächt, bzw. es entgeht ihnen zumindest die Gelegenheit, stärker zu werden. Daß die Massenzerstörung der Menschheit noch nicht durch Maschinen erledigt wird, ist wirklich ein Wunder, aber es ist schon bis zum Erbrechen demonstriert worden, daß Panzer und Flugzeuge wichtiger sind als bloße menschliche Arbeitskraft.
Das nennen wir Fortschritt!

4

Geistige Nahrung

Neben den charakterologischen und den sozialen Folgen hat die dentale Hemmung noch eine weitere Konsequenz: Abstumpfung. Ohne Verständnis dieser Tatsache können wir nicht begreifen, warum die meisten Menschen den Verfall der Kultur gar nicht bemerken.

»Die Mühlen Gottes mahlen langsam, aber sie mahlen überaus fein.« Der Mensch wird zerrieben zwischen den Kiefern von Krieg und Ausbeutung, trotz all der Vorteile der Zivilisation und trotz all der Selbsttäuschungen, mit denen unser Stolz auf den »Fortschritt« das »Unbehagen in der Kultur« zu übertönen versucht. Unsere Hoffnungslosigkeit, Erlösung zu finden, ist unvermindert geblieben, der Traum, den verlorenen Kontakt zur Natur wiederzugewinnen, ist immer noch ein Traum, während jeder Versuch, in der Religion, in irgend einem Glauben, Zuflucht zu suchen, sei es der Kommunismus, der Faschismus, die Theosophie, die Psychoanalyse oder die Philosophie, früher oder später scheitern wird. Er wird entweder zu Widersprüchen in den Systemen selbst führen oder zu einem Zusammenstoß mit der Realität, was eine kollektive Zerstörung zur Folge hat.

Die christlichen Religionen messen dem Glauben höchste Bedeutung zu. Sie behaupten: Glaube ist Macht, Glaube ist Tugend; Kritik ist verboten, selbständiges Denken ist Ketzerei. Was hat das mit dentaler Hemmung zu tun? Der Abendmahlsritus liefert die Antwort auf diese Frage. Mit Hilfe der Projektion erlebt der Gläubige die Halluzination, die Oblate sei der Leib Christi — er projiziert seine Phantasie von Christus in die Oblate und verleibt sich dieses Vorstellungsbild nachher ein (er introjiziert es). Bei manchen Glaubensgemeinschaften muß er die Oblate hinunterschlucken, ohne sie mit den Zähnen zu berühren. Würde er sie zerbeißen und schmecken, so wäre die Oblate eine gewöhnliche Oblate, ein banales Stück Nahrung, und die symbolische Illusion des Verfahrens würde zerstört. Der Sinn dieser Zeremonie ist im wesentlichen eine Übung im Hinunterschlucken all dessen, was die Religion predigt.

Diese Haltung wird nicht nur in der Religion eingenommen, sondern auch in der Kindererziehung, indem man die Kinder auffordert, jeden Unsinn, wie z. B. die Geschichte vom Storch und den kleinen Kindern, zu schlucken. Echtes Interesse wird oft mundtot gemacht: »Neugier hat schon manchen das Leben gekostet«. In Deutschland, wo die einzige geistige Nahrung von der Regierung geliefert wird (hauptsächlich durch Zeitungen und Rundfunk), schluckt der durchschnittliche Deutsche alles, was ihm vorgesetzt wird; er konsumiert und absorbiert die Naziparolen und -ideologien im gleichen Maß, in dem sein Kauvermögen, seine kritische Einstellung, geschädigt ist. Selbst wenn die geistige Assimilation unvollkommen ist, bleibt immer etwas hängen, etwas findet Eingang in das System, besonders wenn es Leuten vorgesetzt wird, die während des letzten Krieges und danach traumatische Erfahrungen mit dem Essen gemacht haben.

Die Nazipropaganda sorgt dafür, daß die geistige Nahrung von der Art ist, die leicht eingängig ist. Ihre Versprechungen, Schmeicheleien und »Leckerbissen« für die Eitelkeit, wie die Theorie von der Herrenrasse, werden begierig geschluckt. Aggression und Grausamkeit werden zuerst zum Haß auf Juden und Bolschewiken »sublimiert«, dann auf kleine und schließlich auf große Nationen gelenkt.

Meine Erlebnisse in der Psychoanalyse waren von meiner eigenen oralen Unterentwickeltheit beeinflußt. Da ich früher an die Libidotheorie glaubte (besonders an Reichs Ideal vom genitalen Charakter) und die Folgerungen, die sich daraus ergaben, nicht erkannte, machte ich aus ihr eine Art phallischer Religion, die rationalisiert und gerechtfertigt war durch etwas, das eine vernünftige wissenschaftliche Grundlage zu sein schien. Indem ich die psychoanalytischen Theorien durchkaute und über jeden unverdauten Bissen gründlich nachdachte, wurde ich jedoch immer besser fähig, ihre wertvollen Teile zu assimilieren und ihre Irrtümer und künstlichen Konstruktionen fallen zu lassen. Da dieser Prozeß noch im Gang ist, muß dieses Buch, zumindest teilweise, unweigerlich skizzenhaft sein. Es mag Widersprüche enthalten, die ich nicht bemerkt habe; aber da dieser neue Ansatz (obwohl er nur einen Bruchteil der organismischen Funktionen umfaßt) in hartnäckigen Fällen schon gute Erfolge gezeitigt und bei Leuten Begeisterung geweckt hat, die gewiß keine Spur von »positiver Übertragung« zeigten, kam ich zu dem Schluß, es sei an der Zeit, auf die Notwendigkeit einer »Psychoanalyse« des Hungertriebes und der Störungen der geistigen Assimilation aufmerksam zu machen.

In jenen Extremfällen dentaler Hemmung, die der Typus darstellt, der Süßigkeiten über alles liebt, nur die leichteste geistige Kost (wie Illustriertenromane) schluckt und unfähig ist, irgend etwas zu verdauen, das Denken erfordert oder eine leise Ähnlichkeit mit Wissenschaft oder »geistig anspruchsvoller« Literatur hat, muß der geistige Stoffwechsel äußerst niedrig sein. Solche Leute haben aber wenigstens den gesunden Instinkt, nicht Dinge zu verschlucken, die ihnen nicht bekom-

men, im Gegensatz zu jenen, die anspruchsvolle Nahrung hinunterschlingen und in ihren geistigen Eingeweiden unverdaute Brocken mit sich herumtragen. Da sie sie nicht verdauen können, erbrechen sie sie gewöhnlich und wiederholen sie fortwährend. Die Doppeldeutigkeit des Wortes »wiederholen« weist auf die Unverdautheit derartigen Materials hin, das einem »hochkommt«.
Ein Beispiel für diesen Typus ist der durchschnittliche Reporter. Er eilt durch die Stadt, begierig nach Neuigkeiten, benützt aber die erworbenen Kenntnisse nicht für sich selber. Er bereichert seine eigene Persönlichkeit nicht, sondern spuckt das, was er erfahren hat, auf den Seiten der nächsten Morgenausgabe wieder aus. Leute, die Kompendien zusammenstellen, gehören oft zum gleichen Typus. Sie käuen anderer Leute Wissen wieder, aber die Assimilation, die wirkliche Aneignung, bleibt sehr gering. Ein weiteres Beispiel ist der Klatsch. Allerdings fügt die Frau, die ihrer Freundin den neuesten Skandal erzählt, ihren beißenden Bemerkungen oft noch eine gute Dosis Galle hinzu.
Die letzten Beispiele gehören nicht mehr zur Gruppe der vollständigen dentalen Hemmung. Sie beziehen sich auf Leute, die zwar ihre Schneidezähne gebrauchen, aber nicht die Mahlzähne. Sie haben Stückchen im Magen, aber keine großen Brocken.
Auch für die psychoanalytische Situation ist die Wechselbeziehung zwischen geistigem und dentalem Verhalten sehr wichtig. Häufig erzählen Analysanden nach der Analysestunde all ihre interessanten Erlebnisse ihrer Frau oder ihren Freunden. Sie glauben vielleicht (und führen damit sogar den Analytiker irre), ihr Verhalten sei ein Zeichen von Interesse an der Behandlung, aber der Analytiker stellt bald fest, daß die Patienten sehr wenig von seinen Aussagen angenommen haben; indem sie die Einzelheiten der Stunde jemand anders erzählen, entledigen sie sich all dessen, was sie aufgenommen haben, und es bleibt nichts zum Assimilieren übrig. So ist es auch kein Wunder, daß die Heilung nur sehr geringe Fortschritte macht.
Beobachtungen dieser Art mögen Freud zu der Bemerkung veranlaßt haben, Deutungen allein genügten nicht, da der Patient sie nicht wirklich akzeptiere. Abgesehen von der Parole von der »Übertragung« unterläßt Freud es jedoch zu zeigen, »wie« Deutungen angenommen werden, und welche Widerstände den Patienten daran hindern, die geistige Nahrung zu verdauen. Ich habe keinen Hinweis gefunden, der davon zeugen würde, daß Freud sich mit jenen Details beschäftigt hätte, von denen die Bereitschaft und die Fähigkeit des Patienten abhängen, die Worte des Analytikers zu akzeptieren. Wenn der Patient unter dem Einfluß einer »positiven Übertragung« (Begeisterung) auch bereit ist,

Deutungen anzunehmen, trifft es doch ebenso zu, daß er mit Feindseligkeit reagiert, sobald der Analytiker ihm etwas Unangenehmes sagt. Diese Reaktion ist ein spontaner Abwehrimpuls, und nicht das plötzliche Auftauchen einer »negativen Übertragung«.

Niemand kann Deutungen seines verdrängten Unbewußten, d. h. jener Teile seiner Persönlichkeit, denen er sich auf keinen Fall stellen möchte, leicht annehmen. Wenn man es könnte, bestünde keine Notwendigkeit für Verdrängungen und Projektionen. Die Forderung, der Patient solle genau das akzeptieren, was er meiden möchte, ist also paradox.

Reichs Methode, durch Konzentration auf den »Panzer« zu versuchen, der Wahrheit zum Durchbruch zu verhelfen, ist gewiß ein Fortschritt, der jedoch weitgehend dadurch zunichte gemacht wird, daß man dem Patienten die geistige Nahrung durch Verspottung und sogar durch Einschüchterung in den Rachen stopft. Wenn man den oralen Widerstand beiseiteschiebt und den Patienten veranlaßt, Vorstellungen zu schlucken, die er nicht verdauen kann, ruft man künstliche Haltungen und Handlungen hervor, anstatt eine organische Entwicklung der Persönlichkeit zu fördern. Ich hatte Gelegenheit, diesen Sachverhalt bei zwei früheren Patienten Reichs zu konstatieren.

Im Gegensatz zu Reich gibt der *orthodoxe* Psychoanalytiker vor, vom Patienten nichts zu fordern, aber in Wirklichkeit fordert er das Unmögliche — nämlich die Einhaltung der Grundregel und die Annahme seiner Deutungen. Mein Rat lautet, man befasse sich nicht mit dem Unbewußten, sondern, soweit möglich, mit dem Ich. Sobald ein besseres Funktionieren des Ichs erreicht und die Konzentrationsfähigkeit wiederhergestellt ist, wird der Patient bereiter sein, bei der Eroberung des Unbewußten mitzuarbeiten. Die Bereitschaft, mit der ein Mensch die Aussagen eines anderen in Erwägung zieht, hängt weitgehend von seiner oralen Entwicklung und seiner Freiheit von oralen Widerständen ab.

Die einfachste Form des oralen Widerstands ist die direkte Vermeidung. Kinder machen den Mund fest zu, wenn sie etwas essen sollen, was ihnen nicht schmeckt, genauso, wie sie sich die Ohren mit den Händen zuhalten, wenn sie nicht zuhören wollen. Da Erwachsene gewöhnlich in der Technik der Höflichkeit und Heuchelei besser geübt sind, ist es oft schwierig zu unterscheiden, ob sie wirklich uninteressiert sind (kein geistiger Appetit — Fehlen der Figur-Hintergrund-Bildung) oder nur ein potentielles Interesse verdrängen. Solche Kontakthemmungen sind: das Ignorieren der Gegenwart anderer, geistige Abwesenheit, höfliches, aber gleichgültiges Zuhören, Vorspiegelung von Interesse, zwanghaftes Widersprechen. Im Alltagsleben hört man oft: »Was hast du gesagt? Ich war ganz weit weg. Bitte sag es nochmal.« Das kommt nicht

vor, wenn jemand an dem Gespräch interessiert ist, wenn das Thema nach seinem Geschmack ist.
Niemand sendet Botschaften aus, ohne einigermaßen sicher zu sein, daß sie ihren Bestimmungsort erreichen. Wie kann der Analytiker sicher sein, daß ein Patient, der die ganze Zeit »ja, ja« sagt, die Botschaft empfangen hat — z. B. eine Deutung? Um einen gesunden geistigen Appetit und eine gesunde geistige Assimilation herzustellen, müssen wir unseren Patienten rekonditionieren; wir müssen seine »falsche« Einstellung gegenüber leiblicher und geistiger Nahrung korrigieren. Aber wir können eine »falsche« Einstellung nicht korrigieren, ohne
1. ihr Gegenteil, die »richtige« Einstellung, zu liefern;
2. zu erkennen, daß wir dem Gefühl der Vertrautheit den Ausdruck »richtig« zuordnen und dem Gefühl der Fremdheit die Bezeichnung »falsch« (F. M. Alexander). Unser bewußtes Empfinden ist gewöhnlich nicht »richtig«, sondern selbstgerecht. Die Phase der sogenannten »negativen Übertragung« fällt mit dem Widerstreben des Patienten oder des Schülers zusammen, sich von seinen vertrauten Gedanken und Gefühlen zu trennen. Was der Analytiker oder Lehrer in diesem Stadium sagt, klingt für ihn »falsch«;
3. die »Energien« und Fixierungen vom »falschen« Verhalten abzuziehen und den Weg zum »richtigen« Verhalten zu eröffnen.
Man akzeptiert selten eine Ansicht, die der eigenen Überzeugung zuwiderläuft; das kann man leicht bei jeder Diskussion beobachten. Darum setze ich nicht als selbstverständlich voraus, daß der Patient akzeptieren wird, was ich sage, sondern mache es mir zur Aufgabe, seinen *oralen* Widerständen nicht weniger Aufmerksamkeit zu schenken, als man sie gewöhnlich den *analen* zuwendet. Bei vielen Fällen halte ich es für eine schlechte analytische Technik, erst am Ende der Stunde ein paar Sätze zu sagen und es dem Zufall zu überlassen, ob die Zusammenfassung des Analytikers oder seine Deutungen akzeptiert werden oder nicht. Gewiß, wenn man die Patienten eine ganze Stunde lang geistig hungern läßt, werden manche hungrig sein zu hören, was der Analytiker zu sagen hat; aber die Menschen, die man auf diese summarische Art behandeln kann, sind Ausnahmen. In den meisten Fällen muß man sorgfältig auf die oralen Widerstände achten, und man muß unterscheiden zwischen der hoffnungslosen Situation der völligen Interesselosigkeit und der hoffnungsvollen, in der das Interesse des Patienten nur gehemmt ist. Wenn ich merke, daß der Patient mit seinen Gedanken woanders ist, bitte ich ihn zu wiederholen, was ich gesagt habe. Er wird seine Kontaktlosigkeit und seine Unaufmerksamkeit bald erkennen, und mit Geduld kann man ihn dazu bringen, sich an dies und das zu erinnern — sich an halb

gehörte Sätze zu erinnern und sie wiederzugeben. Durch diese Methode gewinnt er viel Material wieder, das ihm sonst verlorengegangen wäre. Sobald Patienten ihre Unaufmerksamkeit erkennen, beginnt die Heilung ihres »schlechten Gedächtnisses«.

Andererseits, wenn ein Widerstand gegen den Widerstand besteht — wenn der Patient sich z. B. *zwingt,* zuzuhören, wie der Student in einer langweiligen Vorlesung — leidet er vielleicht Qualen, und da er die geistige Nahrung ohne Appetit aufnimmt, wird er wenig Nutzen von ihr haben. Der Analytiker muß eine klare Vorstellung vom Verdauungsspielraum des Patienten haben und seine geistige Medizin und Nahrung entsprechend dosieren. »Süßigkeiten«, z. B. Lob am rechten Ort, sind nützlich, um ihm Anerkennung für eine echte Anstrengung in einer schwierigen Situation zu zeigen (Adlers Ermutigung). Manchmal wird ein Patient mit einer solchen Menge psychoanalytischer Weisheit gefüttert, daß er ihrer überdrüssig wird, daß ihm der Analytiker zuwider ist und er die Analyse abbricht. Daraufhin *kann* eine »wunderbare« Besserung eintreten, die dann nicht selten nicht-analytischen Umständen zugeschrieben wird. In Wirklichkeit ist das »gehortete« Material nachträglich assimiliert worden, und das durch die analytische Behandlung — nicht *in* ihr — erworbene Wissen hat den früheren Patienten befähigt, seine Konflikte selbständig zu lösen.

Ein oraler Widerstand, den der Analytiker sehr gut kennt, ist der intellektuelle Widerstand. Alles, was der Analytiker sagt, wird akzeptiert, und der Patient redet sehr verständig und mit erfreulicher Bereitwilligkeit über analytische Theorien — über seine Inzestwünsche, seinen analen Komplex usw. Er bringt soviele Kindheitserinnerungen, wie der Analytiker nur wünschen mag, aber alles ist »gedacht« und nicht »gefühlt«. Dieser Typus hat einen Verstandesmagen, der dem Pansen einer Kuh gleicht. Das Wissen wird zwar wiedergekäut, dringt aber nicht durch die Wände der Eingeweide und erreicht niemals die Gewebe des eigentlichen Organismus. Nichts wird jemals assimiliert, nichts erreicht die Persönlichkeit, sondern alles bleibt im geistigen Pansen — dem Gehirn. Solche Wißbegier ist trügerisch. Diese Intellektuellen können alles schlucken, aber sie entwickeln keinen eigenen Geschmack, keine eigene Meinung; sie sind stets bereit, sich an diesen oder jenen »-ismus« als an ihren spezifischen Schnuller zu halten (siehe Zweiter Teil, 6. Kapitel). Wenn sie von einem intellektuellen Schnuller zum anderen überwechseln, so heißt das nicht, daß sie den Inhalt des einen »-ismus« assimiliert hätten und für neue geistige Nahrung bereit wären. Der alte Schnuller ist ihnen zuwider geworden, hauptsächlich weil er sie enttäuscht hat, und sie wenden sich einem anderen »-ismus« zu in der trügerischen

Hoffnung, der neue Schnuller werde ihnen mehr Befriedigung verschaffen.
Wenn sie ihre leeren Theorien vorbringen, sollte der Analytiker sie im einzelnen erklären lassen, was sie wirklich meinen. Er sollte sie sogar in Verlegenheit bringen, indem er sie zu der Erkenntnis bringt, welcher Gegensatz zwischen ihren komplizierten Phrasen und deren geringem Sinngehalt besteht. Nur wenn sie lernen, jedes Wort, das sie sprechen, zu kauen und zu schmecken, und wenn sie zugleich fühlen, wie die unzerkleinerten Nahrungsbrocken — Brocken der leiblichen Nahrung — ihren Schlund hinabrutschen, besteht Hoffnung, daß sie verstehen oder assimilieren, was der »-ismus« bedeutet.
Nur diejenigen, die ihre geistige Nahrung so gründlich zermahlen, daß sie ihren vollen Wert begreifen, sind fähig, aus einer schwierigen Idee oder Situation Nutzen zu ziehen und sie zu assimilieren. Man gewinnt viel mehr für sein Wissen und seinen Verstand, wenn man ein gutes Buch sechsmal liest, als wenn man sechs gute Bücher nur einmal liest. Das Kauen gilt auch für die Kritik. Wenn jemand empfindlich ist und seine dentale Aggression projiziert hat, wird jede kritische Meinungsäußerung als Angriff erlebt, und das führt oft zu einer Unfähigkeit, selbst wohlwollende Kritik zu ertragen. Wenn die dentale Aggression jedoch biologisch funktioniert, scheut man Kritik nicht, man heißt sie sogar willkommen. Aus gedankenlosem Lob kann man nicht viel lernen, aber Kritik kann etwas Konstruktives enthalten und so selbst den boshaftesten Angriff in etwas Nutzbringendes verwandeln. Kritik sollte man weder zurückweisen noch hinunterschlucken, man sollte sie sorgfältig zerkauen und ihr in jedem Fall Beachtung schenken.

5
Introjektion

Die Leute, die ich auf die Bedeutung der Analyse des Hungertriebes — der strukturellen Ähnlichkeit zwischen den Phasen unserer Nahrungsaufnahme und unserer geistigen Assimilation der Welt — hingewiesen habe, waren überrascht, daß Freud diesen Sachverhalt übersehen haben sollte. Im Vergleich zu der Tatsache, daß Freud die Folgen und Komplikationen der sexuellen Verdrängung entdeckt hat, ist dies nebensächlich. Nach der vollständigen Analyse einer Gruppe von Trieben mußte die Analyse anderer Gruppen früher oder später folgen. Das Material, das Freud zum Aufbau seiner Theorien zur Verfügung stand, war schlecht und fehlerhaft (z. B. die Assoziationspsychologie). Obwohl ich glaube, daß die Libidotheorie überholt ist, bin ich nicht blind gegenüber der Tatsache, daß sie der wichtigste Schritt in der Entwicklung der Psychopathologie war; hätte Freud sich nicht auf sie konzentriert, wäre die Psychoanalyse vielleicht nie entstanden.

Viele Leute haben — in der Erwartung, durch das Studium der objektiven und der subjektiven Welt des Menschen eine Integration ihrer Weltanschauung zu erlangen — versucht, das Gebäude ihrer Philosophie auf zwei Säulen zu stellen, den Marxismus und den Freudianismus. Sie haben versucht, zwischen den beiden Systemen Brücken zu bauen, haben dabei aber übersehen, daß die wirtschaftlichen Komplikationen, mit denen Marx sich beschäftigte, aus dem Selbsterhaltungstrieb hervorgegangen waren. Marx erkannte zwar durchaus das grundlegende Bedürfnis des Menschen nach Nahrung, Kleidung und Unterkunft, verfolgte aber die Konsequenzen, die sich aus dem Hungertrieb ergaben, nicht in gleicher Weise, wie Freud es bei den Sexualtrieben tat — sein Forschungsgebiet war hauptsächlich das der sozialen Beziehungen und nur selten das Individuum.

In der kommunistischen und sozialistischen Literatur ist nur wenig über die sexuellen Bedürfnisse und Probleme des Menschen gesagt worden — über den Trieb zur Arterhaltung —, im Vergleich zu dem, was über das Ernährungsproblem — Hunger, Selbsterhaltung oder Reproduktion der Arbeitskraft — geschrieben wird. Freud hat den Hungertrieb sexualisiert, während der Kommunismus eine Periode durchlaufen hat, in der sexuelle Probleme so betrachtet wurden, »als ob« sie zur Sphäre des Hungers gehörten (Theorie vom Glas Wasser), genau wie viele Leute in unserer Kultur von sexuellem Appetit sprechen und so Sexualtrieb und Hungertrieb durcheinanderbringen.

Die Psychoanalyse des Marxismus hat so wenig Einfluß auf wirtschaftliche Probleme, wie die marxistische Behauptung, die Psychoanalyse sei ein Produkt des bourgeoisen Idealismus, den Wert der Entdeckungen Freuds herabzusetzen vermag. Wenn man erklärt, der Kastrationskomplex sei der Mechanismus, mit dessen Hilfe die unterdrückten Klassen niedergehalten würden — wie Reich es tut —, so ist dies ebenso willkürlich wie die Annahme, Neurosen würden in einer klassenlosen Gesellschaft automatisch verschwinden.

Marx war in gewisser Weise ein Vorläufer Freuds: »Marx entdeckte die einfache Tatsache (die bisher unter ideologischen Überwucherungen verborgen war), daß die Menschen vor allem Essen, Trinken, Kleidung und Unterkunft brauchen, bevor sie sich für Politik, Wissenschaft, Kunst, Religion und dergleichen interessieren können. Daraus folgt, daß die Produktion des unmittelbar erforderlichen Materials die Existenz bedeutet, und damit die gegenwärtige Phase einer Nation oder einer Epoche, daß sie die Grundlage darstellt, auf der die staatlichen Institutionen, die Rechtsauffassung, die künstlerischen und sogar die religiösen Ideen aufgebaut werden. Daraus folgt, daß diese letzeren aus den ersteren zu erklären sind, während die ersteren gewöhnlich als etwas erklärt worden sind, das aus den letzteren hervorgeht.« (F. Engels)

Dies ist die gemeinsame Basis von Freud und Marx: Die Bedürfnisse des Menschen (für Freud die Triebe der Arterhaltung und für Marx die Selbsterhaltungstriebe) sind primär; der intellektuelle Überbau wird bestimmt durch die biologische Struktur und durch das Bedürfnis nach Befriedigung dieser beiden Gruppen von Trieben.

Wenn man auch weiß, daß einige Kriege (wie der Trojanische Krieg) aus libidinösen Gründen entstanden sind, sind doch die meisten Kämpfe um Jagdgründe und andere Mittel, das Volk oder, wie in der heutigen Zeit, um Industrien zu ernähren oder die unersättliche Gier krankhafter Eroberer zu befriedigen.

Freuds Einstellung zum Kommunismus war feindselig — zumindest während einer gewissen Periode seines Lebens. In der russischen Revolution sah er vor allem Zerstörung. Er hatte eine gefühlsmäßige Abneigung gegen Zerstörung, wie man an seiner eigentümlichen Theorie über den Tod ebenso sehen kann wie an seinen archäologischen Interessen. Die Vergangenheit darf für Freud nicht vergangen sein; sie muß geborgen und wieder zum Leben gebracht werden. Diese Abneigung gegen die Zerstörung hat sich vor allem in seiner Einstellung zur Introjektion manifestiert.

Freud hat gewiß in bezug auf die Introjektion höchst wertvolle Entdeckungen gemacht, wie im Fall der Melancholie, in der er einen erfolglosen Versuch sah, ein introjiziertes Liebesobjekt zu zerstören. Er behauptete jedoch wie Abraham, die Introjektion sei an sich ein normaler Vorgang. Beide übersahen den Umstand, daß *Introjektion bedeutet, die Struktur von Dingen zu erhalten, die man in sich aufgenommen hat, während der Organismus ihre Zerstörung fordert.* Partielle Introjektion wird von der Psychoanalyse als ein Teil des normalen psychischen Stoffwechsels aufgefaßt, während ich diese Theorie von Grund auf für falsch halte: Hier wird ein pathologischer Prozeß irrtümlich für einen gesunden gehalten. Die Introjektion ist — abgesehen von ihrem Auftreten bei der Melancholie, der Gewissensbildung usw. — Teil eines *paranoischen Pseudostoffwechsels,* und sie läuft in jedem Fall den Erfordernissen der Persönlichkeit zuwider.

Betrachten wir das Beispiel der Ichbildung. Nach Freud wird das normale Ich durch eine Reihe von Identifizierungen aufgebaut. In auffallendem Gegensatz dazu befaßt sich Helene Deutsch mit der *pathologischen* Natur der Ichidentifikationen; sie ist sogar der Ansicht, daß diese Identifikationen sich in so krankhaftem Maß häufen können, daß es unmöglich ist, die »Als-Ob-Persönlichkeiten«, die sich auf diese Weise entwickeln, (die rasch, aber oberflächlich jede in einer Situation erforderliche Rolle annehmen) mit Erfolg zu behandeln. Ich habe jedoch Beweise dafür, daß man die »Als-Ob-Persönlichkeit« analysieren kann, vorausgesetzt, man nähert sich dem Problem nicht von der Libidotheorie her, sondern unter dem Gesichtspunkt der geistigen Assimilation.

Das In-sich-Aufnehmen der Welt zeigt drei verschiedene Phasen: *totale Introjektion, partielle Introjektion* und *Assimilation,* die den Phasen des Säuglings, des »Beißlings« und des »Kaulings« entsprechen (dem prädentalen, dem inzisorischen und dem molaren Stadium). Die Beziehungen zwischen dem angreifenden Subjekt und dem angegriffenen Objekt sind im Fall der Abb. I bis III einfach.

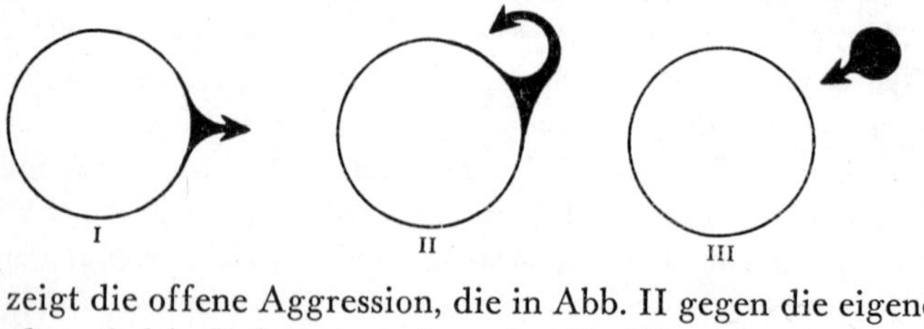

I II III

Abb. I zeigt die offene Aggression, die in Abb. II gegen die eigene Person gekehrt wird (z. B. Selbstzerstörung). Abb. III zeigt, wie die Aggres-

sion projiziert wird: Aggressor und Opfer haben scheinbar die Plätze gewechselt; der Aggressor empfindet Angst an Stelle des Wunsches, anzugreifen.
Komplikationen entstehen, sobald wir die *totale Introjektion* berücksichtigen.

Totale Introjektion

Für einen Angehörigen der prädentalen Gruppe — der sich verhält, »als habe er keine Zähne « — bleibt die introjizierte Person oder das introjizierte Material intakt, isoliert als Fremdkörper im Organismus. Das Objekt ist ganz verschlungen worden. Es ist dem Kontakt mit den aggressiven Zähnen entgangen, wie wir es am Beispiel des Abendmahls gezeigt haben. Das Vorstellungsbild wird mehr oder weniger *in toto* einverleibt.

IV V VI

a) *Bei der Melancholie* (Abb. IV) *wird der Angriffsimpuls gegen das introjizierte Objekt gekehrt.* Er wird von der realen Nahrung zurückgelenkt (Faulheit im Gebrauch der Kiefermuskeln; häufig Hypotonus der Gesichtsmuskeln).
b) Im Fall einens strengen *Gewissens* (Abb. V) wird die Aggression *auf ein introjiziertes Subjekt projiziert,* das als Gewissen dann jene Teile der Persönlichkeit angreift, die es mißbilligt; diese Angriffe gehen von leichten Gewissensbissen bis zur grausamsten Bestrafung. Das »Ich« antwortet mit Reue und Schuldgefühlen. Das deutsche Wort *Gewissensbiß* drückt den oralen Ursprung des Gewissens ebenso aus wie das englische *remorse* (= Akt des Wiederbeißens).
c) *Bei der »Als-ob-Persönlichkeit* (Abb. VI) *werden Aggression oder Liebe auf eine Person projiziert, die danach introjiziert wird.* Dadurch vermeidet die »Als-ob-Persönlichkeit« die Furcht vor Angriffen und erhält sich das Wohlwollen ihrer Umgebung. Die an diesem Vorgang beteiligte Dynamik ist so kompliziert, daß wir sie in diesem Zusammenhang nicht behandeln können.
In den zuletzt erwähnten drei Fällen wird das »Introjekt« nicht aufge-

löst. Die Folge ist eine zeitweilige oder dauernde Fixierung; da die Zerstörung vermieden wird und eine Assimilierung nicht stattfindet, bleibt die Situation notwendigerweise unvollständig.

Partielle Introjektion

Die partielle Introjektion entspricht dem Stadium des »Beißlings« und wird von Freud als normal angesehen. Hierbei werden nur Teile einer Persönlichkeit introjiziert. Ein Mensch, der seinen Freund um dessen Oxford-Akzent beneidet, wird möglicherweise den Akzent nachahmen, nicht jedoch den ganzen Menschen. Es ist paradox, darin ein Zeichen einer gesunden Ichentwicklung zu sehen. In dem Oxford-Akzent drückt sich vielleicht keineswegs das Selbst des Freundes aus. Ein aus Substanzen, aus Introjektionen aufgebautes »Ich« ist ein Konglomerat — ein Fremdkörper in der Persönlichkeit —, ebenso wie das Gewissen oder das verlorene Objekt bei der Melancholie. In jedem Fall finden wir fremdes, unassimiliertes Material im Organismus des Patienten.

Assimilation

Die Psychoanalyse schenkt der Differenzierung des dentalen Stadiums keine Aufmerksamkeit und verfolgt deshalb nicht die gesamte Entwicklung von den Phasen der totalen und der partiellen Introjektion bis hin zur Phase der Assimilation. Anstatt diesem sehr wichtigen Zug der Lebewesen Aufmerksamkeit zu schenken (Skotom), wendet sich die psychoanalytische Theorie dem After zu. Van Ophnijsen hat als erster erkannt, daß die analsadistische Phase ihren Ursprung in der oralen Aggression hat, genau wie Freud erkannte, daß der After viele seiner Funktionen vom Mund lernt. Der Mund hört jedoch mit dem Beginn dessen, was Freud die anale Stufe nennt, weder auf zu funktionieren, noch, sich zu entwickeln. Die Quelle der Aggression ist weder die anale Zone noch irgendein Todestrieb. Die Annahme, die orale Aggression sei eine bloß vorübergehende Phase in der Entwicklung des Individuums, käme der Behauptung gleich, bei Erwachsenen gäbe es keine dentale Aggression.
Jede Introjektion, sei sie total oder partiell, muß die Mühle der zermahlenden Molaren passieren, wenn sie nicht ein Fremdkörper werden oder bleiben soll — ein störender isolierter Faktor in unserem System. Das »Ich« z. B. sollte, wie ich später zeigen möchte, nicht ein Konglomerat von Introjektionen sein, sondern eine *Funktion,* und um zu einem

angemessenen Funktionieren der Persönlichkeit zu gelangen, muß man ein solches substantielles Ich auflösen, analysieren und seine Kräfte neu ordnen und assimilieren, ähnlich wie Reich die in den Muskelpanzer investierten Kräfte einem besseren Gebrauch zuführt.

Notaktionen wie Erbrechen oder ein durchfallartiges Ausscheiden unverdauter Brocken fördern die Entwicklung der Persönlichkeit nicht. Das psychoanalytische Äquivalent zu diesem Vorgang, die Katharsis, hat man aufgegeben, da man erkannte, daß der Erfolg einer Katharsis ebenso kurzlebig war wie die introjektive Hypnose-Behandlung[1]. Einer meiner schwierigsten Fälle war ein älterer Mann, der an einer Magen-Neurose und an Eifersuchtswahn litt. Er war gern bereit, alles offen zu bekennen, was ihm widerfahren war. Er sammelte und produzierte alle Arten von pathologischem Material und fühlte sich ungeheuer erleichtert, wenn er einfach all seine Schwierigkeiten beichten und ausspucken konnte. Aber als ich ihm Einhalt gebot und ihn »wiederkäuen« ließ, wurde er halsstarrig. Seine Heilung machte nur langsame Fortschritte, und diese waren abhängig von der Aggressionsmenge, die wir freisetzen und in seine »Kaufähigkeit« investieren konnten. Gleichzeitig nahm, wie zu erwarten, seine Dummheit ab, die unermeßlich gewesen war.

Wenn die Aussage Freuds, der Neurotiker leide an Erinnerungen, nicht im Sinne einer Erklärung der Neurose verstanden wird, sondern als Hinweis auf ein Symptom, erkennen wir den großen (wenn auch begrenzten) therapeutischen Wert der klassischen Analyse. Aber wenn wir versuchen, den Augiasstall — das unverdaute Zeug, das wir aus der Vergangenheit mit uns herumtragen, all die unvollendeten Situationen und ungelösten Probleme, all den Groll und die unbezahlten Schulden und Forderungen, die nicht materialisierten Vergeltungen (Rache und Dank) — Stück für Stück auszumisten, ist es eine herkulische Aufgabe. Sie wird jedoch sehr vereinfacht, wenn wir, anstatt alles einzeln anzupacken, die volle organismische Assimilation ein für allemal wiederherstellen. Das ist nur möglich, wenn wir den geistig-seelischen Stoffwechsel berücksichtigen und das psychische Material in gleicher Weise betrachten wie die leibliche Nahrung. Wir dürfen uns nicht damit zufrieden geben, unbewußtes Material bewußt zu machen, unbewußtes Material »heraufzuholen«. Wir müssen darauf bestehen, daß es von neuem »durchgekaut« und so für die Assimilierung vorbereitet wird.

Wenn dies schon für die partielle Introjektion gilt, wieviel mehr gilt es

---

[1] Die vielversprechenden Merkmale der Narkose-Analyse dürfen uns nicht täuschen. Sie ist eine rein symptomatische Behandlung und kann keine bleibenden Veränderungen der Persönlichkeit bewirken.

dann für die totale Introjektion oder totale Hemmung der dentalen Aggression. Der destruktive Gebrauch der Zähne ist bei der Melancholie (und in anderen Fällen totaler Introjektion) so gehemmt, daß die ungenutzte Aggression sich in Selbstzerstörung des Individuums verwandelt. Der Kontakt mit dem introjizierten Material ist gewöhnlich ohnmächtig aggressiv und manifestiert sich in Form von Gehässigkeit, Murren, Nörgeln, Sorgen, Klagen und Gereiztheit, »negativer Übertragung« oder Feindseligkeit. Dies entspricht genau dem ungenutzten Potential der Zerstörung der Nahrung durch das Kauen. Es ist die verzerrte Anwendung des ♯ im psychischen Stoffwechsel.

Melancholie tritt meistens als eine Phase im Verlauf des manisch-depressiven Zyklus auf. In der manischen Phase wird die unsublimierte, aber dental gehemmte Aggression nicht wie in der Melancholie gegen das Selbst zurückgewendet, sondern in all ihrer Gier und in höchst gewalttätigen Ausbrüchen gegen die Welt gerichtet. Ein häufiges Symptom beim zyklothymen Typus ist die Trunksucht, die einerseits ein Festhalten am »Fläschchen« ist, andererseits ein Mittel zur Selbstzerstörung.

Durch die Behandlung wird das introjizierte Material — indem es aufgespalten wird — differenziert in assimilierbares Material, das zur Entwicklung der Persönlichkeit beiträgt, und in einen emotionalen Überschuß, der abgeführt oder sinnvoll eingesetzt werden muß. In psychoanalytischer Ausdrucksweise: Erinnern ist nur dann von therapeutischem Wert, wenn es von Emotionen begleitet ist.

Ein gesteigerter geistig-seelischer Stoffwechsel ist begleitet von Hyperacidität, vermehrter Darmtätigkeit und Erregung, die zu Angst werden kann, wenn die Sauerstoffversorgung beeinträchtigt ist. Ein herabgesetzter Stoffwechsel ist gekennzeichnet durch Depression, mangelhaften Fluß der Verdauungssäfte, trockenen Mund, Hypoacidität und trockene aspastische Verstopfung.

Das Phänomen der Introjektion ist eine vergleichsweise neue wissenschaftliche Entdeckung, aber die Volkskunde zeigt, daß es schon jahrhundertelang wohlbekannt war. Die Gestalten im Märchen haben oft eine mehr oder weniger festgelegte symbolische Bedeutung. Die Feen stehen für die gute Mutter, die Hexe oder Stiefmutter für die böse. Der Löwe bedeutet Macht, und der Fuchs vertritt die List. Der Wolf ist ein Symbol für Gier und Introjektion. Im Märchen von Rotkäppchen introjiziert der Wolf die Großmutter, er kopiert sie und verhält sich »als ob« er sie wäre, aber sein wirkliches Selbst wird durch die kleine Heldin bald entlarvt.

Im Märchen vom Wolf und den sieben Geißlein verschlingt der Wolf

die sieben Geißlein; sie werden gerettet und durch »Wackersteine« ersetzt — ein wirklich gutes Symbol für die Unverdaulichkeit des Introjekts.
In beiden Märchen werden die introjizierten Objekte zwar verschlungen, aber nicht assimiliert; sie bleiben lebendig und intakt. Oder hat die Libidotheorie recht — war der Wolf gar nicht hungrig, sondern in die Großmutter verliebt?

6

Der »Schnuller«-Komplex

Vielleicht der interessanteste aller oralen Widerstände ist die »Schnuller«-Haltung. Wir wissen noch nicht sehr viel über sie, aber es sind genügend Beobachtungen vorhanden, die eine Veröffentlichung rechtfertigen. Die Entdeckung des Schnullerkomplexes hat in eine Reihe unklarer Analysen Licht gebracht, und ich hoffe, daß sie, sobald sie von anderen Analytikern nachgeprüft worden ist, weitere Beiträge zum Verständnis bestimmter Neurosen leisten wird, hauptsächlich in der Frage der Fixierungen.

Um die Schnullerhaltung zu verstehen, müssen wir noch einmal zum Säugling zurückkehren und zu seinen Schwierigkeiten, die Stufe des Beißlings zu erreichen. Die Haupttätigkeit des Säuglings beschränkt sich auf den »Anklammerungsbiß«, der kein »Durchbeißen« ist, kein Abbeißen eines Teils der Brust, der aber eine *Konfluenz* zwischen Mutter und Kind herstellt. So bietet nur der Anfang des Stillvorgangs eine bewußte Schwierigkeit; sobald das Baby aus seinem Mund eine Vakuumpumpe gemacht hat und die Milch zu fließen beginnt, ist von seiner Seite keine weitere Anstrengung nötig. Die Saugbewegungen sind subkortikal, automatisch, und während des Trinkens schläft das Kind allmählich ein. Erst einige Wochen nach der Geburt kann man im Zusammenhang mit dem Fütterungsvorgang weitere bewußte Tätigkeiten — wie das bewußte Ausstoßen der Brustwarze aus dem Mund oder bewußte Saugbewegungen — beobachten.

Ein Konflikt kann entstehen, wenn das Kind Zähne bekommt. Wenn die Milch nicht mehr ausreichend fließt, wird das Kind herausgefordert, alle ihm zur Verfügung stehenden Mittel aufzubieten, um Befriedigung zu erlangen, was auch den Gebrauch des härter gewordenen Kiefers und den Versuch zu beißen einschließt. Jede Frustrierung in diesem Stadium, jeder Entzug der Brust ohne sofortiges Angebot einer festeren Nahrung führt zu dentaler Hemmung. Das Kind bekommt den Eindruck, daß sein Gleichgewicht durch seine Beißversuche nicht wiederhergestellt, sondern vielmehr weiter gestört wird, daß es sich dem milchgebenden Objekt also nicht auf andere Weise annähern darf als zuvor. *Die Differenzierung in die Brust, die man intakt lassen muß, und feste Nahrung, die man beißen und kauen und zerstören muß, findet nicht statt.*

Diese frühe dentale Hemmung führt zur Entwicklung von zwei deut-

lich unterscheidbaren Charakterzügen: einer Anklammerungshaltung (Fixierung) einerseits und der »Schnuller«-Haltung andererseits.
Menschen mit diesen Eigenschaften klammern sich an einen Menschen oder an ein Ding und erwarten, daß diese Haltung genügt, um »die Milch von selbst fließen« zu lassen. Sie strengen sich vielleicht sehr an, um etwas oder jemand zu fassen zu bekommen, aber sie lassen in ihren Bemühungen nach, sobald sie dies erreicht haben. Sie versuchen, jede Beziehung in der allerersten Kontaktphase festzuhalten; so können sie Hunderte von Bekannten haben, aber keine Bekanntschaft entwickelt sich zu einer wirklichen Freundschaft. In ihrer sexuellen Beziehung kommt es ihnen nur auf die Eroberung des Partners an; eine dauerhafte Beziehung jedoch wird rasch uninteressant für sie, so daß sie gleichgültig werden. Zwischen der Haltung solcher Leute vor und nach der Heirat besteht eine auffallende Diskrepanz. Ein Sprichwort sagt: »Frauen können Netze machen, aber keine Käfige.«
Die Einstellung solcher Menschen zum Lernen und Arbeiten krankt an ähnlichen Schwierigkeiten. Sie wissen von allem etwas, aber sie können sich nichts aneignen, was mit einer gewissen Anstrengung verbunden ist. Ihre Arbeit ist ziemlich unschöpferisch und mechanisch (automatisch); sie beschränkt sich hauptsächlich auf Routine. Kurz, ihr Ziel ist immer noch — wie das eines Babys — der erfolgreiche »Anklammerungsbiß«, der das Gleichgewicht wiederherstellt und die Notwendigkeit weiterer Anstrengung (des Beißens) überflüssig macht.
Aber im Erwachsenenleben ist die Anklammerungshaltung nur sehr selten einmal wirklich erfolgreich. In den meisten Situationen muß man einen richtigen Kontakt herstellen — man muß die Dinge anpacken, sich an etwas »die Zähne ausbeißen«, man muß z. B. sein Interesse und seine Tätigkeit eine Zeitlang durchhalten, um einen Nutzen für die eigene Persönlichkeit daraus zu ziehen.
Wie werden die Menschen mit dem Versagen des »Anklammerungsbisses« fertig? Wie kommen sie um die Notwendigkeit zu beißen herum? Wie können sie die überschüssige Aggressiviät loswerden, die aus der Unzufriedenheit mit der Anklammerungsbeziehung entstehen muß (Ressentiment), ohne Gefahr zu laufen, Veränderung und Zerstörung (wie sie es empfinden) herbeizuführen?
Wenn jemand auf die infantile Anklammerungshaltung fixiert ist, dürfen wir erwarten, daß die Mittel, durch die diese Haltung aufrechterhalten wird, ebenso infantil sind. Das frustrierte und unzufriedene Kleinkind sucht einen Ersatz — manchmal wird ihm auch einer gegeben —, etwas Unzerstörbares, auf dem man herumbeißen kann, ohne daß dies böse Folgen hat. Der »Schnuller« ermöglicht die Abfuhr einer

gewissen Menge von Aggressivität, davon abgesehen jedoch, ruft er im Kind keine Veränderung hervor, d. h. er ernährt es nicht. Der Schnuller stellt ein ernsthaftes Hindernis in der Persönlichkeitsentwicklung dar, weil er die Aggressivität nicht wirklich befriedigt, sondern sie von ihrem biologischen Ziel, nämlich der Befriedigung des Hungers, sowie von der Wiederherstellung der Ganzheit des Individuums ablenkt.
Alles, was das Baby zu fassen bekommt, kann als »Schnuller« benützt werden — das Kissen, der Teddybär, der Schwanz der Katze (wie bei Mrs. Minniver) oder sein eigener Daumen. Später im Leben kann jedes Objekt zum »Ersatz« werden, wenn es nur mit dem Anklammerungsbiß ergriffen werden kann. In solchen Augenblicken hat das Individuum tödliche Angst, der Ersatz könnte sich in das »Eigentliche« verwandeln (die Brust) und der Anklammerungsbiß könnte zu einem »ersten Zubeißen« werden. Es fürchtet, das Fixierungsobjekt könnte zerstört werden. Dieses Objekt kann eine Person, ein Prinzip, eine wissenschaftliche Theorie oder ein Fetisch sein. Zur Zeit dieser Niederschrift haben die Briten großen Kummer auszustehen, weil sie den Gedanken aufgeben mußten, das Schlachtschiff sei von unschätzbarem Wert. Es war für sie zu einem Fetisch geworden, tatsächlich ist es jedoch eine sehr teure Last, »das nur zum Versenken taugt«, wie ein hervorragender Politiker gesagt hat.
Parlamentarische Diskussionen werden oft zum Ersatz, zur Attrappe. Anstatt eine entscheidende Handlung vorzubereiten, werden die Dinge zu Tode geredet oder zum Stillstand gebracht, indem sie von einem Ausschuß an einen Unterausschuß und von dort an den nächsten Unterausschuß weitergegeben werden. Dies führt an Stelle von Fortschritt und Integration zum Stillstand, einem Zustand, der meistens durch eine konservative Tendenz gerechtfertigt wird, durch den Wunsch, alles unverändert und intakt zu erhalten. Das gegenwärtige System darf unter keinen Umständen zerstört werden; der Fetisch, die Attrappe, muß bewahrt werden.
Die Attrappe als Objekt, das ganz und unzerstört bleibt, stellt eine vorzügliche Leinwand für die holistische Tendenz des Individuums dar. Je stärker die holistischen Funktionen projiziert werden, desto mehr gehen sie für den Aufbau der Persönlichkeit verloren, desto größer wird die Desintegration und desto ausgeprägter die Gefahr, daß sich eine Schizophrenie entwickelt. Solange die Attrappe jedoch ein reales Objekt ist, dient sie einem sehr nützlichen Zweck; sie hindert das Individuum am Abgleiten in eine echte Paranoia (eine extensive Projektion der Aggression), indem sie ihm eine reale, wenn auch unproduktive Beschäftigung verschafft.

Aber alle Versuche derartiger Typen — z. B. des Zwangscharakters —, die Dinge in ihrem ursprünglichen Zustand zu erhalten, sind zum Scheitern verdammt. Der Mangel an Veränderung, d. h. die Nichtanwendung der Aggressivität im Dienst des individuellen Holismus, führt zur Desintegration der Persönlichkeit, läuft also ihren eigenen Zielen zuwider. Nur wenn die destruktive Tendenz gegenüber der Nahrung und anderen Dingen, die ein Hindernis für die Ganzheit des Individuums darstellen, wiederhergestellt wird, indem die Aggression wieder in ihr Recht eingesetzt wird, findet eine Reintegration der zwanghaften und sogar der paranoiden Persönlichkeit statt.
Es gibt kaum etwas, was nicht als Attrappe dienen kann, solange es nur Veränderungen in der Realität vermeiden hilft. Nehmen wir z. B. die Zwangsgedanken, die stundenlang andauern und den Patienten beschäftigen können, ohne zu einer Entscheidung oder Schlußfolgerung zu führen (chronisches Zweifeln). Denken wir an den sexuellen Fetischismus, z. B. die Fixierung eines Mannes auf Mädchenschlüpfer oder Schuhe als Schutz gegen den realen sexuellen Kontakt. Denken wir an den Tagträumer, der seine Phantasien der Wirklichkeit vorzieht. Denken wir weiter an jene Patienten, die jahrelang zum Psychoanalytiker gehen und sich einbilden, das bloße Einhalten der Stunden sei ein ausreichender Beweis für ihre Absicht, ihre Einstellung zum Leben zu ändern. In Wirklichkeit haben sie nur eine Attrappe gegen eine andere vertauscht, und sobald der Analytiker irgendeinen wichtigen Komplex berührt, gelingt es ihnen im allgemeinen zu vermeiden, daß sie sich beeindrucken lassen, indem sie sich selber zur Attrappe machen.
Ein extremes Beispiel dieser Art lieferte ein Patient, der immer dann, wenn er sich in seinem Leben einer Schwierigkeit gegenübergestellt sah, völlig hölzern wurde. Er fühlte sich wie eine Puppe, und all seine Beschwerden, all seine Interessen waren auf seine Attrappe, seine eigene mumifizierte Persönlichkeit konzentriert. Ein anderer Patient hatte in jeder schwierigen Situation die Zwangsvorstellung, er werde von Messern durchbohrt, die ihm weder Schmerz verursachten noch Blut fließen ließen. In seiner Phantasie wurde er zur perfekten Attrappe, die durch keine noch so große Aggression zerstört werden konnte. Andere Patienten fühlen sich einfach nur schläfrig oder betäubt, wenn sie in irgendeiner Situation die »Gefahr« einer Provokation erkennen.
Die klassische psychoanalytische Situation, in der der Patient kaum merkt, daß der Analytiker zugegen ist, ist besonders gut als Attrappen-Situation geeignet. Hier wird der Patient tatsächlich ermutigt, die analytische Situation nicht als »reale« Situation und den Analytiker nicht als »reale« Person anzusehen; die ganze Beziehung zwischen dem Pa-

tienten und dem Analytiker wird auf diese Weise »unreal«, d. h. etwas, das an sich keine Bedeutung und keine Folgen hat. Jede Gemütsbewegung und jede Reaktion wird als »Übertragungsphänomen« gedeutet, d. h. als etwas, das nicht unmittelbar mit der aktuellen Situation zu tun hat. So stellt sich die analytische Situation als die perfekte Attrappe dar, nach der alle zwanghaften und paranoiden Charaktere suchen. Das erklärt die Fixierung jener Patienten an die Analyse, die jahrelang endlos weitergehen kann, obwohl keine Erfolge eintreten — oder vielleicht gerade deswegen.

7

Das Ich als Funktion des Organismus

Wenn wir versuchen, die Folgerungen aus den vorhergehenden Kapiteln in die Praxis umzusetzen, begegnen wir einem scheinbaren Widerspruch: Die Aussage, das gesunde Ich sei substanzlos, scheint unvereinbar mit meiner Forderung, der Analytiker solle sich lieber mit dem Ich befassen als mit dem Unbewußten. Dieser Widerspruch wird beseitigt, wenn wir die Forderung folgendermaßen formulieren: Der Analytiker soll sich lieber der Ichfunktionen bedienen, als an das Unbewußte appellieren.
Die Funktion der Lunge besteht hauptsächlich im Austausch von Gasen und Dampf zwischen Organismus und Umwelt. Die Lunge, die Gase und der Dampf sind konkret, die Funktion ist abstrakt — aber real. Das Ich ist, so behaupte ich, in ähnlicher Weise eine Funktion des Organismus. Es ist kein konkreter Teil des Organismus, sondern es ist vielmehr eine Funktion, die z. B. im Schlaf und im Koma erlischt und für die weder im Gehirn noch in irgendeinem anderen Teil des Organismus ein physikalisches Äquivalent zu finden ist.
In der psychoanalytischen Theorie wird die Auffassung vom Ich als einer Substanz ziemlich allgemein akzeptiert. Um einen Fall anzuführen: Sterba interpretiert die psychoanalytische Kur als ein Aufbauen isolierter Ich-Inseln, die sich im Lauf der Zeit zu einer soliden, zuverlässigen Einheit verfestigen.
Ein anderer Analytiker, Federn, nimmt gleichermaßen eine Substantialität des Ichs an. Für ihn besteht das Ich aus jenem geheimnisvollen Material, das man Libido nennt. Abgesehen davon, daß sie zur Besetzung von Vorstellungen und erogenen Zonen fähig ist, daß sie vielen Tätigkeiten die Energie liefert und die Objekttriebe vertritt, wird der Libido nun die Fähigkeit zugeschrieben, sich auszudehnen und zusammenzuziehen. Zugleich wird das dualistische Konzept von den libidinösen Objekttrieben im Gegensatz zu den Ichtrieben bequemerweise vergessen. Trotz der theoretischen Verwirrung hat die Beobachtung Federns jedoch einen brauchbaren Kern: den Umstand, daß sein libidinöses Ich veränderliche Grenzen hat. Sobald wir die Libidotheorie abschaffen, werden wir sehen, daß das Konzept von den Ichgrenzen uns beim Verständnis des Ichs sehr helfen wird.
Zwei Aussagen Freuds machen die Verwirrung noch größer:

a) das Ich differenziert sich aus dem Unbewußten heraus;
b) das Unbewußte enthält verdrängte Wünsche.

Wenn ein Wunsch verdrängt worden ist, muß er stark genug gewesen sein, um Ichqualität zu haben (»Ich« will . . .). Der Widerspruch verschwindet jedoch, sobald wir erkennen, daß wir zwei Arten von Unbewußtem haben: das biologische Unbewußte (im Sinne des Philosophen Hartmann) und das psychoanalytische Unbewußte, das aus ehemals bewußten Elementen besteht. Wir können also schließen: Das Ich wird aus dem biologischen Unbewußten heraus differenziert; in der Folge jedoch sind bestimmte Ichaspekte verdrängt worden und bilden nun das psychoanalytische »Unbewußte«. Für den Beobachter bleibt die Ichqualität des letzteren offenkundig, aber nicht für den Patienten. Wenn z. B. ein Zwangsneurotiker sagt: »Ich hab so ein unbestimmtes Gefühl im Hinterkopf, daß ich vielleicht einen Impuls erleben könnte, durch den meinem Vater ein Schaden zustoßen könnte, den ich wegen seiner unangenehmen Gewohnheiten gründlich verabscheue!« meint er ursprünglich: »Ich würde das Schwein gern umbringen!«

Freud sagt ferner über das Ich, es beherrsche die Motilität. Diese Aussage weist darauf hin, daß das Ich nicht mit der Persönlichkeit als ganzer identisch ist. Wenn »ich« die Motorik beherrsche, muß »ich« anders oder gesondert von ihr sein; ein General, der eine Armee befehligt, ist Teil dieser Armee, aber zugleich von ihr abgesondert.

Wenn ich jedoch sage: »Ich reise in die Stadt Soundso«, steht das Ich für die ganze Persönlichkeit. Eine verwirrende Zahl von Aussagen ohne ein zentrales Konzept. Um meine eigene Auffassung vom Ich zu demonstrieren, muß ich zunächst diese Verwirrung noch vergrößern, nicht, indem ich noch mehr theoretische Aussagen aufhäufe, sondern indem ich weitere praktische Aspekte des Ichs nenne.

Ich zähle eine Reihe von Ichaspekten in der Weise auf, daß jedem Aspekt sein Gegenteil als Hintergrund beigegeben ist, wie ich es zuvor mit dem Wort »Schauspieler« gemacht habe:

Das Ich ist	*im Gegensatz zu*
eine Funktion	einer Substanz
eine Kontaktfunktion	Konfluenz
eine Figur-Hintergrund-Bildung	Entpersönlichung und traumlosem Schlaf
schwer faßbar	stabil
eingreifend	organismischer Selbstregulierung
das Gewahrsein des Selbst	dem Gewahrsein eines anderen Objekts
die Instanz der Verantwortung	dem Es

das Grenzphänomen selbst	einem Objekt, das eine Grenze hat
spontan	pflichtschuldig aufmerksam
Diener und ausführende Gewalt des Organismus	Herr im eigenen Haus
im Ektoderm lokalisiert	Mesoderm und Endoderm
Identifizierung/Abgrenzung (Alienation)	dem Gefühl der Indifferenz

Wir können eine gewisse vorläufige Orientierung aus der psychoanalytischen Klassifizierung von *Es, Ich* und *Überich* oder *Ichideal* gewinnen, die die menschliche Persönlichkeit darstellen.

Freud verwendet die Ausdrücke Überich und Ichideal fast synonym, aber trotzdem können wir sie als *Gewissen* und *Ideale* unterscheiden und sie folgendermaßen charakterisieren:

Das Gewissen ist aggressiv und drückt sich hauptsächlich in Worten aus. Die Aggression richtet sich vom Gewissen aus auf das »Ich«, wobei die Spannung zwischen dem Gewissen und dem Ich als Schuldgefühl erlebt wird.

Ideale bestehen hauptsächlich in Bildern. Das beteiligte Gefühl ist Liebe, sie ist vom Ich aus auf das Ideal gerichtet; eine Spannung zwischen Ich und Ideal wird als Minderwertigkeit empfunden.

Das Es repräsentiert die Triebe, die sich in Empfindungen ausdrücken; die Spannung zwischen Ich und Es wird als Drang, Trieb, Wunsch usw. bezeichnet.

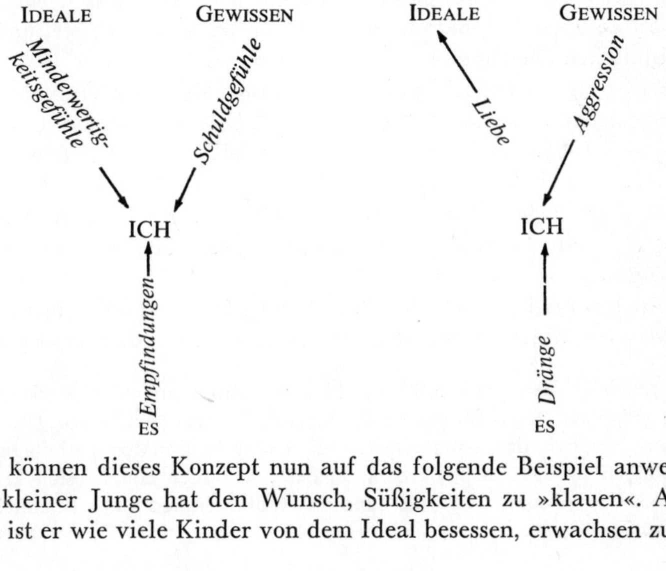

Wir können dieses Konzept nun auf das folgende Beispiel anwenden: Ein kleiner Junge hat den Wunsch, Süßigkeiten zu »klauen«. Außerdem ist er wie viele Kinder von dem Ideal besessen, erwachsen zu sein;

aber große Leute haben nach seiner Vorstellung kein Verlangen nach Süßigkeiten. Er glaubt also, er müsse seinen Appetit bekämpfen. Außerdem sagt ihm sein Gewissen, Stehlen sei eine Sünde. Hätte sein armes Ich diese drei Empfindungen gleichzeitig, wäre es zwischen drei Feuern gefangen. Er erlebt aber sein Ich nicht als *Substanz*. Das gesunde Kind denkt nicht: »Ich bin von einem Ideal besessen, der Hunger quält mich, und mein Gewissen verbietet mir, Süßigkeiten zu stehlen.« Es erlebt vielmehr folgendes: »*Ich* will erwachsen sein, *ich* bin hungrig, aber *ich* darf keine Süßigkeiten stehlen.«

Von einem objektiven Standpunkt aus wird sein bewußtes Erleben vom Gewissen, von Idealen und vom Es bestimmt, aber subjektiv ist es sich dessen kaum bewußt. Es erlangt diese subjektive Integration durch den Prozeß der Identifizierung — das Gefühl, daß etwas Teil seiner selbst oder daß es Teil von etwas anderem ist.

Ich stimme also mit Freud darin überein, daß das Ich in enger Beziehung zur Identifikation steht. Freud übersieht jedoch den einen fundamentalen Unterschied zwischen dem gesunden und dem kranken Ich. Bei der gesunden Persönlichkeit ist die Identifizierung eine Ichfunktion, während das kranke »Ich« aus Introjektionen (substantiellen Identifizierungen) aufgebaut ist, die die Handlungen und Gefühle der Persönlichkeit bestimmen und ihren Spielraum begrenzen. Überich und Ichideale enthalten stets eine Anzahl ständiger, teilweise unbewußter Identifikationen; aber das Ich wird krank, wenn seine Identifikationen Dauererscheinungen sind, anstatt gemäß den Erfordernissen verschiedener Situationen zu funktionieren und mit der Wiederherstellung des organismischen Gleichgewichts zu verschwinden [1].

Eine Schwierigkeit entsteht aus dem Terminus »Identifizierung« selbst, der verschiedene Aspekte hat; er kann z. B. bedeuten: jemanden nachahmen, sich auf jemandes Seite stellen, feststellen, daß zwei Dinge dasselbe sind, sich einfühlen oder Verständnis haben. Diese verschiedenen Aspekte des gleichen Wortes sind für zwei einander entgegengesetzte Theorien in der Psychoanalyse verantwortlich: die Theorien Freuds und Federns.

Die Ansicht Freuds, jedes Ich sei aus Identifikationen oder Introjekten aufgebaut (im Sinn der Nachahmung eines anderen, d. h. man verhält

---

[1] Ein Vergleich kann diesen Unterschied zumindest andeutungsweise klarmachen. Eine der Nierenfunktionen ist die Ausscheidung von Salzen. Die Salze passieren lediglich das Urogenitalsystem. Unter bestimmten pathologischen Bedingungen schlagen sich die Salze nieder und bilden einen festen Fremdkörper im Organismus, sie stören dann das Wohlbefinden und schließlich die Funktion der Nieren.

sich so, »als ob« man jemand anders wäre), gilt nur für Typen, die eine Art von Ich-Konglomerat entwickelt haben — eine fixierte Lebensanschauung oder einen starren oder künstlichen Charakter. Bei einem starren Charakter können wir beobachten, daß die Ichfunktionen fast völlig erloschen sind, da die Persönlichkeit auf bestimmte Gewohnheiten konditioniert ist und sich automatisch so oder so verhält. Freud hat diesen Umstand erkannt, als er sagte, die Analyse könne nur solange erfolgreich sein, wie der Charakter noch nicht versteinert sei. Die vollständige Identifikation (z. B. mit Konventionen) löst bei einem solchen Menschen starke Konflikte aus, sobald das Ich als Ausführungsorgan eines Triebes dienen (und sich mit ihm identifizieren) muß, den es gemäß seinen Prinzipien mißbilligt. Der Mensch wird vielleicht Hunger leiden, aber sich einen Laib Brot anzueignen, wäre ein so abscheuliches Verbrechen für ihn, daß er diesen Drang weit von sich weisen würde. Er würde lieber Hungers sterben als Gefahr zu laufen, ein paar Tage ins Gefängnis zu kommen.
In der Erziehung können so strenge Moralbegriffe zu schweren Mißverständnissen führen. Wenn der Hunger nach Kohlehydraten ein Kind veranlaßt, Süßigkeiten zu nehmen, wo es sie findet, werden die Eltern sich vielleicht (indem sie ihre Gesetzestreue auf das Kind projizieren) Sorgen um den »Verbrecher« machen, den sie in die Welt gesetzt haben.

b) Grenze

Da der Ausdruck »Identifizierung« gleichbedeutend mit Introjektion geworden ist, hat Federn (möglicherweise in der Erkenntnis, daß Introjektion nicht die einzige Form der Identifizierung ist, die es gibt) das Konzept vom Ich und seinen Grenzen geschaffen. Seine Theorie hilft

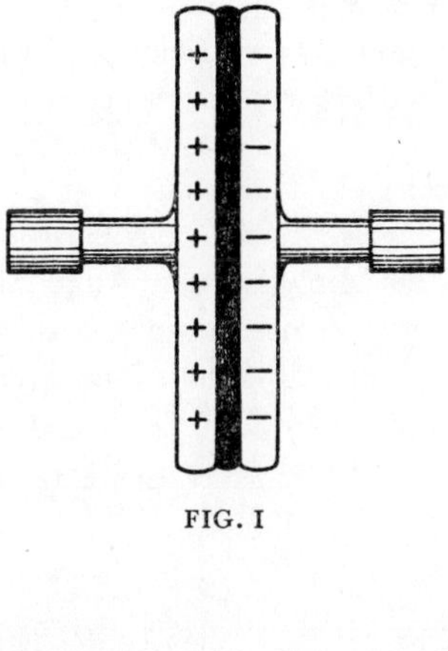

FIG. I

FIG. II

uns sehr beim Verstehen einiger Ichfunktionen, vorausgesetzt, wir beseitigen bestimmte Fehler, die ihm unterlaufen sind.
Eine physikalische Erscheinung kann uns dazu dienen, die Dialektik der Ichgrenzen zu demonstrieren:
Zwei Metallplatten, A und B, sind durch eine Isolierschicht getrennt. Wenn eine Kondensatorplatte mit positiver Elektrizität geladen wird, sammeln sich auf der gegenüberliegenden Platte negative Elektronen; wenn aber ein direkter Kontakt besteht, neutralisieren sich die positiven und die negativen Elektronen gegenseitig (Abb. 1). Ichgrenzen verhalten sich genauso. Wir müssen nur + und — durch ¶ und ♯ ersetzen, die in der psychoanalytischen Terminologie als Libido und Feindseligkeit erscheinen (Abb. 2)[2].
Federn nimmt an, das Ich sei eine libidinöse Substanz mit fortwährend wechselnden Grenzen. Damit meint er, daß wir uns mit allem identifizieren, was wir als vertraut oder uns zugehörig akzeptieren. Nach Federn kann unser Ich seine Grenzen in die Persönlichkeit zurückverlegen oder sie über die Persönlichkeit hinaus ausdehnen.
Besonders bei der Zwangsneurose hat das Ich eingeschränkte Funktionen: Ein Todeswunsch wird, wie bereits erwähnt, geleugnet; er wird nicht als zum Selbst gehörig anerkannt. Der Zwangscharakter weigert sich, sich mit solchen Gedanken zu identifizieren oder die Verantwortung für sie zu übernehmen, da Verantwortung und Schuld für ihn dasselbe sind. *Jede Hemmung und Verdrängung verengt die Ichgrenzen.*
Wir erweitern unsere Ichgrenzen, wenn wir uns mit *unserer* Familie, *unserer* Schule, *unserem* Fußballklub, *unserem* Land identifizieren. Eine Mutter mag ihr Kind verteidigen, »als ob« sie für sich selber kämpfte; wenn ein Fußballklub geringschätzig behandelt worden ist, wird jedes beliebige Mitglied sich dafür rächen, »als ob« es selber beleidigt worden wäre.
In all diesen Fällen bleibt das Identifizierungsobjekt außerhalb der Persönlichkeit. Es wird nicht introjiziert, und die Identifizierung ist fiktiv (»als ob«). Die Mutter ist nicht angegriffen worden, und niemand hatte das Klubmitglied selbst beleidigt.
Herr X. sieht ein Haus und sagt: »Ich sehe ein Haus«. Er sagt nicht: »Das visuelle System im Organismus des Herrn X. sieht ein Haus.« Er identifiziert sich mit diesem seinem System. Im nächsten Augenblick tritt das Haus vielleicht in den Hintergrund seines Bewußtseins, und er konzentriert sich vielleicht auf irgendwelche Stimmen. Nun identi-

---

[2] Fotografien von Elektronen zeigen, daß (+)-Elektronen ¶-Charakter und (—)-Elektronen ♯-Charakter haben.

fiziert er sich rasch mit seinem Gehör und mit seiner Neugier in bezug auf diese Stimmen. Er wird vielleicht sagen: »Ich höre *Stimmen*!« oder »*Ich* höre Stimmen«, womit er betont, daß er sich im Gegensatz zu anderen befindet, die vielleicht keinen Laut gehört haben.

Nehmen wir nun einmal an, er habe Stimmen gehört, es seien aber gar keine vorhanden gewesen. Wenn er sich mit dem Umstand identifiziert, daß er sich etwas eingebildet hat, und sagt, »Ich hab mir eingebildet, Stimmen zu hören«, funktioniert sein Ich richtig; aber wenn er sich mit dem Inhalt seiner Sinnestäuschung identifiziert, wenn ihm die Einsicht fehlt, daß er eine fiktive, eine »Als-Ob«-Identifikation hat, verhält er sich, »als ob« er Stimmen gehört hätte.

Die »Als-Ob«-Identifikation selbst ist nicht krankhaft; nur das Verwechseln einer fiktiven mit einer realen Identifikation gehört in diese Kategorie. Manchmal können sich die fiktiven Identifizierungen in solchem Maß häufen, daß wir von einem »Als-Ob«-Charakter sprechen (H. Deutsch). »Als-Ob«-Identifizierungen finden sich sowohl bei Introjektionen (das Kind, das Mutter spielt) als auch bei einer Erweiterung der Ichgrenzen.

Die entsprechende »Als-Ob«-*Verleugnung* (Alienation) findet sich bei Verdrängungen, Projektionen und bei ähnlichen Verengungen der Ichgrenzen. Obwohl der Patient sagt, diese oder jene Gedanken und Wünsche seien nicht die seinen, gehören sie tatsächlich zu seiner Persönlichkeit: Verleugnung durch Verdrängen und Projizieren ist letzten Endes immer erfolglos. Die Psychoanalyse erkennt diesen Umstand als »Wiederkehr des Verdrängten« an.

Bei der Funktion der Identifizierung/Verleugnung (Alienation) erkennen wir wieder das Wirken des Holismus. Wir sehen die Bildung von Ganzheiten — das Einssein von Mutter und Kind, die Integrierung einer Anzahl von Menschen in einen Klub. Je stärker sich die Mitglieder mit dem Klub identifizieren, desto fester ist seine Struktur, manchmal geht das sogar bis zu einer gewissen Versteinerung. Auch die Verengung der Ichgrenzen geschieht, um eine Ganzheit zu bewahren. Jene Teile der Persönlichkeit, die das akzeptierte Ganze scheinbar gefährden, werden geopfert. (»Und wenn dich dein Auge ärgert, so reiß es aus.«) Ein ähnlicher Gedanke liegt politischen »Säuberungsaktionen« zugrunde.

Die Theorie Federns zeigt einen deutlichen Fehler und eine Einseitigkeit. Der Fehler besteht darin, daß er das Ich als eine Substanz mit Grenzen ansieht, während nach meiner Ansicht nur die Grenzen, die Kontaktstellen, das Ich ausmachen. Nur wo und wenn das Selbst dem »Fremden« begegnet, beginnt das Ich zu funktionieren, zu existieren, die Grenze zwischen dem persönlichen und dem unpersönlichen »Feld« zu bestimmen. Federn ist darin einseitig, daß er nur die Integrationskraft der Libido sieht und das gleichzeitige Auftreten des ♯ vernachlässigt.

Die Mitglieder eines Fußballklubs haben die Tendenz, zu einer Einheit zu verschmelzen (¶). Die Mitglieder einer Sippe sind stärker aneinander gebunden (¶) als an die Mitglieder einer anderen Sippe. Ideologien einen jene, die an sie glauben (¶). In Zeiten der Gefahr, wenn die Sicherheit eines Landes bedroht ist, ist die Einigkeit seiner Bürger von äußerster Wichtigkeit für seine Verteidigung.

Ein gesunder Holismus erfordert wechselseitige Identifizierung. Der Klub, der sich nicht mit seinen Mitgliedern identifiziert — ihre Interessen vertritt und sie für ihre Hingabe entschädigt —, wird sich auflösen. Das ♯, das sich bei Kollektiven außerhalb ihrer Grenzen findet und addiert, kehrt zu den einzelnen zurück.

Federn betrachtet die Ichgrenze nicht von außen, wo sich das ♯ ansammelt. Genau wie die Akkumulation positiver Elektrizität auf der einen Kondensatorplatte von einer Akkumulation negativer Elektrizität auf der anderen Platte begleitet ist, so werden auch die integrierenden Kräfte innerhalb der Ichgrenzen durch Feindseligkeit außerhalb ergänzt.

Wo immer zwei holistische Strukturen einander begegnen, werden sie selber zusammengehalten und voneinander getrennt durch mehr oder weniger ausgeprägte Feindseligkeit. Zwei Fußballklubs zeigen dies in einer milden Form der Rivalität ganz allgemein, besonders aber in ihren Spielen. Zwischen Schulen erleben wir Wettstreit, zwischen Nationen Kriege. Die Familie Schmidt fühlt sich der Famile Meier überlegen, die ihrerseits wieder die Angehörigen der Familie Schmidt verachtet. Die Montagues und Capulets sind ein Beispiel verfeindeter Sippen, aber Romeo und Julia durchbrechen die Schranken, da ihr Wunsch, sich zu vereinen, soviel stärker ist als die Familienbindungen.

Je mehr Feindseligkeit von außen droht, desto größer ist die Integrationsfunktion von Individuen und Gruppen. Im Augenblick der Gefahr bietet der Organismus alle Kräfte auf, die er zur Verfügung hat; wenn ein Land angegriffen wird, kann die Aggression von außen zur Einigung der Bürger führen. Die Mutter, die gerade noch wütend auf ihr Kind war, wird es im nächsten Augenblick gegen eine von außen kommende Beleidigung in Schutz nehmen.

Liebe ist Identifizierung mit einem Objekt (»mein«); Haß ist Abgrenzung (»hinweg von mir!«). Der Wunsch, geliebt zu werden, ist das Verlangen, das Objekt solle sich mit den Wünschen und Forderungen des

Subjekts identifizieren. Starke gegenseitige Liebe wird in Wortbildern ausgedrückt wie »ein Herz und eine Seele«, »jeder Topf findet seinen Deckel« usw. Beim Geschlechtsverkehr ist die wechselseitige Identifizierung unerläßlich; in der Bibel heißt es: »... und sollen sein ein Fleisch«.

Die Grenze zwischen zwei landwirtschaftlichen Anwesen bildet ein Zaun. Dieser Zaun zeigt, daß die beiden Anwesen sich berühren, daß sie aber zugleich voneinander isoliert sind. In Nomadenzeiten gab es keine Grenzen; es herrschte Konfluenz. Mit dem persönlichen Eigentum kam die Teilung des Bodens und die Entstehung friedlicher oder feindseliger Nachbarschaft. Wenn sich heute die Bauern zu einem Kollektiv zusammentäten, würde die Konfluenz wiederhergestellt, aber die Grenzen zwischen den bäuerlichen Kollektiven würden bleiben (man denke an den sozialistischen Wettbewerb in Rußland). Konfluenz wäre auch gegeben, wenn ein Bauer den Hof seines Nachbarn haben wollte und ihn seinem Besitz einverleiben würde.

Isolierung unterstreicht die Trennung, während Kontakt die Annäherung betont und darauf abzielt, die Isolierung aufzuheben, entweder durch eine Zurücknahme der Feindseligkeit und eine Ersetzung des *Ich* und *Du* durch *Wir* oder durch eine Aneignung des gesamten Komplexes, so das er nun *mein* ist, bzw. durch Unterwerfung, *dein*.

Schafft ¶ das ♯ oder umgekehrt? Beide Annahmen sind unrichtig. Es gibt keine Kausalbeziehung zwischen diesen beiden Funktionen. Wo immer und wann immer eine Grenze entsteht, wird sie als Kontakt *und* Isolierung empfunden. Gewöhnlich bestehen weder Kontakt noch Isolierung, da Konfluenz herrscht und keine Grenze vorhanden ist. Diese Konfluenz wird gestört durch ¶ und ♯, Libido und Aggression, Freundschaft und Feindschaft, das Gefühl der Vertrautheit und der Fremdheit, oder wie immer man die Kräfte nennen will, die Grenzen bilden.

Ein gutes Beispiel von der Gleichzeitigkeit von ¶ und ♯ ist die Verlegenheit. Hier findet sich zugleich die Tendenz, Kontakt herzustellen (Exhibition), und die Tendenz, sich zu verstecken. Das prädifferente Stadium der Verlegenheit ist Schüchternheit. Beide Möglichkeiten, die der Bindung wie auch die der Trennung, stehen dem schüchternen Kind offen. Schüchternheit ist deshalb eine normale Phase in der Entwicklung des Kindes; aber sowohl das Freundschaftschließen mit Hinz und Kunz wie auch das Zurückschrecken vor jedem Kontakt sind ungesunde Extreme, wenn es sich dabei um Dauerhaltungen handelt und nicht um situationsgerechte Reaktionen.

Indem das Ich sich ausschließlich mit den Forderungen der Umwelt identifiziert, indem es Ideologien und Charakterzüge introjiziert, verliert es sein elastisches Identifizierungsvermögen. Tatsächlich hört es praktisch auf zu funktionieren, außer als Ausführungsorgan eines Konglomerats von Prinzipien und verhaltensmäßigen Fixierungen. Überich und *Charakter* haben seinen Platz eingenommen, in ähnlicher Weise wie in unserer Zeit maschinell hergestellte Artikel an die Stelle der individuellen Handwerkserzeugnisse getreten sind.

8

Die Spaltung der Persönlichkeit

Es gibt ein wohlbekanntes Sprichwort, das erklärt, ein Bündel von Stöcken sei stärker als die gleiche Anzahl einzelner Stöcke. Weist dieses Sprichwort bloß auf eine wissenschaftliche Tatsache hin? Gewiß nicht. Sprichwörter haben eine Moral. Dieses gibt zu verstehen: Man verbinde ein paar Stöcke, und sie werden mehr Kraft zum Angriff und zum Widerstand haben! Oder umgekehrt: Wenn du einen starken Stock brauchst, tun einige zusammengebundene dünnere den gleichen Dienst!

Eine solche integrierende Funktion ist ein weiterer Aspekt des Ichs. Das Ich hat eine Art Verwaltungsfunktion; es verbindet die Handlungen des *ganzen* Organismus mit seinen vordringlichsten Bedürfnissen; es ruft sozusagen jene Funktionen des ganzen Organismus auf, die zur Befriedigung des *dringlichsten* Bedürfnisses notwendig sind. Sobald der Organismus sich mit einer Forderung identifiziert hat, steht er ebenso einmütig dahinter, wie er jedem Fremden feindlich gegenübersteht.

Ein Mann macht zwei Aussagen: »Ich bin hungrig«, und später, »Ich bin nicht hungrig«. Logisch gesehen ist dies ein Widerspruch, aber nur, solange wir diesen Mann als ein Objekt ansehen und nicht als raumzeitliches Ereignis. Zwischen den beiden Aussagen hat er etwas gegessen. Er sagt also beide Male die Wahrheit. Komplizierter ist die Situation, wenn wir einen hungrigen Menschen in eine luftdichte Kiste stekken. Er, der gerade gesagt hat: »Ich bin hungrig«, hat nun das Gefühl, »Ich ersticke« und nicht einmal das Gefühl »Ich bin hungrig *und* ich ersticke«. Unter dem Gesichtspunkt des Überlebens ist das Atmen wichtiger als das Essen.

Wie kommt es, daß wir solche einander widersprechenden Aussagen nicht als miteinander unvereinbare Tatsachen empfinden? Die Identifizierung (und was über die Identifizierung gesagt wurde, gilt in jedem Fall auch für die Abgrenzung, da beide einander wechselseitig bedingende entgegengesetzte Funktionen sind) folgt der Figur-Hintergrund-Bildung. Eine gesunde Ichfunktion beantwortet die subjektive Realität und die Bedürfnisse des Organismus. Wenn z. B. ein Organismus Hunger bekommt, wird Nahrung zur Gestalt; das Ich identifiziert sich mit dem Hunger (»Ich bin hungrig«) und beantwortet die Gestalt (»Ich will diese Nahrung«).

Bei dem Menschen, der lieber sterben würde, als das Brot zu stehlen, grenzt sich das Ich gegen das Wegnehmen des Brotes ab. Ohne die Figur-Hintergrund-Bildung würde der Mensch jedoch das Brot weder sehen noch es sich vorstellen, und die Möglichkeit, daß das Ich sich gegen den Impuls, das Brot zu stehlen, abgrenzt, und sich mit dem Gesetz identifiziert, bestünde nicht.

Wären die Ichfunktionen *identisch* mit der Figur-Hintergrund-Bildung, so wären sie überflüssig, aber sie sind unerläßlich für die Verwaltungsaufgabe, alle verfügbaren Kräfte in den Dienst jenes organismischen Bedürfnisses zu stellen, das im Vordergrund steht. Mit dieser Tatsache begegnen wir einem weiteren bifunktionellen Aspekt — dem Aspekt von Herr und Knecht. Freuds Bemerkung: »Wir sind nicht Herr im eigenen Haus« ist insofern richtig, als das Ich im biologischen Bereich von den Trieben und im sozialen Bereich vom Gewissen und von der Umwelt Befehle empfängt. Das Ich ist jedoch nicht bloß ein Knecht von Trieben und Ideologien; es ist auch ein Mittelsmann mit vielen Verantwortlichkeiten. (Wenn man die Verantwortung auf Ursachen abschiebt, fördert man die Ichentwicklung nicht).

Der Wunsch, uns selbst zu beherrschen, ist die Folge einer unzureichenden Zusammenarbeit zwischen Organismus und Ichfunktion. Wenn jemand z. B. findet, Defäkation sei lästig und seine Eingeweide hätten unbedingt zu tun, was er will, dann ist diese Beherrschungshaltung ein Mißbrauch der Ichfunktionen. Seine Ichfunktionen sollten die angemessene Befriedigung des Defäkationsdrangs bei einem Mindestmaß an Energie und einem Höchstmaß an organischer Funktionstüchtigkeit sichern. Ein diktatorisches, einschüchterndes, kontrollierendes Ich (was, genauer ausgedrückt, die Funktion der Identifizierung mit einem einschüchternden Gewissen bedeutet), ist weit davon entfernt, die Verantwortung für den Organismus zu übernehmen, sondern es schiebt sie (meistens als Schuld) dem Es oder dem »Leib« zu, als ob sie etwas sei, das nicht zum Selbst gehört.

Das Konzept des »Es« ist nur möglich als Kontrapunkt zum Konzept des Überich. Es ist also eine künstliche, unbiologische Konstruktion, die geschaffen wird durch die Abgrenzungsfunktion des Ichs. Zwischen dem akzeptierten und dem abgelehnten Teil der Persönlichkeit erscheint eine Grenze: Es entwickelt sich eine Persönlichkeitsspaltung.

Mit anderen Worten: Wenn wir das Ich als Substanz betrachten, müssen wir seine Inkompetenz zugeben. Wir müssen die Abhängigkeit des Ichs von den Triebforderungen, vom Gewissen und von der Umwelt akzeptieren, und wir müssen uns mit Freuds schlechter Meinung von der Macht des Ichs einverstanden erklären. Sobald wir jedoch die Identifizierungskraft des Ichs erkennen, erkennen wir auch, daß unserem Be-

wußtsein eine Sache von ganz erheblicher Bedeutung bleibt — die Entscheidung, sich mit all dem zu identifizieren, was es für »richtig« hält.
In dieser Identifizierungs-/Abgrenzungsfunktion sehen wir den Anfang eines »freien Willens«. Diese Funktion wird oft falsch angewandt, aber das ändert nichts an der Tatsache, daß wir in ihr dem Prinzip der bewußten Beherrschung des menschlichen Selbst begegnen. Die Gesellschaft hat zu entscheiden, welche Identifikationen des Individuums für ihr glattes holistisches Funktionieren wünschenswert sind, ohne daß die Entwicklung des Individuums, seine leibliche und seelisch-geistige Gesundheit geschädigt werden. Obwohl dieses Programm einfach klingt, scheint es im gegenwärtigen Stadium der Kultur außerhalb unserer Reichweite zu liegen. Inzwischen kann das Individuum nichts weiter tun, als die vielfältigen Identifikationen zu vermeiden, die unfehlbar zur Schädigung des persönlichen Holismus führen müssen — was innere Konflikte, Persönlichkeitsspaltung und zunehmendes Elend zur Folge hat. Diese Spaltungen, Konflikte und Nöte beim Individuum sind das mikrokosmische Äquivalent der gegenwärtigen Weltsituation.

»Der Lärm von Streitenden erhebt sich in der Stadt;
Jeder will gehört werden, alle wollen zugleich raten.
Ein Teil spricht für den Frieden, der andere für Krieg;
Manche wollen ihre Feinde ausschließen, andere ihre Freunde
einlassen.«

Virgil

Die intuitive Kenntnis dieser ¶- und ♯-Funktionen, die die Grenzen bilden, ist Hitlers großer Vorteil. Da seine Aggression keine dentale Abfuhr findet (schlechte Zähne; Haferbrei-Esser), sucht sie sich ihren Weg vor allem in Weinen und Schreien. Wenn er nicht bekommt, was er haben will, wird er reizbar; zuerst quengelt er, dann schreit und brüllt er, so laut er kann, bis seine ganze Umgebung in Panik gerät und alles tut, um den Schreihals zu beschwichtigen (einem unschuldigen Baby kann man nicht wehtun, und Hitler beteuert immer seine Unschuld). Später stellt er fest, daß er um so mehr Aggression einsetzen kann, je mehr Anhänger er gewinnt; je mehr Aggression er einsetzen kann, desto stärker werden die inneren Bindungen seiner Gruppe. Er findet das einende Symbol des Hakenkreuzes, die Parole: »Ein Volk, ein Reich, ein Führer«, eine ideologische Aussage, die viele Schichten des deutschen Volkes anzog. Schließlich liefert er das emotionale Futter für die deutsche Eitelkeit: die Idee von der »Herrenrasse«.
Parallel zu der Anwendung des ¶ läuft seine Kenntnis vom Wirken des ♯. Er erkennt die Bedeutung von Ganzheiten, er weiß, daß Einigkeit stark macht; also macht er sich daran, jede mächtige feindliche Organi-

sation zu zerstören, sei es ein Betriebsrat, eine Gewerkschaft oder die Kirche. Er knackt die Nuß, wirft das Unverdauliche weg und assimiliert das Geld der aufgelösten Organisationen. Nach dem Grundsatz »eins nach dem anderen« packt er zunächst die inneren, dann die äußeren Organisationen und Staaten an. Auch in der Strategie wendet er die orale Technik an. Er schneidet die feindlichen Armeen mit den Schneidezähnen seiner Blitzkriege auf und zermalmt sie mit den Mahlzähnen seiner Panzer. Wenn seine Schneidezähne — die Stoßtrupps — stumpf werden, wenn die Molaren seiner Bombardierungen nicht erfolgreich genug sind, um den Feind zu Brei zu machen, ist er verloren. Das beste, was er tun kann, besteht darin, daß er sich festbeißt und versucht, nicht loszulassen.

Ein wesentliches Ziel seiner Technik ist es, Ganzheiten — z. B. Nationen — mit Hilfe der Fünften Kolonne zu spalten. Dem liegt einerseits der Gedanke zugrunde, alle Mitglieder der Fünften Kolonne dadurch zu einer festen Einheit zusammenzufügen, daß er ihren gemeinsamen Groll und ihre Haßgefühle aufrührt, ihre Verbindung untereinander betont und sich selber als den einzigen Retter darstellt. Andererseits bildet er sie im Zerstören aus, was den Zusammenhalt der Fünften Kolonne ebenfalls wiederum verstärkt. Je größer die orale Unterentwicklung ist (z. B. der Mangel an Urteilskraft oder die Abhängigkeit von Kirche und Staat), der er begegnet, desto leichter findet er genug Leute, die an ihn »glauben«.

Hitlers Privileg ist lediglich die bewußte Ausnutzung des Phänomens der Ichgrenzen. Die Grenzen sind natürlich überall vorhanden und reichen von der politischen Spaltung, die, besonders vor Wahlen, z. B. durch die USA geht, bis hin zur Spaltung der Persönlichkeit.

Wenn ein Fußballklub seine Aggression nicht durch Wettkämpfe aufrechterhält und wenn keine anderen Attraktionen vorhanden sind, um die Mitglieder zusammenzuhalten, fällt der Klub entweder auseinander oder er spaltet sich zumindest in Grüppchen auf. Leute mit gewissen Affinitäten schließen sich zusammen und bilden Cliquen. Sie fangen an, einander »aufzuziehen«, über kleine Dinge zu streiten, und schließlich, wenn keine Gelegenheit kommt, die gemeinsame Grenze nach außen wiederherzustellen, bekämpfen sie einander. Die Folge davon ist eine Spaltung oder sogar eine Trennung.

Wenn eine Trennung stattfindet, hören die Feindseligkeiten auf, aber nur unter einer Bedingung — daß kein Kontakt aufrechterhalten wird. Die Grenzen mit ihren ¶- und ♯-Funktionen entstehen nur, wo ein gewisser Kontakt erhalten bleibt.

Wenn sowohl eine Spaltung *als auch* ein Kontakt besteht, kommt immer die Grenzfunktion ins Spiel, entweder als offene oder latente Feindschaft oder als die gehemmte Tendenz zur Reintegration durch Identifizierung, als latente Freundschaft oder Liebe. Der Ort des Kontakts ist in solchen Fällen identisch mit dem Ort des Konflikts. »Zum Streiten gehören immer Zwei«.

Eine Spaltung zwischen Individuum und Welt besteht im Fall eines eingesperrten Verbrechers, dessen Isolierung sich in den Gefängnisgittern materialisiert. Eine freundliche Haltung auf einer der beiden Seiten (hier Reue, dort Gnade) kann die Trennung aufheben und den Kontakt wiederherstellen. Aber das *Kontakt-Phänomen* ist nicht von Dauer; es besteht lediglich im Erlebnis der Wiedervereinigung und wird ersetzt durch *Konfluenz,* sobald der ehemalige »Verbrecher« von der Gesellschaft wieder akzeptiert wird.

Im Fall des Verbrechers wird die Spaltung von der Gesellschaft herbeigeführt, aber auch das Individuum kann solche Spaltungen schaffen. Der Wunsch nach Einsamkeit bringt eine Grenze hervor als eine vorübergehende Phase, während Menschenfeindschaft oder ein generalisierter Verfolgungswahn zu einer dauerhafteren Isolierung führt. Eine Überzeugung, die sich von der der Mehrheit unterscheidet, kann zur Entstehung einer neuen Partei führen, ein neuer Glaube schafft eine neue Sekte.

Um Konflikte zu vermeiden — um innerhalb der Grenzen der Gesellschaft oder anderer Einheiten zu bleiben —, grenzt sich das Individuum gegen jene Teile seiner Persönlichkeit ab, die zu Konflikten mit der Umwelt führen würden. *Die Vermeidung äußerer Konflikte hat jedoch die Schaffung innerer Konflikte zur Folge.* Die Psychoanalyse hat mit Recht diesen Umstand immer wieder betont.

Ein Kind wünscht sich sehnlichst ein bestimmtes Spielzeug. Es bekommt es nicht, weiß aber, daß man es mit dem Geld kaufen kann, das in Papas Tasche steckt. Es weiß, daß es zu einem ernsthaften Konflikt mit dem Vater führen würde, wenn es sich dieses Geld nehmen würde, denn er sagt, Stehlen sei eine Sünde, und man wird dafür bestraft. Wenn das Kind sich mit dem Spruch des Vaters identifiziert, muß es sich gegen seinen Wunsch abgrenzen — ihn unterdrücken. Es muß ihn entweder durch Resignation und Weinen zerstören oder ihn aus seinen Ichgrenzen hinauswerfen — indem es ihn verdrängt oder projiziert. Die Verdrängung geschieht dadurch, daß das Kind seine Aggression, die ursprünglich gegen den frustrierenden Vater gerichtet war, auf sich selbst zurückwendet und sie gegen seinen eigenen Wunsch kehrt. Mit Hilfe eines anderen und komplizierteren Vorgangs stellt die Projektion die Harmonie zwischen Kind und Vater wieder her, aber auf Kosten der Harmonie des Kindes, die dadurch zerstört wird.

Holismus erfordert inneren Frieden. Ein innerer Konflikt läuft dem Wesen des Holismus zuwider. Freud hat einmal gesagt, ein Konflikt in der Persönlichkeit sei wie zwei Dienstboten, die sich den ganzen Tag lang streiten; wieviel Arbeit könne da schon erledigt werden? Wenn innerhalb der Persönlichkeit eine Spaltung besteht (z. B. zwischen dem Gewissen und den Trieben), kann das Ich entweder dem Trieb feindlich und dem Gewissen freundlich gegenüberstehen (Hemmung) oder umgekehrt (Trotz).

An den folgenden Beispielen soll gezeigt werden, wie die gleiche Handlung verschiedene Reaktionen, Beurteilungen und sogar Konflikte auslösen kann, und wie die verschiedenartigen Reaktionen von der Art der Identifizierung abhängen:

1. Jemand hat seinen Nachbarn erschossen. Die Gesellschaft oder ihr Repräsentant, der Staatsanwalt, der sich mit dem Opfer identifiziert, nennt dies Mord und fordert Bestrafung.
2. Jemand hat im Krieg seinen Gegner erschossen. Die Gesellschaft identifiziert sich mit dem Soldaten, da das Opfer diesmal außerhalb der Identifizierungsgrenzen ist. Der Soldat bekommt vielleicht sogar eine Belohnung.
3. Der gleiche Fall wie unter 1., aber der Richter hat, da er weiß, daß der »Mörder« von dem Nachbarn schwer beleidigt worden war, vielleicht Mitgefühl mit dem Angeklagten. Durch seine doppelte Identifikation, sowohl mit dem Totschläger als auch mit dem Getöteten, gerät der Richter in bezug auf die Schuld des Angeklagten in einen Konflikt.
4. Der gleiche Fall wie unter 2., aber das Überich des Soldaten hat das Dogma bewahrt, Töten sei eine Todsünde. Er gerät ebenfalls in einen Konflikt, weil er sich sowohl mit den Forderungen seines Vaterlandes als auch mit denen seines Gewissens identifiziert.

Im Fall 3 sagt der Richter: »Ich verurteile Sie« und »Ich verurteile Sie nicht«. Im Fall 4 hat der Soldat das Gefühl »Ich muß töten« und »Ich darf nicht töten«. Derartige Doppelidentifikationen sind für den Organismus unerträglich. Eine Entscheidung ist notwendig. Eine der Identifizierungen muß aufhören. Tatsächlich können wir nur dann, wenn wir begreifen, daß das Ich die Möglichkeit hat, Identifizierungen als unerwünscht und gefährlich zu verweigern und sich von ihnen abzugrenzen, seinen wahren Sinn und seine Entwicklung zum Zensor oder zu einer auswählenden Instanz verstehen.

Die Identifizierung mit organismischen Bedürfnissen ist ursprünglich mühelos, die Abgrenzung ist es nicht. Je näher ein Wunsch organismischen Bedürfnissen steht, desto schwieriger wird es, sich von ihm abzugrenzen, wenn die soziale Situation es verlangt. Die meisten von uns haben schon erlebt, wie schwierig es ist, auch nur die krankhafte Neugier zu überwinden, die einen veranlaßt, einen mißgebildeten Menschen anzustarren. Trotz aller Anstrengung, die Augen abzuwenden, merkt man, wie man immer wieder in die mißbilligte Richtung blickt. Wenn es schon fast unmöglich ist, eine solche krankhafte Neugier oder eine unangenehme Gewohnheit wie einen Tic oder das Stottern abzulegen, wieviel schwieriger muß es dann sein, sich gegen einen mächtigen Impuls zu wehren. »Hältst du mal an, damit ich mir was Süßes kaufen kann?«

Ich habe schon erwähnt, daß wir in der Identifizierungsfunktion den Kern eines »freien Willens« vor uns haben, der entsteht, sobald wir im Prozeß der Rekonditionierung an die Stelle von »richtig« und »falsch« die Funktionen »Identifizierung« und »Abgrenzung« setzen. Wenn wir uns mit bestimmten Methoden identifiziert haben, nennen wir sie »richtig« und grenzen uns gegen andere ab, die wir »falsch« nennen. Dieses »Gefühl« für das, was »richtig« und »falsch« ist, ist oft trügerisch, da Vertrautes oder Gewohntes als »richtig« wahrgenommen wird, seltsame oder ungewohnte Haltungen dagegen als falsch. F. M. Alexander hat eine ausgezeichnete Untersuchung über die Schwierigkeiten vorgelegt, die einem beim Prozeß der Rekonditionierung begegnen.

Der Umstand, daß die vertraute Haltung fälschlich für die »richtige« gehalten wird, begegnet einem in der Analyse täglich. Viele Analytiker nennen dies den Mangel des Patienten an Einsicht in seine Krankheit. Dieser Vorwurf geht völlig am wahren Sachverhalt vorbei. Die biologisch richtige Haltung kann dem Patienten so fremd geworden sein, daß er sie überhaupt nicht mehr als natürlich auffassen kann. Sein Widerstand ist eine Identifikation mit bestimmten ideologischen Forderungen, die er nicht als veränderbare Identifikation erlebt, sondern als eine fixierte »richtige« Anschauung.

Die Analyse eines Symptoms kann vielleicht die Bedeutung des Vorhergehenden erhellen und zeigen, daß die Mobilisierung der Ichfunktionen für die Wiederherstellung des gesunden Funktionierens der Persönlichkeit nötig ist.

Frau A. leidet an Kopfschmerzen, seit eine Freundin sie beleidigt hat. Sie weiß nichts davon, daß sie selber die Kopfschmerzen produziert, und sie ist nicht bereit, die Verantwortung dafür zu übernehmen — sie gibt vielmehr ihrer Konstitution, ihrer Neigung zu Kopfschmerzen oder ihrer rücksichtslosen Freundin die Schuld. Auch die Psychoanalyse befreit sie von der Verantwortung, indem sie die Ursache der Schmerzen in konvertierter libidinöser Energie findet. Wenn sie mehr Verantwortung für ihre Kopfschmerzen übernähme (und weniger Aspirin), und wenn sie genau wüßte, wie sie sie produziert, würde sie vielleicht beschließen, sie gar nicht erst hervorzubringen.

Sie sagt, nachdem die Freundin sie so beleidigt hatte, hätte sie weinen mögen, sie habe aber keine einzige Träne vergossen. Das sieht dann so aus, als sei das Weinen in Kopfweh verwandelt worden. Aber genauso, wie ich mir nicht vorstellen kann, wie verdrängte Libido sich in Kopfweh verwandeln kann, kann ich eine solche Konversion des Weinens nicht akzeptieren. Jeder Zaubertrick hat seine rationale Erklärung. Da Frau A. sich mit Würde und Stolz identifiziert hatte, war sie unfähig, sich mit dem biologischen Bedürfnis zu identifizieren, im Weinen Erleichterung zu finden, sie zog deshalb ihre Augen- und Kehlkopfmuskeln zusammen, um den Tränenfluß aufzuhalten. Starke Muskelkontraktion verursacht Schmerzen, das Zusammenziehen von Kopfmuskeln hat Kopfschmerzen zur Folge. Jeder kann sich von dieser Art der »Schmerzproduktion« überzeugen, indem er seine Faust so stark wie möglich ballt.

Um zu der Patientin zurückzukehren: Ohne das Ich-Konglomerat (in diesem Fall: die fortwährenden Kontraktionen) aufzulösen, kann sie dem Impuls zu weinen nicht nachgeben und keine angemessenen Ichfunktionen, d. h. Identifikationen mit ihren wirklichen Bedürfnissen, erwerben. Ihr Kopfweh ist das Signal einer unvollendeten Situation; sie ist unfähig, ihren Groll zu beenden, ihn loszuwerden, weil es ihr ungeheuer widerstrebt, sich gehen zu lassen.

9

Sensomotorische Widerstände

Wenn der Analytiker den Patienten darauf hinweist, daß er einen Widerstand hat oder sich in einer Phase des Widerstands befindet, fühlt sich der Patient oft schuldig, so, »als ob« er solche unannehmbaren Eigenschaften nicht haben sollte. Die Psychoanalyse konzentriert sich mit Recht sehr stark auf die Widerstände, aber oft in der Vorstellung, sie seien etwas Unerwünschtes — etwas, das man abschaffen kann und das zerstört werden sollte, wo immer man ihm begegnet, damit sich ein gesunder Charakter entwickeln kann. Die Realität sieht etwas anders aus. Man kann Widerstände nicht zerstören, und auf jeden Fall sind sie kein Übel, sondern vielmehr wertvolle Energien unserer Persönlichkeit — schädlich sind sie nur dann, wenn sie falsch eingesetzt werden. Wir können unseren Patienten nicht gerecht werden, solange wir die Dialektik des Widerstands nicht erkennen. Das dialektische Gegenteil des Widerstands ist Beistand. Die gleiche Festung, die dem Angreifer widersteht, unterstützt den Verteidiger. In diesem Buch können wir den Ausdruck »Widerstand« beibehalten, da wir im Grunde die Feinde der Neurose sind. In einem Buch über Ethik würden wir den Ausdruck »Beistand« für jene Mechanismen vorziehen, die uns bei der Verdrängung der verurteilten Charakterzüge helfen. Man darf aber nicht vergessen, daß wir nur dann erfolgreich mit den Widerständen umgehen können, wenn wir die Tatsache, daß der Patient seine Widerstände als »Beistand« ansieht, richtig würdigen.

Die Starrheit der Widerstand leistenden Energien stellt die Hauptschwierigkeit dar. Wenn eine Autobremse oder ein Wasserhahn klemmt, kann das Auto oder die Wasserversorgung nicht angemessen funktionieren. Die analytische Situation hat die Aufgabe, die Elastizität solch starrer Widerstände wiederherzustellen. Es ist nicht so, daß der innere Widerstand verschwindet und eine negative Übertragung entsteht. Es ist vielmehr so, daß außer der Ichgrenze, die zwischen dem störenden inneren Wunsch und der bewußten Persönlichkeit liegt, eine weitere Grenze (zwischen dem Patienten und dem Analytiker) geschaffen wird. Der Analytiker wird als Verbündeter des verbotenen Impulses angesehen, und infolgedessen grenzt sich der Patient gegen ihn ab. Der Zensor, voller Mißtrauen und Feindseligkeit, ist auf der Hut vor dem Störenfried, damit nicht eine Identifizierung mit den »befremdlichen« Vorstellungen des Psychoanalytikers stattfindet. Der Organismus identifiziert sich mit dieser Feindseligkeit und leistet dem Analytiker Widerstand oder greift ihn sogar an.

Die Figur-Hintergrund-Bildung hat einen ernsthaften Nachteil. Der Organismus konzentriert sich jeweils auf eine Sache. Er erreicht so ein Höchstmaß an Handlungsfähigkeit an einem Ort, aber ein Mindestmaß an Aufmerksamkeit für den Rest. Jeder unvorhergesehene Angriff stellt daher eine Gefahr dar. Der unerwartete, der Überraschungsangriff ist für das Individuum ebenso ungünstig wie für eine Armee oder eine Nation. Ebenso, wie Befestigungen und ständige Abwehranlagen einen Mangel an Menschenmaterial ausgleichen, finden wir beim einzelnen Organismus im physischen Bereich Haut und Schalen, im Verhaltensbereich die Charakterbildung. Aber, wie schon erwähnt, die Grenzen können nicht hermetisch geschlossen werden. Ein gewisser Kontakt zur Welt muß erhalten bleiben. Eine Burg muß Kommunikationswege wie Tore haben, um Nahrung anzunehmen oder Botschaften auszusenden. Eine große Bresche in der Mauer an Stelle eines Tors würde eine offene Kommunikation, eine *Konfluenz,* bedeuten. Wenn z. B. der Zaun eines Bauernhofes eine Lücke hätte, könnten die Rinder durch diese Konfluenz mit der Außenwelt entkommen, und der Bauer müßte von der mechanischen Bewachung durch den Zaun auf einen lebendigen Verteidiger, einen Hütejungen oder einen Hund, übergehen. Diese könnten jedoch einschlafen und die Lücke wäre dann unbewacht, wodurch die Konfluenz wiederhergestellt wäre.

Solche bewachten Kommunikationswege sind die Körperöffnungen. Sie erfordern eine ganze Menge bewußter Achtsamkeit (Ichfunktionen), sonst könnten sie zu Orten der Konfluenz werden. Wenn wir beim Vergleich mit der Burg bleiben, dann können wir den pathologischen Widerstand mit verschlossenen Toren vergleichen (deren Schlüssel zudem verlegt worden ist), totales Fehlen von Widerstand entspräche den Löchern in der Mauer, die entstehen, wenn man die Tore vollständig entfernt. Der impulsive, verantwortungslose Charakter, wie man ihn bei jugendlichen Kriminellen findet, zeigt deutlich das Fehlen der nötigen Widerstände, das Fehlen von Bremsen, die der Jugendliche anwenden sollte, um sich vor der Vergeltung der Gesellschaft zu schützen. Wenn wir bei der Analyse von Widerständen von der Annahme ausgehen, sie sollten eigentlich gar nicht vorhanden sein, begeben wir uns in große Gefahr. Es kommt oft vor, daß Widerstände nicht ganz bewältigt, sondern verdrängt und überkompensiert werden — Verlegenheit durch falschen Mut, Scham durch Schamlosigkeit, Ekel durch wahllose Gier. Bei jugendlichen Kriminellen erscheint die Verdrängung von Widerständen oft als Trotz, und der »Heroismus« tritt im Ideal des »harten Burschen« zutage.

Die bloße Auflösung der Widerstandsenergien bringt eine andere Gefahr mit sich. Viele Menschen haben kaum andere Ichfunktionen entwickelt als die des Widerstands, sei es gegen ihre eigenen Impulse oder gegen Forderungen, die von außen an sie gestellt werden. Sie streben nach der Entwicklung eines starken Ichs, eines Charakters voller »Willenskraft«. Für sie ist eine brauchbare Persönlichkeit identisch mit einem »starken« Charakter — mit jemand, der fähig ist, das Rauchen, Sexualimpulse, Hunger usw. zu unterdrücken.

Wenn man sie dieser Widerstands- und Beherrschungsfunktionen beraubt, bleibt nichts übrig, wofür sie sich interessieren. Sie haben niemals gelernt, sich zu freuen, aggressiv zu sein, zu lieben, und bei der Analyse ihrer Widerstände geraten sie völlig in Verwirrung, solange sie sich noch nicht mit jenen vitalen Funktionen identifizieren können.

Außerdem sind die Widerstandskräfte solcher Menschen sehr wertvoll, und wenn sie gute Widerstands- und Beherrschungseigenschaften haben, finden sie reichlich Gelegenheit, sie zu guten Zwecken zu benützen. Was erreicht werden muß, ist die Abschaffung der Retroflexionen. Der Patient muß lernen, die Widerstandskräfte gegen die Außenwelt zu kehren, sie den Erfordernissen der Situation entsprechend einzusetzen und »nein« zu sagen, wenn ein Nein erforderlich ist. Wenn man mit einem völlig betrunkenen Menschen zu tun hat, ist es wichtiger, sich vor den Belästigungen durch ihn zu schützen und sogar, ihn loszuwerden, als sich selbst zu beherrschen. Ein Kind, das sich immer den oft schwachsinnigen und unverantwortlichen Forderungen seiner Eltern fügt und seinen eigenen Impulsen widersteht, verkrüppelt seine Persönlichkeit und wird ein unterwürfiger und unehrlicher Charakter. Wenn es ihm wenigstens manchmal gelingt, sich ihren Forderungen zu widersetzen, wenn es sich wehrt, wird es ihm in seinem späteren Leben leichterfallen, seine Rechte zu vertreten. Die aktuelle Situation ist das Kriterium dafür, ob Widerstand etwas nützt oder nicht. Auch Hartnäckigkeit und Eigensinn, ein konzentrierter bewußter Widerstand, muß unter dem Gesichtspunkt der Nützlichkeit betrachtet werden. Eigensinniger Widerstand gegen das Annehmen guter Ratschläge ist etwas anderes als der hartnäckige Widerstand einer entschlossenen Nation gegen nichtprovozierte Angriffe.

Wenn wir uns zwei Dinge, die zentrifugalen sensorischen und motorischen Funktionen und das Phänomen der Retroflexion, völlig klarmachen, bekommen wir eine klare Vorstellung von den somatoneurotischen Widerständen. Diese motorischen Widerstände, die hauptsächlich in gesteigerter Muskelspannung bestehen, sind in der Theorie Reichs vom »Panzer« ausführlich behandelt worden. Ich habe hinzuzufügen, daß diese Krämpfe in Wirklichkeit ein auf die eigene Person gewandtes »Umarmen« sind. Sie sind Symptome einer Anklammerungshaltung (Anklammerungsbiß; Sich-Anklammern an eine Person oder an seinen Besitz, seine Fäzes, seinen Atem und so fort; siehe auch Imre Hermanns Analyse des Klammerreflexes).

Der häufigste sensorische Widerstand ist die Skotomisierung, eine Minus-Funktion oder eine mangelhafte Funktion, durch die die Wahrnehmung bestimmter Dinge vermieden wird. Weniger bekannt ist die Tatsache, daß auch gesteigerte sensorische Aktivität ein Widerstand ist. Wir alle kennen Leute, die empfindlich, übersensibel und leicht verletzt sind. Ihre hochentwickelte und kultivierte Empfindlichkeit dient dazu, Situationen zu vermeiden, denen sie sich nicht stellen wollen; ihre Lieblingswendung ist: »Das geht mir auf die Nerven.« Eine solche Hyperästhesie kann z. B. die Form der Migräne annehmen — mit ihrer Überempfindlichkeit gegen Licht usw. —, wenn Madame eine unerfreuliche Diskussion mit ihrem Mann vermeiden will. In der sexuellen Situation ist sie so empfindlich, daß jede Annäherung ihr wehtut, eine Abwehr, die verschwindet, wenn sie mit ihrem Mann in Harmonie ist. Andere entwickeln Empfindlichkeit (als Beistand!) nicht aus Gründen der Abwehr, sondern für aggressive Zwecke. Wenn man sich weigert, einen ihrer Wünsche zu erfüllen, schauen sie so verletzt drein, daß man das Gefühl bekommt, ein Verbrechen begangen zu haben, und das nächste Mal wagt man nicht, sich ihren Forderungen zu widersetzen, obwohl man weiß, daß es sich im Grunde um emotionale Erpressung handelt.
Das Bild der Hyperästhesie — der Bereitschaft, sich verletzen zu lassen — wäre nicht vollständig, wenn man die Projektion des Verletzens nicht berücksichtigen würde. Jeder Mensch, der leicht beleidigt, leicht verletzt ist, hat eine ebenso starke, aber gehemmte Neigung, anderen Schmerz zuzufügen. Diese findet manchmal auf Umwegen ihr Ventil und ihr Ziel. Melancholische Charaktere z. B. genießen es, wenn sie andere dazu bringen, sich unglücklich zu fühlen, und sie geben oft zu, daß es ihnen meistens gelingt, in anderen ein Gefühl der Unbeholfenheit, der Verlegenheit und der Gereiztheit zu wecken.
Der entgegengesetzte Widerstand, die Desensibilisierung (Hypoästhesie und Anästhesie), muß noch weiter erforscht werden. Manchmal läßt sich Hypoästhesie durch länger andauernde Muskelkontraktionen bei mittlerer Anspannung hervorrufen, manchmal durch Konzentration auf eine andere »Figur« als die durch die Situation geforderte (Attrappe).

Ein Patient klagte über seinen Mangel an Empfindungen beim Geschlechtsverkehr. Fragen nach Einzelheiten seines Erlebens brachten ans Licht, daß er während des Aktes »dachte«, anstatt sich auf seine Gefühle zu konzentrieren. In der Phantasie war er oft mit Zeitunglesen beschäftigt; die Analyse ergab, daß dieses Verhalten ein Training gegen seine zu hohe Reizbarkeit war, gegen seine ejaculatio praecox. Indem er seine Aufmerksamkeit von seinen Empfindungen ablenkte und sie dem Zeitunglesen zuwandte, hatte er sein Leiden besiegt, aber zugleich die Hyperästhesie in Anästhesie verwandelt, so daß gesunde Befriedigung in keinem Fall möglich war.

Desensibilisierung ist oft begleitet von dem Gefühl, in Watte gewickelt zu sein, bzw. von einem geistig-seelischen »Stromausfall«. Ich habe aber immer, wenn ein Patient behauptete, er fühle oder denke nichts, festgestellt, daß der »Stromausfall« oder die Gefühllosigkeit nicht vollständig war, sondern daß es sich dabei lediglich um eine Hypoästhesie, eine Art Trübung, handelte. Es waren schon Gedanken vorhanden (allerdings ziemlich im Hintergrund), ebenso Gefühle, wenn sie auch als fade und dumpf beschrieben wurden.

In einem von Freud beschriebenen Fall klagte der Patient über einen ständig vorhandenen Schleier, der nur während der Defäkation zerriß. Ich nehme an, daß diese »Entschleierung« identisch war mit seiner Empfindung des Kontakts der Fäzes mit dem After, d. h. mit dem Ausstoßungskontakt. Das Fehlen dieses Kontakts stellt eine unbewachte Konfluenz zwischen Persönlichkeit und Welt dar. *Diese Konfluenz, das Fehlen der Ichgrenze, ist wesentlich für die Entwicklung von Projektionen.*

Kleine Kinder kneifen die Augen zu, wenn sie nicht hinschauen wollen. Dies ist eine Plus-Funktion, eine Aktivität. Es ist ein zusätzlicher Muskelimpuls, der ihre Neugier daran hindert, in Aktion zu treten. Es scheint so, als sei der Schleier bei dem Patienten Freuds eine ähnliche Verhüllung, eine zusätzliche Funktion, eine Art sensomotorischer Halluzination. Wenn man solche Deckfunktionen richtig beschreibt und analysiert, läßt sich ihr Ziel aufdecken: das Vermeiden jedes Gefühlserlebnisses. In Fällen von analer Taubheit habe ich Beschreibungen bekommen wie: »Die Fäzes gleiten durch ein Gummirohr« oder »Es ist, als sei da ein Luftraum« oder »Die Fäzes berühren die Wand nicht«.

Ähnliche Beschreibungen erhält man in Fällen genitaler Frigidität. Auch hier finden sich halluzinierte Schichten Seite an Seite mit den Minus-Funktionen, wie Mangel an Konzentration und ein Fehlen der angemessenen Figur-Hintergrund-Bildung.

Orale Frigidität (Stumpfheit des Geschmackssinns, Appetitlosigkeit) spielt eine erhebliche Rolle bei der Störung der Ichentwicklung. Sie verhindert das Erleben sowohl von Genuß als auch von Ekel, und sie fördert die Introjektion von Nahrung.

10
Projektion

Vom Ursprung der Introjektion haben wir uns mit Hilfe der vorhandenen analytischen Literatur ein klares Bild machen können, aber in bezug auf die Entstehung der Projektion sind wir noch im Ungewissen.

Es gibt ein prädifferentes Stadium, für das meines Wissens noch kein Name geprägt worden ist. Man beobachtet oft, daß ein Baby seine Puppe aus dem Kinderwagen wirft. Die Puppe vertritt das Kind selbst: »Ich möchte sein, wo die Puppe ist.« Dieses emotionale (»ex-movere«) Stadium differenziert sich später in *Ausdruck* und *Projektion.* Ein gesunder geistig-seelischer Stoffwechsel erfordert eine Entwicklung in Richtung auf Ausdruck und nicht auf Projektion. *Der gesunde Charakter drückt seine Gefühle und Gedanken aus, der paranoide Charakter projiziert sie.*

Die Wichtigkeit des Themas »Ausdruck« ist kaum zu überschätzen, wenn man zwei Dinge bedenkt:

1. Es ist unrichtig, von der Verdrängung von Trieben zu sprechen. Triebe können nicht verdrängt werden — nur ihr Ausdruck läßt sich verdrängen.

2. Außer dem gehemmten Triebausdruck (hauptsächlich im Handeln) zeigt jede Neurose Schwierigkeiten im Ausdruck des »Selbst« (hauptsächlich in Worten). Ausdruck wird ersetzt durch Schauspielerei, Volksreden-Halten, Heuchelei, Befangenheit und Projizieren.

Echter Ausdruck wird nicht absichtlich »gemacht«, er kommt »von Herzen«, aber er wird bewußt geformt. Jeder Künstler ist ein Erfinder, der Mittel und Wege — manchmal neue Wege — findet, sich selbst auszudrücken.

Projektion ist im wesentlichen ein unbewußtes Phänomen. Der Projizierende kann nicht genügend zwischen der inneren und der äußeren Welt unterscheiden. Er sieht in der Außenwelt jene Teile seiner eigenen Persönlichkeit, mit denen er sich nicht identifizieren will. Der Organismus erlebt sie als etwas, das außerhalb der Ichgrenzen liegt und reagiert demgemäß mit Aggression[1].

[1] Gewisse Komplikationen werden hier der Vereinfachung halber weggelassen. Gott z. B. ist eine Projektion der Allmachtswünsche des Menschen, aber durch partielle Identifizierung (»mein« Gott) kommt die Aggression nur gegen fremde Götter ins Spiel oder in Situationen, wo, wie nach Enttäuschungen, »Gottes Wille« nicht akzeptiert wird. Man sagt oft, die Menschen erinnern sich nur

Schuldgefühle sind schwer zu ertragen; darum neigen Kinder und Erwachsene mit einem ungenügend entwickelten Verantwortungsgefühl dazu, jeden vorausgeahnten Tadel auf etwas anderes zu projizieren. Ein Kind, das sich an einem Stuhl wehgetan hat, gibt dem »bösen« Stuhl die Schuld. Ein Mann, der sein Geschäft zugrunderichtet, schiebt die Verantwortung den »schlechten Zeiten« oder dem »Schicksal« zu — irgendein Sündenbock findet sich immer.

Diese Projektionen der Schuld haben den Vorteil, dem Betroffenen vorübergehend Erleichterung zu verschaffen, aber sie berauben die Persönlichkeit der Ichfunktionen des Kontakts, der Identifizierung und der Verantwortung.

Bei der Analyse von Patienten, die zuvor von anderen Analytikern behandelt worden waren, bemerkte ich, daß einige von ihnen ungewöhnlich viele Projektionen zeigten. Verdrängte Teile ihrer Persönlichkeit waren bewußt gemacht worden, aber die Patienten hatten die ans Licht gebrachten Fakten und Funktionen nicht akzeptiert. Sie pflegten »schlecht zu kauen«, und es war ihnen nie gelungen, das freigewordene Material zu assimilieren. Dieses Material war vom Unbewußten direkt in die Welt hinausgestoßen worden, ohne die Ichgrenzen zu passieren. Ein Patient hatte, indem er seine sexuellen Antriebe auf seine Freunde projizierte, fast einen Verfolgungswahn entwickelt. Ein anderer war deutlich ängstlicher geworden, weil er seine Aggression auf die Welt projiziert hatte. Durch die Freisetzung des verdrängten Materials ohne eine anschließende Assimilation waren beide Patienten vom Regen in die Traufe geraten.

Eine Mutter erzählte mir, ihr Kind habe einen Alptraum gehabt. Es sei aufgewacht und habe geschrien, ein Hund wolle es beißen. Ich fand heraus, daß der Junge versucht hatte, mit seiner Mutter »Hündchen« zu spielen und sie hatte »auffressen« wollen, und daß sie ihm das streng verwiesen und zu ihm gesagt hatte, er solle nicht so ungezogen sein. Ich versuchte nicht, dem Kind die Bedeutung des Hundes als Totemtier und seine Rolle im Ödipuskomplex zu erklären; ich setzte einfach voraus, das Kind habe seine frustrierte Aggression auf den Hund im Traum projiziert. Dadurch war seine eigene Rolle als aktiver Beißer in die Angst vor dem Gebissenwerden verwandelt worden. Ich riet der Mutter, sowohl das Hundespiel als auch die Aggression des Kindes zu fördern. Der Alptraum trat nicht wieder auf. Ein Mensch, der zum Proji-

dann an Gott, wenn sie ihn brauchen. Das ist keine Erinnerung, sondern jedesmal eine neue Projektion. Wenn sich die Menschen in einer schwierigen Situation hilflos fühlen und Macht und magische Kräfte herbeisehnen, projizieren sie diese Allmachtswünsche, der allmächtige Gott wird neu geschaffen.

zieren neigt, gleicht jemandem, der in einem Haus sitzt, das mit Spiegeln ausgekleidet ist. Wohin er blickt, meint er durch das Glas hindurch die Welt zu sehen, während er in Wirklichkeit nur Spiegelungen der nicht akzeptierten Teile seiner eigenen Persönlichkeit erblickt.

Außer in Träumen und bei der vollentwickelten Psychose findet man immer die Tendenz, ein adäquates Objekt als »Leinwand« oder Empfänger der Projektion zu benützen. Das Kind mit dem Alptraum hätte eine Hundephobie entwickelt, wenn es seine Aggressivität nicht wiedergewonnen hätte. Die Schrecklichkeit der Angreifernationen wird um die Menge der Aggression gesteigert, die das Opfer in sie hineinprojiziert, und sie wird auf ihr wirkliches Maß vermindert, wenn das Opfer sich nicht einschüchtern läßt und seine eigene Aggressivität einsetzt.

Es ist aber nicht immer die Außenwelt, die als Projektionsleinwand dient; Projektionen können auch *innerhalb der Persönlichkeit* stattfinden. Es gibt Menschen, deren strenges Gewissen nicht nur durch Introjektion erklärt werden kann. Eltern, die gemäß der Introjektionstheorie in der Persönlichkeit als Gewissen wiedererscheinen, sind vielleicht in Wirklichkeit alles andere als streng. Bei einem meiner Patienten waren die Eltern außerordentlich verständnisvoll gewesen, hatten aber die Aggression ihres Kindes durch Güte getötet. Dieser Patient litt an schweren Schuldgefühlen und starken Vorwürfen, die ihm sein Gewissen machte. Er hatte seine Aggression — seine Tendenz, jemandem Vorwürfe zu machen — in sein Gewissen projiziert, das er daraufhin als etwas erlebte, das ihn angriff. Sobald es ihm gelang, offen aggressiv zu sein, hatte sein Gewissen ihn nicht mehr in der Gewalt, und seine Schuldgefühle verschwanden. Ein überstrenges Gewissen kann nur geheilt werden, wenn die Selbstvorwürfe sich in eine Annäherung an Objekte verwandeln.

Die russischen »Heiligen« in der vorsowjetischen Literatur steigerten, indem sie ihre Aggression zügelten und der Sünde entsagten, ihre Schuldgefühle. Andererseits kann ein Kind sehr unduldsame Eltern haben, aber wenn es sich seinen Kampfgeist bewahrt und seine eigenen Aggressionen nicht in seine Eltern oder in sein Gewissen hineinprojiziert, wird es gesund bleiben.

Projektionen können sich an ganz unerwartete Objekte und Situationen knüpfen. Einer meiner Patienten verbrachte die meiste Zeit damit, sich mit seinen Genitalien zu beschäftigen und sich Sorgen zu machen, wie er dort Empfindungen haben sollte. Er hatte oft die Vorstellung, sein Penis sei in seinem Magen verschwunden, er sei nicht männlich genug bzw. er sei schwach. Welches Thema auch auftauchte, er kehrte immer wieder zu seinem Penis zurück. Die Analyse seiner genitalen und oralen

Schwierigkeiten brachte eine gewisse Besserung, aber keine Lösung. Dann fiel mir auf, daß seine Ichfunktionen sich auf Klagen und seltene Perioden des Weinens und des Ärgers beschränkten. Wo waren die übrigen Züge seiner Persönlichkeit? Sie waren in seinen Penis hineinprojiziert. Er hatte nicht das Gefühl, daß er vor bestimmten Situationen davonlief, sondern er hatte in solchen Fällen das Gefühl, sein Penis sei in seinem Magen verschwunden. *Er* fühlte sich nicht schwach, seine *Genitalien* waren schwach. Anstatt zu versuchen, die Stumpfsinnigkeit seines Lebens zu überwinden, versuchte er ständig, in seinem Penis mehr Empfindungen hervorzurufen.

Ein solcher Fall ist sicher eine Ausnahme. Was uns aber ziemlich oft begegnet, ist die *Projektion in die Vergangenheit.* Anstatt in der aktuellen Situation ein Gefühl auszudrücken, produziert der Patient eine Erinnerung. Anstatt zum Analyiker zu sagen: »Sie reden eine Menge Unsinn«, wirkt er gleichgültig, erinnert sich aber plötzlich an eine Situation, in der er einen Freund angriff, weil der »eine Menge Unsinn« geredet hatte. Das Übersehen der Projektion in die Vergangenheit hilft der Psychoanalyse einerseits, das Dogma von der Bedeutung der Vergangenheit aufrechtzuerhalten, stört aber andererseits die Bereinigung der aktuellen Konflikte.

Gewöhnlich wird der größte Teil des unerwünschten Materials auf die Außenwelt projiziert. Manchmal ist es wirklich sehr schwer, Projektionen zu entdecken, was sich z. B. an dem Bedürfnis des Neurotikers nach Zuneigung zeigen läßt, einem Phänomen, das sich in der analytischen Theorie und Praxis schon immer als ein Stein des Anstoßes erwiesen hat. Karen Horney hat erkannt, welch wichtige Rolle dieser Charakterzug beim Neurotiker in unserer Zeit spielt, und ich habe schon erklärt, daß dieses Bedürfnis nicht befriedigt werden kann, weil die Liebe dann, wenn sie angeboten wird, von ihm nicht wirklich angenommen und assimiliert wird.

Psychoanalyse und Individualpsychologie (Adler) verkünden das Dogma, der Neurotiker sei mehr oder weniger infantil geblieben. Das Bedürfnis nach Zuneigung ist gewiß bei jedem Kind vorhanden, und Liebesunfähigkeit ist häufig ein Merkmal des Neurotikers; aber die Liebesfähigkeit ist keineswegs den Erwachsenen vorbehalten. Das Kind haßt und liebt mit einer Intensität, um die es die Erwachsenen nur beneiden können. Die Tragödie des Neurotikers liegt nicht darin, daß er niemals Liebe *entwickelt* hat, und auch nicht darin, daß er auf den Zustand eines Kindes regrediert ist — sie liegt in seiner Liebes*hemmung* und noch mehr in seiner Unfähigkeit, seine Liebe auszudrücken. Wenn seine Liebe nicht erwidert wird und er eine Enttäuschung erlebt, führt diese schmerzliche Erfahrung dazu, daß er davor zurückschreckt, seinen Gefühlen nachzugeben. Es ist, als würde er sich sagen: »Sollen doch die anderen das Lieben besorgen, ich werde mich auf ein solches Risiko nicht wieder einlassen.« Jedesmal aber, wenn er bei anderen Liebe weckt, wird die Situation erneut gefährlich für ihn; er gerät in Versuchung, Liebe mit Liebe zu beantworten, aber er schämt sich, lächerlich und romantisch zu sein. Er fürchtet, ausgenützt oder abgewiesen zu werden. Wenn er außerdem ein oraler Charakter ist, fällt sein Bedürfnis nach Zuneigung mit seiner allgemeinen Gier zusammen.

Der Neurotiker projiziert die (gehemmte) Liebe, und infolgedessen beschwört er (in seinen Erwartungen und Phantasien) die Vorstellung herauf, daß er gerade jene Gefühle empfängt, die er in sich selber unterdrückt. Mit anderen Worten, er leidet nicht an Liebesunfähigkeit, sondern an einer Hemmung — an der Angst, zu sehr zu lieben.

Genau wie das Bedürfnis des Neurotikers nach Zuneigung in der Projektion verankert ist, ist auch das andere, von der klassischen Psychoanalyse als wichtigstes betrachtete neurotische Symptom in der Projektion verankert. Ich spreche vom Kastrationskomplex, der auf der Furcht beruht, die Genitalien könnten ganz oder teilweise zerstört werden. Um die Existenz eines solchen Komplexes zu beweisen, deuten die Freudianer jeden Körperteil als Penis. Selbst die Forderung der Mutter, das Kind solle seinen Stuhl hergeben, wird als Kastration erklärt. Die Psychoanalyse übersieht aber die entscheidende Tatsache, daß bei all den sogenannten Penis-Substituten nur ein Faktor konstant bleibt, nämlich der zu schaden: Jede disziplinäre Erziehung droht damit, dem Kind Schaden zuzufügen, und tut das manchmal auch, sei es am Penis, an den Augen, dem Gesäß, dem Gehirn oder an der Ehre. Die immer wiederkehrende Angst des Neurotikers, Schaden zu erleiden, kann nicht dadurch geheilt werden, daß man jedes mögliche Penis-Symbol in den Kastrationskomplex hineinstopft, sondern vielmehr dadurch, daß man die Projektion der Aggressionen des Neurotikers — seines unausgedrückten Wunsches, anderen Schaden anzudrohen und anzutun — auflöst.

Ein junger Mann mit einer starken, wenn auch unglücklichen Mutterfixierung gab zu, daß er vor dem Geschlechtsverkehr zurückschreckte, weil er Angst hatte, seinem Penis könnte in der Vagina etwas zustoßen. Seine Träume zeigten, daß er sich vor einer Vagina dentata fürchtete. Das weibliche Genitale war für ihn eine Art Haifischmaul, das seinen Penis abbeißen würde. Das war scheinbar ein unzweideutiger Kastrationskomplex. Er war Künstler und zeigte einen ungewöhnlichen Abscheu gegen Besprechungen seiner Arbeit, wegen der *scharfen, beißen-*

den Kritik, die sie möglicherweise ausdrücken könnten. Er vermied Bedrohungen seines Penis und seines Narzißmus.

Weitere Symptome brachten die Lösung des Rätsels seiner Neurose: Er benützte kaum jemals seine Schneidezähne und vermied es ängstlich, auch nur einer Fliege wehzutun — zwei Phänomene, die meistens gemeinsam auftreten. Das Beißen und das Zufügen von Schmerz waren projiziert, aber nicht nur in die Vagina, so daß seine Angst, verletzt zu werden, nicht auf den Penis beschränkt war. Den Penis als das einzige oder auch nur als das Hauptobjekt dieser Angst anzusehen, ist meiner Ansicht nach eine willkürliche Entscheidung; man hält dabei irrtümlich ein Symptom für eine Ursache. Selbst wenn man einen Neurotiker dieses Typus davon überzeugen könnte, daß in der Vagina keine Gefahr lauert, wären seine Schwierigkeiten damit nicht überwunden, denn sein Kastrationskomplex ist nicht der Mittelpunkt seiner Neurose; er ist nur ein Ergebnis seiner projizierten Aggressivität. Er erlangt vielleicht sexuelle Potenz, aber die Angst vor Schädigung (z. B. seines Ansehens) kann trotzdem bestehen bleiben, er würde sich nur eine andere »Leinwand« für seine Projektionen suchen. Die mißtrauische Haltung dieses Patienten wandelte sich, nachdem er gelernt hatte, seine Aggression einzusetzen, an Dingen »herumzubeißen« und sich seinen Anteil am Leben zu verschaffen. Während der Behandlung hörte ich ihn einige sehr scharfe kritische Äußerungen machen.

Projektionen sind im strengsten Sinn Halluzinationen. Der Alptraum des kleinen Jungen ist eine solche projektive Halluzination, die bei der echten Paranoia ein zentrales Symptom ist. Wo genug Realitätssinn übrig ist, werden die Halluzinationen rationalisiert; wir können dann von einem paranoiden Charakter sprechen. Typisch für den paranoiden Charakter ist die Suche nach »festen Punkten«, nach Realitäten, die ihm als Beweise dafür dienen können, daß er nicht halluziniert. Der krankhaft eifersüchtige Ehemann z. B. liegt beständig auf der Lauer, um seine Frau zu ertappen, um zu entdecken, ob sie jemand anders zulächelt, und wenn dies tatsächlich geschieht, deutet er ihr Lächeln gemäß seiner vorgefaßten Meinung, seiner Eifersucht [2].

Ein Mann wurde von der Angst verfolgt, er werde eines Tages von einem herunterfallenden Dachziegel getötet werden. Er vermied es, dicht an Häuserreihen entlangzugehen, und nahm, indem er auf der Fahrbahn ging, das erhöhte Risiko auf sich, überfahren zu werden. Er war natürlich nicht davon zu überzeugen, daß die Wahrscheinlichkeit, daß er von einem Dachziegel getötet werden würde, eine Million zu eins

[2] Eifersucht beruht immer auf unausgedrückten, projizierten Wünschen.

betrug. Eines Tages brachte er mir einen Zeitungsausschnitt mit und zeigte mir, daß ein Mann *tatsächlich* von einem Dachziegel erschlagen worden war: »Sehen Sie, ich hatte recht; solche Sachen *kommen* vor.« Er suchte nach Beweisen und hatte endlich einen gefunden. Seine Angst wurde dadurch aufgelöst, daß die Projektion seines besonderen Drangs, sich aus dem Fenster zu lehnen und die Leute mit Steinen zu bewerfen, die ihn »ungerecht« behandelt hatten, aufgegeben wurde.

Leichtere Fälle von paranoidem Charakter zeigen eine bestimmte Selektivität, d. h. sie nehmen manche Merkmale einer Person besonders deutlich wahr und andere gar nicht. Die angegriffenen Züge entsprechen den Projektionen, den Teilen der paranoiden Persönlichkeit, gegen die der Betreffende sich abgegrenzt hat. Projektionen sind also ein sehr geeignetes Mittel, um die Auflösung der Ambivalenz zu vermeiden. Wenn man seine eigene feindselige Haltung projiziert, ist es leicht, tolerant zu sein. Verdient man nicht ein Schulterklopfen dafür, daß man inmitten einer so schlechten Welt so gut ist?

Da sich eine organismische Auffassung nicht damit zufriedengeben kann, nur die psychischen Aspekte zu untersuchen, werden wir versuchen herauszubekommen, was auf der somatischen Seite dem Projektionsprozeß entspricht.

11

Der Pseudostoffwechsel des paranoischen Charakters

Zwei Abbildungen sollen in einfacher Form die Tätigkeit des Gastrointestinaltrakts des Organismus zeigen: Abb. I veranschaulicht einen gesunden Nahrungsstoffwechsel; Abb. II ein krankhaftes Phänomen, das dem Stoffwechsel ähnlich sieht, in Wirklichkeit aber eine Frustration ist, und Pseudostoffwechsel genannt werden kann.

Der Gastrointestinaltrakt ist eine Haut, die den eigentlichen Organismus von der Außenwelt trennt (wie es auch die Epidermis tut). Solange sich die Nahrung in diesem Trakt befindet und noch nicht durch seine Wände gedrungen ist, ist sie vom Organismus isoliert. In gewissem Sinn bleibt sie Teil der Außenwelt, wie der Sauerstoff in der Lunge, bevor er durch die Lungenbläschen absorbiert wird. Sowohl der Sauerstoff als auch die Nahrung werden erst dann Teil des Organismus, wenn sie absorbiert worden sind.

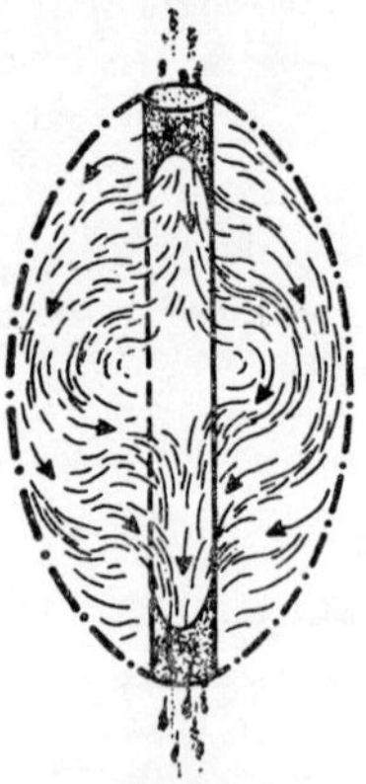

FIG. I

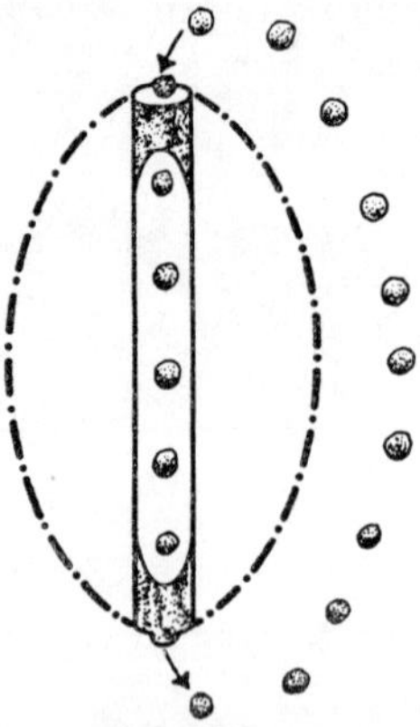

FIG. II

Ohne angemessene Vorbereitung (Kauen usw.) ist die Nahrung nicht absorbierbar. Menschen, die nicht richtig kauen, können ganze Maiskörner, Beeren und ähnliche Dinge in ihrem Stuhl entdecken. Introjiziertes Material bleibt außerhalb des eigentlichen Organismus und wird dann mit Recht als etwas empfunden, das dem Selbst fremd ist, als etwas, das dentale Aggression hervorruft oder den Wunsch, es loszuwerden. Dieses Material wird nicht als Abfallstoff ausgeschieden, sondern als *Projektion*. Es verschwindet nicht aus der Welt des Projizierenden, sondern lediglich aus seiner Persönlichkeit.

Unter dem Einfluß von Widerständen verwandeln sich die gesunden Vorgänge des Essens und Defäzierens häufig in die krankhaften Vorgänge der Introjektion und Projektion; mit Hilfe sensorischer Widerstände (Hypoästhesie) werden Mund und After Orte der Konfluenz, anstatt Orte der geregelten Kommunikation.

Als ich das erste Mal mit Fällen zu tun hatte, wo die Patienten das von der Psychoanalyse aus dem Unbewußten freigesetzte Material nicht annahmen, sondern projizierten, versuchte ich herauszubekommen, wie dieses Material ohne Kontakt mit dem Ich hinausschlüpfen konnte — ohne daß der Patient diesen Vorgang bemerkte. Ich fand die Lösung in der strukturellen Identität der physischen und der seelischen Prozesse. In all diesen Fällen besteht eine Anästhesie, eine Frigidität des Afters. Das analytische Material (wie die Fäzes) sickert also nicht (um Federns Ausdrucksweise zu gebrauchen) durch die Ichgrenzen oder, wie ich es lieber ausdrücken möchte, das Ich existiert, funktioniert nicht. Da eine Konfluenz zwischen Organismus und Welt besteht, wird nicht bemerkt, daß Teile der Persönlichkeit das System verlassen.

Eine Folge der Anästhesie, die sich manchmal bis weit in den Mastdarm hinauf erstreckt, besteht darin, daß der Stuhldrang erheblich vermindert empfunden wird, eine Unsicherheit, die sich meistens in einer ständigen Anspannung des After-Schließmuskels und in chronischer Verstopfung manifestiert. Die Beherrschung der Defäkation funktioniert nicht biologisch; der After ist, der Sicherheit halber, fest verschlossen; die Defäkation ist forciert und oft entwickeln sich Hämorrhoiden. Der Durchgang der Fäzes durch den After wird nicht empfunden; er findet ohne angemessene sinnliche Wahrnehmung statt. Anstatt einer vollen Wahrnehmung begleitet Geistesabwesenheit — manchmal sogar eine Art Trance — die Defäkation.

Im gesunden Organismus wird die geistig-seelische und die leibliche Nahrung assimiliert und in Energien umgewandelt, die wiederum in Aktivität umgesetzt werden, in Arbeit und Gefühle. Unverdauliches Material wird abgeführt und als Abfall aufgegeben; es wird ausgedrückt, aber nicht projiziert.

Beim Pseudostoffwechsel wird das aufgenommene Material ungenügend assimiliert und verläßt die Persönlichkeit mehr oder weniger ungenutzt, wobei es Energien aus dem System mit hinausnimmt. Sie gleiten hinaus, ohne im Organismus ihre Aufgabe erfüllt zu haben. Wenn das Material nur ausgestoßen und als Abfall behandelt würde, wäre der dem Organismus zugefügte Schaden nicht so schlimm. Der Verlust könnte weitgehend durch eine Steigerung der Nahrungsmenge ausgeglichen werden. (Ein »Introjizierender« ist gierig, und eine gewisse Menge der verschluckten Nahrung findet immer ihren Weg in die Gewebe, trotz der mangelhaften oralen Zerstörung.) Es scheint jedoch, daß *der Organismus im gleichen Maß, in dem der mächtige Verdauungstrieb unbefriedigt bleibt, danach verlangt, seine eigene Substanz wiederzuerlangen.* Auf primitive Weise kommt diese Tendenz in der Perversion der Koprophagie zum Vorschein; auf höherer Ebene in der Aggressivität des Paranoiden gegen seine Projektionen.

Um die Pathologie des Pseudostoffwechsels zu verstehen (besonders die paradoxe Tendenz des paranoischen Charakters, seinen Projektionen sowohl feindselig als auch fasziniert gegenüberzustehen), muß man die Rolle unterstreichen, die verdrängter Ekel in diesem Prozeß spielt. Introjektion ist das gleiche, wie wenn die Nahrung den oralen Bereich zu hastig verläßt. Wenn bestimmte Nahrungsmittel geschmeckt würden, würden sie Ekel, vielleicht Erbrechen auslösen; um dies zu vermeiden, wird die Nahrung rasch hinuntergeschluckt, und der Ekel wird verdrängt. Die Folge ist eine allgemeine orale Anästhesie, und es wird, genau wie am After, ein Ort der Konfluenz geschaffen. (Diese orale Anästhesie ist der Medizin schon lange als hysterisches Symptom bekannt.) Sobald der Zensor — der Geschmack und das Gefühl der Nahrung — zum Schweigen gebracht worden ist, besteht kaum mehr ein Unterscheidungsvermögen. Sowohl leiblich (Nahrung) als auch geistig (Wissen) wird alles ausnahmslos geschluckt. Hand in Hand mit diesem Mangel an Differenzierung geht ein Mangel an Konzentration — Geistesabwesenheit und andere neurasthenische Symptome.

Wenn wir verdrängte Erinnerungen als eine Ansammlung von unverdauten Brocken betrachten, sehen wir zwei Möglichkeiten, sie loszuwerden — Assimilierung oder Ausstoßung. Um assimiliert zu werden, muß das Material wiedergekäut werden, und um wiedergekäut zu werden, muß es »einem hochkommen«. Ekel ist die emotionale Komponente des Erbrechens. Wenn dieses unverdaute Material nicht hochkommt (nicht wiederholt wird), geht es in die entgegengesetzte Richtung; es wird ausgestoßen.

Die Ausstoßung wird nicht als Trennung empfunden, wenn die orale Anästhesie erst einmal Konfluenz *geschaffen* hat: *Die Ausstoßung wird zur Projektion.* Der Organismus setzt seine Versuche fort, das neue projizierte Material, das sich an geeignete Objekte in der Außenwelt heftet, anzugreifen und zu zerstören. Immer, wenn diese Objekte zur »Figur« werden, antwortet der Organismus mit Aggression — mit Feindseligkeit, Rachsucht und Verfolgung. Diese paranoische Verfolgung ist ein sehr bemerkenswertes Phänomen. Sie ist ein Versuch, die

Ichgrenze zu errichten, die im Augenblick des Projizierens nicht vorhanden war. Aber der Versuch muß scheitern, da der Paranoide das als äußeres Material behandeln will, was in Wirklichkeit ein Teil seiner selbst ist. Er kann das »Projizierte« nicht in Ruhe lassen, weil seine Aggression im Grunde alimentärer Art ist. Da jedoch diese Aggression nicht als dentale Aggression durchgeführt wird, ist die Zerstörung erfolglos und führt nur zu erneuter Introjektion. Die Verdauungs- und Neuverdauungssituation bleibt wieder unabgeschlossen — der Feind ist zwar einverleibt, aber nicht assimiliert worden; später wird er wieder projiziert und erneut als Verfolger erlebt [1]. Und so geht es immer weiter. Anästhesie des Mundes und des Afters führen zu einem Mangel an Gewahrsein: Das Gefühl der Nahrung (Schmecken des Aromas, Erkennen der Struktur) und das Gefühl der Defäkation haben aufgehört, Ichfunktionen zu sein.

Da das unassimilierte Material nicht nur ausgestoßen und aufgegeben, sondern in die Welt projiziert wird, enthält es in steigendem Maß bereits früher projiziertes Material, das ein übers andere Mal unvollkommen verdaut bleibt. Ein Teufelskreis wird in Gang gesetzt, und der paranoide Charaker verliert allmählich den Kontakt mit der realen Welt; er wird von seiner Umwelt isoliert. Er lebt in einer »imaginären« Welt. Das merkt er gewöhnlich gar nicht, denn da Mund und After die Kommunikation nicht regeln, bleibt er in Konfluenz mit der projizierten Welt, die er irrtümlich für die reale Welt hält [2].

Das folgende Beispiel soll die Entwicklung des Zyklus von Projektion und Introjektion veranschaulichen: Ein Junge bewundert einen großen Fußballer. Man macht sich über seine Begeisterung lustig; er unterdrückt sie also und projiziert seine Bewunderung auf seine Schwester, indem er sich einbildet, sie bewundere seinen Helden. Später introjiziert er den Helden und will selber bewundert werden. Um diese Bewunderung zu gewinnen, prahlt er, spielt den Clown und bringt den Rest seines kindlichen Repertoires ins Spiel. Anstatt Bewunderung zu erlangen, wird er von seiner Schwester gescholten und ausgelacht. Der Junge wird verschüchtert und hat insgeheim Tagträume, daß er ein hervorragender Sportler sei. Er ist nun auf dem Wege, ein Neurotiker zu werden, aber er ist noch kein Paranoiker. Das kann aber geschehen, wenn er seinem

[1] Die Verfolgung der eigenen Projektionen verwandelt sich bei der echten Paranoia durch Projektion in die Vorstellung, »verfolgt zu werden«.

[2] Wenn wenigstens der Ekel nicht verdrängt wäre, würde die kräftige Schranke, die er bedeutet, verhindern, daß die Projektionen erneut introjiziert werden, und der Teufelskreis könnte unterbrochen werden. Ekel ist eine Ichgrenze — wenn auch gewiß keine angenehme.

früheren Helden zugleich seine Erfolge übelnimmt und mißgönnt, da er in seiner Vorstellung sein Konkurrent geworden ist. Wenn er dann seine Mißgunst projiziert und dadurch zu der Ansicht gelangt, die Welt mißgönne ihm seine (phantasierten) Verdienste, schafft er eine Mauer zwischen sich und seiner Umwelt; er wird still und verschlossen oder wiederum reizbar und explosiv. Das Fundament für einen paranoischen Charakter, vielleicht sogar für eine zukünftige Paranoia, ist gelegt.

Ich habe den paranoischen Stoffwechsel absichtlich übermäßig vereinfacht. Es gibt noch viele weitere Stellen, an denen Introjektionen und Projektionen in den Organismus eindringen bzw. ihn verlassen können. Die Häufigkeit, mit der man alimentäre Störungen in Verbindung mit paranoiden Symptomen vorfindet, ist so offensichtlich, daß es gerechtfertigt erscheint, das primäre Symptom in dem Pseudostoffwechsel zu sehen.

Im sexuellen Bereich finden wir, unter anderen Symptomen, Eifersucht und Voyeurismus. Einer meine Patienten, ein junger Mann, war zu schüchtern, um mit seiner Verlobten Geschlechtsverkehr zu haben, er projizierte seine Vorstellungen auf einen Freund und wurde eifersüchtig auf ihn. Es war leicht, ihm zu zeigen, daß er sich genau das ausmalte, was er als seinen eigenen Wunsch nicht zum Ausdruck bringen konnte. Eine erneute Identifizierung klärte die Situation rasch.

Bei einem anderen Patienten war das nicht so leicht. Hier hatte sich der Prozeß schon weiter entwickelt. Dieser Mann war verheiratet, und nachdem er seine Wünsche zuerst projiziert hatte, hatte er seinen eingebildeten Rivalen später introjiziert. Er verhielt sich beim Geschlechtsverkehr so, »als ob« er der andere Mann sei. Da er nicht in voller Übereinstimmung mit seinen biologischen Bedürfnissen war, sondern sich statt dessen auf eine Nachahmung seines Freundes konzentrierte, war der Kontakt mit seiner Frau unzureichend: Der Geschlechtsakt blieb unbefriedigend und im Grunde unabgeschlossen. Das förderte den Teufelskreis von Projektionen und Introjektionen.

In einem anderen Fall schuf eine unzureichende Empfindung des Penis Konfluenz. In diesem Fall wurde der Penis auf das »Weibchen« projiziert, und es begann eine lebenslange Suche nach einer Frau mit einem Penis. Hier haben wir es mit einem wirklichen Kastrationskomplex zu tun oder vielmehr mit einer halluzinatorischen Kastration, was dem Fehlen angemessener Empfindungen entspricht.

Wir haben uns vorher mit einem anderen Aspekt des Kastrationskomplexes beschäftigt, nämlich damit, daß projizierte Aggression die Furcht erzeugt, ein Teil des eigenen Leibes (z. B. der Penis) könnte beschädigt werden. Es gibt jedoch ein Leiden, das die Psychoanalyse ebenfalls auf den Kastrationskomplex zurückführt, das aber nicht durch projizierte Aggression erklärt werden kann. Viele Männer glauben, der Verlust von Samen mache sie schwach oder schwachsinnig; andere leben in ständiger Angst, ihr Geld zu verlieren und arm zu werden. Wenn eine Aktivität projiziert wird, erlebt das Ich sich selbst als passiv; im Fall projizierter Aggression erlebt es sich als das, was angegriffen wird. Der Energieverlust wird jedoch als Funktion des eigenen Organismus empfunden, nicht als Folge eines Angriffs.

Ein Mensch, der projiziert, verliert wirklich Kräfte, anstatt sie anzuwenden und auszudrücken. Der Junge in dem oben erwähnten Beispiel gibt sich, anstatt seine Begeisterung zu erleben (und damit eine intensive Freude am Leben), unendliche Mühe, andere dazu zu veranlassen, sich für ihn zu begeistern. Indem er seine Begeisterung projiziert, verliert er sie; das ist der erste Schritt zur Einschränkung der Persönlichkeit.

Ein paranoider Patient klagte, obwohl seine sexuelle Aktivität sehr eingeschränkt sei, leide er doch an einem ständigen Kräfteverlust. Er litt an ejaculatio praecox. Er »projizierte« seinen Samen, fühlte die Entladung kaum und erlebte nichts, was einem echten Orgasmus auch nur nahekam. An Stelle einer vorübergehenden Konfluenz seiner Persönlichkeit mit seiner Frau, an Stelle des Einsseins, das den Geschlechtsverkehr kennzeichnet, herrschte sexuelle Übererregtheit, aber kein persönlicher Kontakt.

Es trifft zu: Im Augenblick des Orgasmus besteht eine Konfluenz, ein Einssein zwischen Mann und Frau, so daß Welt und Individualität aufhören zu existieren. Aber diese Konfluenz ist der Höhepunkt in der ansteigenden Kurve des persönlichen Kontakts, des Hautkontakts und schließlich des genitalen Kontakts. Die Auflösung des Phänomens Kontakt/Isolierung in der Konfluenz wird als starke Befriedigung erlebt [3].

Leute mit ejaculatio praecox sind durch eine unentwickelte Kontaktzone und schwache Ichfunktionen gekennzeichnet. Sie haben kaum genitale Kontaktmöglichkeiten, ebenso wie ihr Kontakt mit der Nahrung beeinträchtigt ist. So, wie sie das sofortige, mühelose Fließen der Milch fordern, lassen sie ihren Samen fließen, ohne die Kontaktgrenze zu überschreiten oder zu erschaffen, d. h. ohne Befriedigungserlebnis. Die ejaculatio praecox ist kennzeichnend für jemand, der zu einer konzentrierten Anstrengung nicht fähig ist. Die *Anstrengung* wird projiziert, und es wird erwartet, daß jemand anders sie auf sich nimmt. Solche Patienten wirken entweder infantil — abhängig von einem Mutter-

---

[3] Ein wohlbekanntes Beispiel ist die süße Versöhnung nach einem Streit.

Ersatz — oder wie Chefs, die Angestellte und Dienstboten haben, die die Arbeit für sie tun. Beide (manchmal finden sich die beiden Haltungen bei ein und demselben Menschen) sind verloren, wenn sie auf eigenen Füßen stehen müssen.

Während bei der ejaculatio praecox die spezifische Anstrengung projiziert wird und nur eine unspezifische Erregung (Gereiztheit) als Ausdruck der Persönlichkeit übrigbleibt, finden wir auch das Umgekehrte: die frigide Persönlichkeit, die ihre *Erregung* projiziert, aber eine außerordentliche, wenn auch fruchtlose (Pseudo-)Anstrengung unternimmt. In der sexuellen Situation vermeiden diese frigiden Charaktere die notwendige Entladung und den Ausdruck starker Erregung, aber sie tun alles, um den Partner zu erregen. Sie selber bleiben leer, unzufrieden, enttäuscht oder genießen bestenfalls einen armseligen Ersatz, ein sadistisches Vergnügen, ihr Ziel erreicht und den Partner erregt zu haben, während sie selber unerschüttert bleiben. Ihre Frigidität ist eine Festung, in die sie einzudringen versuchen, aber ihre sexuelle Befriedigung ist ebenso wie ihre orale Befriedigung fast genauso unzureichend wie bei der ejaculatio praecox. Sie ermüden sich so sehr, daß sie nach dem Geschlechtsverkehr nicht glücklich sind, sondern nur erschöpft. In beiden Fällen, bei der ejaculatio praecox und bei der ejaculatio retarda, kommt nie eine abgeschlossene Situation zustande — kein richtiges Gleichgewicht, wie es der Organismus braucht.

Der Neurotiker, der ständig Zuneigung und Wertschätzung braucht, ist in einer ähnlichen Situation. Selbst wenn er die erwünschte Liebe bekommt, wird ihm doch nicht die erwartete Befriedigung zuteil. Sein Pseudostoffwechsel ist gewöhnlich ziemlich einfach: Er giert nach Anerkennung, aber sobald er sie bekommt (in Form von Lob oder Kritik) lehnt er sie entweder ab oder er introjiziert sie — d. h. er schluckt sie kritiklos hinunter. Er zieht keinen Nutzen aus dem, was ihm gegeben wird; er assimiliert die Anerkennung nicht, sondern projiziert sie und setzt den Teufelskreis fort. Der Kräfteverlust durch Projektion, d. h. durch fehlende Assimilation, führt zur Atrophie der Persönlichkeit des paranoischen Charakters.

12

Größenwahn — Ausgestoßenenkomplex

Die verschiedenen Introjektions- und Projektionszyklen beim paranoischen Charakter laufen gleichzeitig ab, sie müssen aber zum Zweck der Analyse isoliert werden. Einer dieser Zyklen verdient besonderes Interesse. Er ist bei jedem Paranoiden vorhanden, und man begegnet ihm in milderer Form häufig auch im Alltagsleben. Ein passender Name für diesen Zyklus wäre Größenwahn — Ausgestoßenenkomplex, gängiger ausgedrückt: Überlegenheits-/Minderwertigkeitskomplex. Eine Hälfte davon, der Minderwertigkeitskomplex, ist zum öffentlichen Liebling Nr. 1 geworden.

Während A. Adler, der Vater des »Minderwertigkeitsgefühls«, behauptet, sein Ursprung sei ein Kindheitstrauma, das auf einer somatischen Minderwertigkeit beruht, sieht W. Reich in ihm ein Symptom sexueller Impotenz. Beide übersehen jedoch die Tatsache, daß die Minderwertigkeitsgefühle in Situationen auftauchen, wo arrogante und ähnliche Leute ihre Überlegenheitspose nicht aufrechterhalten können.

In diesem Kapitel möchte ich eine eigenartige Beziehung beschreiben, die zwischen dem Minderwertigkeitsgefühl und einer besonderen Wertung besteht, die aus der Wertung des Fäzes abgeleitet ist. Menschen, die an schweren Minderwertigkeitsgefühlen leiden, erleben sich als Ausgestoßene, als Personen, die von der übrigen Welt nicht akzeptiert werden. Zu anderen Zeiten zeigen sie Arroganz — größenwahnsinnige Phantasien (oft in Tagträumen verborgen), in denen sie Könige, Führer, die besten Kricketspieler usw. sind und daher das Recht haben, auf ihre Mitmenschen herunterzuschauen. Bei der echten Paranoia werden diese Phantasien zu Überzeugungen.

Mit der einen Wurzel solcher Phantasien haben wir uns schon befaßt, mit den Projektionen, die Bewunderung in den zwanghaften Wunsch verwandeln, bewundert zu werden. Selbst wenn diese Wünsche nicht befriedigt werden können, zeigt die phantasierte Wunscherfüllung ein narzißtisches Ziel und einen narzißtischen Gewinn — das Gefühl, der Überlegene zu sein, besser, stärker oder schöner zu sein als andere oder zumindest als der Rivale. Wenn er ganz oben ist, kann der Tagträumer die Welt verachten und ablehnen; er kann auf seine Mitmenschen herabsehen. Ein Junge z. B. träumte einmal, sein Vater — eine sehr eindrucksvolle Persönlichkeit — sei ein kleiner Zwerg.

Der Teufelskreis geht weiter: »Je höher man steigt, desto tiefer fällt man.« Die Verachtung für andere wird wiederum auf diese projiziert, der Tagträumer fühlt sich selbst verachtet, abgelehnt, ausgestoßen. Alsbald introjiziert er den Verächter und behandelt andere als Ausgestoßene.

Die Retroflexion ist eine Komplikation dieses Zyklus, die erwähnenswert ist: In manchen Fällen fallen Größenwahn und Perioden des »Sich-Ausgestoßen-Fühlens« zusammen; dann spaltet sich der Charakter des Paranoikers in zwei Teile; er wendet seine Verachtung gegen sich selbst und verachtet »sich« wegen bestimmter Eigenschaften oder Handlungen — er ist zugleich Verächter und Verachteter. Je schwerer es ihm fällt, sein wirkliches Selbst zu akzeptieren, desto größer ist der Drang, sich zu rechtfertigen, indem er Unmögliches von sich und von seiner Umwelt fordert. Während der Projektionsperiode bildet er sich ein, man stelle ständig Forderungen an ihn. Eine meiner Patientinnen konnte keine unausgefüllte Stunde in ihrem Leben ertragen — sie mußte ihren Tageslauf ebenso vollstopfen, wie sie sich den Magen vollstopfte; sobald sie ihre Verabredungen jedoch getroffen hatte, wurden sie ihr zur Last, zu einer Pflicht, die ihr fürchterliche Sorgen machte.

Vielen Menschen fällt es schwer, Komplimente, Zuneigung, Geschenke usw. anzunehmen. In den Perioden, in denen sie sich als »Ausgestoßene« fühlen, projizieren solche Leute ihre *Unfähigkeit, Zeichen der Liebe zu akzeptieren:* Sie empfinden sich selbst als unannehmbar und unwürdig, und nichts kann sie vom Gegenteil überzeugen. Wenn diese Unfähigkeit gegen die eigene Person gekehrt wird, können sie sich nicht so akzeptieren, wie sie wirklich sind. Sie »können sich selbst nicht riechen«, sie können ihren eigenen Anblick nicht ausstehen, und so fort.

Der Komplex Größenwahn/Ausgestoßensein unterscheidet sich von dem umfassenderen Phänomen des Pseudostoffwechsels dadurch, daß er mit Wertungen geladen ist, die mehr oder weniger identisch sind mit den allgemein verbreiteten Anschauungen in bezug auf die Fäzes. In der psychoanalytischen Deutung stehen die Fäzes meistens als Symbol für etwas Wertvolles, für ein Kind (Ähnlichkeit mit der Geburtssituation) oder für Geld (Ausdruck durch das Gegenteil). Diese Deutungen mögen für die Situation des Babys richtig sein. Zu dieser Zeit werden die Fäzes von Mutter und Kind oft als ein Geschenk betrachtet, aber im Verlauf der Reinlichkeitserziehung lernt das Kind sie bald verachten und den Ekel introjizieren, den die Umwelt ihnen gegenüber an den Tag legt.

Für den Erwachsenen unserer Zeit haben die Fäzes die unzweideutige symbolische Bedeutung von etwas Schmutzigem, Ekelhaftem, Unerträglichem, von etwas, das es überhaupt nicht geben sollte. »Du bist ein Stück

Dreck — ein Stück Scheiße«, ist eine äußerst schwere Beleidigung. Diese symbolische Bedeutung der Fäzes von etwas Schmutzigem, Ekelhaftem, Unerträglichem ist die Grundlage des Gefühls, »ausgestoßen« oder »minderwertig« zu sein. *In der Introjektionsperiode — der Periode der Identifizierung mit den Fäzes — fühlt sich der paranoide Charakter als Dreck; in Zeiten der Projektion — der Abgrenzung — hält er sich für überlegen und betrachtet die Welt als Dreck.*

Eine Erinnerung an den fäkalen Ursprung der Introjektion ist der schlechte (»dreckige«) Geschmack, den paranoide Charaktere oft im Mund haben, auch sind sie nur allzu bereit, bei vielen Dingen und Handlungen festzustellen, sie zeugten von »schlechtem Geschmack«. Ein schlechter Mundgeruch kann tatsächlich vorhanden sein, da nach meinen Beobachtungen jeder paranoide Charakter Störungen der Ernährungsfunktionen aufweist. Im Fall einer Magenneurose kann man immer nach begleitenden paranoiden Zügen Ausschau halten.

Wenn ein paranoider Charakter während der Analyse anfängt, sich den Projektionen als den verachteten Teilen seiner eigenen Persönlichkeit zu stellen, verspürt er Ekel und einen starken Brechreiz. Das ist ein gutes Zeichen. Es zeigt an, daß der Zensor und die Ichgrenzen wiederhergestellt sind. Die Projektionen werden nicht mehr blind introjiziert. Wenn der Geschmack wiederhergestellt ist, kommt der Ekel (erregt durch den fäkalen Ursprung der Projektionen) an die Oberfläche. Ohne das Wiederauftreten des Ekels ist die Analyse jeder alimentären oder paranoiden Neurose hoffnungslos.

Die Psychoanalyse hat bereits erkannt, daß die meisten Neurosen einen psychotischen Kern haben. Bisher glaubte man, der paranoische Kern bei der Zwangsneurose sei der Behandlung nicht zugänglich. Dieser Kern kann jedoch aufgelöst werden, wenn wir seine alimentäre Komponente genügend beachten.

Wir begegnen allen Arten von Zwischenformen zwischen dem paranoiden Charakter und dem Zwangscharakter, es gibt jedoch bestimmte entscheidende Unterschiede. Die paranoischen Funktionen sind meistens unbewußt, und die Ichfunktionen des Paranoikers sind zutiefst gestört. Beim Zwangskranken sind die Ichfunktionen *qualitativ* übertrieben (nahezu verfestigt), wenn auch *quantitativ* vermindert. Außerdem spielt bei der Zwangsneurose die Empfindungslosigkeit eine viel geringere Rolle; der beherrschende Faktor ist die aktuelle bewußte Vermeidung des Kontakts. Das Gefühl, dreckig zu sein, bekämpft der Zwangsneurotiker meist durch ständiges Sich-Waschen und die Vermeidung des Kontakts mit Schmutz. Er projiziert also das Gefühl des Schmutzigseins in viel geringerem Maß als der Paranoide. Die orale Haltung des Zwangsneurotikers ist durch eine weniger vollständige Introjektion gekennzeichnet als die des Paranoikers und mehr durch wirkliches Vermeiden des Beißens und des Zufügens von Schmerz. Auch ist eine Starrheit in den Muskeln (hauptsächlich in der Kiefermuskulatur) festzustellen; es ist, als versuche der Zwangsneurotiker zu vermeiden, daß sich beim Beißen die unteren und die oberen Schneidezähne berühren, wodurch er eine orale Konfluenz herstellt. Im Gegensatz zum Paranoiden benützt er oft seine Backenzähne, aber er ist nicht fähig, einen »klaren Schnitt« zu machen; er hat Angst, jemanden direkt zu verletzen und sammelt eine unerhörte Menge von Aggression (Ressentiment) an. Darum spielen das Zufügen von Schmerz und das Töten in seinen Zwangsvorstellungen eine dominante Rolle.

Bei den Zwangskranken besteht nicht die Gefahr, daß diese Tötungsphantasien in die Praxis umgesetzt werden, aber sie nimmt um so mehr zu, je stärker paranoide Charakterzüge hervortreten. (Ich möchte in diesem Zusammenhang an die ausgezeichneten Studien von Paranoikern in dem Film *Rage in Heaven* und Cronins Roman *Hatter's Castle* erinnern).

Sowohl die Zwangsneurose als auch die Paranoia sind durch eine starke Tendenz zur Konfluenz gekennzeichnet. Der Paranoiker ist sich dessen nicht bewußt, während der Zwangscharakter in der ständigen Angst lebt, seine Individualität und seine Selbstbeherrschung zu verlieren. Er begegnet der Gefahr, in eine paranoische Konfluenz hineinzugleiten, durch die Errichtung starrer Grenzen. Seine Abwehr leidet — wie die Maginot-Linie — an Unbeweglichkeit. Das Festhalten an solchen starren Grenzen gibt ihm ein trügerisches Gefühl der Sicherheit, ähnlich dem Gefühl, das die Franzosen hatten; sie waren sich der bestehenden Konfluenz über die Niederlande (da für Hitler konventionelle Grenzen nicht existieren) nicht genügend bewußt, ebensowenig wie der Notwendigkeit elastischer Verteidigungslinien. Die Maginot-Linie wurde zu einer Attrappe — einem unzerstörbaren, aber starren und daher nicht anpassungsfähigen Objekt.

Die weitere Forschungsarbeit wird mehr Klarheit über die Beziehung zwischen der Zwangsneurose und der Paranoia erbringen. Eines scheint sicher: Beide Krankheiten zeigen, anders als Hysterie und Neurasthenie, sehr wenig Neigung, nachzulassen oder spontan zu heilen, sondern eher die Tendenz, sich zu verschlimmern. Das überrascht nicht, wenn man an den Teufelkreis des paranoischen Pseudostoffwechsels denkt und die zunehmende Vermeidungshaltung des Zwangscharakters; beide zersetzen die Persönlichkeit fortschreitend. Im *fortgeschrittenen* Stadium haben beide Typen von Kranken die Fähigkeit zu lächeln verloren; sie wissen den Humor nicht mehr zu schätzen und sind immer todernst.

Die Entdeckung des paranoischen Kerns in der Zwangsneurose bringt eine Gefahr mit sich. Man könnte versucht sein, eine Abkürzung zu wählen und nur diesen Kern zu behandeln. Das wäre ein schlimmer Fehler und würde nur die Ersatzhandlungen und das Leiden des Zwangsneurotikers steigern. Man muß statt dessen seine abgestumpfte Aggressivität schärfen. Zu diesem Zweck kann man ein Symptom benützen, das ich bei diesem Typus immer wieder festgestellt habe und das den Vorteil hat, ein Kontaktphänomen zu sein, wenn es auch oft durch Projektion entstellt ist. Der Zwangscharakter liebt es, die Menschen zu verletzen und in Verlegenheit zu bringen, indem er sie zum Narren hält, eine Haltung, die er manchmal geschickt verbirgt, z. B. indem er andere dazu bringt, sich dumm, ohnmächtig oder verwirrt zu fühlen; sie drückt sich aber in den Frühstadien auf sehr primitive Weise aus. Ein ziemlich intelligenter junger Mann stellte seinem Vater, der einen akademischen Grad hatte, alberne Fragen wie: »Vati, du bist so gescheit, du kannst mir doch sicher sagen, wieviel dreimal vier ist«? Wenn die Zwangscharaktere jedoch ihre Neigung, andere zu blamieren, projizieren, bereitet sie ihnen noch nicht einmal Vergnügen, sondern sie leben dann in der ständigen Furcht bzw. geben sich der Täuschung hin, man halte *sie* zum Narren.

Die Behandlung der Zwangsneurose muß eine weitere Ausbreitung der Aggressionsvermeidung verhindern und zum direkten Ausdruck der Aggressivität anreizen. Sobald dies erreicht ist, verläuft die Behandlung wie beim paranoischen Charakter, bei dem wir dem bösartigen Fortschreiten des Projektions-Introjektionszirkels Einhalt gebieten und die Entwicklung umkehren müssen, indem wir die gesunden Ichfunktionen wiederherstellen.

Es kommt nicht darauf an, wo man den Teufelskreis zuerst unterbricht, vorausgesetzt, man arbeitet holistisch, hält sich seine Struktur ständig vor Augen und arbeitet alle drei wesentlichen Punkte gründlich und vollständig durch:

1. die gründliche Zerstörung und das gründliche Schmecken leiblicher und geistiger Nahrung als Vorbereitung zu ihrer Assimilierung; besonders zu beachten ist das Heraufholen des verdrängten Ekels und das Zerkauen von Introjektionen;
2. das Gefühl der Defäkationsfunktion und die Entwicklung der Fähigkeit, Verlegenheit und Scham auszuhalten; die Entwicklung der Fähigkeit, Projektionen zu erkennen und zu assimilieren.
3. die Auflösung von Retroflexionen.

Wir haben mittlerweile alle drei Punkte diskutiert, außer der »Fähigkeit, Verlegenheit und Scham auszuhalten«, die noch weiterer Aufmerksamkeit bedarf.

13

Emotionaler Widerstand

Entsprechend den drei Aspekten des menschlichen Organismus, Körper, Geist und Seele, unterscheidet man zwischen somatischem, intellektuellem und emotionalem Widerstand. Eine solche Klassifizierung von Widerständen ist natürlich künstlich. In jedem Fall sind alle drei Aspekte vorhanden, allerdings in verschiedenem Grad und in verschiedener Zusammensetzung. Meistens herrscht ein Aspekt vor und ermöglicht so einen bequemeren Zugang als die anderen.

In den vorangegangenen Kapiteln haben wir die sensomotorischen (somatischen) Widerstände behandelt.

Intellektuelle Widerstände sind Rechtfertigungen, Rationalisierungen, verbale Forderungen des Gewissens sowie der Zensor; ihre Bedeutung hat Freud nachgewiesen. Aber obwohl er in der psychoanalytischen Grundregel die Bedeutung der Verlegenheit hervorgehoben hat, galt sein theoretisches Interesse mehr den intellektuellen Widerständen als den emotionalen. Bis heute hat sich die Psychoanalyse den emotionalen Widerständen noch nicht mit dem Maß an Interesse zugewandt, das sie verdienen — mit Ausnahme der Feindseligkeit.

Oberflächlich lassen sich die Gefühle als vollständige und unvollständige, ¶ und ♯, positiv und negativ klassifizieren. Typische Beispiele für *unvollständige Gefühle* sind Besorgnis und Traurigkeit. Traurigkeit z. B. kann stunden- und tagelang dauern, wenn sie nicht genügend Stoßkraft gewinnt, um sich in einem Tränenausbruch zu entladen, der das organismische Gleichgewicht wiederherstellt.

»Sich Sorgen machen« ist verwandt mit Murren und Nörgeln; es entspricht dem Knabbern an Nahrungsmitteln. Wer »sich Sorgen macht«, handelt nicht voll, seine Aggression wird zum Teil verdrängt und kommt als Nörgeln und Besorgtheit zurück. Es ist das übliche Schicksal der verdrängten Aggression — sie wird entweder projiziert und so in Passivität umgekehrt (»Das und das *macht* mir Sorgen«, »Die Vorstellung, auf diesen Ball gehen zu müssen, *beunruhigt* mich die ganze Zeit«) oder gegen die eigene Person gewandt (»*Ich* mach mir solche Sorgen!«).

Der Ärger einer Mutter über das lange Ausbleiben ihrer Tochter verwandelt sich, wenn er nicht ausgedrückt wird, in Besorgnis oder in Phantasien, daß alle möglichen Unfälle passiert sein könnten. Wenn sie explodiert, sobald die Tochter nach Hause kommt, ist die Situation abgeschlossen; aber wenn sie das nicht wagt oder wenn sie eine Maske der Freundlichkeit und Liebe aufrechterhalten muß, wird sie für diese Heuchelei mit Schlaflosigkeit oder zumindest mit Alpträumen bezahlen müssen.

Ein kleiner Junge hört auf, an seiner Mutter herumzuquengeln, sobald er seine Bonbons bekommen hat, sobald gehandelt worden ist. Unter den »besorgten« Erwachsenen sind immer Leute, die nicht selber handeln, sondern erwarten, daß andere das für sie tun. Die Handlungsunfähigkeit des Zwangscharakters zwingt ihn, sich dauernd Sorgen zu machen; die ständige Reizbarkeit des Paranoiden beruht auf seinen unerkannten und unvollendeten Versuchen, seine Projektionen wiederzukäuen. Einer meiner Patienten, ein zwangsneurotisch-paranoider Typus mit überwiegend zwanghaften Zügen, machte sich wochenlang Sorgen wegen eines winzigen Flecks auf seinem Sakko. Er entfernte das Fleckchen nicht, da er keinen Schmutz berühren wollte. Er hätte gern an seiner Frau herumgenörgelt und sie aufgefordert, den Flecken doch zu entfernen, aber er unterdrückte auch diesen Antrieb und beunruhigte sich und seine Frau weiterhin, ohne etwas zu sagen — wirklich eine unvollendete Situation, und um sie zu beenden, um den Fleck zu beseitigen, hätte er nur wenige Minuten gebraucht.

Das Gefühl, das unbeendbaren Situationen entspricht, ist das *Ressentiment,* das man nicht verstehen kann, solange man die Bedeutung der Anklammerungshaltung nicht begriffen hat. Derjenige, der sich anklammert, kann nicht loslassen, aufgeben und sich einer hoffnungsvolleren Beschäftigung oder Person zuwenden. Zugleich kann er mit demjenigen, auf den er fixiert ist, nicht erfolgreich umgehen: Indem er den »Anklammerungsbiß« verstärkt, versucht er, aus einer schon erschöpften Beziehung immer noch mehr herauszuholen, wodurch er nicht mehr Befriedigung erlangt, sich aber selber erschöpft und sein Ressentiment verstärkt. Dies wiederum führt zu einer noch stärkeren Anklammerungshaltung, und so fort ad infinitum in einem sich ständig steigernden Teufelskreis.

Er will die Vergeblichkeit seiner Bemühungen nicht einsehen, da er andererseits seine Möglichkeiten, sich neuen Betätigungsfeldern zuzuwenden, nicht erkennen kann (dentale Impotenz). Der mit Ressentiment Erfüllte projiziert seine dentale Potenz in das Fixierungsobjekt und stattet es auf diese Weise mit unbezähmbarer Macht aus, der er sich selber unterwerfen muß. Durch die Projektion hat er sein eigenes Vermögen, ihr angemessen zu begegnen, verloren. Er kann weder ablehnen noch annehmen, was das Fixierungsobjekt tut oder sagt. Obwohl er das Gesagte nicht akzeptieren kann, stellt er fest, daß er immer wieder darauf herumreitet; er »nörgelt« daran herum, aber er kaut und verdaut es nicht. Wollte der mit Ressentiment erfüllte Mensch die Situation assimilieren, müßte er loslassen, das Fixierungsobjekt aufgeben und die Situation beenden, indem er die emotionale Erschütterung der Trauerarbeit durchsteht, um den emotionalen Nullpunkt von Resignation und Freiheit zu erreichen.

Das Bedürfnis des Organismus, emotionale Situationen abzuschließen, läßt sich am besten durch einen Vergleich mit den Ausscheidungsvorgängen demonstrieren. Man kann den Urin ziemlich viele Stunden zurückhalten, aber man kann nicht länger als eine Minute urinieren. Das Verhalten von Gefühlen führt zu einer emotionalen Vergiftung, genau wie Urinverhaltung Urämie verursacht. Menschen werden von Bitterkeit gegen die ganze Welt vergiftet, wenn sie ihre Wut auf ein bestimmtes Objekt nicht entladen.

Auch hier muß ich wieder vor der Vorstellung warnen, Gefühle seien geheimnisvolle Energien. Sie sind immer in so hohem Maß mit somatischen Geschehnissen verknüpft, daß das unvollendete Gefühl und die unabgeschlossene Handlung sich oft kaum unterscheiden. Gleichermaßen sind die Ausdrücke »Katharsis« und »emotionale Entladung« (Gefühlsentladung) nur vorläufig zu verwenden, bis wir mehr über die an diesem Vorgang beteiligten Funktionen wissen.

¶- und ♯-Gefühle sind entweder *auto*plastisch oder *allo*plastisch. Das alloplastische ♯ nimmt die Form der Objektzerstörung an (Lust an mürben Nahrungsmitteln, Amoklaufen usw.). Die autoplastische Zerstörung ist die Resignation, Trauerarbeit, die, wenn sie erfolgreich ist, von Weinen begleitet ist. Das Unterdrücken des Weinens ist schädlich, da es den Organismus daran hindert, sich an Verlust oder Frustration anzupassen. Wenn einem jemand wehtut, liegt im Weinen — was nicht unbedingt in der Öffentlichkeit geschehen muß — die Heilung. Der Erziehungsgrundsatz »Ein Junge weint nicht!« fördert paranoische Aggression. Selbst Unteroffiziere sagen manchmal: »Schlag nicht zurück, weine!«.

Die alten Griechen schämten sich keineswegs zu weinen, und doch war Achilles ein ziemlich »harter Bursche«. In der modernen Literatur, besonders in der russischen und der chinesischen, kommen oft Männer vor, die weinen. Parallel zu ihrer größeren Gefühlsunabhängigkeit läuft ihre Fähigkeit zu unabhängigem Handeln (Guerillakrieg).

Mir scheint, daß eine Differenzierung des ♯ stattgefunden hat: Die alloplastische Zerstörung scheint mehr physikalischer, die autoplastische mehr chemischer Natur zu sein. Die nach außen gewandte autoplastische Zerstörung erscheint als ohnmächtige Wut oder verbale Rachsucht.

Sie gleicht mehr dem Spucken als dem Beißen und ist für den Organismus wenig wert.

Um »positive« und »negative« Gefühle zu verstehen, müssen wir uns an das dialektische Gesetz erinnern, nach dem Quantität sich in Qualität verwandelt.

Jedes Gefühl, jede Empfindung wandelt sich von etwas Angenehmem zu etwas Unangenehmem, wenn ihre Spannung oder Intensität über ein gewisses Maß hinaus ansteigt. Ein heißes Bad mag am Anfang angenehm sein, aber je höher die Temperatur ansteigt, desto unangenehmer wird es, bis ein Punkt erreicht wird, wo wir Verbrennungen erleiden und unser Leben in Gefahr gerät. Für die meisten Leute hat Tee einen unangenehm bitteren Geschmack; wenn man einen oder zwei Löffel Zucker hineintut, wird der Geschmack angenehm. Fügt man aber immer mehr Zucker hinzu, so wird er zum Erbrechen süß und ist für die meisten Leute ungenießbar. Kinder mögen gern »geherzt« werden, aber sie mögen es nicht, wenn man sie so stark an sich drückt, daß sie »keine Luft mehr kriegen«. Unter pathologischen Bedingungen kann sich Stolz in Scham verwandeln, Appetit kann zu Ekel werden, Liebe zu Haß. Bei Kindern geht der Übergang vom Lachen zum Weinen oft schnell. Begeisterung und Teilnahmslosigkeit, Hochstimmung und Niedergeschlagenheit sind weitere Beispiele emotionaler Gegensätze.

Der unangenehme Charakter negativer Gefühle bringt den Wunsch mit sich, diese Gefühle selbst zu vermeiden; sie können sich aber nicht in ihr angenehmes Gegenteil zurückverwandeln, wenn wir nicht zulassen, daß ihre Überspannung sich durch Abfuhr zu einer erträglichen Spannung wandelt und weiter bis zum organismischen Nullpunkt verändert.

Gefühle lassen sich beherrschen, aber es ist sehr zweifelhaft, ob man sie verdrängen und ins Unbewußte abschieben kann. Unter günstigen Bedingungen werden sie in winzigen Mengen entladen (Ärger z. B. als Schmollen); unter weniger günstigen Bedingungen werden sie entweder projiziert, oder ihre Beherrschung erfordert ständige Wachsamkeit.

Die Unfähigkeit, sich unangenehmen Situationen zu stellen, mobilisiert die Quislinge des Organismus: Verlegenheit und Scham.

Schüchternheit ist das prädifferente Stadium der Scham, deren Gegenpol der Stolz ist. Bei diesen Gefühlen — wie auch bei der Befangenheit — besteht die Tendenz, daß die Persönlichkeit zur »Figur« vor dem »Hintergrund« der Umwelt wird. Wenn der Versuch des Kindes, sein Können auszudrücken, Interesse, Lob oder Ermutigung findet, wird seine Entwicklung gefördert; aber wenn ihm eine vernünftige Würdigung vorenthalten wird, werden Lob und Rampenlicht wichtiger als das wirkliche *Vollbringen* von Taten. Anstatt sich auf ein *Objekt* zu konzentrieren, wird das Kind *egozentrisch*. Wenn man ein Kind nach verständigem Lob hungern läßt, entwickelt es eine andauernde — oft unersättliche — Gier nach Lob. Der Selbstausdruck wird zur exhibitionistischen Schaustellung, aber die Versuche des Kindes, anzugeben und sich zu produzieren, werden meistens entmutigt. Die Leistung selbst wird übersehen, während sein Exhibitionismus verurteilt und unterdrückt wird. Die Unterdrückung verwandelt dann die Zurschaustellung (Exhibition) in ihr Gegenteil — Gehemmtheit (Inhibition); anstatt eine Leistung hervorzubringen, behält das Kind alles in sich zurück (*ex*-habere und *in*-habere).

Wenn der echte Ausdruck des Kindes abgewiesen wird, verwandelt sich Stolz in Scham. Obwohl derjenige, der sich schämt, die Neigung verspürt, zum Hintergrund zu werden, zu verschwinden, gelingt ihm dies nicht. Die Isolierung von der Umwelt geschieht symbolisch; das Gesicht und andere Körperteile werden bedeckt (mit Schamröte oder mit den Händen), das Kind wendet sich ab, bleibt aber in einer Art Faszination wie angewurzelt stehen. Der physiologische Aspekt ist besonders interessant. Entsprechend dem starken Gefühl der Bloßstellung steigt das Blut in die tatsächlich »bloßgestellten« Körperteile (Wangen, Nacken usw.), anstatt in jene Körperteile, durch deren Tätigkeit das Gefühl der Scham entstanden ist (Gehirn: Betäubung, Denkunfähigkeit, Benommenheit; Muskeln: Unbeholfenheit, Bewegungsunfähigkeit; Genitalien: Empfindungslosigkeit, Frigidität an Stelle von Empfindungen und Erektion.)

Da wir uns auf vielerlei Arten ausdrücken, können wir uns für fast alles schämen. Man stelle sich die Verlegenheit eines typischen Bauernmädchens vor, das seinen schönsten Sonntagsstaat anhat und von einer modisch gekleideten Dame hochmütig gemustert wird. Mit echter Naivität und ohne den Wunsch, eine Vordergrundfigur zu sein, würde das Mädchen nicht einmal Befangenheit verspüren.

Es ist ein großer Unterschied für ein Kind, das im Garten eine Burg gebaut hat, ob die Mutter Anteil nimmt und seine Leistung würdigt, oder ob sie schreit: »Schau dich an, wie dreckig du bist! Was für eine Schweinerei hast du da gemacht! Du solltest dich wirklich schämen!« Dieser letzte Vorwurf, den man oft zu hören bekommt, ist in der Erziehung insofern besonders folgenschwer, als er den Tadel nicht auf eine bestimmte Tätigkeit oder Situation beschränkt, sondern die *ganze* Persönlichkeit mißbilligt und brandmarkt.

Ich habe Scham und Verlegenheit die Quislinge des Organismus genannt. Anstatt die gesunden Funktionen des Organismus zu unterstützen, behindern und hemmen sie sie. Scham und Verlegenheit (und Ekel) sind so unangenehme Gefühle, daß wir sie zu vermeiden suchen, wo wir können. Sie sind die Hauptwerkzeuge der Verdrängung, die Mittel, mit deren Hilfe die Neurose erzeugt wird [1]. Wie die Quislinge sich mit dem Feind identifizieren und nicht mit ihrem eigenen Volk, so schränken Scham, Verlegenheit, Befangenheit und Angst den Ausdruck des Individuums ein. Ausdruck wird zur Verdrängung.

Es wird nun offensichtlich, von welch großem Wert es ist, sich an die analytische Grundregel zu halten. Das Ertragen der Verlegenheit bringt das verdrängte Material ans Licht, führt zu Vertrauen und Kontakt und hilft dem Patienten, vorher abgelehntes Material zu akzeptieren, wenn er die ihn in verblüffender Weise erleichternde Entdeckung macht, daß die hinter seiner Verlegenheit steckenden Dinge schließlich doch vielleicht nicht so belastend sind und vom Analytiker sogar mit Interesse akzeptiert werden können. Aber wenn der Patient seine Verlegenheit unterdrückt, anstatt sie zum Ausdruck zu bringen, entwickelt er eine »un-verschämte«, »scham-lose« Haltung, er »gibt an«, ohne echtes Vertrauen. Unverschämtheit führt zu Kontaktverlust. Wenn er der Verlegenheit jedoch nachgibt (Verdrängung), führt dies zu Heuchelei und Schuldgefühlen. Deshalb darf es der Analytiker nicht unterlassen, dem Patienten eindringlich klarzumachen, daß er sich unter keinen Umständen zwingen darf, etwas zu sagen, wenn er dabei Verlegenheit, Scham, Angst oder Ekel unterdrücken muß. Man darf die Gefahr, daß der Patient entweder die widerstrebenden Gefühle oder die Handlungen, die das unangenehme Gefühl hervorrufen würden, unterdrückt, nie aus den Augen verlieren, ebensowenig wie die Forderung, daß *wir für eine Analyse die vollständige Situation brauchen: die widerstrebenden Gefühle und die Handlungen, gegen die Widerstand geleistet wird.*

Nehmen wir z. B. die Platzangst: Unsere Patienten vermeiden entweder das Überqueren einer Straße, lassen ihr Handeln oder vielmehr ihr Nicht-Handeln also von der Angst bestimmen, oder, wenn ihre Umwelt oder ihr Gewissen Selbstbeherrschung verlangen, unterdrücken sie ihre Angst. Das können sie nur, indem sie sich anspannen und betäuben und so ihre neurotische Haltung noch mehr komplizieren.

Eine erfolgreiche Behandlung der Phobie erfordert sowohl das Aushalten der Angst als auch den Versuch zu handeln. Ich habe eine Heilmethode entwickelt, die dem Erlernen des »Anflugs« in der Luftfahrt vergleichbar ist. Der Flugschüler macht mehrere Anflüge, bis die Situa-

---

[1] Ihnen wiederum steht das Muskelsystem zu Verfügung.

tion für die Landung günstig ist. In ähnlicher Weise wird jeder Versuch des Patienten, eine Straße zu überqueren, ein Stück Widerstand ans Licht bringen, ein Stück, das analysiert und in eine angemessene Ichfunktion umgewandelt werden muß, bis die Zeichen für eine Überquerung günstig stehen. Nehmen wir an, die Platzangst sei die Folge eines unbewußten Selbstmordwunsches. Die durch die Betäubtheit verminderte Aufmerksamkeit kann, wenn der Patient sich zum Überqueren der Straße zwingt, die Wahrscheinlichkeit, daß er getötet wird, nur erhöhen. Wenn wir seine Angst grundsätzlich intakt lassen und ihn zunächst nur erkennen lassen, daß er sich nicht vor der Straße selbst fürchtet, sondern vor den Fahrzeugen, und wenn wir ihm seine übertriebene Angst vor den Fahrzeugen zugestehen, haben wir schon eine Brücke zur Normalität gebaut. Später werden wir wahrscheinlich hinter seiner Angst, getötet zu werden, den Wunsch finden, jemand anders zu töten, und möglicherweise werden wir feststellen, daß dieser Wunsch so stark ist, daß seine Angst scheinbar gerechtfertigt ist.

Eine der interessantesten Neurosen ist die, die man als »paradoxe Neurose« bezeichnen könnte, das Ergebnis des Widerstands gegen den Widerstand. Bei verdrängter Scham entsteht ein scham-loser, un-verschämter Charakter. Verdrängung des Ekels führt nicht zur Wiederherstellung des Appetits, sondern zu Gier und Fressen.

Bestimmte Perversionen verdanken ihren paradoxen Aspekt dem Bemühen, emotionale Widerstände zu überwinden. Der Masochist sucht zwar bewußt den Schmerz, er ist aber ein Mensch, der sich vor Schmerzen fürchtet, und trotz seiner großen Übung wird er nie mehr als eine bestimmte Menge Schmerz ertragen können. Der Exhibitionist ist ständig damit beschäftigt, seine Scham zu unterdrücken. Der Voyeur hat eine unbewußte Abneigung, sich das anzusehen, was er seinem Drang nach ansehen muß.

Eine von Freuds Definitionen der Neurose besagt, sie sei eine verdrängte Perversion. Gerade das Gegenteil ist der Fall. Eine Perversion ist eine Neurose, weil und solange ihr Inhalt eine unabgeschlossene Situation bleibt. Der Voyeur akzeptiert nicht, was er sieht, und er muß sein heimliches Spionieren immerzu wiederholen. Sobald er überzeugt ist, daß er »richtig gesehen hat«, ist seine Neugier befriedigt und damit erledigt.

All diesen Fällen ist gemeinsam, daß die Unterdrückung der emotionalen Widerstände den größten Teil der Energie und des Lebensinteresses der Betroffenen verzehrt. Die Bemühungen dieser Menschen sind auf die Dauer ebenso ermüdend und nutzlos wie der Versuch, einen Ball unter Wasser zu halten, indem man seinem Auftrieb ständig entgegen-

wirkt. Scham, Ekel, Verlegenheit und Angst müssen die Möglichkeit bekommen, an die Oberfläche zu dringen, bewußt zu werden.
Die Bewußtmachung unerwünschter Gefühle und die Fähigkeit, sie zu ertragen, sind die conditio sine qua non für eine erfolgreiche Behandlung; diese Gefühle werden entladen, sobald sie Ichfunktionen geworden sind. Dieser Vorgang und nicht der Vorgang des Sich-Erinnerns ist die via regia zur Gesundheit.
Die Fähigkeit, unangenehme Gefühle auszuhalten, wird nicht nur vom Patienten gefordert, sondern mehr noch vom Therapeuten. Die psychoanalytische Methode leidet immer noch unter dem persönlichen Problem ihres Begründers: Freuds Unfähigkeit, sein eigenes Gefühl der Verlegenheit zu ertragen. Im persönlichen Kontakt unterdrückte er — wie ich es selber erlebt und auch von anderen gehört habe — seine Verlegenheit durch Unhöflichkeit, ja sogar ausgesprochene Ungezogenheit. In der Analyse fühlte er sich, wie er selber zugab, im Blickkontakt mit dem Patienten unbehaglich und verlegen; er vermied die unangenehme Spannung, indem er die analytische Situation so anordnete, daß er den Blicken des Patienten nicht ausgesetzt war.
Es ist kein Wunder, daß diese Anordnung ein Dogma werden konnte, an das man sich in der Psychoanalyse streng hält — wer hätte es nicht gern, wenn ihm Verlegenheit erspart bleibt? Aber abgesehen von den Folgen für den Analytiker, erweist sich die Anordnung eindeutig als Hindernis für die analytische Behandlung, da sie dem Patienten, der den ihn anschauenden Analytiker nicht sehen kann, die Skotomisierung des Umstands erleichtert, daß er selber beobachtet wird. Der Patient kann das Gewahrsein von Verlegenheit und Scham vermeiden, was einer gesünderen Ichentwicklung im Wege steht.

Wichtiger als all diese emotionalen Widerstände ist der unemotionale Widerstand, den wir »die Macht der Gewohnheit« nennen. Weder die libidinöse Besetzung noch der Todestrieb, weder die Konditionierungs- noch die Engramm-Theorie offenbaren irgendetwas über seine wahren Bedingungen. Die »Schnullerhaltung« und die Angst vor dem Unbekannten erklären das Widerstreben gegen Veränderungen ein wenig, aber die Trägheit und die wahre Natur der Gewohnheit bleiben das dunkelste aller Rätsel. Für praktische Zwecke können wir uns vielleicht mit folgender Erkenntnis zufriedengeben: Gewohnheiten sind Sparmaßnahmen, die den Ichfunktionen ihre Aufgabe erleichtern, da man sich nur auf eine Sache auf einmal konzentrieren kann. Beim gesunden Organismus sind Gewohnheiten kooperativ und zielen auf die Erhaltung des Holismus ab. Unter bestimmten Bedingungen, z. B. mit zunehmendem Alter oder in einer veränderten Umgebung, werden Gewohnheiten inadäquat. Statt den Holismus zu unterstützen, stören sie ihn und führen zu Disharmonie und Konflikten. In solchen Fällen ist eine Entautomatisierung erforderlich — unerwünschten Gewohnheiten muß eine Einübung erwünschter Haltungen entgegengesetzt werden.

Das Vorgehen F. M. Alexanders in dieser Frage ist höchst interessant. Er befürwortet eine »Hemmung« vor dem Handeln. (Das Erleben dieser Hemmung ist identisch mit Friedländers »schöpferischem Nullpunkt«). Hier ist nicht der Ort, sich mit seiner Vernachlässigung des organismischen Triebes und der Faktoren auseinanderzusetzen, die bestimmend dafür sind, daß man »vergißt, sich zu erinnern« (z. B. unbewußte Sabotage, Angst vor Veränderungen). Ich möchte hier darauf hinweisen, daß diese »Hemmung« eine »Entautomatisierung« von Gewohnheiten zur Folge hat und die Möglichkeit eröffnet, den Trieb hinter der Gewohnheit zu spüren.

Sehen wir uns z. B. einen Menschen an, der die Gewohnheit hat, während eines Gesprächs aufzuspringen und auf und ab zu gehen. Wenn er daran denkt, diese Gewohnheit zu unterlassen, wird er sie vielleicht überwinden, aber der wesentliche Antrieb für sein Aufspringen bleibt unberührt. Er ist vielleicht gewohnheitsmäßig verwirrt oder unruhig, aber er bemerkt nicht mehr als eine leichte Nervosität. Aufzuspringen und sich von den Leuten, mit denen er zu tun hat, zu entfernen, sein Rückzug in ein Schneckenhaus, das sind seine einzigen Möglichkeiten, seine Gedanken zu ordnen. Es kann auch sein, daß er sich im Lauf des Gesprächs geärgert hat. Anstatt diesen Ärger auszudrücken, versucht er wegzulaufen. Auch in diesem Fall weiß er nichts von seinem Antrieb, außer daß er sich unruhig fühlt.

Durch eine Hemmung dieses Impulses jedoch, dadurch, daß er ihn in der Schwebe hält, nimmt er den »nackten« Impuls wahr [2]. Ich möchte damit sagen, daß durch die Vernachlässigung der Bedeutung des Impulses und seine Neukonditionierung sehr wenig Gutes erreicht wird, wenn wir uns nicht gleichzeitig mit dem mächtigen inneren Antrieb des Patienten befassen. Die Ermutigung, ihn zum Ausdruck zu bringen, ist die beste und einfachste Art, dies zu tun, und wird es immer bleiben. Wenn der Betreffende seine Gesprächspartner bitten würde, ein wenig zu warten, weil er verwirrt sei, oder wenn er seinem Ärger Luft machen würde, würde er eine unangenehme Gewohnheit in eine angemessene Beherrschung der Situation verwandeln.

[2] In dieser Hinsicht ähnelt Freuds Technik der Alexanders, und zwar insofern, als die Behandlung unter Frustration durchgeführt wird — eine sehr »aktive« Technik, die stark eingreift in die spontanen Impulse des Patienten.

Das sind jedoch nur Details. Sie mindern nicht im geringsten den Wert der Behauptung Alexanders, man solle innehalten, bevor man übereilt denkt oder handelt. Durch bloße Neukonditionierung setzt er die Gefahr, eine paranoische Haltung zu verstärken, auf ein Mindestmaß herab (ohne sie ganz vermeiden zu können). Menschen, die Gewohnheiten ablegen und nicht die Fähigkeit zum »Sublimieren« haben, geschweige denn die Fähigkeit, sich auszudrücken, pflegen ausnahmslos die Impulse zu projizieren, die ursprünglich zur Ausbildung ihrer Gewohnheiten geführt haben, und sie werden nicht glücklicher, sondern leerer.

Alexander ist hauptsächlich an übermäßig angespannten Menschen interessiert; mit ihnen befaßt er sich vor allem. Das, was er unter »Hemmung« versteht, fällt zusammen mit der Lösung des »Anklammerungsbisses« (der Verbissenheit), und wenn es ihm gelingt, an die Stelle dieser infantilen Haltung bewußtes Planen zu setzen, dann erreicht er gewiß eine grundlegende Änderung. Er betont mit Recht, welche Schwierigkeiten seine Schüler haben, Veränderungen herbeizuführen. Glücklicherweise ist nicht die ganze Menschheit auf die Anklammerungshaltung festgelegt; glücklicherweise sind noch einige »Kauer« übrig, Menschen, die bereit und fähig sind, Veränderungen in sich selbst und außerhalb herbeizuführen.

Alexanders Methode, »die falsche Haltung zu hemmen« und eine Konzentration auf die richtige zu bewirken, ist ebenso einseitig und unzureichend wie Freuds Ansatz, der sich hauptsächlich auf die Analyse unerwünschter Haltungen konzentriert. Eine Kombination, eine Synchronisierung von Analyse und Neukonditionierung, ist erforderlich. Zerstörung und Aufbau sind lediglich Aspekte des im Grunde unteilbaren Vorgangs der organismischen Reorganisation.

III

Konzentrationstherapie

1
Die Technik

Die praktische Anwendung wissenschaftlicher Entdeckungen erfordert die Entwicklung einer neuen Technik. Der Umstand, daß es die Franzosen unterließen, mit der neuen Technik moderner Kriegführung Schritt zu halten, die durch die Erfindung der Panzer und der Flugzeuge eingeleitet worden war, war ein wichtiger Faktor, der zu ihrer Niederlage beitrug.

Die Erfindung eines neuen Medikaments wie der Sulfonamide *vereinfachte* die Behandlung vieler Krankheiten. Die Entdeckung der Mikroben andererseits führte zur Entwicklung einer speziellen antiseptischen Technik, die Operationen immer *komplizierter* machte.

Die verbreitete Anwendung der Sulfonamide wurde nur dadurch möglich, daß man Krankheiten nach ihrem bakteriologischen Ursprung klassifizierte. Diese neue Klassifizierung brachte eine Vereinfachung mit sich, die noch vor einem Jahrhundert unmöglich gewesen wäre. Wer hätte damals gedacht, daß zwei so verschiedenartige Krankheiten wie Gonorrhoe und Pneumonie miteinander verwandt sein könnten (da die Keime beider zur Familie der Kokken gehören)?

Theorien sind Ganzheiten, Vereinigungen zahlreicher Fakten. Manchmal muß eine einfache Theorie korrigiert werden, wenn neue Fakten entdeckt werden, die nicht in das ursprüngliche Konzept passen. Manchmal müssen so viele Zusätze gemacht werden, daß an Stelle einer Arbeitshypothese eine verwirrende Komplexität entsteht. Wenn eine solche Situation eintritt, müssen wir innehalten und eine neue Orientierung suchen; wir müssen nach neuen gemeinsamen Faktoren Ausschau halten, die die wissenschaftliche Auffassung vereinfachen können.

Ein Beispiel ist die »Übertragungs«-Theorie. Solange der Begriff der »Libido« in der Psychoanalyse den ersten Platz einnahm, war Übertragung damit identisch, daß der Patient den Analytiker gern hatte. Wenn in der feindseligen Haltung des Patienten gegenüber dem Analytiker Aggression zugelassen wurde, sprach man von »negativer Übertragung«. Nachdem man wiederum erkannt hatte, daß kein Patient so freimütig sein konnte, wie man bisher erwartet hatte, und man der Analyse des Widerstands stärkere Beachtung schenkte, wurde der Begriff »latente negative Übertragung« geprägt. Und wenn die Psychoanalyse weiterhin an der »Übertragung« festhält, dann mag die weitere Entwicklung es notwendig machen, der latenten negativen Übertragung noch mehr »Handhaben« beizugesellen.

Die in diesem Buch entwickelte neue Technik ist theoretisch einfach: Ihr Ziel ist es, das »Gefühl unserer selbst« wiederzugewinnen, aber es ist manchmal sehr schwierig, dieses Ziel zu erreichen. Wenn jemand »falsch« konditioniert ist, wenn jemand »falsche« Gewohnheiten hat, ist es viel schwieriger, diesen Zustand in Ordnung zu bringen, als neue Gewohnheiten anzunehmen. Denjenigen, die sich darüber Rechenschaft geben wollen, wie stark eine erworbene Gewohnheit oder, wie wir es nennen würden, eine fixierte »Gestalt« werden kann, möchte ich die Bücher von F. M. Alexander empfehlen. Das Erwerben einer neuen Technik ist keineswegs einfach, selbst wenn man davon absieht, daß zunächst falsche Haltungen abgelegt werden müssen. Man braucht nur daran zu denken, wie lange es gedauert hat, bis man selbst die Technik des Schreibens erlernt hatte, wie mühsam jeder Buchstabe immer wieder geübt werden mußte, wie lange man gebraucht hat, bis es einem gelang, diese Buchstaben zu Wörtern zusammenzustellen, bis man fließend schreiben konnte. Nur wenn Sie an die neue Technik, die ich demonstrieren will, im vollen Bewußtsein der damit verbundenen Schwierigkeiten herangehen, werde ich Ihnen helfen können, das Alphabet des »Sich-selbst-Fühlens« zu erlernen.

Ich benütze absichtlich den Ausdruck »Alphabet«, da es nicht notwendig ist, sich an die in den folgenden Kapiteln gegebene Reihenfolge zu halten. Sie können sich nach Ihrer Neigung und Ihrem Geschmack etwas davon aussuchen — zumindest am Anfang. Sobald Sie jedoch anfangen, einen Nutzen zu verspüren, und sobald Sie anfangen, Vertrauen zu der Methode zu fassen, nehmen Sie die Rekonditionierung möglichst in der dargestellten Reihenfolge in Angriff.

Unsere Technik ist kein intellektuelles Verfahren, wenn wir den Verstand auch nicht ganz außer acht lassen können. Sie ist der Yoga-Technik ähnlich, obwohl sie ein ganz anderes Ziel verfolgt. Beim Yoga spielt die *Abtötung* des Organismus um der Entwicklung anderer Fähigkeiten willen eine wichtige Rolle, während es unser Ziel ist, den Organismus zu einem vollständigeren Leben zu erwecken.

Mit der Annahme, daß wir in dem sich wandelnden Rahmen unserer Existenz »raumzeitliche Ereignisse« sind, befinde ich mich in Übereinstimmung mit dem gegenwärtigen Trend der Wissenschaft. Genau wie Einstein zu einer neuen wissenschaftlichen Einsicht gelangte, indem er das menschliche Selbst berücksichtigte, so können wir neue psychologische Einsichten gewinnen, indem wir die Relativität menschlichen Verhaltens, die Relativität von »richtig« und »falsch«, von »gut« und

»böse« erkennen, indem wir diese Ausdrücke durch »vertraut« und »fremd« ersetzen, und schließlich auch dadurch, daß wir mit den Ichfunktionen »Identifizierung« und »Abgrenzung« arbeiten. Jedes kleine Stück Ichbewußtsein wird uns, weit entfernt davon, uns selbstsüchtiger zu machen (wie allgemein angenommen wird), im Gegenteil verständnisvoller und objektiver werden lassen.

2

Konzentration und Neurasthenie

Bevor wir mit unserem technischen ABC beginnen, müssen wir noch einen theoretischen Aspekt einführen. Man hat schon lange erkannt, daß das wesentliche Element jedes Fortschritts, jedes Erfolgs, die Konzentration ist. Man kann alle Talente, alle Chancen dieser Welt haben — ohne Konzentration sind sie wertlos. (Schiller: Genie ist Fleiß).

Man hat ferner erkannt, daß Konzentration etwas mit Interesse und Aufmerksamkeit zu tun hat, da diese drei Begriffe oft synonym verwendet werden. Lassen sich aus diesen drei Ausdrücken Erkenntnisse gewinnen? *Inter-esse* bedeutet, *in* einer Situation sein; *Konzentration* bedeutet, mitten in das Zentrum (den Kern, das Wesen) einer Situation hineinkommen, und *Aufmerksamkeit* bedeutet, daß eine Spannung auf ein Objekt gerichtet wird. Diese Ausdrücke haben keine magischen Wurzeln. Sie sind einfache Beschreibungen eines Zustands, einer Handlung und einer Richtung. Allen drei Begriffen ist der Umstand gemeinsam, daß sie auf verschiedene Weise das Figur-Hintergrund-Phänomen ausdrücken. Die gesamte Figur sollte stark und relativ feststehend sein, weder sprunghaft, wie die Assoziationsmentalität (Neurastheniker, viele Psychotiker, Wirrköpfe), noch starr (Zwänge, Perversionen, fixe Ideen). Diese Abweichungen vom gesunden Nullpunkt sind in neuerer Zeit von der Experimentalpsychologie erfolgreich untersucht worden. Man hat festgestellt, daß ein normaler Perseverationsindex existiert, und daß ein zu hoher oder zu niedriger Grad von Perseveration auf psychische Störungen hinweist.

Für fast jeden Menschen hat Konzentration noch einen magischen Bezug, der am besten in Freuds Vorstellung von der libidinösen Besetzung zum Ausdruck kommt. Konzentration ist kein beweglicher Stoff, sondern eine Funktion. Im Fall negativer künstlicher Konzentration ist sie eine bloße Ichfunktion. Bei Fixierungen oder bei der »Imago«-Konzentration ist sie eine Funktion des Unbewußten. Eine harmonische Funktion sowohl des Ichs als auch des Unbewußten ist die Grundlage für die »positive«, biologisch richtige Konzentration.

Während wir uns mit der unbewußten Konzentration, der Domäne der klassischen Psychoanalyse, in diesem Kapitel nicht zu beschäftigen brauchen, müssen wir die kritische Aufmerksamkeit auf die »volkstümliche«, die einseitige Auffassung der Konzentration lenken. Die meisten

Leute verstehen unter Konzentration eine absichtliche Bemühung. In Wirklichkeit ist dies die »negative« Art der Konzentration, die nicht zu empfehlen ist.
Die vollkommene Konzentration ist ein harmonischer Prozeß, bei dem Bewußtes und Unbewußtes in Übereinstimmung sind. Konzentration im gängigen Sinn ist eine reine Ichfunktion, die nicht getragen ist von spontanem Interesse, eine Identifizierung mit der Pflicht, dem Gewissen oder Idealen. Sie ist gekennzeichnet durch starke Muskelkontraktionen, Reizbarkeit und so große Anspannung, daß sie zu Erschöpfung führt und Neurasthenie oder sogar Nervenzusammenbrüche verursachen kann. Sie ist künstlich und negativ, da ihr die natürliche (organismische) Unterstützung fehlt. Es wird eine künstliche Mauer errichtet, um alles fernzuhalten, was Interesse erregen könnte, was die Tendenz hat, zur Figur zu werden, anstatt Hintergrund zu bleiben.
Es gibt zwei Arten ungesunder Konzentration: die eben beschriebene und die bewußte zwanghafte Konzentration. Bei der zwanghaften Konzentration wird das »Zwingen«[1] projiziert, und der betreffende Mensch lebt so, als würde er gezwungen, Dinge zu tun, die er nicht tun möchte, und die er eigentlich lieber als seltsam oder sinnlos zurückweisen würde. Bei der negativen Konzentration wird der Zwang jedoch nicht projiziert, sondern gegen das Selbst des betreffenden Menschen gekehrt, der sich selbst zwingt, Dinge zu tun, an denen er nicht genügend interessiert ist. Er konzentriert sich mehr auf die Abwehr von Störungen (Geräusche usw.) als auf seine Aufgabe. Er kontrahiert seine Muskeln, runzelt die Stirn, preßt Lippen und Zähne zusammen und hält die Luft an, um seine Wut zu unterdrücken (die sich unbewußt gerade gegen die Arbeit richtet, die er tut) — eine Wut, die jeden Augenblick und bei jeder Störung zum Ausbruch kommen kann. Je stärker er sich unbewußt von dem Störenfried angezogen fühlt, desto mehr ist er bereit, ihn »totzubeißen«, was auf den Appetit, auf die dentale Art seiner Aggression hinweist.
Wenn Sie die »Anklammerungs«- und die »Schnuller«-Haltung verstanden haben, werden Sie sie in diesen beiden Arten der Konzentration wiedererkennen. Bei der negativen Konzentration hält man sich mit zusammengebissenen Zähnen an der Arbeit fest; bei der zwanghaften Konzentration beharrt man auf einer »Schnuller-Haltung« ohne Nutzen und ohne Veränderung. Auf der Eisbahn bin ich einmal einem Mann begegnet, der seit zwei Jahren die gleichen Figuren übte. Ratschläge hörte er sich immer begierig an, aber er setzte sie nie in die Praxis um,

[1] Der Zwangscharakter ist ein verhinderter Sklaventreiber.

er veränderte nie etwas. Er konnte keine Abweichung ertragen von dem, was ihm richtig und vertraut vorkam. Die Angst vor dem Unbekannten veranlaßte ihn, an seiner versteinerten Verhaltensweise festzuhalten.

Richtige Konzentration läßt sich am besten mit dem Wort Faszination bezeichnen: Das Objekt nimmt den Vordergrund ohne jede Mühe ein, die übrige Welt verschwindet, Zeit und Umgebung hören auf zu existieren; kein innerer Konflikt oder Protest erhebt sich gegen die Konzentration. Diese Art der Konzentration ist bei Kindern leicht zu finden, sie ist aber auch bei Erwachsenen häufig, wenn sie mit einer interessanten Arbeit oder einem Hobby beschäftigt sind. Alle Teile der Persönlichkeit sind zeitweilig koordiniert und nur einem Zweck untergeordnet; es ist nicht schwer zu erkennen, daß eine solche Haltung die Grundlage jeder Entwicklung ist. Wenn, um Freud zu zitieren, der Zwang sich in Wollen verwandelt, ist der wichtigste Grundstein für ein gesundes und erfolgreiches Leben gelegt.

Wir haben erklärt, Vermeidung sei das Hauptmerkmal der Neurose; es ist offensichtlich, daß ihr richtiges Gegenteil die Konzentration ist. Natürlich ist es die Konzentration auf das Objekt, das gemäß der Struktur der Situation danach verlangt, Figur zu werden. Einfach gesagt: Wir müssen uns den Tatsachen stellen. Psychotherapie bedeutet, dem Patienten helfen, sich den Tatsachen zu stellen, die er vor sich selber verbirgt.

Die Psychoanalyse beschreibt den Vorgang folgendermaßen: Freies Assoziieren führt automatisch zu den unbewußten Problemen, weil diese eine magnetische Anziehungskraft haben, oder, anders ausgedrückt: der Druck der Triebe ist so stark, daß sie an die Oberfläche dringen, wenn auch oft in entstellter Form und auf Umwegen.

In der Gestaltpsychologie würde man es wohl so formulieren: Die verborgene Gestalt ist so stark, daß sie sich im Vordergrund zeigen muß, meistens in Form eines Symptoms oder in einer anderen Verkleidung.

Wir dürfen den Faden nicht verlieren, der vom Symptom zur verborgenen Gestalt führt. Die Methode des freien Assoziierens ist unzuverlässig und bietet sich leicht für alle Arten des Vermeidens an. Indem wir uns auf das Symptom konzentrieren, bleiben wir im Feld (wenn auch an der Peripherie) der verdrängten Gestalt. Wenn wir auf einer derartigen Konzentration beharren, arbeiten wir uns allmählich zum Zentrum des Feldes oder »Komplexes« durch; im Verlauf dieses Prozesses begegnen wir den spezifischen Vermeidungen, z. B. den Widerständen, und reorganisieren sie.

Das Vermeiden der biologisch geforderten Gestalt geht immer Hand in Hand mit einer Konzentration auf Objekte aus heterogenen Bereichen (Ablenkung, Attrappe). Die negative, forcierte Konzentration führt durch Vermeidung der natürlichen Figur-Hintergrund-Bildung zur Neurose oder, in einer akuten Situation, zur Neurasthenie; bei dieser hat man den Mangel an Konzentrationsfähigkeit immer als augenfälliges Symptom erkannt. Es folgen zwei Beispiele dafür, wie — durch Vernachlässigung des Prinzips der organismischen Selbstregulierung — einseitige Konzentration sich in ihr Gegenteil, in geistig-seelische Instabilität, verwandeln muß:

Ein äußerst gewissenhafter Beamter war sehr bekümmert darüber, daß er wiederholt Zusammenbrüche erlitt, die ihm den Ruf eintrugen, er drücke sich vor seinen Pflichten. Er machte mir den Eindruck eines aufrichtigen Menschen, und ich glaubte ihm, als er mir sagte, nach drei oder vier Monaten könne er seine Arbeit einfach nicht mehr weitermachen. Was immer wieder geschah, war Folgendes: Er hatte jeden Tag mit einer ganzen Reihe von Problemen zu tun, von denen viele nicht am gleichen Tag gelöst werden konnten. Sie stellten eine Reihe unabgeschlossener Situationen dar. Bevor er ins Bett ging, las er noch in einem phantastischen Roman und schlief dann schlecht, da die unabgeschlossenen Situationen seinen Schlaf störten, und am nächsten Morgen begann er die Arbeit mit noch größerer Erschöpfung. Dadurch wurde seine Leistungsfähigkeit herabgesetzt, und immer mehr Aufgaben blieben unerledigt. Vermehrte nächtliche Sorgen, wachsende Erschöpfung und weiter abnehmende Arbeitskraft führten zu einem Teufelskreis, bis seine Unfähigkeit, sich zu konzentrieren, ihn zwang, ganz mit der Arbeit aufzuhören. Als ich ihn kennenlernte, war er im Zustand der Erschöpfung; seine zu einem unbezwingbaren Berg angehäufte Arbeit gab ihm das Gefühl äußerster Ohnmacht und er hätte vor Verzweiflung heulen mögen. Die Lösung seines Problems sah so aus: Verminderung der Zahl von Aufgaben, die er zu erledigen hatte, Erledigung möglichst vieler Aufgaben im Lauf des Tages, Beseitigung aller unerledigten Probleme vor dem Zubettgehen. Nachdem er begriffen hatte, daß seine Schwierigkeiten im wesentlichen auf unabgeschlossenen Situationen beruhten, lernte er, seine Arbeitsprobleme auf seine Dienststunden zu beschränken, nicht mit einer neuen Aufgabe anzufangen, bevor die alte erledigt war, und in seiner Freizeit zu spielen. Indem er dieses Gleichgewicht herstellte, arbeitete er nicht nur besser, sondern er fand auch seine Lebensfreude wieder.

Der zweite Fall ist noch einfacher. Ein Junge, der sich auf sein Abitur vorbereitete, erklärte, er könne sich nicht auf das Lernen konzentrieren.

Alle Arten von Tagträumen störten ihn und lenkten ihn ab. Er nahm meinen Rat an, seine Tagträume von seinen Studien zu trennen. Sobald ein Tagtraum auftauchte, genehmigte er sich zehn Minuten oder so dafür und kehrte erst dann zu seiner Arbeit zurück. Am Anfang war nicht einmal das einfach für ihn. Er war so an den inneren Konflikt gewöhnt, daß Sätze und Bilder aus den Lehrbüchern in seine Tagträume eindrangen, sobald er anfing, sich ihnen zu überlassen. Dann verfolgte er dieses Material, bis wieder ein neuer Tagtraum auftauchte. Indem er weder dem einen noch dem anderen Ruf Widerstand leistete, lernte er, die beiden Bereiche zu trennen und war bald in der Lage, seine Studien ohne Mühe zu beenden.
Die positive Konzentration erfüllt die Gesetze des Holismus in jeder Hinsicht. Es werden nicht nur alle Funktionen für einen Zweck eingesetzt — bei der negativen Konzentration wird nur ein Teil der Funktionen zweckdienlich eingesetzt —, sondern wir können uns auch ganz und gar auf jene Objekte konzentrieren, die die Vervollständigung eines unvollständigen Ganzen bedeuten.

Außer dem Mangel an Konzentration sind noch zwei weitere wichtige Symptome der Neurasthenie zu erwähnen. Das eine sind Kopfschmerzen, Rückenschmerzen und das ganze Spektrum von Müdigkeitssymptomen, die alle auf einer schlechten Koordination der Motorik beruhen. Mit ihnen wollen wir uns in dem Kapitel über Körperkonzentration beschäftigen. Das andere Symptom ist Lebensüberdruß, Interesselosigkeit und zunehmende Unzufriedenheit mit allen Leuten. Dieses Symptom ist der Ausdruck des Lebensekels. Ich gebe zu, daß der Ekel oft nicht als solcher empfunden wird; er erscheint aber häufig als neurasthenische Dyspepsie und Appetitlosigkeit.
Wenn wir uns auf unsere Mahlzeiten konzentrieren, erreichen wir mehrere Ziele zugleich. Wir lernen die Kunst, uns zu konzentrieren; wir heilen nervöse Dyspepsie; wir entwickeln einen eigenen Geschmack; wir entwickeln Intelligenz und Individualität. Zwar sind die Chancen gering, daß eine schwerere Neurose dadurch geheilt wird, daß jemand die in diesem Buch gegebenen Ratschläge befolgt (die Widerstände gegen das Durchhalten der Übungen wären wahrscheinlich zu groß), aber jeder, der eine Neigung zur Neurasthenie hat, kann sich von der Wirksamkeit der Methode überzeugen.
Aber wie kommen wir aus dem Dilemma heraus, das entsteht, wenn wir kein Konzentrationsvermögen haben, uns aber nicht zur Konzentration zwingen dürfen? Die Lösung liegt in der Methode von Versuch und Irrtum. Ohne sich zu zwingen, versucht das Baby immer wieder, die schwie-

rige Mechanik des Laufens beherrschen zu lernen, bis es die richtige Koordination seines motorischen Systems erreicht hat. Ein anderes gutes Beispiel ist der Flugschüler. Ein Großteil seiner Flugübungen sind Landeanflüge. Manchmal schießt er über die Landebahn hinaus, und manchmal setzt er zu früh zur Landung an. In beiden Fällen wäre es unvernünftig, wenn nicht gefährlich, wenn er sich zum Landen zwingen würde. Versuch und Irrtum ist die Methode, die ich dem Leser anrate, da sie als einzige zum Erfolg führen kann. Machen Sie sich nichts aus den Mißerfolgen, denn jeder Versuch wird ein Stück Widerstand ans Licht bringen, das durchgearbeitet werden kann und ein besseres Verständnis und bessere Assimilation nach sich zieht. Die Ausdauer bei den immer neuen Versuchen wird, trotz vieler Mißerfolge, an sich schon einen großen Beitrag zur Entwicklung einer gesunden und umfassenden Persönlichkeit leisten. Wenn Sie außerdem noch lernen, den Sinn Ihrer »falschen« Haltungen zu analysieren und zu verstehen, anstatt sie zu verurteilen, dann müssen Sie am Ende den Sieg davontragen.

3

Die Konzentration auf das Essen

Die Übungen in diesem Kapitel sind die Quintessenz dieses Buches. Geben Sie diesem Kapitel den Vorzug vor allen anderen Übungen, besonders dann, wenn Sie Lust haben, mich zu verspotten, weil Sie meinen, daß ich auf dem Thema des richtigen Essens zu sehr »herumreite«. Ich tue das, weil das Essen zur Entwicklung einer intelligenten, harmonischen Persönlichkeit von höchster Bedeutung ist. Es ist das Mittel, das Ihnen hilft, den Engpaß der seelisch-geistigen Hemmungen zu überwinden. Wenn Sie feststellen, daß Sie die Wichtigkeit der Kapitel über den Hungertrieb bagatellisieren, und besonders, wenn Sie sie am liebsten überschlagen würden, können Sie das als Hinweis dafür nehmen, daß Sie dentale Hemmungen und tiefsitzende neurotische Haltungen haben.

Lassen Sie mich noch einmal in Kürze den grundlegenden Unterschied zwischen dem prädentalen und dem dentalen Stadium erläutern. Der Säugling ist auf eine einzige Handlung konzentriert — den Anklammerungsbiß. Dieser bedeutet, daß ein Vakuum erzeugt wird, ähnlich dem, das entsteht, wenn man eine Gummikappe gegen eine Fensterscheibe drückt. Solange die Saugkraft wirksam ist, braucht man sie dort nicht festzuhalten. Mit dem Anklammerungsbiß ist die bewußte Tätigkeit des Babys zu Ende. Um das Vakuum aufrechtzuerhalten, macht der Säugling dann unbewußte, subkortikal gesteuerte Bewegungen. Während des Saugens wird er immer schläfriger, bis er schließlich einschläft. Wir deuten das »Lächeln« des gerade gestillten Babys als Ausdruck der Zufriedenheit, aber es drückt lediglich eine vollständige Entspannung aus, die Lösung der Anklammerungsmotorik.

Aus diesem Bild müssen wir zwei Schlüsse ziehen. Erstens zeigt der Trinkrhythmus des Säuglings mit seiner abnehmenden Spannung eine völlig andere Kurve als die der sexuellen Befriedigung mit ihrer zunehmenden Spannung und dem scharfen Abfall — eine Tatsache, die einen weiteren Beweis gegen die Libidotheorie liefert.

Das zweite Ergebnis, das uns in diesem Zusammenhang noch mehr interessiert, ist die Tatsache, daß der Säugling nur eine kurze Zeitspanne der Konzentration braucht, der Erwachsene sich dagegen, weil er mit fester Nahrung fertigwerden muß, während des gesamten Essensvorgangs konzentrieren muß. Die richtige Assimilierung fester Nahrung erfordert die fortgesetzte und bewußte Konzentration auf die Zer-

störung, den Geschmack und das »Spüren« des sich ständig verändernden Materials, das er in sich aufnimmt.
Der Versuch, seine Eßgewohnheiten zu verändern, nützt nichts, solange man diesen grundlegenden Unterschied nicht völlig verstanden hat. Das dürfte nicht schwierig sein, denn Sie haben sicher schon irgendwann einmal einen gierigen, ungeduldigen Esser gesehen, der sich wie ein Säugling verhielt, indem er nur *vor* der Mahlzeit echtes Interesse am Essen zeigte. Sobald ein solcher Mensch sich an den Tisch setzt, zeigt sein Verhalten die Merkmale des Anklammerungsbisses: Er konzentriert sich nur auf den ersten Bissen, da beißt er zu, dann verfällt er wie der Säugling in einen Trancezustand, zumindest, was den Vorgang des Essens angeht. Sein Interesse wird vom Denken, von Tagträumen oder vom Reden beansprucht. Die feste Nahrung geht den Schlund hinunter, »als ob« sie ein Getränk wäre, und seine Unfähigkeit, die Struktur und den Geschmack seiner Nahrung zu verändern (beim Trinken findet weder eine Struktur- noch eine Geschmacksveränderung statt), spiegelt sich in seiner Grundhaltung dem Leben gegenüber.
Er hat Angst oder ist unfähig, in sich selbst oder in seiner Umgebung Veränderungen herbeizuführen, selbst wenn diese wünschenswert wären. Er kann nicht Nein sagen, da er fürchtet, Wohlwollen könnte dann in Feindseligkeit umschlagen. Er hält an überholten Gebräuchen fest, anstatt sie durch bessere Einrichtungen zu ersetzen, und er hat Angst vor dem Risiko, das eine Veränderung, selbst wenn sie bessere Aussichten eröffnet, mit sich bringen könnte.
Er wird nie Unabhängigkeit erlangen, da ihm die Konfluenz mit seiner Umgebung [1] ebenso wünschenswert erscheint wie dem trinkenden Säugling die Konfluenz mit der Mutter. Das Gefühl der Individualität, das die Fähigkeit erfordert, trennende Grenzen wahrzunehmen, ist nicht erworben worden. Oder es ist eine künstliche Mauer gebaut worden, was sich am Zusammenpressen der Lippen zeigt und an der Weigerung, überhaupt mit der Welt Kontakt zu haben; das führt zu Einsamkeit, Interesselosigkeit und Kontaktlosigkeit, Menschenfeindschaft und Langeweile. Beide Phänomene, die vollständige Konfluenz (Mangel an Individualität) und völliger Widerstand gegen die Konfluenz (Schein-Individualität) sind als Extreme in den Symptomen des Automatismus und des Negativismus bei der Dementia praecox zu finden [2]. In der er-

[1] Der sogenannte Herden- oder Massentrieb ist ein Phänomen der Konfluenz.
[2] Dementia praecox ist eine Störung der Funktion der Ichgrenzen und der holistischen Persönlichkeitsstruktur. Manchmal kann man die holistische Funktion durch Schockbehandlung wiederherstellen. Diese bewirkt, daß die des-

sten Phase befolgt der Patient automatisch jeden Befehl, den man ihm gibt, und in der zweiten Phase tut er gerade das Gegenteil von dem, was man ihm gesagt hat. In weniger schweren Fällen begegnen wir Unterwürfigkeit und Trotz.

Welche Methoden stehen uns zur Verfügung, um zwischen der Skylla der Konfluenz und der Charybdis der Isolierung hindurchzusegeln? Wie können wir die Veränderung bewerkstelligen, die es uns erlaubt, uns die Stoffe, die wir brauchen, zu assimilieren, ohne daß wir Zerstörer werden wie die Nazis? Wie fangen wir es an, den Übergang vom prädentalen zum dentalen Stadium zu bewältigen?

Die Antwort scheint einfach: Wir müssen unsere Zähne benützen. Fletcher hat verordnet, jeden Bissen dreißig- oder vierzigmal zu kauen. Aber Fletchers Methode ist zwanghaft, und ein Mensch ohne Neigung zur Zwanghaftigkeit kann derartiges monotones Zählen nicht ertragen und wird es bald wieder sein lassen, während ein Zwangscharakter es begrüßen wird, ohne jedoch viel Nutzen davon zu haben. Er hätte auf diese Weise wieder eine Attrappe, einen neuen Vorwand, sich auf eine sinnlose Handlung zu konzentrieren. Er würde sein Interesse auf die Fortsetzung seines seltsamen Verhaltens lenken und nicht auf die biologische Funktion, die notwendig ist, um die Verflüssigung und andere Veränderungen der festen Nahrung zu bewirken. Könnten Sie sich eine wiederkäuende Kuh vorstellen, die jede ihrer Kieferbewegungen zählt und dann beschließt, dreißigfaches Kauen sei genau die Anzahl, die zur Bewältigung eines jeden Happens notwendig sei?

Nein. Wir müssen es anders anfangen, und der Anfang wird sehr schwierig sein. Wir müssen mit Leib und Seele beim Essen sein, *wir müssen uns der Tatsache, daß wir essen, ganz bewußt sein.* Das klingt einfach, vielleicht sogar albern. Sie glauben natürlich, Sie seien sich beim Essen des Essens bewußt. Aber stimmt das wirklich? Oder lesen Sie, reden Sie, tagträumen Sie beim Essen oder machen Sie sich Gedanken über etwas? Wie oft machen Sie sich Sorgen, Sie könnten den Bus versäumen oder zu spät zur Arbeit oder ins Theater kommen? Wie oft geben Sie sich während des Essens Vermutungen hin über den Ausgang von Angelegenheiten, für die Sie sich verantwortlich fühlen? Wie oft verschlingen Sie die Zeitung zugleich mit Ihren Mahlzeiten?

Sobald Sie beschlossen haben, auf das Essen zu achten, werden Sie erstaunliche Entdeckungen machen. Zunächst wird es Ihnen äußerst schwerfallen, im Geist ganz bei dem Vorgang des Essens zu bleiben,

---

integrierten Persönlichkeitselemente des Patienten sich zusammenschließen und sich in den Dienst des Selbsterhaltungstriebes stellen — zum Zweck des »Überlebens«.

selbst für kurze Zeit. Sie werden wahrscheinlich schon innerhalb weniger Sekunden feststellen, daß Sie an etwas anderes denken und daß Sie überall eher sind als bei Tisch, wo Sie Ihre Nahrung zu sich nehmen. Zwingen Sie sich nicht dazu, sich zu konzentrieren, aber rufen Sie sich jedesmal zurück, wenn Sie merken, daß Sie der Konzentration entgleiten, und allmählich werden Sie lernen, sich zehn oder zwanzig Sekunden und später eine Minute oder länger zu konzentrieren.

Während Sie die Dauer Ihrer Konzentrationsfähigkeit verlängern, fangen Sie an, eine weitere Haltung zu entwickeln — die Haltung, sich mit reiner Beobachtung zufriedenzugeben, ohne vorzeitig etwas zu unternehmen. Ich bin sicher, daß Sie, nach allem, was Sie schon gelernt haben, nun ungeduldig sein werden, Ihr Beißen und Kauen zu verbessern, aber ein derartiges verfrühtes Eingreifen würde eine gesunde Entwicklung beeinträchtigen. Sie dient keinem anderen Zweck als dem, das eigene Widerstreben gegen das Kauen zu verbergen. Erst wenn Sie ganz deutlich gespürt haben, daß Sie unzerkaute Brocken hinunterschlucken, erst wenn Sie erkennen, daß Sie feste Nahrung »trinken«, anstatt sie zu essen, sollten Sie sich daranmachen, es zu ändern, sonst würden Sie nur aus sinnlosem, blindem Gehorsam handeln und nicht aus Einsicht in einen der wichtigsten biologischen Prozesse.

Ohne die vertraute, aber »falsche« Haltung ganz erkannt zu haben — in diesem Fall Gier und Ungeduld — können Sie nicht sicher sein, daß Sie nicht in sie zurückfallen, sobald Sie an etwas anderes denken. Sie müssen sich Ihre Ungeduld bewußt machen, sie dann in Ärger verwandeln, danach in dentale Aggression, und schließlich müssen Sie sie in Form von Interesse am Durcharbeiten jeder auf Sie zukommenden Aufgabe konsolidieren — als ein geduldiges, aber energisches Durchkauen Ihrer leiblichen und geistigen Nahrung.

Sollten Sie nach einer Weile immer noch Konzentrationsschwierigkeiten haben, wenden Sie die Beschreibungstechnik an. Analysieren Sie (ich sage nicht »psychoanalysieren«) Ihre Erlebnisse. Beschreiben Sie in allen Einzelheiten, was Sie spüren und schmecken: heiß und kalt, bitter und süß, würzig und fade, weich und hart. Aber nicht lecker und widerlich, appetitlich und abstoßend, wohlschmeckend und ungenießbar. Anders ausgedrückt: Entwickeln Sie Ihre Fähigkeit, *Fakten zu würdigen, anstatt sie zu werten.*

Last not least, konzentrieren Sie sich auf die Struktur der Nahrungsmittel und *zensieren Sie jeden unzerkleinerten Brocken,* der den Mahlsteinen Ihrer Backenzähne zu entschlüpfen sucht. Ruhen Sie nicht, bevor Sie sich nicht zum vollkommenen »Zensor« rekonditioniert haben, der jedes Bröckchen in seinem Schlund spürt, das nicht verflüssigt worden ist und es automatisch in den Mund zurückbefördert, wo es vollständig zerkleinert wird. Mittlerweile sollten Ihnen die Mittel zur Beherrschung der Kunst des Essens zur Verfügung stehen. Die Kenntnis der Einzelheiten und das volle Gewahrsein des Essensvorgangs wirken zusammen, um die erforderliche Veränderung in Ihrer Ernährungsweise herbeizuführen. Sie werden einen guten Geschmack entwickeln, und Sie werden aufhören, Ihre leibliche und gleichermaßen auch Ihre geistige Nahrung zu introjizieren.

Einige weitere Bemerkungen mögen dazu dienen, die Vorteile, die durch richtiges Essen zu gewinnen sind, noch etwas deutlicher zu machen. Magen und Därme sind nur Häute, und die Nahrung (wie z. B. ein Stück festes Fleisch auf Ihrem Teller) muß diese innere Haut durchdringen. Das kann ohne vollständige Verflüssigung niemals stattfinden. Die von den Drüsen in Ihrem Mund, Magen usw. abgesonderten Säfte fließen nicht ohne ausreichende Kieferbewegungen, sie können sich nicht mit der Nahrung vermischen, wenn diese nicht richtig zerkleinert wird.

Vermeiden Sie vor allem die Gefahr des Introjizierens, vermeiden Sie es, geistige und materielle Brocken zu verschlucken, die in Ihrem Organismus Fremdkörper bleiben müssen. Um die Welt zu verstehen und zu assimilieren, müssen Sie von Ihren Zähnen Gebrauch machen. Lernen Sie, richtig durchzubeißen, bis die Schneidezähne zusammenstoßen. Wenn Sie gewöhnt sind, zu reißen und zu knabbern, gewöhnen Sie es sich ab. Wenn Sie Ihre Nahrung zerreißen, anstatt sie durchzubeißen, bleiben Sie in einem Zustand der Konfluenz anstatt des Kontakts; die geistige Trennungslinie, die Tür zwischen Außen- und Innenwelt, wird nicht geschlossen. Das geht besonders die Leute an, die keinen »scharfen Schnitt« machen können, die sich nicht »ihr Teil abbeißen« können. Sie können auch nicht »teil«-nehmen.

Wenn Sie fürchten, andere zu verletzen, wenn Sie Angst haben, andere anzugreifen, Nein zu sagen, wenn die Situation es verlangt, sollten Sie folgende Übung machen: Stellen Sie sich vor, wie Sie ein Stück Fleisch aus dem Körper eines anderen Menschen herausbeißen. Können Sie sich vorstellen, es glatt herauszubeißen, oder hinterlassen Ihre Zähne nur ihre Spuren, als bissen Sie auf Gummi? Wenn Sie in Ihrer Vorstellung glatt durchbeißen können, können Sie das wirkliche »Gefühl« des Fleisches an Ihren Zähnen spüren? Sie werden eine solche Übung vielleicht als verwerflich und grausam verurteilen, aber diese Grausamkeit gehört ebenso zu Ihrem Organismus wie zu dem des Tieres in seinem Kampf ums Dasein. Ihre biologische Aggressivität muß irgendwo und irgendwie ein Ventil finden; selbst hinter der Maske des sanftesten Menschen, eines Menschen mit einem liebenswürdigen, nachsichtigen Charakter, lauert eine latente aggressive Natur, die auf die eine oder andere Weise herauskommen muß, als Projektion, in Form eines moralisierenden Verhaltens oder einer erdrückenden Freundlichkeit.

Was hat die Menschheit eigentlich durch die Verdrängung der individuellen biologischen Aggressivität gewonnen? Man denke nur an die erfindungsreichen Mittel der Zerstörung und das Ausmaß an Leiden im gegenwärtigen Krieg. Ist dies nicht Beweis genug für die Tatsache, daß gerade durch den Teufelskreis des Pseudostoffwechsels die Aggressivität sich bis zu dem heutigen paranoischen Zustand der Totalzerstörung entwickelt hat?

Je mehr wir es uns erlauben, Grausamkeit und Zerstörungslust am biologisch richtigen Ort — d. h. den Zähnen — auszuleben, desto geringer ist die Gefahr, daß die Aggression als Charakterzug ihr Ventil findet. Auch die krankhaften Ängste, die viele von uns hegen, werden stark abnehmen, denn je mehr die Aggression in Beißen und Kauen investiert wird, desto weniger bleibt übrig für Projektion. Dies führt zwangsläufig zu einer Abnahme der Phobien.

Ein Mensch, der Aggressivität zur Verfügung hat, darf nicht mit jemandem verwechselt werden, der ständig reizbar ist und tagaus, tagein nörgelt und meckert, zugleich aber unfähig ist, seine Probleme anzupacken und aus der Welt zu schaffen. Ständige Reizbarkeit ist ein weiteres Beispiel für eine unabgeschlossene Situation, für halbherzig und falsch eingesetzte Aggression. Ein solcher Mensch ist ein »Nörgler«, kein »Beißer«. Er ist mit dem »Konfluenz«-Typus verwandt. Bei diesem Typus findet man immer eine Lücke zwischen den Schneidezähnen; ein solcher Mensch geht immer entweder mit halboffenem oder, als Überkompensation, mit festgeschlossenem Mund umher. Er hat besonders davor Angst, ein Individuum zu sein, oder er konzentriert sich umgekehrt gerade darauf, sich selber und der Welt zu beweisen, daß er ein Individuum ist, daß er eine eigene Meinung hat, auch wenn diese nur darin besteht, daß er sich ständig in Opposition zu allem befindet. Ich habe einmal einen Mann gekannt, der aus Opposition gegen seine bourgeoise Familie Kommunist wurde. Er trat dann in eine Partei ein, die zwar im Prinzip kommunistisch war, aber im Gegensatz zu den akzeptierten kommunistischen Lehren stand. Er hatte bald auch an dieser Partei etwas auszusetzen und wurde Faschist.

Für diejenigen, die an mangelnder Individualität leiden, gibt es eine Übung, die die Kontaktzone (Federns Ichgrenze) verbessert. Lassen Sie die Zähne des Ober- und des Unterkiefers einander leicht berühren. Kontrahieren Sie nun die Kiefermuskeln nicht stark, entspannen Sie sie aber auch nicht so sehr, daß der Unterkiefer herunterfällt; in den be-

teiligten Muskeln sollte weder Hyper- noch Hypotonus herrschen. Am Anfang werden Sie vielleicht ein leichtes oder sogar ausgeprägtes Zittern spüren (ein Zähneklappern wie bei Kälte oder Angst). In diesem Fall verwandeln Sie das unbewußte Zittern in bewußte kleine, rasche Beißbewegungen, dann versuchen Sie es noch einmal.
Sobald Sie angefangen haben, Ihre Art zu essen zu rekonditionieren, gibt es eine kleine Übung, die für die Heilung der Ungeduld und des verworrenen Denkens von besonderem Wert ist. Üben Sie sich darin, die kontinuierliche Nahrungszufuhr zu unterbrechen. Viele Leute stopfen sich neues Essen in den Mund, schon *bevor* sie den vorigen Bissen gekaut und verflüssigt haben. Diese Haltung ist ein weiteres Symptom dafür, daß feste Nahrung wie eine Flüssigkeit behandelt wird. Wenn Sie die gesunde Haltung übertreiben, wenn Sie lernen, den Mund zwischen zwei Bissen ein paar Sekunden leer zu lassen, werden Sie bald merken, daß Sie all die großen und kleinen Dinge Ihres Lebens zu Ende bringen können; auch Ihr geistiger Magen — Ihr Gehirn — wird dann viel besser geordnet sein. Ein Großteil Ihres ungeordneten und unzusammenhängenden Denkens wird verschwinden, und Sie werden keine Schwierigkeiten haben, Ihre Vorstellungen und Begriffe zu klären. Das gilt nicht nur für Ihr Denken, sondern für alle Ihre Aktivitäten. Wenn Sie zu denen gehören, die mit einer neuen Arbeit anfangen, bevor die vorige abgeschlossen ist, wenn Sie häufig feststellen, daß Sie wieder einmal in einem Durcheinander gelandet sind, dann ist die oben beschriebene Übung genau das, was Sie brauchen.
Wenn es Ihnen gelungen ist, die obigen Übungen in die Praxis umzusetzen, haben Sie viel erreicht. Sie werden festgestellt haben, daß Sie oft Widerständen wie Ausreden, Lustlosigkeit, Zeitmangel usw. begegnet sind, aber mit etwas Entschlossenheit und Ausdauer kann jeder diese Übungen machen. Ein viel größerer Widerstand wird Ihnen begegnen, wenn wir uns an die Übungen machen, in denen es um den Ekel geht. Diese sollte man jedoch nicht versuchen, bevor die vorhergehenden Übungen mehr oder weniger automatisch geworden sind.

Die Ambivalenz unserer Haltung gegenüber der Welt im allgemeinen und der Nahrung im besonderen ist so tief verwurzelt, daß die meisten von uns immer noch die kindliche Denkhaltung haben, nach der alles entweder »bäh-bäh« oder »m-m-m« ist. Ich bin immer wieder verblüfft, wenn ich feststelle, wie viele Leute als unmittelbare Reaktion auf jedes Musikstück, das sie hören, jeden Film, den sie sehen, oder jeden Menschen, den sie kennenlernen, die Ausdrücke »furchtbar« oder »wunderbar« benützen. In den meisten Fällen gehen ihre Bemühungen eher in die Richtung einer Verfeinerung ihrer Kritikfähigkeit als in die einer Vertiefung ihres Erlebens. Manche Leute geben zu, daß sie keinen Film ruhig ansehen können, ohne laufend Kommentare abzugeben, ohne fortwährend zu sich selbst zu sagen: »O, wie gut« oder »O, wie blöd« usw., da ihr ganzes Interesse darauf konzentriert ist, etwas zu werten, und nicht darauf, sich bewegen zu lassen. Bei dieser Art von Individuen stelle ich ausnahmslos fest, daß 90 Prozent ihres Denkes aus Vorurteilen besteht. Man kann sie charakterisieren, indem man sagt, sie hätten eine Selektivitäts-Paranoia. Um diese Haltung zu überwinden, müssen sie von ihrer oralen Frigidität geheilt werden, indem ihr verdrängter Ekel ans Licht gebracht und überwunden wird. Sie essen mit dem Urteilsvermögen und nicht mit dem Gaumen.

Bei den Schmeck-Übungen werden Sie gemerkt haben, daß es viel leichter ist, sich auf Nahrungsmittel zu konzentrieren, die Ihnen schmecken, als auf die, die Sie nicht mögen oder die Ihnen fremd sind. Sie werden auch in gewissem Maß festgestellt haben, daß sich die Grenzen Ihres Geschmacks erweitert haben und daß Sie, wenn Sie erst einmal die Anstrengung des Sich-Konzentrierens überwunden haben, Ihr Essen mehr genießen als vorher. (Wenn Sie die Übungen richtig durchführen, sollte Ihnen der ganze Vorgang nun nicht mehr schwerfallen.) Sehr wenige Menschen sind sich ihrer oralen Frigidität bewußt. Nicht nur ist der wahre Feinschmecker, der bei jedem einzelnen Gang seines Diners genießerisch verweilt, eine Seltenheit geworden, sondern unsere Einstellung zur Nahrungsaufnahme ist ganz allgemein immer barbarischer geworden. Die Abgestumpftheit des Gaumens wird durch allerlei anreizende Gewürze und alle möglichen verdrehten Verhaltensweisen überkompensiert. Eine meiner Patientinnen konnte Suppe nur genießen, wenn sie kochend heiß war, da ihr der Geschmack sonst fade erschien.

Viele Leute haben den gesunden Instinkt des Tieres, das keine Nahrung anrührt, die zu heiß oder zu kalt ist, völlig verloren. Diese Haltung kommt nicht nur der Nahrung gegenüber zum Ausdruck, sondern auch in anderen Bereichen der Lust; sie führt zu einer allgemeinen Degeneration. Im Tanzsaal muß die Musik heiß und der Partner aufregend sein; beim Glücksspiel müssen die Einsätze hoch sein, und in der Modewelt ist alles, was nicht dem neuesten Stil entspricht, völlig wertlos. In diesen Kreisen, wo die Umgangssprache aus einer Kette von Superlativen besteht, ist auch der Intelligenzstand entsprechend niedrig. Man begegnet in den verschiedenen Gesellschaftsschichten allen Arten von Anregungsmitteln, die, damit sie ihre Wirkung behalten, in wachsender Dosierung angewandt werden. Da ist z. B. die Gewohnheit des Trinkens, die allen Schichten gemeinsam ist. Der Trinker benützt seine Zähne und seinen Gaumen niemals in angemessener Weise. Wenn er es täte — wenn er ein richtiger »Beißling« wäre —, hätte er es nicht nötig, zur Flasche zu greifen. Um einen Trinker zu heilen, muß man die Retroflexion der Selbstzerstörung rückgängig machen und die Zerstörungslust wieder in die Zähne verlegen.

In schweren Fällen von oraler Frigidität existiert die Nahrung nur, solange sie auf dem Teller ist. Sobald sie im Mund ist, wird sie nicht gespürt und noch viel weniger geschmeckt. Dies ist natürlich ein extremer Fall von Introjektion. Ein solches Verhalten geht Hand in Hand mit starkem Trinken und starkem Gebrauch von Gewürzen. Man stopft sich voll, ohne jemals wirkliche Befriedigung zu erlangen; Perioden unwiderstehlicher Gier wechseln ab mit strenger Ernährungsdisziplin. Auf der psychischen Seite wird das Bild vervollständigt durch eine unaufhörliche Gier nach Zuneigung, Macht, Erfolg und Sensationen, die jedoch niemals echte Lust oder Befriedigung gewähren.

Es ist leicht, anderen klarzumachen, wie wichtig es ist, Angst, Furcht oder Verlegenheit zu analysieren, aber es ist eine mühsame Aufgabe, jemandem zu erklären, wie wichtig es ist, das starke Gefühl (oder die Empfindung) des *Ekels* zu erkennen und zu analysieren. Um ein klares Bild zu gewinnen, müssen wir nicht weniger als vier Schichten unterscheiden, die zu seiner Entwicklung beitragen. Die Grundschicht ist der gesunde, natürliche, unverdorbene Appetit mit all seinen Spannungen und Befriedigungen, die auf zweierlei Weisen gestört werden können: Ein ursprünglicher und starker Appetit kann verurteilt werden, weil er sich auf »Bäh-bäh«-Dinge richtet, oder das Kind soll Dinge zu sich nehmen, gegen die sein Organismus heftig protestiert. Dieser Protest, der Ekel, stellt die zweite Schicht dar. Sobald sich der Ekel entwickelt hat, erheben viele Eltern Einwände gegen ihn. Ekel und Erbrechen werden als Ungezogenheit angesehen, und das Kind, das es wagt, seinen Spinat oder sein Rizinusöl wieder von sich zu geben, wird mit Strafe bedroht. So wird die dritte Schicht, die orale Frigidität, angelegt, um Ekel, Erbrechen und die angedrohte Strafe zu vermeiden. Danach wird die Abgestumpftheit, damit man von der Nahrung doch noch einen Pseudogeschmack bekommt, durch eine vierte Schicht überdeckt, durch die Schicht der künstlichen Stimulierung.

Die Crux der Analyse des Ekels ist die gleiche wie bei der Verlegenheit. Im allgemeinen beherrscht der Ekel die Situation — in diesem Fall weigert man sich, sich dem Objekt des Ekels zu nähern — oder die Entschlossenheit, sich etwas einzuverleiben, das normalerweise Ekel erregen würde, gibt den Ausschlag — dann verdrängt man den Ekel und betäubt den Geschmacks- und Geruchssinn. Die Aufgabe besteht nun darin, den Ekel auszuhalten, ihn nicht zu verdrängen, und zugleich nicht vor dem Objekt des Ekels zurückzuschrecken, nicht den Kontakt mit Personen, Nahrungsmitteln, Gerüchen und anderem zu vermeiden, das abstoßend auf einen wirkt. Um zu einer Analyse der oralen Frigidität fähig zu sein, müssen Sie lernen, sich des Ekel-Erlebens voll bewußt zu werden, selbst wenn das bedeutet, daß Sie sich erbrechen oder große Unlust verspüren. Aber versuchen Sie nicht, den Ekel auszugraben und zu heilen, bevor Sie sich ganz auf Ihre gewöhnlichen Mahlzeiten konzentrieren können. Selbst wenn sich der Ekel nur halb entlädt, wenn Sie ihn als einen plötzlichen Hustenanfall oder als eine gallenbittere Empfindung verspüren, wird er Ihnen sehr dabei helfen, Ihre Gleichgültigkeit gegenüber der Nahrung und der Welt im allgemeinen zu überwinden. Welcher Art Ihre Vorlieben und Abneigungen Ihrer Umwelt gegenüber auch sein mögen, Sie werden immer feststellen, daß sie identisch sind mit dem Grad Ihres Appetits oder Ihres Ekels. Wer Leute und ihre Handlungen verabscheuen kann, ist sicherlich lebendiger als jene, die mit abgestumpftem und gelangweiltem geistigem Geschmack alles akzeptieren.

Da leibliches und geistiges Aufnehmen den gleichen Gesetzen gehorchen, wird sich Ihre Einstellung gegenüber geistiger Nahrung mit Ihren Fortschritten in den vorher beschriebenen Übungen ändern. Das hat sich sowohl bei psychologischen Untersuchungen von Patienten mit Magenleiden als auch bei meinen allgemeinen psychoanalytischen Beobachtungen immer wieder erwiesen. Nähern Sie sich geistiger Nahrung unter dem Blickwinkel der Assimilation. Unterscheiden Sie zwischen kitschiger, süßlicher Literatur und solidem Material, das zur Weiterentwicklung Ihrer Persönlichkeit beitragen kann. Aber übersehen Sie nicht die Gefahr, daß anspruchsvolle Literatur nichts als eine unnötige Belastung ist, wenn Sie sie nur introjizieren — wenn Sie in Ihrem Organismus ein Fremdkörper bleibt. Ein richtig durchgekauter und assimilierter Satz ist mehr wert als ein ganzes Buch, das nur introjiziert wird. Wenn Sie Ihre Denkweise verbessern wollen, machen Sie sich ans Studium der Semantik; das ist das beste Mittel gegen die Frigidität des geistigen Geschmacks. Lernen Sie, den Kern der Wörter — den Sinn, die Bedeutung Ihrer Sprache — zu assimilieren.

4

Bildliche Vorstellung

Wenn eine Waage nicht im Gleichgewicht ist, muß man, um es wieder herzustellen, mehr Gewicht auf die leichtere Waagschale legen. Das versuche ich mit diesem Buch zu tun. Es mag oft so scheinen, als sei ich ebenso einseitig wie die Theorien, die ich kritisiere. Ich habe mich jedoch bemüht, die ganze organismische Struktur im Auge zu behalten und mein Gewicht in die vernachlässigte Waagschale zu werfen. Ich betrachte die Analyse des Hungertriebes als ein Stiefkind der Psychoanalyse, ohne die Wichtigkeit der Analyse des Sexualtriebes zu unterschätzen. Ich unterstreiche die Bedeutung des aktiven Verhaltens unserer Sinnesfunktionen als Gegengewicht zur mechanistischen passiven Auffassung. In Wirklichkeit gibt es niemals so etwas wie ein Individuum oder eine Umwelt. Sie bilden zusammen eine untrennbare Einheit, wobei z. B. der Reiz und die Bereitschaft oder die Fähigkeit, sich stimulieren zu lassen, nicht zu trennen sind. Die Lichtwellen existieren — aber es muß eine organismische Situation (Interesse) vorhanden sein, für die sie existieren können.

Zwar ist jeder bereit anzuerkennen, daß unser Organismus beim Verzehren und bei der Assimilierung von Nahrung sehr aktiv ist, aber die entsprechende Aktivität unserer Sinne wird weniger bereitwillig anerkannt. Wir sind so daran gewöhnt, in der Theorie des Reflexbogens zu denken, es erscheint uns so selbstverständlich, daß ein äußerer Reiz unseren Organismus mechanisch zum Reagieren veranlaßt, daß wir die Aktivität der Wahrnehmung nur mit Mühe erkennen können, und in ihr nicht eine bloß passive Haltung sehen. Weder die Nahrung fließt aus eigenem freiem Willen in unseren Organismus, noch tun es die Schallwellen eines Sinfoniekonzerts.

Wenn wir ein Sinfoniekonzert hören wollen, müssen wir einiges tun, um unseren Organismus in das gewünschte akustische Feld zu bringen. Wir müssen Eintrittskarten kaufen, uns in den Konzertsaal begeben, und auch während der Aufführung selbst sind wir unaufhörlich aktiv. Glauben Sie ja nicht, daß die Hunderte von Zuhörern die Musik alle in der gleichen Weise erfassen; sie nehmen nicht einmal die gleichen Klänge wahr. Eine Passage, die für den einen Zuhörer vielleicht ein Chaos ist, ist für einen anderen eine deutliche Gestalt. Das Fagott, das ein aufmerksamer Zuhörer neben dem Kontrabaß entdeckt, dringt vielleicht nicht einmal an die Ohren des Ungeübten. Wieviel von den Schallwellen Sie aufnehmen, ist von vielen Faktoren abhängig: von Ihrem Zugang zur Musik, von Ihrer emotionalen Identifizierung, Ihrer Geübtheit im Hören und vor allem von Ihrem Konzentrationsvermögen.

Wenn Sie müde sind, wenn das Zuhören zu anstrengend ist oder das Orchester aus anderen Gründen Ihr Interesse nicht fesseln kann, schweifen Sie mit Ihren Gedanken ab und verlieren den Kontakt zu der Aufführung. Wenn Sie feststellen, daß Sie in diesem Zustand sind, wenn Sie merken, daß die Musik völlig aufgehört hat, für Sie Figur zu sein, und daß Sie nicht die leiseste Ahnung haben, was gespielt worden ist, dann werden Sie von zwei Dingen überzeugt sein: von der Wichtigkeit des Figur-Hintergrund-Phänomens und seinem Zusammenhang mit der Konzentration und davon, daß mit dem Gebrauch Ihrer Sinne ein großes Maß an Aktivität verbunden ist.

In der trügerischen Vorstellung, daß unsere Sinne passiv seien, werden wir durch unsere Kenntnis der fotografischen Kamera unterstützt, und wir sind nur allzu bereit anzunehmen, daß unser Organismus nur einfach Aufnahmen macht, daß die Lichtstrahlen ihren Eindruck auf der Platte hinterlassen, während die Bilder sich irgendwo im Gehirn stapeln. Wir vergessen, daß jeder Fotograf eine Menge Aktivität aufwenden muß, bevor es ihm gelingt, auch nur eine einzige Aufnahme zu machen. Wir vergessen, wieviel Mühe in eine einzige fotografische Platte eingegangen ist, und daß unser Organismus einer fortwährend arbeitenden chemischen Fabrik und einem ständig tätigen Fotografen zu vergleichen ist. Wir machen uns auch nicht genügend klar, daß die Arbeit des Fotografen durch sein Interesse (Hobby, Lebensunterhalt oder Lernen) bestimmt wird.

Die Sinne des Menschen haben sich von bloßen »Meldern« zu Organen des »geistigen Magens« und einer zweiten und dritten menschlichen Welt entwickelt. Auf der zweiten Ebene (in der Welt der Vorstellung) spielen Pläne und Vereinfachungen, Aufnehmen und Assimilieren die entscheidende Rolle. Wir haben uns schon mit den Erinnerungen beschäftigt, die unverdaute Brocken sein können, mit Halluzinationen und mit der Verwechslung von Vorstellung und Realität. Die dritte Ebene ist die Welt der Wertungen (M. Scheler). In diesem Kapitel wollen wir uns darauf konzentrieren, wie wir den Gebrauch unserer Sinne zum größten Nutzen des gesamten Organismus organisieren können.

Wir nähern uns diesem Problem am besten über unsere Fähigkeit zur geistigen Vergegenwärtigung, über unser Vorstellungsvermögen. Der größte Teil unserer Innenwelt besteht aus Bildern und Wörtern. Das Unbewußte hat eine größere Affinität zu Bildern, das Bewußte zu Wörtern. Um eine gute Harmonie zwischen dem Ich und dem Unbewußten ereichen zu können, sollten wir unsere inneren Vorstellungen möglichst weitgehend unter Kontrolle haben, eine Kontrolle, die z. B. in Tagträumen eindeutig fehlt. Tagträume sind oft so weit außerhalb des Einflusses bewußter Steuerung, daß viele Menschen lediglich wissen, daß sie Tagträume haben, ohne eine Spur davon in der Erinnerung zu behalten, außer dem Gefühl, sie seien in Trance, an einem anderen Ort gewesen. Andererseits ist vielen Menschen das bewußte Bemühen, sich etwas bildlich vorzustellen, unmöglich. Jede bewußte Anstrengung, sich im Geist ein Bild zu machen, ist entweder vergebens (es kommt überhaupt keine Vorstellung zustande), oder sie sehen sich einem Durcheinander von sinnlosen Bildern gegenüber, z. B. vor dem Einschlafen.

Die größte Schwierigkeit haben natürlich Menschen, die scheinbar überhaupt kein bildliches Vorstellungsvermögen haben. Dies ist ein Symptom einer schweren neurotischen Störung, das nicht mehr im Bereich der Selbstbehandlung liegt. Wir möchten hier nur auf die unbewußte Gewohnheit hinweisen, Bilder mit Hilfe starker Kontraktionen verschiedener Augenmuskeln auszuschließen. Wenn diese Muskeln wieder entspannt werden, kehren die Bilder zurück. (In dem Kapitel über Körperkonzentration wird davon ausführlicher die Rede sein.) Hinter diesem Mangel an Vorstellungsvermögen steckt oft die Angst, Dinge ansehen zu müssen, die man vermeiden möchte und die Gemütsbewegungen oder Erinnerungen irgendeiner Art hervorrufen könnten. Manchmal hat sich auf diese Weise auch das Widerstreben ausgebreitet, die eigene Neigung zum neugierigen, heimlichen Zuschauen zu befriedigen, so daß nun alles Hinschauen in dieses Tabu einbezogen wird. Menschen, die Dinge anschauen, ohne sie zu sehen, werden den gleichen Mangel feststellen, wenn sie ihren Blick nach innen richten, wenn sie geistige Bilder heraufrufen wollen, während diejenigen, die ihre Beobachtungsgabe einsetzen und die Dinge direkt ansehen und erkennen, einen ebenso wachen inneren Blick zu haben pflegen, so daß ihnen die bildliche Vorstellung vergleichsweise leichtfällt. Die Menschen, die den Kopf voller Wörter oder Ressentiments oder Tagträume haben, betrachten die Welt gewöhnlich überhaupt nicht, sondern sie starren die Dinge nur an oder schauen durch sie hindurch, ohne sich wirklich für ihre Umgebung zu interessieren. Wenn wir die Welt nicht mit unseren Augen erschaffen oder vielmehr wiedererschaffen, kann sich kein schöpferischer Prozeß in der Persönlichkeit vollziehen.

Nehmen wir an, Sie gehören zu der Mehrheit der Menschen, die sich etwas geistig vergegenwärtigen können. Stellen Sie fest, wie Ihr inneres Sehen funktioniert. Schließen Sie die Augen und beobachten Sie, welches Bild auf Ihrem inneren Bildschirm erscheint. Vielleicht spüren

Sie auch jetzt eine Tendenz zur Flucht, den Wunsch, dem Bild, das sich darbietet, zu widerstehen. Oder vielleicht entsteht ein Durcheinander von Bildern vor Ihrem inneren Auge, oder Sie stellen fest, daß Sie von einer Vorstellung zur anderen springen und unfähig sind, ein einziges Bild länger als den Bruchteil einer Sekunde festzuhalten. Dieses Springen von einem Bild zum anderen ist kennzeichnend für Menschen, die auch im Leben sprunghaft, unruhig und unfähig sind, sich zu konzentrieren.

Der erste Schritt, der für eine Änderung notwendig ist, besteht in der Erkenntnis, daß nicht die *Bilder* springen, sondern daß *Sie* selber von einem Bild zum anderen springen. Versuchen Sie, sich dies ganz bewußt zu machen, und bald werden Sie winzige Bewegungen in Ihren Augen bemerken, die immer dann auftreten, wenn Sie Ihren Blick von einem Bild zum nächsten wandern lassen. Geben Sie dieser Unruhe Ihrer Augen und Ihrer Vorstellungen nach. Versuchen Sie, nicht einzugreifen, Ihrer Unstetigkeit keinen Widerstand zu leisten, bis Sie einen klaren Begriff von der Nervosität Ihrer Augäpfel haben. Schieben Sie nicht den Bildern die Verantwortung zu, und unternehmen Sie nichts weiter, bis Sie wirklich begriffen haben, daß *Sie* wandern, nicht die Bilder. Und dann versuchen Sie herauszubekommen, was Sie unruhig macht. Ist es Schüchternheit, Ungeduld, Interesselosigkeit, Furcht usw.? (Diese Analyse ist wichtig, um die Ichfunktionen zu stärken.) Erst wenn Sie sich Ihrer emotionalen Haltung Ihren inneren Bildern gegenüber ganz bewußt sind, können Sie mit der Analyse der sensomotorischen Widerstände anfangen. Wenn ein Vorstellungsbild, nachdem es einige Sekunden lang stehengeblieben ist, verschwimmt, oder wenn Sie im Geist auf ein anderes Bild überspringen, sollten Sie herauszubekommen versuchen, was Sie im Zusammenhang mit diesem Vorstellungsbild vermeiden wollen. Geben Sie sich nicht damit zufrieden, das Springen zu einem anderen Bild als Assoziation zu bezeichnen. Wir wollen keine assoziierten Bilder, wir wollen nicht das Zweitbeste, sondern die Person oder das Ding selbst. Konzentrieren Sie sich immer wieder auf das gleiche Vorstellungsbild, bis Ihnen der Grund und der Zweck der Vermeidung »ins Auge springt«. Wenn Sie, ohne etwas zu »machen«, entdeckt haben, was sich zwischen Sie und Ihre inneren Bilder schiebt, machen Sie dann das Umgekehrte: Seien Sie mutig und ausdauernd und interessiert, hören *Sie* auf, herumzuspringen, und sehen Sie den Bildern direkt ins Gesicht.

Wenn Sie diese Übung beherrschen oder wenn Sie gar nicht sprunghaft sind, sondern ganze Szenen sehen und ein Bild mindestens einige Sekunden lang halten können, dann ist die Aufgabe viel einfacher. Es genügt, wenn Sie in dem Durcheinander von Bildern eines oder zwei finden und mehrere Sekunden lang betrachten können. Den größten Nutzen bringen statische Vorstellungsbilder, die aussehen wie von einer Laterna magica projiziert, oder Bilder aus der Analyse von Träumen, die sich mehrfach wiederholen. Dies sind introjizierte Bilder, unverdaute Brocken in Ihrem »geistig-seelischen Magen«. Wenn Sie Ihr Bild gefunden haben, tun Sie zwei Dinge: Erstens, finden Sie heraus, wie Sie gefühlsmäßig darauf reagieren. Gefällt Ihnen die Person oder das Ding, das Sie sehen, mißfallen sie Ihnen oder lassen sie Sie gleichgültig? Spüren Sie irgendeinen Widerstand gegen dieses Bild? Wenn es so ist, geben Sie dem Widerstand Ausdruck. Schimpfen Sie, wenn Sie das Bild nicht mögen, und wenn Sie jemand (oder etwas) sehen, den (oder das) Sie lieben, seien Sie nicht zu schüchtern, es zu sagen. Wenn Sie allein sind, drücken Sie Ihren Widerstand laut und so realistisch wie möglich aus (das heißt, entladen Sie ihn, werden Sie ihn los).

Sie erinnern sich — ein Organismus reagiert auf eine Situation. Ihre Reaktion auf diese künstliche Bild-Situation fällt mehr oder weniger mit Ihrem wirklichen Verhalten zusammen. Indem Sie Bilder in Ihr psychoanalytisches Laboratorium locken, bekommen Sie einen guten Ersatz für die äußere Realität. In vielen Fällen ist dies die bestmögliche Vorbereitung für die reale Annäherung. Menschen mit Kontaktschwierigkeiten neigen ohne Ausnahme dazu, sich an Stelle lebender Personen unbelebte Dinge oder Gemälde oder Fotografien oder Büsten von Leuten vorzustellen. Das ist nicht notwendigerweise, wie die Freudsche Lehre behauptet, der *symbolische Ausdruck* unbewußter Todeswünsche, sondern eine *Projektion,* die die Lahmheit und Reaktionsfurcht, die emotionale Empfindungslosigkeit des Patienten selbst verdeckt. Sollten Sie also feststellen, daß Sie unbelebte Objekte und Bilder auswählen, machen Sie sich klar, daß Sie die lebenden Objekte vermeiden wollen und damit auch Ihre Gefühlsreaktionen.

Probieren Sie diese Konzentrationsübungen zunächst an alltäglichen Ereignissen aus. Vielleicht nehmen Sie gerade Fahrstunden. Wenn Sie sich ausschließlich auf diese Stunden verlassen, werden Sie viel langsamere Fortschritte machen, als wenn Sie das, was Sie gelernt haben, in allen Einzelheiten in der Vorstellung praktizieren. Machen Sie in der Phantasie eine lange Autofahrt, bei der Sie selbst am Steuer sitzen und sich an alle Regeln erinnern, die man Ihnen beigebracht hat: Sie werden verblüfft sein, wie sich Ihr Selbstvertrauen und Ihre Fahrtüchtigkeit verbessern. Wenn Sie gerade stenographieren lernen, setzen Sie die Gedanken, die sich in Ihrem Kopf drängen, in Symbole um, besonders kurz vor dem Schlafengehen; stellen Sie sich die Wörter, die Sie sprechen, in Zeichen vor — Geschwindigkeit und Korrektheit werden die Folge sein. Es erfordert mindestens ebensoviel Konzentration, etwas im Geiste richtig zu machen wie mit den Muskeln, und Sie haben den Vorteil, daß Sie beim realen Autofahren oder beim Stenographieunterricht durch andere Dinge abgelenkt werden können, ohne es zu merken, während es unmöglich ist, irgend etwas in der Vorstellung zu üben, ohne sein ganzes Interesse einzusetzen und dadurch sein Konzentrationsvermögen zu prüfen. Sie müssen jedoch alle Einzelheiten beachten, die Sie gelernt haben, denn man kann nicht »in Umrissen« oder »ungefähr« Auto fahren oder stenographieren.

Wenn Sie zu Ihrem bewußten Vorstellungsvermögen Vertrauen gefaßt haben, und wenn es Ihnen gelungen ist, ein Vorstellungsbild eine Weile festzuhalten, widmen Sie sich dann der Beschreibung der Einzelheiten. Sehr gutes Material bieten Träume, die immer ziemlich viel unassimiliertes Material enthalten. (Das ist auch der Grund, warum die meisten so unverständlich sind.) Nehmen Sie nacheinander die einzelnen Elemente vor, aber kehren Sie immer wieder zu dem ganzen Traum zurück. Nach Freud kommt es beim Enträtseln eines Traumes zuerst einmal darauf an, sich unabhängig vom Gesamtzusammenhang jedem einzelnen Element zuzuwenden. Ich nenne dies: den Traum auseinanderreißen, die geistigen Schneidezähne benützen, um ihn in kleine Stücke zu zerteilen. Der zweite Teil, das Zerkauen, das Auflösen der Brocken und das Freisetzen von Widerständen geschieht bei Freud mit Hilfe des freien Assoziierens. Ich habe auf die Gefahr, daß diese freien Assoziationen zu freien Dissoziationen führen, hingewiesen, und ich ziehe die andere Methode vor, die Traumbrocken zu zerkauen, mit ihnen Kontakt aufzunehmen. Der Widerstand, die Vermeidung des Kontakts, zeigt sich auf diese Weise deutlicher. Dieses Zerkauen geschieht durch die Beschreibung der Einzelheiten. Man kann unmöglich etwas im Detail beschreiben, ohne sich darauf zu konzentrieren.

Während die Verdrängung einer Einzelheit die Deckerinnerungen und die Träume unverständlich macht, erreicht man durch die detaillierte Beschreibung einzelner Traumbestandteile und verschwommener Bruchstücke Assimilation und Verständnis. Genau wie sich in Kriminalromanen der gute Detektiv von den anderen dadurch unterscheidet, daß er Einzelheiten, die den anderen entgehen, genau beobachtet, so wird durch die Enthüllung von Details ein Traum oder ein Bild vervollständigt, und auf diese Weise können Probleme, die sonst unverständlich bleiben würden, gelöst werden.

Detailbeschreibungen sind jedoch nur ein Hilfsmittel. Sie sind wie das Maurergerüst, das entfernt wird, sobald das Haus fertig ist. Indem wir unsere Beobachtungen in Worte übersetzen, benützen wir die Beschreibung als ein Mittel, mit dessen Hilfe wir unsere Aufmerksamkeit auf Einzelheiten konzentrieren, die in dem Prozeß des Durchkauens eine Entwicklung durchmachen. Das Bild selbst könnte sich ändern, andere Bilder und Erinnerungen, die in den gleichen Zusammenhang gehören, könnten auftauchen, aber es ist wesentlich, nicht von dem zentralen Bild abzuschweifen, bis es völlig assimiliert, verstanden und aufgelöst ist.

Auf Grund der äußeren Ähnlichkeit wird es am Anfang sehr schwer sein, den Unterschied zwischen dem Material, das die Konzentration erbringt, und den Assoziationen zu erkennen. Der Psychoanalytiker wird als Argument für die Assoziationstechnik wahrscheinlich Freuds Versuche anführen, vergessene Namen wiederzufinden. Ich behaupte, daß Namen nicht durch Assoziationen an die Oberfläche kommen, sondern durch Konzentration. Wenn Sie immer weiter assoziieren, werden Sie den vergessenen Namen nicht finden; die Existenz eines blinden Flecks jedoch bewirkt eine solche Faszination (die höchste Form der Konzentration), daß Sie immer wieder zu ihm zurückkehren werden. Wenige unabgeschlossene Situationen üben einen solchen Druck aus, beendigt zu werden, wie vergessene Namen.

Die Konzentrationstherapie liefert einen kürzeren und besseren Weg zur »emotionalen Wiederbelebung« als das gewöhnliche Gespräch einerseits und die Technik des freien Assoziierens andererseits. Ein Mann z. B., der recht geringschätzig von seinem Vater spricht, wird, wenn man ihn auffordert, sich seinen Vater vorzustellen und sich im einzelnen auf seine Erscheinung zu konzentrieren, vielleicht plötzlich in Tränen ausbrechen. Er wird selbst von seinem plötzlichen Gefühlsausbruch überrascht und verblüfft sein, daß er immer noch soviel Gefühl für den alten Mann übrig hat. Der kathartische Wert der Konzentration auf das Vorstellungsbild eines Menschen oder eines Ereignisses, zu dem man eine Gefühlsbeziehung hat, kommt dem der Hypno- oder Narkoanalyse nahe, wobei die Konzentration überdies die bewußte Persönlichkeit stärkt.

Ein schwierigerer, aber sehr wertvoller Schritt zur Erlangung eines vierdimensionalen geistig-seelischen Lebens, eines Lebens, das die äußere Realität wiedererschafft, ist die Übung der anderen Sinne — des Gehörs, des Geruchssinns und des Geschmacks. Um dieses vierdimensionale plastische innere Leben zu erreichen, muß der in der Vorstellung hergestellte Kontakt so vollständig wie möglich sein; ich möchte damit sagen, daß Sie mehr tun müssen, als sich Bilder vor Augen zu führen. Wenn Sie sich eine Landschaft bildlich vorstellen, können Sie alle Einzelheiten beschreiben: die Bäume, die Wiesen, die Schatten, die weidenden Kühe, die duftenden Blumen. Aber Sie müssen noch mehr tun. Sie müssen darin herumgehen, auf die Bäume steigen, die fette braune Erde umgraben, an den Blüten riechen, auf dem Gras im Schatten sitzen, dem Gesang der Vögel lauschen, Steine in den Fluß werfen und den Bienen bei ihrem geschäftigen Hin und Her zusehen! Geben Sie jedem möglichen Impuls freien Spielraum, vor allem denen, die (wie z. B. der Impuls, ein Mädchen unter einer Hecke niederzuwerfen, oder Äpfel zu stehlen oder in den Graben zu pinkeln) Sie in der Realität verlegen machen würden, die aber in Ihrer Phantasie durchaus vorkommen.

Dieser sensomotorische Ansatz, besonders das Berühren, gibt Ihnen das richtige »Gespür« für die Dinge und führt Sie zum Erleben der vier Dimensionen. Er wird Ihren Aktualitätssinn entwickeln, und er wird Ihnen helfen, jenes eidetische Gedächtnis (Identität von Wahrnehmung und Vorstellung) zu erwerben, das in den Träumen selbst immer vorhanden ist.

5 Aktualitätssinn

Das Denken in vier Dimensionen in Übereinstimmung mit der Außenwelt und verbunden mit der Fähigkeit, zwischen innerer und äußerer Realität zu unterscheiden, ist ein Grunderfordernis der Psychohygiene. Wir haben uns bis jetzt nur mit einzelnen Übungen befaßt; wir haben mit zweidimensionalen Bildern angefangen und die dritte (Tiefe) und sogar die vierte Dimension (Dauer oder zeitliche Ausdehnung) hinzugefügt. Die Erfahrung dieses Zeitfaktors ist notwendig, wenn wir zu einem erfüllteren Leben, d. h. zu einem umfassenderen Erleben, kommen wollen. Selbstverwirklichung ist nur möglich, wenn die »raumzeitliche Wahrnehmung« jeden Winkel unseres Daseins durchdringt; im Grunde ist dies der Aktualitätssinn, die richtige Einschätzung der Identität von Realität und Gegenwart.

Dieser Aktualitätssinn ist nicht zu verwechseln mit Freuds »Realitätsgefühl«. Freud stellte dem »triebhaften« biologischen Verhalten die Notwendigkeit des Sublimierens und den Aufschub der Befriedigung, wie sie die Gesellschaft verlangt, gegenüber. Aber es ist nicht richtig, die Fähigkeit, vor dem Erlangen von Lust Spannung auszuhalten, als »Realitätsprinzip« zu bezeichnen. Unlust und Lust und hundert andere Erlebnisse sind genausosehr Realität wie die Umwelt und die Fähigkeit, Spannung auszuhalten. Selbst die Halluzinationen im Delirium tremens sind eine psychische Realität, wenn auch das Opfer unfähig ist, zwischen inneren Bereichen und Umwelt zu unterscheiden.

Man kann die ständig in Bewegung befindliche Realität der Gegenwart mit einer Eisenbahn vergleichen, wobei die Schienen die Zeitdauer repräsentieren und der fahrende Zug die Aktualität. Die ständig wechselnde Szenerie draußen und unsere inneren Erlebnisse (Gedanken, Hunger, Ungeduld usw.) wären dann das Symbol für »Leben«.

Aktualitätssinn bedeutet nichts anderes als die Würdigung der Tatsache, daß jedes Ereignis in der »Gegenwart« stattfindet. Ich habe festgestellt, daß es sehr vielen Leuten, meistens »Anklammerungscharakteren«, sehr schwerfällt zu begreifen, *daß dieses ständig sich wandelnde, flüchtige und unstoffliche Etwas die einzige existierende Realität ist.* Sie wollen das festhalten, was sie haben. Sie wollen die fließende Gegenwart einfrieren und Dauer aus ihr machen. Sie werden verwirrt, wenn die Realität des einen Augenblicks schon in der nächsten Sekunde keine Realität mehr ist. Anstatt in der Gegenwart zu leben, neigen sie dazu, sie zu

konservieren, indem sie Fotos von ihr machen. Sie hängen an veralteten Bräuchen. Sie haben große Schwierigkeiten, sich von einer Situation auf eine andere umzustellen. Wenn sie wach sind, können sie nicht ins Bett gehen; wenn sie im Bett sind, können sie nicht aufstehen. Wenn sie einen Arzt konsultieren, können sie kein Ende finden und wissen Dutzende von Gründen und Fragen, um ihren Besuch zu verlängern.
Der im ersten Teil beschriebene antizipatorische Charakter hat etwas weniger Schwierigkeiten, den Aktualitätssinn wiederzugewinnen. Er ist offenbar mehr darin geübt, in Zeitbegriffen zu denken.

Die meisten menschlichen Kontakte werden durch die Sprache hergestellt. Dieses vortreffliche Werkzeug wird im allgemeinen so ungeschickt verwendet und die Worte enthalten so vielfältige Bedeutungen, daß schon das Verständnis alltäglicher Ereignisse schwierig wird. Wenn A ein Wort gebraucht, meint er vielleicht etwas ganz anderes als das, was B versteht. Die revolutionäre Wissenschaft der Semantik — die Wissenschaft von der Bedeutung der Bedeutung — wird, so hoffe ich, ein Mittel gegen diese babylonische Verwirrung liefern. Sprache ist keine bloße Anhäufung, sondern eine Organisation von Bedeutungen, deren Skelett die Grammatik ist. Geistige und emotionale Unordnung ruft sowohl Bedeutungsverzerrungen als auch eine falsche Anwendung der Grammatik hervor. Es wird Ihnen sehr helfen, neurotische Vermeidungen abzubauen, wenn Sie den Sinn bestimmter Teile der Grammatik erfassen.
Nach Russell können wir in der Sprache drei Möglichkeiten unterscheiden:
1. expressives Sprechen, durch das wir uns, wie der Begriff schon sagt, ausdrücken und — durch emotionale Abfuhr — in uns selber eine Veränderung herbeiführen (*auto*plastische Handlung); 2. zweckgerichtetes oder suggestives Sprechen, das eine Veränderung im Denken und in der Verfassung eines anderen herbeiführen soll (*allo*plastische Handlung); 3. deskriptives Sprechen.
Die drei verschiedenen Arten zu sprechen haben ihre spezifische Beziehung zur Zeit. Expressives Sprechen hat zwar eine kausale Komponente, steht aber in Beziehung zur Gegenwart: Der Drang, der den Ausdruck verursacht, muß noch gegenwärtig sein, sonst verwandelt sich der Ausdruck in Beschreibung oder in »Darstellung«.
Suggestives Sprechen ist auf die Zukunft gerichtet. Propadanda z. B. zielt darauf ab, Veränderungen in anderen Menschen herbeizuführen [1].

[1] Autosuggestion (gegen die eigene Person gekehrte Suggestion) ist augenscheinlich eine Ausnahme.

Ohne ein solches alloplastisches Ziel wäre die ganze Technik der Anzeigenwerbung und der Kunst des Verkaufens sinnlos.
An zwei Beispielen des Weinens kann man zeigen, wie wichtig es ist, zwischen autoplastischem und alloplastischem Verhalten zu unterscheiden. Wenn ein Kind echt weint, ist sein Weinen durch einen Schmerz verursacht und hat dann mehr den Charakter einer Reaktion als den einer Aktion (autoplastisches Verhalten). Wenn aber eine verwöhnte Frau anfängt zu weinen, um das Mitleid ihres Mannes zu erwecken, weil sie »nichts anzuziehen« hat, dann erkennen wir den Zweck ihres Weinens, den Aspekt des Handelns in ihrem Verhalten; in diesem Fall können wir tatsächlich von »Schauspielerei« sprechen. Ihr Ziel ist es, im Herzen oder in der Brieftasche ihres Mannes eine Veränderung herbeizuführen (alloplastisches Verhalten).
Die Beschreibung hat die stärkste Beziehung zur Gegenwart. Ein Bild, eine Situation muß entweder real oder in der Vorstellung gegenwärtig sein, sonst ist es nicht möglich, sie zu beschreiben, und zur Beschreibung brauchen wir Wörter, in die wir Dinge oder Vorstellungsbilder übersetzen und aus denen wir die Vorstellung wiedererschaffen können, auf die wir uns beziehen. Die doppelte Übersetzung kann leicht zu Mißverständnissen führen, sobald doppeldeutige Wörter verwendet werden. Die meisten Tiere haben zwar die Fähigkeit, zu *beeindrucken* und sich *auszudrücken*, aber im Tierreich gibt es nichts, was der *Beschreibung* gleicht. Beschreibung ist die Wiedererschaffung von Ereignissen. Vor der Zeit der Fotografie war die verbale Beschreibung die wichtigste Möglichkeit der Mitteilung von Fakten. Die Wissenschaft erkennt die Bedeutung einer adäquaten Beschreibung durchaus an. Damit ein Ereignis beschreibbar ist, muß es drei Bedingungen erfüllen: Es muß existent, gegenwärtig (in der Umwelt oder im Geist) und real sein (materiell oder geistig). Die drei Ausdrücke »existent«, »gegenwärtig« und »real« lassen sich zu einem Wort kondensieren: »aktuell«.
Durch die detaillierte Beschreibung von Erlebnissen entwickelt man zugleich Beobachtungsfähigkeit und Aktualitätssinn. Im theoretischen Teil dieses Buches habe ich diesen Aktualitätssinn stets stark hervorgehoben — d. h. die Wichtigkeit der Erkenntnis, daß es keine andere Realität gibt als die Gegenwart.
Wie kann man diesen Aktualitätssinn entwickeln? Zunächst müssen Sie erkennen, in welchem Tempus Sie leben. Sind Sie in Kontakt mit der Gegenwart? Sind Sie aufgeschlossen für die Realität Ihrer Umgebung, oder schweifen Sie ab in die Vergangenheit oder in die Zukunft? Um die Übung des Erkennens der Zeiten voll auszuschöpfen, müssen Sie sich Rechenschaft darüber ablegen, wieviel Zeit Sie auf die aktuelle

Wirklichkeit verwenden, und wieviel Zeit darauf, sich an Vergangenes zu erinnern oder Zukünftiges vorwegzunehmen. Auch sollten Sie sich klarmachen, daß der aktuelle Vorgang des Sich-Erinnerns bzw. des Vorausschauens immer vom gegenwärtigen Augenblick ausgeht, und daß Sie, obwohl Sie entweder rückwärts- oder vorausschauen, dies immer von der Gegenwart aus tun. Sobald Sie Ihre Bezogenheit auf die Gegenwart erkannt haben, werden Sie rasch lernen, sich selbst als »raumzeitliches Ereignis« zu begreifen. Üben Sie Ihren Aktualitätssinn, indem Sie Ihre Neigung beobachten, entweder in die Vergangenheit oder in die Zukunft abzugleiten. Zugleich sollten Sie herausbekommen, ob Sie aus dem Gleichgewicht geraten, wenn Sie es *vermeiden,* in die Vergangenheit oder in die Zukunft zu schauen.
Die Flucht in die Vergangenheit ist vor allem für Leute kennzeichnend, die Sündenböcke brauchen. Diese Leute machen sich nicht klar, daß ihr gegenwärtiges Leben trotz allem, was früher geschehen ist, ihnen gehört, und daß sie selber nun dafür verantwortlich sind, die Mängel, die sie erlitten haben, welcher Art sie auch sein mögen, zu beheben. Immer, wenn solche Menschen, die sich an die Vergangenheit klammern, Schwierigkeiten begegnen, verwenden sie ihre ganze Kraft darauf, sich zu beklagen oder »Ursachen« außerhalb ihrer selbst zu finden. Gründe lassen sich ja bekanntlich immer finden. Da diese Suche nur erfolglos sein kann, werden sie immer deprimierter und unzufriedener und entwickeln alle möglichen Krankheiten und Tricks, um bei anderen Mitleid zu erregen. Sie gehen vielleicht sogar so weit, sich das Verhaltensmuster eines völlig hilflosen Kindes zu eigen zu machen. Die Psychoanalyse nennt diese Haltung »Regression«, aber diese Regression ist in den meisten Fällen nur ein Trick, kein unbewußtes Ereignis (man denke nur an Burlap in Huxleys *Point Counter Point;* dt. *Kontrapunkt des Lebens*).
Nachdem die Psychoanalyse aus der tautologischen Platitüde, jedes Phänomen habe seinen Ursprung in seiner Geschichte, ein allgemeines Gesetz gemacht hatte, wandten ihre Anhänger es bei jeder möglichen Gelegenheit an. Freuds Auffassung von der Regression ist ein typisches Beispiel dafür. Er behauptet: Wenn der Neurotiker Schwierigkeiten begegnet, regrediert er auf bestimmte Kindheitsphasen; diese Regression läßt sich fast nach Jahren genau bestimmen. Was jedoch meiner Ansicht nach eintritt, ist selten eine historische Regression — lediglich das wahre Selbst, die »Schwächen« des Patienten, werden deutlicher sichtbar. Das, was er zu sein vorgibt, seine Überkompensationen und diejenigen seiner Errungenschaften, die nicht in seine Persönlichkeit integriert sind, werden über Bord geworfen. Der Ängstliche, dem es gewöhnlich gelingt, kühl, ruhig und gesammelt zu erscheinen, ist in Zei-

ten der Belastung mehr auf seine Probleme konzentriert als auf die Wahrung des äußeren Scheins. Er »regrediert« nicht auf den Zustand seiner Kindheitsängstlichkeit — sein Kern, sein wahres Selbst, ist nie anders gewesen als erregbar, seine Unterentwicklung ist eine Tatsache, an der nicht zu rütteln ist. Er ist auf sein wahres Selbst zurückgefallen, vielleicht auf sein angeborenes Wesen, aber nicht auf seine Kindheit. Wenn ein übermäßig höflicher Patient während der psychoanalytischen Behandlung ausfallend wird und einen Wutanfall bekommt, wird jeder Analytiker dieses Verhalten als eine Abfuhr unterdrückter Gefühle begrüßen. Der Patient, der sich wie ein ungezogenes Kind benimmt, geht von latenter zu offener Feindseligkeit über und offenbart so einen Augenblick lang sein wahres Selbst (wie Beckmesser in den *Meistersingern*). Aber man kann den Umstand, daß auch Kinder Wutanfälle haben und »schlechte« Wörter gebrauchen, nicht als Beweis dafür heranziehen, daß derartiges Benehmen an sich »infantil« sei.

Soviel zum Hängen an der Vergangenheit. Das futuristische Denken kann uns sogar noch mehr praktische Selbsterkenntnis vermitteln, sobald wir erkennen, welchen grundlegenden Fehler wir machen, wenn wir nicht zwischen Planen und Träumen unterscheiden. Ein Großteil des futuristischen Denkens besteht in Tagträumen aller Art. In Extremfällen können Menschen, die Tagträumen nachhängen, Symptome des Verharrens in Trance aufweisen, und sie kommen von ihren Ausflügen ins Unbewußte mit Gefühlen des Erstaunens und des Erschreckens zurück, wenn sie sich z. B. plötzlich mit erhobenem Rasierpinsel vor dem Spiegel wiederfinden und bemerken, daß sie in den letzten zwei Minuten ihre Umwelt überhaupt nicht wahrgenommen haben — daß ihr Ich eine Zeitlang aufgehört hatte zu funktionieren. Der Tagträumer läuft bei dem Versuch, sich für Frustrationen zu entschädigen, vor der Gegenwart davon. Er merkt nicht, daß seine Träume niemals zur Wiederherstellung seines organismischen Gleichgewichts führen. Er erkennt nicht, daß sie nur eine Frustration zudecken, genau wie eine Morphiumspritze eine schmerzhafte Krankheit lediglich verdeckt, aber nicht heilt. Wenn Sie »pleite« sind, können Sie sich leicht vor der Erkenntnis des wahren Sachverhalts drücken, indem Sie sich einen Lottogewinn erträumen, während Sie in Wirklichkeit mit einem Hundertmarkschein ganz zufrieden wären. Wenn Sie sexuell ausgehungert sind, werden Sie vielleicht in Ihren Tagträumen einen berühmten Filmstar lieben, während Sie in Wirklichkeit mit Ihrer netten Nachbarin ganz zufrieden sein könnten. Wenn man sich Tagträumen hingibt, wenn man die Erwartung, die Hoffnung hegt, sie könnten eines Tages wahr werden, wird man im wirklichen Leben nur immer größere Enttäuschungen erleben.

Diese Enttäuschungen verstärken wiederum die Tagträume und der Teufelskreis ist eingeleitet.
Ich habe in dem Kapitel über das organismische Gleichgewicht gezeigt, daß ein organismisches Defizit ein geistiges + erzeugt, aber beim Tagträumen erzeugt man ein geistiges + + +. Hilft es Ihnen, wenn Sie einen Tagtraum von einer Million Dollar haben? Um die kleinen Schulden zu bezahlen, die Ihnen Sorgen machen, würden Sie viel weniger brauchen. Die Launen der Filmdiva würden Sie wahrscheinlich sehr unglücklich machen, wenn Sie mit ihr verheiratet wären.
Aus Tagträumen können Sie eines erfahren: wo Ihre Bedürfnisse liegen. Wenn Sie von New York nach Montreal fliegen wollen (das bedeutet, fast genau nach Norden), dann richten Sie Ihren Kurs nach einer Magnetnadel, die zum Nordpol zeigt. Aber Sie identifizieren sich nicht mit diesem Ziel, Sie fliegen nicht direkt zum Nordpol, Sie lesen am Verhalten der Nadel nur die *Richtung* ab. Auf dieselbe Weise sollten Sie aus Ihren Tagträumen lediglich die Richtung entnehmen und sie als ein Hilfsmittel verwenden, um zu verstehen, welche Bedürfnisse Sie haben — Geld oder Liebe, oder was immer Ihnen fehlen mag. Tagträume dienen dem guten Zweck, Ihnen das Ziel, die Richtung Ihrer Ziele und Wünsche zu zeigen, aber damit ist ihr Nutzen auch schon erschöpft. Wenn Sie zuviel Zeit und Kraft in Ihre Wunschträume investieren, erlangen Sie eine Pseudozufriedenheit, für die Sie mit Enttäuschungen und einer Schwächung der Ichfunktionen teuer bezahlen müssen. Um eine solche Funktionsstörung zu beseitigen, müssen Sie lernen, Ihre Kräfte zu reorganisieren, sich den unangenehmen Situationen, von denen Sie glauben, Sie könnten sie nicht ertragen, und die Sie mit Ihren Tagträumen zu überwinden suchen, zu stellen. Seien Sie unglücklich über das, was Ihnen unerträglich erscheint; wenn Sie das Unglücklichsein voll erleben und ausdrücken, wird es Ihnen zum Nutzen gereichen. Unternehmen Sie dann Schritte in die Richtung, die Ihnen Ihre Tagträume weisen; machen Sie sich daran, die »Luftschlösser«, die Sie so faszinieren, wirklich zu bauen, aber stellen Sie sie auf festen Boden. Geben Sie sich nicht damit zufrieden, unwirkliche Sprünge in ein unwirkliches Paradies zu machen, sondern tun Sie etwas, um diese Träume mit der Realität zu verknüpfen. Übertragen Sie das »Unmögliche« ins »Mögliche«. Wenn Sie in Ihren Tagträumen ein berühmter Autor sind, besteht die Wahrscheinlichkeit, daß Sie in dieser Richtung latente Begabungen haben, die Sie pflegen sollten. Wenn Sie sich als großartiger Liebhaber sehen, haben Sie offensichtlich die Fähigkeit zu lieben; lösen Sie sie von der Filmdiva ab, bei der Sie nie Erfüllung finden werden, und Sie werden bald jemanden finden, der Ihre Aufmerksamkeit ver-

dient. Wenn Ihre Tagträume sich um Malerei, um die Technik oder um den Erwerb von Reichtum drehen, tun Sie etwas in dieser Richtung, wenn Sie Ihre Ansprüche auch herunterschrauben müssen.
Man muß jedoch zwischen Tagträumen unterscheiden, die ideale *Situationen* darstellen, und Tagträumen, die ein *Ideal* glorifizieren. Diese Form des Idealismus ist ein Teil des Komplexes Größenwahn/Ausgestoßensein und ein sehr wichtiges Zeichen unserer paranoischen Kultur. Über den schädlichen Einfluß des Idealismus werde ich im letzten Kapitel dieses Buches einige Worte sagen. Vorläufig möchte ich nur, daß Sie eines verstehen: Aktualitätssinn bedeutet das Erleben dieser Sekunde — nicht das Erleben dessen, was auch nur vor einer Minute geschehen ist.

6

Inneres Schweigen

Versuche haben gezeigt, daß zwischen der Intelligenz eines Schimpansen und der eines Kindes nur solange geringe Unterschiede bestehen, bis das Menschenkind Wörter verstehen und gebrauchen lernt. Die Fähigkeit, verschiedene konkrete Ereignisse durch abstrakte Begriffe zu verbinden, und die Vereinfachung, die der Gebrauch von Wortsymbolen mit sich bringt, haben dem Menschen seine erste und entscheidende Überlegenheit über die Tiere verschafft. Wie viele andere Werkzeuge hat sich jedoch auch das Wort gegen den Menschen gekehrt. Wie sich das Pulver der chinesischen Feuerwerkskunst in Schießpulver verwandelt hat, wie aus dem Transportflugzeug der Bomber geworden ist, so hat sich auch das Wort aus einem Ausdrucksmittel und einer Mitteilungsform in eine tödliche Waffe verwandelt, die sich gegen unser natürliches Selbst richtet; es ist mehr zum Werkzeug des Verbergens als zum Werkzeug des Offenbarens geworden.

Worte können kaum jemals dem echten Gefühl gleichkommen, was nichts mit verschwommenen Gefühlen oder Mystizismus zu tun hat. Für jenes tiefste Wissen unseres Daseins, das über Vorstellungen und Worte hinausgeht, hat Bergson wieder den Ausdruck »Intuition« eingeführt. Worte sind ebensosehr Teil unserer täglichen Routine geworden wie andere Güter des Lebens: Nahrung, Obdach, Verkehrsmittel oder Geld. Aber stellen Sie sich vor, Sie würden auf eine einsame Insel verschlagen! Ihre Anschauungen würden sich völlig verändern, alles würde eine andere Bedeutung bekommen. Die Dinge um Sie her würden einen viel tieferen Sinn bekommen, während die Sprache, besonders die abstrakte Sprache, ihre Bedeutung verlieren würde. Jedes Wort, das Sie gebrauchen würden, müßte einen genauen Bezug haben. Die biologische Existenz würde die intellektuelle überschatten.

Schon im Krieg — obwohl der Soldat, soweit wie möglich, mit allem versorgt wird, was er zum Leben braucht — setzt sich das biologische Selbst durch, und der Verstand (zumindest jener Teil, der mit den wichtigsten Bedürfnissen des Soldaten nichts zu tun hat) wird über Bord geworfen. Jede Rückkehr zu den tieferen Schichten unseres Daseins führt zu einer Neuorientierung des Verstandes[1] und seiner Vertreterin: der

[1] Intellekt ist immer an Wörter geknüpft — Intelligenz nicht!

Sprache. Es gibt eine Möglichkeit, durch die wir mit den tieferen Schichten unseres Daseins in Berührung kommen, unser Denken verjüngen und »Intuition« (Harmonie von Denken und Sein) erlangen können: Inneres Schweigen[2]. Bevor Sie jedoch die Kunst des inneren Schweigens beherrschen können, müssen Sie sich darin üben, Ihren Gedanken »zuzuhören«. Verbales Denken und Sprechen haben, wie ich schon gezeigt habe, ein prädifferentes Stadium: Verbales Denken ist eine Art imaginäres Reden. Ähnlich gibt es ein prädifferentes Stadium, das sich in Sprechen und Zuhören differenziert und das auf der akustischen Ebene der eidetischen Einstellung im Bereich des Sehens entspricht. Wenn es Ihnen gelingt, diese Einheit von Sprechen und Zuhören wiederzugewinnen, können Sie Ihre Kenntnis und Ihre Wahrnehmung dessen, was und wie Sie denken, ungeheuer steigern.

Als Anfangsübung lesen Sie oder rezitieren Sie irgend etwas laut und hören Sie auf Ihre Sprechweise; Sie dürfen sie aber nicht negativ beurteilen oder ändern wollen. Das Geheimnis des Erfolgs ist das gleiche wie bei jeder anderen Konzentrationsübung: Sie sollten keine besondere Anstrengung machen außer der, sich einer spezifischen Handlung bewußt zu werden. Sobald Sie in der Übungssituation bemerken, daß Sie sich selber hören können, achten Sie gelegentlich auf Ihre Stimme, wenn Sie mit anderen zusammen sind.

Danach machen Sie einen ernsthaften Versuch, Ihres sogenannten Denkens gewahr zu werden. Diese Übung muß man zunächst ganz allein durchführen. Wenn Sie versuchen, Ihrem Denken zuzuhören, wird es Ihnen anfangs wahrscheinlich nicht gelingen. Sie werden in Verwirrung geraten wie der berühmte Tausendfüßler, und Ihr inneres Reden wird aufhören, sobald Sie aufmerksam hinhören. Aber sobald Sie in Ihrer Aufmerksamkeit nachlassen, wird Ihr inneres »Geplapper« (»Den-

---

[2] Nach Beendigung dieses Buches kam mir Korzybskis Werk *Science and Sanity* in die Hände. Obwohl er eine viel tiefgehendere semantische Analyse bietet, als ich sie jemals versucht habe, und obwohl sein *strukturelles Differential* eine offenbar recht wirksame Methode darstellt, um Erfahrungen auf einer Ebene zu machen, die sich dem sprachlichen Ausdruck entzieht, halte ich doch die in diesem Kapitel vorgestellte Methode für einfacher und praktikabler als die seine.

Jeder kann aus seinem Buch den größten Gewinn ziehen. Ich hoffe, später einmal ausführlich auf seine großartige Behandlung des psycho-»logischen« Problems eingehen zu können. Im Augenblick kann ich nur sagen, daß sich meine Einstellung erheblich von seiner unterschiedslosen Verdammung der Identifizierung unterscheidet (siehe das Kapitel über die Ichfunktionen), und daß ich dem Figur-Hintergrund-Konzept den Vorzug vor der Abstraktionstheorie gebe.

ken« genannt) wieder anfangen. Machen Sie diesen Versuch immer wieder, besonders wenn Ihr Denken ein echtes lautloses Sprechen ist, wenn Sie Sätze gebrauchen wie: »Da sagte ich mir ...« oder wenn Sie vor dem Zusammentreffen mit jemandem im Geist proben, was Sie sagen werden. Üben Sie beharrlich weiter, bis Sie spüren, wie sich Ihr Denken »anfühlt«, bis Sie zur *Identität von Zuhören und Reden* gelangen. Wenn dies der Fall ist, werden Sie zwei weitere Phänomene bemerken. Ihr Denken wird viel ausdrucksvoller werden, und der Teil Ihres Denkens, der kein echter Ausdruck ist, wird anfangen, sich aufzulösen. Ihr zwanghaftes inneres Reden wird aufhören, und Sie werden vielleicht das Gefühl haben, fast verrückt zu werden, wenn Sie die kleinen Bruchstücke Ihres zusammenhängenden Sprechens herumschwirren hören, sinnlose Sätze und Wendungen, die Ihnen in den Sinn kommen und darauf warten, wiederaufgewärmt zu werden. Wenige Handlungen entwickeln den Aktualitätssinn in solchem Maß wie das Hören auf das eigene Denken, insbesondere, wenn Sie die Reorganisation Ihres Denkens und die Wiederentdeckung der Sprache als Werkzeug der Bedeutung und des Ausdrucks erleben.

Eine solche Reorganisation des Denkens ist absolut notwendig für Menschen, die Schwierigkeiten haben, echten Kontakt herzustellen. Das gilt ebenso für schüchterne, unbeholfene oder stotternde Menschen wie für den entgegengesetzten Typus, also für Menschen, die immer das Wort ergreifen müssen, die nicht aufhören können zu reden, die immer übersprudeln, wenn sie jemanden treffen, und nichts in sich aufnehmen können, was andere sagen, die selber aber auch nichts Brauchbares, Interessantes oder Vergnügliches zum Gespräch beitragen können.

Mit der Verbesserung des »Gespürs« wird eine tiefere Selbsterkenntnis, eine »Psychoanalyse« der Merkmale Ihrer eigenen Persönlichkeit einhergehen. Sie werden Ihr Selbst in der Eintönigkeit, im Vorträgehalten, im »Aussenden«, im Jammern oder in der Prahlerei Ihrer inneren Stimme entdecken. Wenn Sie erst einmal Ihr spezifisches Merkmal erkannt haben, nehmen Sie es als Ausdruck Ihrer Gesamtpersönlichkeit und versuchen Sie, die gleiche Haltung auch in Ihren sonstigen Handlungen und Verhaltensweisen zu entdecken.

Lernen Sie, jedes Wort abzuschätzen, lernen Sie, die Kraft, die im »Logos« eines jeden Wortes verborgen ist, durchzukauen, zu schmecken, zu erleben. Von Winston Churchill sagt man, er sei früher ein unbeholfener, schüchterner Redner gewesen. Heute kostet er jedes Wort, jeden Satz, den er ausspricht, sorgfältig aus. Das Ergebnis ist eine kraftvolle, eindringliche Redeweise, bei der jedes Wort sein Gewicht hat. Er hat ein »Gespür« für seine Gedanken, und das führt zu einem wirkungsvollen Ausdruck. Es wäre geradezu blasphemisch, wollte man dasselbe Wort »reden« auf die verbalen Ergüsse irgendeiner plappernden Gesellschaftsdame anwenden, die unter einem Sturzbach von Wörtern nur die Tatsache verbirgt, daß sie nichts mitzuteilen hat.

Wenn Sie das innere Zuhören gelernt haben, können Sie zu der entscheidenden Übung übergehen: der Einübung des inneren Schweigens. Schon äußerliches Schweigen ist eine Situation, die viele Leute nicht ertragen können. Wenn sie in Gesellschaft sind, haben sie das Gefühl, reden zu müssen, und wenn ein Schweigen von einigen Minuten eintritt, werden sie verlegen und zerbrechen sich den Kopf nach einem Thema, mit dem sie dem Schweigen ein Ende machen könnten. In Situationen, die Schweigen verlangen — ein Ausblick vom Gipfel eines Berges oder das Rauschen des Meeres — müssen sie weiterschwatzen. Sie haben so sehr den Kontakt zur Natur verloren, daß sie sich ans Reden klammern müssen, weil es das einzige Mittel des Kontakts für sie ist.

Selbst Menschen, die an sich keine Plappermäuler sind, fällt es schwer, mit dem inneren Schweigen fertigzuwerden. Inneres Schweigen darf nicht mit geistiger Leere (Trance, petit mal, Aufhören aller geistigen Funktionen) verwechselt werden. Bei dieser Übung geht es ausschließlich um die Beherrschung nur einer einzigen geistigen Funktion: des lautlosen Sprechens. Versuchen Sie, innerlich zu schweigen, Ihr verbales Denken zu unterdrücken, aber trotzdem wachzubleiben. Am Anfang wird Ihnen dies sehr schwerfallen, und Sie werden den zwanghaften Charakter Ihres inneren Redens erkennen. Auch wenn Sie sich ernsthaft bemühen, werden Sie bemerken, daß Sie nur wenige Augenblicke fähig sind, Ihren Geist von Worten freizuhalten. Ohne Ihr Zutun wird Ihre Aufmerksamkeit nachlassen, und Sie werden wieder verbale Gedanken hervorbringen. Wenn Sie zäh sind, werden Sie lernen, das Schweigen zu verlängern, und auf diese Weise Ihren Sinnen größeren Spielraum verschaffen. Sie werden sich Dinge bildlich vergegenwärtigen oder Ihre subtileren »Körper«-Empfindungen deutlicher wahrnehmen. Sobald es Ihnen gelingt, dieses innere Schweigen etwa eine Minute lang aufrechtzuerhalten, werden die Energien oder vielmehr Aktivitäten, an deren Stelle das Reden getreten war, aus den tieferen biologischen Schichten Ihres Daseins aufsteigen — Ihr biologisches Selbst wird sich unter der Schicht von Wörtern, die es sonst zudecken, rühren.

Versuchen Sie dann, diese neugewonnene Konzentrationsfähigkeit gegenüber der Außenwelt anzuwenden. Ich empfehle Ihnen das Anhören von Musik. Nirgends sonst können Sie Ihr Konzentrationsvermögen so wirksam kontrollieren. Bei voller Konzentration ist es nicht möglich, gleichzeitig Musik zu hören und zu denken oder zu träumen.

Wenn Sie Musik anhören, haben Sie den Vorteil, daß Sie im akustischen Bereich bleiben. Nachdem Sie die akustische Konzentration völlig beherrschen gelernt haben, können Sie zu der abschließenden Übung übergehen, Ihren Geist mit dem Erleben der anderen Sinne zu erfüllen. Sehen Sie sich z. B. ein Bild an, das Sie interessiert, einen Blumengarten oder einen Sonnenuntergang oder auch Ihr eigenes Zimmer. Versuchen Sie, alle Einzelheiten in sich aufzunehmen — ohne inneren Kommentar oder verbale Beschreibung. Lernen Sie, das, was Sie interessiert oder anzieht, schweigend, ohne Wortschwall, zu würdigen.
Vielleicht das wertvollste Ergebnis der Übung des inneren Schweigen ist das Erlangen eines Zustands jenseits aller Wertungen (jenseits von Gut und Böse), d. h. einer echten Würdigung von Reaktionen und Tatsachen.

7

Erste Person Einzahl

Bei unseren Übungen der visuellen Vergegenwärtigung haben wir folgendes entdeckt: Durch ein Umschalten unserer Mentalität von der Einstellung, daß Bilder »uns in den Sinn kommen«, auf die Einstellung, daß »wir Bilder ansehen«, werden unsere Ichfunktionen verbessert. Wir wechseln von einer passiven zu einer aktiveren Haltung über. Diese Aktivität entspricht dem im allgemeinen aktiven, zentrifugalen Charakter des organismischen Verhaltens, das viel ausgeprägter ist, als Reflextheorie und Religion uns glauben machen wollen. Ich habe schon früher gezeigt, daß *das Ich ein Symbol für die Tatsache der Identifizierung ist;* wenn wir uns also nicht mit unserer äußeren oder inneren optischen Wahrnehmung identifizieren, berauben wir uns einer lebenswichtigen Funktion.

Gewöhnlich pflegen nur solche Bilder vor unserem »inneren Auge« zu erscheinen, die mit unseren Problemen, mit unabgeschlossenen Situationen und organismischen Bedürfnissen zu tun haben. Außer jenen Vorstellungsbildern, die echte Bedürfnisse anzeigen, enthält unser inneres Bioskop viele Bilder, die wir ursprünglich entweder als Veranschaulichungen unserer Ideale oder als Widerstände heraufbeschworen haben — als Gegengewicht gegen nicht zugelassene Gefühle. Sobald wir voll erkannt haben, daß keines dieser Bilder — auch nicht der Tagtraum — erscheint, ohne einen guten Zweck zu haben, sollten wir bereit sein, mehr Verantwortung für unsere »Geistestätigkeit« zu übernehmen. Als allgemeine Regel kann gelten, daß diese Bilder, die wir absichtlich heraufbeschwören, Widerstände sind und nicht Ausdruck eines primären Bedürfnisses. Trotzdem ist es ratsam, sich mit jedem Bild zu identifizieren und z. B. zu sagen: »Ich sehe im Geiste eine Person, die so und so beschaffen ist.« Das Ausweichen vor der Verantwortung und das Vermeiden der Ich-Sprache hängen eng zusammen. Da Verantwortung so oft mit Tadel, Scham und Bestrafung verknüpft ist, ist es kein Wunder, daß die Menschen häufig vor der Verantwortung zurückschrecken und ihre Handlungen und Gedanken ableugnen.

Wenn der Militärarzt einer zweifelhaften Krankheit begegnet, gerät er vor allem deshalb in einen Konflikt, weil er unsicher und unfähig ist zu entscheiden, wo er die Verantwortung suchen soll. Soll er nach den Gründen oder nach dem Zweck suchen? Der Drückeberger z. B. produziert die »Ursache« seiner Krankheit, und der Militärarzt läuft der

Ursache nach. Kopfschmerzen, Rückenschmerzen, Amnesie und Dyspepsie lassen sich mehr oder weniger leicht erzeugen, aber wenn sie nicht genug Beweiskraft haben, greift der Drückeberger auf eine frühere Krankheit zurück, nicht in einer mechanischen Regression, sondern um eine Ursache zu erzeugen, eine historische Tatsache, damit frühere Ärzte als Zeugen auftreten können. Nur wenn der Militärarzt in dem geistigen Zweikampf siegt, wagt er zu sagen, daß das »Ich« des Patienten und nicht sein »Es« für seine Krankheit verantwortlich ist. Nur dann erkennt er den *Zweck* und nicht die *Ursache.*

In unserer Gesellschaft ist es oft sehr schwierig, die Ich-Sprache zu verwenden. Nehmen wir an, Sie sind spät ins Bett gekommen und haben keine Lust aufzustehen. Sie kommen zu spät ins Büro. Werden Sie zu Ihrem Chef sagen: »Ich wollte nicht aufstehen«, oder werden Sie sich dahinter verstecken, daß die Straßenbahn nicht rechtzeitig gekommen ist, daß eine Mitfahrgelegenheit nicht geklappt hat, daß Sie vielleicht Kopfschmerzen haben u. ä.? Stellen Sie sich den Aufruhr vor, der entstehen würde, wenn Sie ihm die Wahrheit sagen würden. Die Situation ist jedoch anders, wenn Sie ehrlich sein können, sich selbst oder Freunden gegenüber. Aber selbst wenn Sie meinen, Sie seien ganz ehrlich mit sich selbst, können Sie sich immer noch täuschen. Wie oft ärgern Sie sich darüber, daß Ihnen »die Straßenbahn gerade davongefahren ist«, anstatt zuzugeben, daß Sie sie versäumt haben, weil Sie getrödelt haben?

Noch schwieriger ist die Erkenntnis, daß Sie selber all die neurotischen Symptome hervorbringen und nicht ein geheimnisvolles, unpersönliches »es« (wie in der Wendung »Es ist mir entfallen«, statt »Ich habe vergessen . . .«) oder eine »Libido«, daß *Sie* — wie ich schon erwähnt habe und später noch ausführlicher zeigen werde — Ihre Muskeln kontrahieren und so Ihre Ängste, Ihre Frigidität, Ihre Kopfschmerzen usw. selbst hervorbringen.

Die Bedeutung dieser Auffassung kann nicht stark genug betont werden. Ohne Übernahme der vollen Verantwortung, ohne eine Rückverwandlung neurotischer Symptome in bewußte Ichfunktionen ist keine Heilung möglich. Wir gehen vielleicht nicht so weit wie der Zwangsneurotiker, der behauptet: »Da war ein Gedanke in meinem Gehirn«, anstatt zu sagen: »Ich dachte dies und das« — aber nur wenige von uns sind ganz frei von solchen Ausdrucksweisen. Die meisten Leute werden, wenn man sie nach ihren Träumen fragt, sagen: »Ich habe letzte Nacht das und das geträumt«; aber wenn sie in ihrem Traum jemanden umgebracht haben, leugnen sie, daß sie selbst den Mord phantasiert haben, und weigern sich, die Verantwortung für ihren Traum zu übernehmen.

Jedesmal, wenn Sie die angemessene Ich-Sprache anwenden, drücken Sie sich selbst aus und tragen auf diese Weise zur Entwicklung Ihrer Persönlichkeit bei. Deshalb müssen Sie zunächst erkennen, ob und wann Sie vor dem Gebrauch des Wortes »Ich« zurückschrecken. Später übertragen Sie die »es«-Sprache in die »Ich«-Sprache, zuerst im stillen, am Ende laut. Sie werden den Unterschied zwischen diesen beiden Redeweisen leicht erkennen, wenn Sie jemand sagen hören: »Die Tasse ist mir aus der Hand gefallen, anstatt »*Ich* habe die Tasse fallen lassen«, »Mir ist die Hand ausgerutscht«; »Ich hab ein so schlechtes Gedächtnis« anstatt »*Ich* hab es vergessen« oder, noch ehrlicher: »*Ich* wollte mich nicht erinnern«, »*Ich* wollte nicht damit belästigt werden«. Haben Sie die Gewohnheit, das Schicksal, die Umstände, Krankheiten und dergleichen für die Fehler verantwortlich zu machen, die Sie im Leben begehen? Schirmen Sie sich durch ein »es« ab, das dem in Freuds spöttischer Bemerkung ähnlich ist: »Unsicherheit und Dunkelheit haben mich meiner Uhr beraubt«? Wenn Sie die Aussagen »*Es* regnet« und »*Es* ist mir eingefallen, daß ...« auf die gleiche Ebene verlegen, sieht es mit Ihrer Fähigkeit, zwischen Innen- und Außenwelt zu unterscheiden, nicht allzu gut aus.

Viele Intellektuelle blicken voll Begeisterung auf Groddecks Theorie vom »Es«. Nachdem sie Gott entthront hatten, aber noch nicht stark genug waren, selber die Verantwortung zu übernehmen, fanden sie die notwendige Unterstützung im Konzept des »Es«. Sie brauchten eine *prima causa* und fanden die Lösung, indem sie Gott von seinem Himmel in ihr eigenes Inneres versetzten. Ihr Konzept vom »Es« zeigte eine auffallende Ähnlichkeit mit Jungs geheimnisvollem *kollektivem Unbewußten* und behinderte ihre Ichfunktionen, anstatt sie zu entwickeln.

Genau wie Freud Ranks Geburtstrauma introjiziert hat, um eine Lücke in seiner historischen Erklärung der Angst zu füllen, machte er es auch mit Groddecks »Es«. Das »Es« paßte vorzüglich in Freuds Schema von »Überich«, »Ich« und »Es« — es brachte aber auch Verwirrung hervor: Die organismischen Bedürfnisse und die verdrängten Teile der Persönlichkeit werden in die gleiche Schublade gesteckt — eine Auffassung, die ein Erbe der christlichen Leibfeindlichkeit ist.

Adler erkannte, welch große Rolle die bewußte Persönlichkeit bei der Gewohnheit, Symptome hervorzubringen, spielt. Andererseits hat Freud gezeigt, wie heuchlerisch unser Bewußtsein ist. Die Ich-Sprache ist nicht immer ein Ausdruck organismischer Bedürfnisse. Wenn Sie nicht schlafen können, werden Sie die größten Schwierigkeiten haben, zu erkennen, daß »Sie« als Repräsentant des Organismus nicht schlafen wollen, daß »Sie« nur als Vertreter von Gewohnheit und Hypochondrie schlafen wollen. Sie könnten natürlich sagen: »Ich will schlafen, aber mein ›Unbewußtes‹ will nicht schlafen.« Aber was für ein Unterschied besteht zwischen einer solchen Äußerung und der Aussage »Dunkelheit und Unsicherheit stehlen Uhren«?

Das Ich hat die Bedeutung eines Symbols, nicht die einer Substanz. Da das Ich anzeigt, daß man bestimmte Teile seiner Persönlichkeit akzeptiert und sich mit ihnen identifiziert, können wir die Ich-Sprache dazu benützen, verleugnete Teile unserer selbst zu assimilieren. Diese verleugneten Teile sind entweder verdrängt oder projiziert. Die »es«-Sprache ist eine milde Form von Projektion und führt, wie jede andere Projektion, zu einem Wechsel von aktiver zu passiver Haltung, von Verantwortlichkeit zu Fatalismus.

Ich muß also, obwohl der Ausdruck »Ich dachte« auf den ersten Blick nur als eine unerhebliche Veränderung der Wendung »Mir kam ein Gedanke« erscheint, pedantisch und entschieden darauf hinweisen, daß dem nicht so ist. Wenn der Unterschied zwischen den beiden Wendungen auch unbedeutend erscheint, hat die Berichtigung der Ausdrucksweise doch tiefgehende Wirkungen auf die Gesamtpersönlichkeit. Sie ist im Grunde identisch mit der Bemerkung Freuds, durch die Kur verwandle sich der Zwang in Willenskraft.

Um eine richtige Ich-Sprache zustande zu bringen, müssen wir uns an die Grundregel der Konzentrationstherapie halten: Man versuche nie, eine Veränderung herbeizuführen, bevor man sich nicht aller Einzelheiten der *falschen* Einstellung völlig bewußt ist. Beobachten Sie zunächst den Gebrauch der »es«-Sprache sowohl bei anderen wie bei sich selbst. Enthalten Sie sich einer verfrühten Änderung Ihres Verhaltens, und Sie werden wertvolle Beobachtungen machen. Sie werden sehr viel über die Beweggründe des Vermeidens erfahren: Schuldgefühle, Scham, Befangenheit und Verlegenheit.

Der wichtigste Schritt besteht darin, daß Sie (soweit das möglich ist) die »es«-Sprache in die Ich-Sprache übersetzen. Eine sehr brauchbare Hilfe ist der Ausdruck »Ich erzeuge . . .« — wobei Sie vorläufig in der Schwebe lassen, *wie* Sie z. B. Kopfschmerzen erzeugen. Und, last not least, *gebrauchen* Sie die Ich-Sprache. Lernen Sie, das Wort »Ich« gleichsam groß zu schreiben und »groß« zu sprechen. Bei diesem Versuch werden Sie anfangs erheblichen Schwierigkeiten begegnen, hauptsächlich im Zusammenhang mit den eben erwähnten unangenehmen Gefühlen. *Die richtige Ich-Sprache (d. h. die richtige Identifizierung) ist die Grundlage von Selbstausdruck und Selbstvertrauen.* Sie sollten mittlerweile wissen, welch wichtige Rolle der Selbstausdruck bei der Vorbeugung gegen Neurosen und ihrer Heilung spielt.

Es gibt jedoch eine Ausnahme von der Regel. Genau wie der Stoffwechsel sich grundlegend vom Pseudostoffwechsel unterscheidet, so unterscheidet sich die echte Ich-Sprache von der »Pseudo-Ich-Sprache«. Ich meine damit die kleinen Einleitungsfloskeln, mit denen viele Leute ihre Aussagen schmücken: »Ich dachte«, »Ich meine«, »Ich glaube«. Diese Floskeln sind kein Ausdruck, sondern ein Vermeiden von Emotionen; meistens handelt es sich dabei um Hemmungen der Kontaktaufnahme — um ein Vermeiden des korrekten Gebrauchs von »Du« oder »Sie«. »Ich glaube, du bist mir böse« ist gefühlsmäßig viel schwächer als »Bist du mir böse?«

In diesen Fällen wird nicht das »Ich«, sondern das »Du« vermieden, und die Redeweise wird ebensosehr zensiert und umgestaltet wie bei der »es«-Sprache. In beiden Fällen wird das Freisein von Befangenheit sehr teuer erkauft. Man bezahlt dafür mit einem Zerfall der Persönlichkeit.

8

Die Auflösung von Retroflexionen

Ich schreibe an einem Tisch. Dieser Tisch besteht nach den gegenwärtigen Erkenntnissen der Physik überwiegend aus Raum, der mit Milliarden von rasenden Elektronen angefüllt ist. Aber ich verhalte mich, »als ob« der Tisch massiv wäre. Die naturwissenschaftliche Bedeutung des Tisches unterscheidet sich von seiner praktischen Bedeutung. Für mich in meinem Berufsbereich »ist« er ein solides Möbelstück. Eine ähnliche Diskrepanz zwischen Schein und Wirklichkeit besteht beim Ich. Ich hätte dieses Kapitel folgendermaßen beginnen können: »F. Perls, der sich mit dem Drang identifiziert, bestimmte Fakten mitzuteilen ...« Statt dieses umständlichen Satzes benütze ich das Symbol »Ich«, wohl wissend, daß dieser Mensch — wenn sich nicht der größte Teil seiner Persönlichkeit mit dem Drang zum Schreiben identifizieren würde — dieses Buch nicht hervorbringen könnte.

Identifizierung ist meist ein unbewußter Vorgang. Bewußte Identifizierung kommt in Konflikten vor, z. B. bei dem Konflikt zwischen dem Ideal und dem organismischen Bedürfnis. Falls die bewußte Identifizierung (»Ich«) einem Widerstand begegnet, erzeugt sie ein Wollen (»werde nicht«), meistens in Form eines Eingreifens gegen die Umwelt oder gegen die organische Selbstregulierung (retroflektiertes Eingreifen). Wollen hat seinen Ursprung also wahrscheinlich in der »Negation«.

Wenn ein Kind »seine« Augen schließt, sobald Seife hineinkommt, sieht es unter linguistischem Blickwinkel so aus, als sei dies eine Retroflexion. Aber dem ist nicht so. Es ist lediglich eine Reaktion — ein Reflex, aber kein Retroflex. Die Augen schließen sich, ohne daß irgendeine bewußte Ichfunktion an diesem Vorgang beteiligt wäre. Dieses Kind könnte sich aber mit seinem Organismus auch nicht identifizieren, sondern mit einem römischen Ideal wie Mucius Scaevola, und es könnte beschließen, trotz des starken Brennens die Augen nicht zu schließen. Negationen dieser Art sind die Grundlage der »Willenskraft«. In diesem Fall beeinträchtigt ein aktiver Anteil der Persönlichkeit des Kindes einen anderen, der dadurch passiv wird und leidet.

Eine echte Retroflexion beruht immer auf einer solchen Persönlichkeitsspaltung; sie setzt sich zusammen aus einem aktiven (A) und einem passiven (P) Anteil. Manchmal steht A, manchmal steht P im Vordergrund.

Die Aussage »Ich werde wütend über mich selbst« hat aktiveren Charakter als die Aussage »Ich täusche mich selbst«. Im letzteren Fall ist nicht das Täuschen, sondern der Wunsch, getäuscht zu werden — die Abgeneigtheit, die Wahrheit zu sehen — der wesentliche Faktor.

Die Hauptmerkmale der vier wichtigsten Hemmungen sind folgende:

1. Bei der *Verdrängung* werden sowohl das Material als auch die Ichfunktion entstellt oder sind verschwunden. Die klassische Analyse hat sich so ausführlich mit diesem Phänomen beschäftigt, daß wir es in diesem Buch vernachlässigen können, abgesehen davon, daß wir darauf aufmerksam machen müssen, welch große Rolle die Retroflexion bei der Erzeugung und Aufrechterhaltung von Verdrängungen spielt.

2. Bei der *Introjektion* bleibt das Material im wesentlichen intakt, hat sich aber aus der Umwelt in den Innenbereich verlagert. *Passivität wird Aktivität.* (Die Kinderschwester schlägt das Kind. Das Kind introjiziert, spielt Kinderschwester und schlägt ein anderes Kind.) Die Ichfunktionen werden *hyper*trophiert und anmaßend (»Als-ob«-Funktionen).

3. Bei der *Projektion* gleitet das Material völlig unverändert aus dem inneren in den äußeren Bereich. *Aktivität wird Passivität.* (Das Kind möchte die Kinderschwester schlagen. Es projiziert und erwartet, die Kinderschwester werde es schlagen.) Die Ichfunktionen werden *hypo*trophiert und halluzinatorisch.

4. Bei der *Retroflexion*[1] geht relativ wenig Material verloren, und die Ichfunktionen bleiben weitgehend intakt, aber das Selbst wird an die Stelle eines Objekts gesetzt; der Zweck der Retroflexion besteht darin, scheinbar gefährliche Kontakte zu vermeiden.

Dieser Verlust des Kontakts zur Umwelt hat oft katastrophale Folgen. Die emotionale Abfuhr ist unzureichend, und wenn Aggression gegen die eigene Person gekehrt wird, werden Ausdruck und Funktionen der unterdrückten Persönlichkeitsanteile P beeinträchtigt. Aber die Therapie von Retroflexionen ist einfacher als die der Verdrängungen oder der

---

[1] Ich war in Versuchung, für diese Erscheinung den Ausdruck *Introversion* zu verwenden, aber das würde zu Verwechslungen mit Jungs Charaktereinteilung führen. Jung benützt die Gegensätze »Introversion« und »Extraversion«, um zwei mehr oder weniger normale Typen zu bezeichnen. Introversion und Extraversion sind keine richtigen dialektischen Gegensätze. Die gesunde Persönlichkeit ist normalerweise auf die Welt gerichtet — extravertiert. Die dialektischen Abweichungen vom Normalen sind der melancholisch-introvertierte und der superextravertierte paranoide Typus. Kein Wunder, daß der Terminus »introvertiert« seinen Weg in die Medizin und in die Literatur gefunden hat, während der Ausdruck »extravertiert« als bedeutungslos völlig vernachlässigt worden ist und in den üblichen Enzyklopädien nicht einmal erwähnt wird.

Projektionen, da nur ein Richtungswechsel erforderlich ist und da die zur Retroflexion führenden Konflikte teilweise an der Oberfläche liegen. Außerdem ist der Vorgang der Retroflexion verständlich, während wir uns bei der Verdrängung oft mit der Tatsache als solcher zufriedengeben müssen, ohne genau zu wissen, wie Verdrängungen ablaufen[2]. Bei der Retroflexion haben wir es jedoch immer mit einem bewußten Anteil (Ich oder A) der Persönlichkeit zu tun, der seine Aktivitäten gegen einen anderen Teil (das übrige »Selbst« oder P) richtet, selbst wenn die Betonung auf P liegt. Selbst wenn Sie vorhaben, sich selber Chemie beizubringen, werden Sie es manchmal vorziehen, etwas beigebracht zu bekommen.

Bei dem folgenden Beispiel von Flagellantismus — der Tendenz, sich selbst zu schlagen — kann man abschätzen, wie wichtig es ist, ob die Betonung auf A oder P liegt[3].

(A) Ein Junge spielte gern Kutscher. In den Spielen mit seinen Kameraden saß er immer auf dem Kutschbock und genoß es, seine Freunde zu peitschen, die die Pferde sein mußten. Wenn er allein war, setzte er das Spiel fort, mußte sich dann aber selber peitschen, da er nun Kutscher und Pferd zugleich war.

(P) Ein anderer Junge schlug sich, während er seine Hausaufgaben machte, immer kräftig auf die Hand, wenn er einen Fehler gemacht

[2] Wir wissen weder, wie die »Libido« ihre Reisen durch den Organismus macht, noch haben wir bisher die leiseste Ahnung, wie nach dem topischen Konzept die Übertragung von einem System ins andere stattfindet. Solange diese Annahmen nicht bewiesen sind, müssen wir sie als Spekulationen betrachten und nicht als »harte Tatsachen«.

[3] Freud macht nicht immer deutlich, wie er Aktivität und Passivität einschätzt. Der Psychoanalytiker verlangt vom Patienten, er solle in »passivem« Zustand auf einer Couch liegen und seinen Gedanken Eingang in sein Bewußtsein gestatten. Der Psychoanalytiker meint jedoch, der Patient solle in einem Zustand der Indifferenz, in inaktivem — oder leidenschaftslosem — Zustand daliegen. Wenn wir festhalten, daß Freud anstelle des Handelns ein Sich-Erinnern verlangt und sehr ungehalten ist, wenn der Patient aktiv wird, dann wird uns klar, daß er (trotz seiner wütenden Verurteilung aktiver Therapie) die Rollen in der analytischen Situation unbewußt so verteilt, daß der Analytiker die aktive und der Patient die passive Rolle spielt — ein weiteres Überbleibsel aus der Hypnose-Situation. Ausdruck durch Aktivität und Rollenspiel wird von zwei Zweigen der Psychoanalyse besonders gepflegt: in der Kinderanalyse und in der Technik Morenos, der Psychoneurosen dadurch behandelt, daß er die Patienten auffordert, ihre eigenen Dramen zu schreiben, zu inszenieren und darzustellen, was für ihn ein Mittel zum Selbstausdruck und zur Selbstverwirklichung ist.

hatte. Er nahm damit das Geschlagenwerden durch den Lehrer vorweg.
Reich und andere haben den moralischen Masochismus als »Politik der Wahl des kleineren Übels«, als Bestechung, interpretiert. Ein Großteil der selbstauferlegten Leiden muß so erklärt werden: »Sieh her, lieber Gott, ich bestrafe mich selbst (mit Opfern und Fasten); du kannst doch nicht so grausam sein, mich nun noch zusätzlich zu bestrafen.«
Da der Organismus vorwiegend aktiv ist, zeigt das letzte Beispiel bereits, daß die passivere Retroflexion mit einem gewissen Grad an Projektion verbunden sein muß. Zumindest ein Teil der Grausamkeit des Gläubigen und ein Teil seiner Lust am Strafen muß auf Gott projiziert worden sein [4]. In manchen Fällen ist A so vollständig projiziert worden, daß nur noch eine Andeutung der ursprünglichen Aktivität erkennbar bleibt. Beim Selbstmitleid z. B. ist kaum noch Mitleid mit anderen festzustellen; die Retroflexion bedeutet in diesem Fall: Wenn niemand Mitleid mit mir hat, muß ich mich selbst bemitleiden.
Das Beispiel des Selbstmordwunsches ist sehr lehrreich. Auch hier zeigt die Mischung von Retroflexion und Projektion ein Überwiegen des passiven Anteils. Ein Mädchen ist von seinem Liebhaber verlassen worden; es denkt an Selbstmord. Was den aktiven Anteil betrifft, ist die Situation einfach. Die erste Reaktion des Mädchens ist: »Ich werde ihn umbringen, weil er mich verlassen hat. Wenn ich ihn nicht haben kann, soll ihn auch keine andere haben.« (Wie in solchen Fällen üblich, kommt die Aggression nicht in das Stadium des Durchkauens und Verdauens des unangenehmen Ereignisses). Aber dann verwandelt sich die Aggression in Leiden: »Ich kann nicht ohne ihn leben, das Leben ist zu schmerzlich ohne ihn. Ich will davonlaufen, sterben.« Der Wunsch zu töten hat sich verwandelt in den Wunsch zu sterben.
»Das Leben ist schmerzlich, das Schicksal ist grausam.« Die Aggression, die sich im Akt des Selbstmords gegen den Anteil P wendet, wird projiziert; nicht das Mädchen, sondern das Schicksal (oder der Geliebte) ist grausam. Außerdem wird die Verurteilung des Geliebten in das Gewissen des Mädchens projiziert. »Wenn ich ihn töte, mache ich mich des Mordes schuldig.« Diese Vorwegnahme der Bestrafung ist, wie bereits erwähnt, die Wurzel des moralischen Masochismus. »Bevor sie mich bestrafen, tue ich es lieber selber.« Schließlich raubt ihr die Panik, die Gefahr, getötet zu werden, den letzten Rest von Verstand, und der

[4] Entsprechend dem sanfteren Charakter Christi ist auch sein Gott sanft im Gegensatz zur Rachsucht Moses' und seines Gottes. Die christliche Kirche macht diese Vernachlässigung der menschlichen Natur jedoch dadurch wett, daß sie die Grausamkeit in einen Teufel und eine Hölle hineinprojiziert.

Selbstmord erscheint als die triumphale Lösung, die scheinbar all ihre Rachegelüste befriedigt. »Wenn ich mich umbringe, wird er bis an sein Lebensende leiden. Er (hier projiziert sie ihr eigenes Gefühl des Unglücklichseins) kann nie wieder glücklich werden, und es wird ihm leid tun, daß er mir so etwas angetan hat.« Nach all den Umwegen wird ihr ursprünglicher Wunsch, ihn zu vernichten, auf diese Weise befriedigt — aber nur in ihrer Phantasie. Rache um welchen Preis?

Im Vergleich zu diesem komplizierten Vorgang ist die Kenntnis der unkomplizierten Retroflexion theoretisch einfach und reicht für praktische Zwecke aus; aber wenn wir dieses Wissen in der Behandlung anwenden wollen, werden wir unweigerlich gegen die Mauer der moralischen Widerstände stoßen. Ich habe noch kaum jemanden gefunden, der nicht das Gefühl hatte, die Auflösung der Retroflexion widerspreche seinen Grundsätzen. Wir werden mit Sicherheit Einwände zu hören bekommen wie: »Es ist nicht fair« oder »Ich würde das lieber mir selber antun als einem anderen« oder »Ich bekäme Schuldgefühle, wenn ich das täte«. Wenn wir die Retroflexion bildlich vereinfacht darstellen als einen Ball, der von einer Wand zurückspringt, müssen wir uns klarmachen, daß der Ball ohne eine Wand nicht zurückspringen, sondern geradeaus weiterfliegen würde. Wenn ein Mann zu nah an einem Baum uriniert, muß er sich die Hose benässen. Ohne die Mauer von Gewissen, Verlegenheit, moralistischen Tabus und Angst vor Konsequenzen würde es keine Retroflexion geben. Aktivitäten würden den Kontakt zur Welt herstellen, und wir würden nicht die Aufgabe haben, den verbogenen Pfeil wieder geradezubiegen.

Ähnlich wie die Heilung der Schlaflosigkeit ist die Heilung pathologischer Retroflexionen im Grunde ein semantisches Verfahren. Sobald Sie die Bedeutung von »Retroflexion« ganz verstehen, ist der größte Teil der Aufgabe gelöst. Übungen sind nur insofern wichtig, als sie Ihnen helfen, sich die Struktur von Retroflexionen bewußt zu machen. Hier sind drei Übungen zu diesem Zweck:

Erstens, achten Sie darauf, daß Sie bei der Verwendung des Wortes »mich« (selbst) immer irgendeine Aktivität gegen sich selbst kehren könnten. Das gleiche gilt bei Substantiven in Verbindung mit »Selbst-«, wie z. B. bei Selbstvorwürfen.

Ein zweiter Schritt besteht darin, herauszubekommen, ob die Retroflexion mehr A- oder mehr P-Charakter hat, ob z. B. die Selbstvorwürfe mehr an der Stelle von Vorwürfen gegen andere stehen oder an der Stelle von Vorwürfen, die Ihnen von anderen gemacht werden.

Drittens, denken Sie darüber nach, was für Gründe Sie angeben können — »warum« Sie Ihre Aktivitäten nicht gegen die eigene Person

kehren sollten. Spüren Sie die Rationalisierung auf, die wahrscheinlich einen Widerstand verdeckt.
Die wichtigsten Retroflexionen sind Selbsthaß, Narzißmus und Selbstbeherrschung. Selbstzerstörung ist natürlich die gefährlichste aller Retroflexionen. Mit ihr eng verwandt ist die Tendenz zu verdrängen (Verdrängung ist retroflektierte Unterdrückung).

Die Fähigkeit, seine Gefühle und andere Arten des Ausdrucks zu unterdrücken, nennt man Selbstbeherrschung. Durch Idealisierung wird die Selbstbeherrschung von ihrem sozialen Sinn abgespalten; sie wird oft zu einer Tugend, die um ihrer selbst willen gepflegt wird. Selbstbeherrschung verwandelt sich dann in übermäßige Beherrschung. Die Tendenz, andere zu tyrannisieren, wird in solchen Fällen gegen die eigene Person gekehrt und, oft mit großer Brutalität, gegen die eigenen organismischen Bedürfnisse eingesetzt. Leute mit zuviel Selbstdisziplin sind verhinderte Zuchtmeister und Tyrannen. Mir ist noch kein Nervenzusammenbruch begegnet, der nicht auf übermäßige Beherrschung zurückzuführen war und durch die Nörgelei von Freunden, der Betreffende solle sich »zusammenreißen«, noch verschlimmert wurde.
Die meisten Leute verstehen unter Selbstbeherrschung sowohl die Verdrängung spontaner Bedürfnisse als auch den Zwang, etwas ohne jene wichtige Ichfunktion zu tun, die man *Interesse* nennt.
Als Beispiel drängt sich einem dazu das Auto auf. Das Auto hat viele Bedienungselemente; die Bremsen sind nur eines davon, noch dazu das gröbste. Je besser der Fahrer die einzelnen Bedienungselemente zu handhaben versteht, desto reibungsloser funktioniert das Auto. Aber wenn er stets mit angezogener Bremse fährt, wird der Verschleiß bei Bremse *und* Motor enorm; die Leistung des Wagens verschlechtert sich, und früher oder später gibt es eine Panne. Je besser sich ein Fahrer auf die Möglichkeiten eines Autos versteht, desto besser kann er es »steuern«, und desto weniger Bedienungsfehler wird er machen. Der übermäßig Beherrschte benimmt sich genau wie der unwissende Autofahrer. Er kennt keinen anderen Steuerungsmechanismus als die Bremsen — die Verdrängung.
Bei der Heilung eines Nervenzusammenbruchs (der Folge übermäßiger Beherrschung) muß man vor allem die Retroflexion aufheben. Der Selbstbeherrschte hat immer diktatorische Tendenzen. Indem er sich selbst in Ruhe läßt und andere herumkommandiert, verschafft er seinem Selbst Raum zum Atmen und erlaubt seinen organismischen Bedürfnissen, sich auszudrücken. Er muß verstehen lernen, was er braucht, und er muß sich damit identifizieren, nicht nur mit den Forderungen von Um-

welt und Gewissen. Erst wenn er lernt, ein Gleichgewicht zwischen Egoismus und Altruismus herzustellen — zwischen seinen eigenen Bedürfnissen und denen anderer Leute — wird er seinen inneren Frieden finden. Das harmonische Wechselspiel zwischen Individuum und Gesellschaft beruht auf der Forderung: »Du sollst deinen Nächsten lieben wie dich selbst« — nicht weniger, aber auch nicht mehr.

Retroflexion bleibt eine Ichfunktion, während bei Verdrängung und Projektion die Ichfunktion ausgelöscht ist. Wie ich schon gesagt habe, setzt das Ich bei der Retroflexion das Selbst an die Stelle eines äußeren Objekts. Die Frau, die ihr Weinen unterdrückt und auf diese Weise ihre biologische Anpassung an eine schmerzliche Situation verhindert, zeigt im allgemeinen eine Tendenz, sich in die Angelegenheiten anderer einzumischen und jene zu verurteilen, die »sich gehen lassen«.

Nehmen wir an, ein Mädchen mit einer puritanischen Lebensanschauung verdrängt seine Freude am Tanzen. Jedesmal, wenn es Tanzmusik hört, unterdrückt es die rhythmischen Bewegungen in seinen Beinen und wird schwerfällig und unbeholfen. Um geheilt zu werden, muß das Mädchen vor allem erkennen, daß seine puritanische Anschauung hauptsächlich ein Mittel ist, um seine eigene Lust sowie die anderer Leute zu unterdrücken. Wenn es erst einmal gemerkt hat, welch ein Vergnügen es daran hat, sich in die Angelegenheiten anderer einzumischen, wird es sich selbst in Ruhe lassen und sich vielmehr gegen die Leute stellen, die versuchen, *es selbst* vom Tanzen abzuhalten.

Ein interessantes Beispiel von Retroflexion gibt Karen Horney in ihrem Buch *Der neurotische Mensch unserer Zeit.* Ein schönes Mädchen mit krankhaften Minderwertigkeitsgefühlen sieht beim Betreten des Ballsaales eine unansehnliche Nebenbuhlerin und schreckt davor zurück, ihr Konkurrenz zu machen; es denkt: »Wie kann ich häßliches Entlein es wagen, hierher zu kommen?« Ich persönlich sehe darin kein Minderwertigkeitsgefühl, sondern Arroganz, die sich hinter einer Retroflexion verbirgt. Wir sehen die Situation im richtigen Licht, wenn wir uns vorstellen, das Mädchen würde, anstatt mit sich selbst zu reden, sich an das andere Mädchen mit den Worten wenden: »Wie kannst du häßliches Entlein es wagen, hierher zu kommen?« Das schöne Mädchen neigt dazu, andere abzuwerten, kehrt aber seine Verachtung gegen sich selber.

In diesem letzten Fall tritt ein gegen die eigene Person gekehrter Vorwurf hervor. Würde unsere Schöne sich an das häßliche Mädchen wenden statt an sich selbst, würde sie in der Heilung ihrer Neurose einen großen Schritt nach vorn machen. Sie würde ihren Minderwertigkeitskomplex verwandeln — ihre Selbstvorwürfe in einen Kontakt mit dem Objekt umwandeln.

Eine solche Annäherung an das Objekt ist oft schwierig, da sie mit Befangenheit, Verlegenheit und Angst belastet ist. Mein Rat lautet daher: Die Auflösung solcher peinlicher Retroflexionen sollte zunächst nur in der Phantasie durchgeführt werden. Wenn die Abfuhr auch nicht befriedigend sein kann, können wir mit dieser Übung doch mehrere Ziele erreichen:
a) Wir können die Richtung der emotionalen Abfuhr ändern und P eine Möglichkeit geben, an die Oberfläche zu kommen;
b) wir können viele Gefahrensignale als bloßen Vorwand entlarven;
c) wir können vielleicht die Menge der freien Aggression vergrößern, die wiederum für die Assimilierung eingesetzt werden kann. Diese zeitweilige Freisetzung von Aggression ist eine Erscheinung, die in der Psychoanalyse als »Übergangssymptom« bezeichnet wird.

Ihre Annäherungs- und Kontaktmöglichkeiten werden sich entscheidend verbessern, wenn Sie die Retroflexion Ihres »Denkens« rückgängig machen. »Ich sagte mir . . .«. Wozu? Wenn Sie es »sich sagen«, müssen Sie es wissen. Was hat es also für einen Sinn, sich selber eine Mitteilung zu machen? Solche Selbstgespräche findet man bei allen Kindern; später, wenn sie nicht mehr laut geführt werden, nennen wir es »Denken«. Wenn Sie Ihr Denken untersuchen, werden Sie bemerken, daß Sie sich selber Erklärungen geben, daß Sie kommentieren, was Sie erleben, daß Sie proben, was Sie in einer schwierigen Situation zu sagen beabsichtigen. In Ihrer Vorstellung glauben Sie jedoch, anderen etwas zu erklären, zu kommentieren, zu klagen. Mein Rat lautet: Machen Sie eine Übung daraus, Ihr Denken (zunächst in der Phantasie und dann, wenn möglich, in der Wirklichkeit) in eine neue Richtung zu lenken und es an einen lebenden Menschen zu adressieren. Das ist ein einfacher und wirksamer Weg, guten Kontakt zu anderen herzustellen.

Nehmen wir an, Sie sind in Gesellschaft und zerbrechen sich den Kopf darüber, was Sie reden könnten; dabei sagen Sie lautlos zu sich selbst: »Ich muß ein Thema finden, um ein Gespräch in Gang zu bringen.« Sie können die Richtung Ihres Satzes einfach ändern und zu den Anwesenden sagen: »Ihr müßt ein Thema finden, um ein Gespräch in Gang zu bringen.« Der Kontakt ist hergestellt, und das quälende Schweigen ist gebrochen.

Die *Introspektion* ist eine weitere Retroflexion; man begegnet ihr sehr oft bei Leuten, die sich für Psychologie interessieren. Es ist die Tendenz, sich selbst zu beobachten, sich selbst zu studieren, statt andere zu beobachten und zu studieren, ein Zustand brütender Untätigkeit, der in direktem Gegensatz steht zu der weiter oben erwähnten sensomotorischen Aufmerksamkeit (mit deren Pflege ich mich später beschäftigen werde). Daß das Aufgeben der Selbstbeobachtung nicht leicht ist, geht aus dem folgenden Beispiel hervor. Ein Patient erzählte mir: »Gestern hatte ich mehr Mut. Ich hab meiner Frau energischer als gewöhnlich geantwortet, und ich konnte keine unangenehmen Reaktionen an mir feststellen.« Was er wirklich beobachtet hatte, war nicht er selbst, sondern seine Frau, denn er hatte immer noch Angst vor seiner eigenen Courage und war infolgedessen erleichtert, als er bei ihr keine ungünstigen Reaktionen wahrnahm. Die Menschen verdrängen ihre Objektbeobachtungen und verwandeln sie in Selbstbeobachtung, in dem Wunsch, Unannehmlichkeiten, Verlegenheit und Angst zu vermeiden, weil sie nicht wollen, daß man sie für unhöflich und neugierig hält.

Introspektion ist insofern etwas anderes als Hypochondrie, als bei der Introspektion die Betonung auf A liegt, während bei der Hypochondrie P betont ist. Die Tendenz des Hypochonders, passiven Kontakt herzustellen, offenbart sich in seiner Bereitschaft, zum Arzt zu gehen.

Stekel erkannte schon vor vielen Jahren, daß Masturbation oft ein Ersatz für Homosexualität ist; zwar ist das Problem des Homosexuellen viel komplizierter, aber es ist gewiß viel Retroflexion daran beteiligt. Eine Fixierung an die Masturbation bedeutet, daß man mit dem eigenen Penis spielt, weil kein anderer zur Verfügung steht oder weil andere tabu sind. Die Betonung kann gleichermaßen auf A wie auf P liegen.

In einer Situation wie der zuletzt geschilderten ist das Vermeiden von Kontakt leicht festzustellen, aber in keinem Fall absorbiert die Retroflexion alle Aktivität. Wir sind niemals so egozentrisch, daß wir uns nicht in die Angelegenheiten anderer einmischen würden, selbst wenn wir uns dauernd selber im Weg sind, uns selbst korrigieren, selbst beherrschen oder selbst erziehen. Manchmal sind die Selbstvorwürfe sogar nur so schwach verhüllt, daß wir kaum etwas anderes wahrnehmen als den direkten Vorwurf. Die Frau, die sich beklagt: »Warum muß *ich* ein so ungezogenes Kind haben?« oder: »Warum muß *mein* Mann immer so spät nach Hause kommen?« hat gar nicht die Absicht, sich selber zu kritisieren, sondern das boshafte Kind oder den unpünktlichen Ehemann.

Die schädlichste Retroflexion ist die der Zerstörung und der Rachsucht. Es widerspricht den eigenen Idealen so sehr zuzugeben, daß man Rachegelüste hat, daß man selten einer offenen, freimütigen Rachetendenz begegnet. Bis zur Pubertät werden Rachetendenzen anscheinend mehr oder weniger frei zugegeben, die meisten Erwachsenen jedoch zeigen ihre Rachegelüste nur verhüllt, indem sie Kriminalromane lesen oder Prozeßberichte verfolgen, ihrer Selbstgerechtigkeit nachgeben oder den Vollzug ihrer Rache Gott oder dem Schicksal zuschieben. Zugegeben,

Rachsucht ist keiner von den angenehmen Zügen des Menschen, aber wenn man seine eigene Rachsucht unterdrückt, entwickelt man nicht nur Heuchelei in Gestalt von Mitleid, sondern auch Hemmungen, die dazu führen, daß Situationen unvollständig bleiben. Vergeltung dagegen, sei es in Form von Dankbarkeit oder Rache, schließt eine Rechnung eindeutig ab.

9

Körperkonzentration

Ich habe einmal einen jungen Mann behandelt, der angeblich an einer Herzneurose litt. Ich sagte ihm, er leide in Wirklichkeit an einer Angstneurose, und er lachte.

»Aber Herr Doktor, ich bin kein ängstlicher Mensch, ich hätte ja nicht einmal in einem brennenden Flugzeug Angst!«

»Ach, wirklich«, antwortete ich. »Und können Sie auch *fühlen,* wie Sie in dem Flugzeug sind? Wenn Sie das können, dann beschreiben Sie mir doch in allen Einzelheiten, was Sie erleben.«

Er begann schwer zu atmen, sein Gesicht rötete sich, und er zeigte alle Anzeichen eines akuten Angstanfalls. Ich hatte ihn veranlassen können, sich für einige Augenblicke selber zu *fühlen*, anstatt sich selbst nur vorzustellen, wie er gern sein wollte.

Wie brachte er es fertig, sich seiner Angst so wenig bewußt zu sein? Er abstrahierte von der vollständigen Situation, die auch Angst mit umfaßte, die bloße Vorstellung seiner selbst, und zwar indem er es vermied, sich selbst zu fühlen. In dem Augenblick, in dem er sich selbst spürte, kam seine Angst zum Vorschein. Er hatte mir, solange er nur Beobachter gewesen war, nicht sein wahres Selbst gezeigt, sondern den Helden, der er gern gewesen wäre.

Ich hätte auf der Libidotheorie beruhende Deutungen vorbringen können. Ich hätte das Flugzeug als Phallussymbol, den Brand als das Feuer der Liebe und das Bild, das er von sich selbst hatte, als das des potenten Eroberers deuten können. Diese Deutung wäre richtig gewesen, aber mir war klar, daß seine *primäre* Schwierigkeit im »Vermeiden« lag; er vermied in vielen Bereichen körperliche Empfindungen, nicht nur und nicht in erster Linie im sexuellen Bereich. Sein Ideal war der Sieg über den Körper. Diese asketische Haltung hatte eine intellektuelle Hypertrophie und eine sensorische Hypotrophie zur Folge.

Wenn wir unsere Motorik ruhigstellen, bringen wir zugleich unsere Empfindungen zum Stillstand; durch angemessene Konzentration können wir beide wieder in Gang bringen. Indem wir die differenzierten Bewegungen unseres »Körpers« wiederherstellen, lösen wir die Abgestumpftheit und Unbeholfenheit der starren Persönlichkeit wieder auf und setzen die motorischen Ichfunktionen wieder in ihre Rechte ein. Es ist ein technischer Fehler, einen Menschen, der an zuviel Intellekt und zuwenig Empfindung leidet, mit noch mehr Intellekt, d. h. mit Deutungen zu füttern. Wenn man ein neurotisches Symptom im eigenen Organismus auflösen will, muß man das Symptom in seiner ganzen Komplexität wahrnehmen, man braucht keine intellektuelle Introspektion und keine intellektuellen Erklärungen — genau, wie man zum Auflösen eines Stücks Zucker Wasser braucht, nicht Philosophie.

Unser Ziel ist es, durch Konzentration die Ichfunktionen wiederherzustellen, die Starrheit des »Körpers«, das versteinerte Ich, den »Charakter«, aufzulösen. Diese Entwicklung muß zunächst in die Richtung einer Regression gehen. Wir wollen dem Fortschreiten der Neurose und der charakterologischen Verknöcherung Einhalt gebieten und zugleich auf die biologischen Schichten unseres Daseins zurückgehen. Je weiter wir während der Arbeitszeit von unserem biologischen Selbst entfernt sind, desto dringlicher wird der Schrei nach Urlaub. Wir alle brauchen, zumindest gelegentlich, Erholung von der Belastung, die Beruf und Gesellschaft uns auferlegen, eine Rückkehr zu unserem natürlichen Selbst. Jede Nacht kehren wir in einen solchen animalischen Zustand zurück, und übers Wochenende kehren wir »zurück zur Natur«.

Das neurotische Symptom ist immer ein Zeichen dafür, daß das biologische Selbst Aufmerksamkeit fordert. Es zeigt an, daß Sie (im Sinne Bergsons) die Intuition verloren haben — den Kontakt zwischen Ihrem bewußten und Ihrem spontanen Selbst. Um diesen Kontakt wiederzugewinnen, müssen Sie zuallererst aufhören, irrelevante Fragen zu stellen wie das ewige »Warum?«, und sie durch relevante Fragen ersetzen: »Wie?«, »Wann?«, »Wo?« und »Wozu?«. Anstatt Ursachen und Erklärungen zu produzieren, die richtig sein können oder auch nicht, müssen Sie Tatsachen feststellen. Durch den vollen Kontakt mit einem neurotischen Symptom wird es Ihnen möglich, es aufzulösen. Um die richtige Technik der Konzentration auf Ihren »Körper« zu erwerben, ist die Technik der Beschreibung besonders nützlich. Am Anfang werden Sie ein starkes Widerstreben verspüren, in Einzelheiten zu gehen; wenn Sie sich jedoch ohne Zaudern gerade an die Beschreibung der Einzelheiten halten, müssen Sie spezifischen Widerständen begegnen und schließlich zu selbstverständlichen, sich selbst erklärenden Lösungen gelangen. Bringen Sie Ihre Widerstände zum Ausdruck, aber bleiben Sie bei der Detailbeschreibung. Später wenden Sie die vervollkommnete Technik an, die schweigende Konzentration, aber vorläufig bleiben Sie bei der verbalen Beschreibung als einem ausgezeichneten Hilfsmittel, um mit der Aufmerksamkeit beim Symptom zu bleiben.

Die Theorie der somatischen Konzentration ist sehr einfach. Wir verdrängen lebenswichtige Funktionen (vegetative Energie, wie Reich ihre Gesamtheit nennt) durch Muskelkontraktionen. Der im neurotischen

Organismus tobende Bürgerkrieg wird vorwiegend zwischen dem motorischen System und nicht akzeptierten organismischen Kräften ausgetragen, die nach Ausdruck und Befriedigung streben; das motorische System hat in hohem Maß seine Funktion als wirkendes, aktives, auf die Welt ausgerichtetes System verloren und ist durch Retroflexion zum Kerkermeister anstatt zum Helfer wichtiger biologischer Bedürfnisse geworden. Jedes aufgelöste Symptom bedeutet, daß sowohl der Polizist als auch der Gefangene — motorische *und* »vegetative« Energien — befreit werden für den allgemeinen Lebenskampf.

Wenn wir die Kontraktionen der Muskulatur »Repressoren« nennen, dann scheint das Mittel gegen Verdrängungen (Repressionen) offensichtlich die Entspannung zu sein. Leider reicht absichtliche Entspannung — selbst wenn sie so gründlich durchgeführt wird, wie Jacobson es in seinem Buch *You Must Relax* vorschreibt — nicht aus. Sie hat den gleichen Nachteil, den auch oberflächliche Vorsätze haben: Sie mögen fähig sein, sich zu entspannen, wenn Sie sich auf die Entspannung konzentrieren, aber in jedem Erregungszustand wird der »Muskelpanzer« mit Sicherheit wiederkommen. Außerdem vernachlässigt Jacobson, wie F. M. Alexander, die Bedeutung der Muskelkontraktionen als »Repressoren«.

Durch eine bloße Konzentration auf die Muskelentspannung kommen auf jeden Fall die verdrängten biologischen Funktionen (die gefürchtet und verachtet werden und nicht ins Bewußtsein eingelassen werden können) an die Oberfläche, bevor der Patient richtig darauf vorbereitet ist, mit ihnen umzugehen. Wenn jedoch jemand in psychoanalytischer Behandlung ist (selbst in einer Psychoanalyse herkömmlicher Art), wird es den Behandlungsverlauf erheblich fördern, wenn er sich zugleich in Jacobsons Methode übt. Es wird dann mehr verdrängtes Material an die Oberfläche kommen, das in der analytischen Sitzung behandelt werden kann[1].

---

[1] Vollkomene Entspannung kann man in der Narkoanalyse erreichen. Unter Natrium-Pentothal werden das verdrängende motorische System und die Selbstbeherrschung ent-spannt, und aufgestaute Emotionen werden freigesetzt. Die motorischen Widerstände werden aber nicht analysiert und reorganisiert. Eine verbesserte Methode ist die Verwendung von Lachgas in schwacher Konzentration. Diese Technik hat mehrere Vorteile:

1. Der Patient bedient das Gerät selber;
2. er ist die ganze Zeit bei Bewußtsein;
3. er lernt das »Gefühl« der Entspannung kennen;
4. er erlebt starke »körperliche« Empfindungen; verborgene neurotische Symptome wie Angst, das Gefühl zu zerbersten, Schwindel usw. treten auf;

Richtig verstanden, kann Entspannung im akuten Notfall eine Hilfe sein. Manchmal begegnet man im Kino und in der Trivialliteratur dem Ausdruck »Laß mal locker, Mädchen!«, der an eine über-spannte und übererregte Person gerichtet wird. Mit Lockerlassen (Entspannen) ist in diesem Fall der Verzicht auf die Anklammerungshaltung (»Verbissenheit«) gemeint, die vernünftige Orientierung, die Umstellung von einem blind gefühlsmäßigen auf einen rationalen Aspekt, das »Wieder-zu-Sinnen-Kommen«. In solchen Fällen kann Entspannung, selbst als kurze Unterbrechung der Spannung, Wunder wirken.

Zwei weitere Mängel der Methode Jacobsons sind noch zu erwähnen: Entspannung wird bei ihm zur Aufgabe, und solange man mit einer Aufgabe beschäftigt ist, kann man (die Persönlichkeit) sich nicht entspannen. Im Zustand der vollständigen Entspannung ergibt sich die Figur-Hintergrund-Bildung von selbst; während einer Übung ist jedoch eine bewußte (wenn auch unter günstigen Bedingungen kleine) Anstrengung für die Figur-Hintergrund-Bildung erforderlich. Wir dürfen auch den Umstand nicht übersehen, daß der Tonus eines gesunden motorischen Systems weder zu hoch noch zu niedrig ist; er ist elastisch, reaktionsbereit. Eine nach den Anweisungen Jacobsons durchgeführte Entspannung könnte zu einem Zustand schlaffer Lähmung, zu einem Hypotonus, führen. Aber sie hat zweifellos ihr Gutes; sie steigert das Gespür für die eigene Motorik. Sie bringt einen dazu, das Vorhandensein von Kontraktionen zu erkennen. Und nun zu den Übungen:

1. Versuchen Sie keine speziellen analytischen Konzentrationsübungen, solange Sie sich nicht vollkommen über den Unterschied zwischen forcierter Konzentration (Anklammerungsbiß) und konzentriertem Interesse im klaren sind. Wenn Sie mit Ihrem Interesse nicht bei irgendeinem sensomotorischen Phänomen bleiben können (einem Bild vor Ihrem inneren Auge, einem Jucken auf der Haut, einem Schmerz im Hals, einem Problem, das zu lösen ist), dann ist in Ihrer seelisch-geistigen Struktur etwas von Grund auf nicht in Ordnung.

Das gilt nicht für die Konzentration auf die Außenwelt. Dabei können Sie sich nicht auf die organismische Auswahl verlassen; Sie würden sich vielleicht auf Dinge konzentrieren wollen, die nicht Ihr natürliches

---

5. er kann dem Analytiker seine Erlebnisse beschreiben und ihm dadurch helfen, den »Panzer« Schicht für Schicht abzutragen;

6. es ist kein Fachanästhesist notwendig; die Methode des Einatmens ist einfacher als die der intravenösen Injektion und es gibt keine toxischen Wirkungen; vom Standpunkt des Arztes aus bestehen sehr wenige Kontraindikationen.

Interesse erregen, sondern die Sie auf Grund von Pflichtgefühl, Snobismus, Konventionen usw. ausgewählt haben.
Wenn Sie das organismische Gleichgewicht, wie es im theoretischen Teil dieses Buches erklärt wird, verstanden haben, wird Ihnen klar sein, daß die äußere Figur-Hintergrund-Bildung in erster Linie den inneren Antrieben folgt, und sobald die innere Konzentration erreicht ist, wird die äußere ihr auf dem Fuße folgen. Gegen ein Sich-Konzentrieren auf faszinierende äußere Objekte und auf eine Beschreibung ihrer Einzelheiten ist nichts einzuwenden. Das wird Sie von der angenehmen Leichtigkeit der gesunden Konzentration überzeugen, die Sie kennen müssen, wenn Sie die krankhafte, die forcierte Konzentration vermeiden wollen. Immer, wenn sie feststellen, daß Sie sich aus »falscher« Konzentration anspannen, denken Sie daran: »Laß locker, Mädchen!« Lassen Sie locker und seien Sie sogar so unkonzentriert, daß Sie sich dem freien Assoziieren hingeben. Machen Sie danach einen neuen Versuch.
2. Um Konzentrationsübungen zu machen, braucht man keine besonderen Bedingungen. Nach kurzer Zeit sollten Sie fähig sein, sie überall durchzuführen, immer dann, wenn es nicht nötig ist, mit der Umgebung in Kontakt zu bleiben. Schließlich sollte Ihnen eine fortwährende Selbst- und Objektwahrnehmung, solange Sie wach sind, selbstverständlich sein. Anfangs ist es jedoch ratsam, die Ausrichtung Ihres Interesses durch die Wahl eines ruhigen Ortes zu unterstützen. Ein Lehnstuhl oder eine Couch wird Ihnen am Anfang helfen. In der Psychoanalyse habe ich die klassische Anordnung abgeschafft [2]. Ich sitze dem Patienten direkt gegenüber, aber ich lasse ihn zum Zweck der inneren Konzentration

---

[2] Hier liegt der Patient auf einer Couch, und der Psychoanalytiker sitzt hinter ihm wie ein unsichtbarer Gott über den Wolken, der nicht gesehen werden darf. Das entspricht der Vorschrift, nach der der fromme Jude sich kein Bild von Gott machen darf, genauso, wie auch der römisch-katholische Gläubige seinen Beichtvater nicht sehen darf. Wie kann ein Patient jemals Kontakt zur Realität herstellen, wenn die analytische Situation auf einer so mystischen Ebene gehalten wird? Der Patient hat nichts, woran er sich halten kann, außer der Stimme des Analytikers, und manchmal nicht einmal diese. Ich hatte einmal einen Analytiker, der wochenlang den Mund nicht auftat; um anzuzeigen, daß die Stunde beendet war, scharrte er nur mit dem Fuß. Seine wenigen Bemerkungen während der vielen Monate, die ich bei ihm zubrachte, waren manchmal sinnreiche Deutungen meines Unbewußten, ich war aber damals bei weitem noch nicht fähig, sie zu akzeptieren; manchmal waren sie auch bloße Projektionen, die ich ebenfalls nicht als solche erkennen konnte. Erst als ich viele Jahre später hörte, daß er an Paranoia litt, begriff ich die Wahrheit. Ich hörte auf, mir selbst die Schuld dafür zu geben, daß ich ihn

auf der Couch liegen, wodurch eine angemessene Situation sowohl für die äußere (Überwindung der Befangenheit, Konfrontation mit dem »Feind«) als auch für die innere Konzentration geschaffen wird.

3. Alle Gleichgewichtsübungen sind nützlich. Ein ganzheitliches Gefühl entwickelt sich sowohl durch Gymnastik, solange sie die Körperwahrnehmung fördert und nicht auf »Bodybuilding« ausgeht, als auch durch Sport, solange er nicht einseitig ist und nur dem Ehrgeiz dient. Beim Gehen sollten Sie spüren, wie Sie gehen, und das »Denken« so oft wie möglich unterbrechen. Wenn Sie nichts zu tun haben, lassen Sie es genug sein, einfach Ihren Körper als Ganzes zu spüren.

4. Wenn Sie Ihren Körper nicht als Ganzes fühlen können, lassen Sie Ihre Aufmerksamkeit von einem Körperteil zum anderen wandern, und wählen Sie dabei hauptsächlich jene Teile aus, die für Sie nur undeutlich existieren. Aber versuchen Sie jetzt noch nicht, sich auf die ausgeblendeten Teile zu konzentrieren — auf jene Teile, die in Ihrem Bewußtsein scheinbar überhaupt nicht vorhanden sind. Bei Ihrer alltäglichen Routine sollten Sie sich von Zeit zu Zeit Ihres Körpers bewußt werden; öffnen Sie die Tür bewußt, aber genauso, wie Sie es immer machen, ohne irgendeine besondere Betonung oder Veränderung Ihrer gewöhnlichen Haltung. Nehmen Sie sich nicht vor, die Tür (oder welche bewußte Bewegung Sie eben ausführen wollen) besonders elegant oder forsch zu öffnen. Das würde Sie nur befangen machen, aber nicht körperbewußt. Sie kennen die Geschichte vom Tausendfüßler, der gefragt wurde, welches Bein er zuerst aufsetze, und wie er es überhaupt mache, daß er mit all seinen Beinen zugleich gehen könne. Als er versuchte, seine Beine bewußt in Bewegung zu setzen, geriet er in eine solche Verwirrung, daß er überhaupt nicht mehr gehen konnte. Anstatt sich lediglich seine Bewegungen bewußt zu machen, verhinderte er sie.

---

nicht verstehen konnte, und gab statt dessen seiner Unfähigkeit, sich verständlich zu machen und meine Situation richtig einzuschätzen, die Schuld.

Verwandeln Sie den Psychoanalytiker, der ein so ehrfurchtgebietendes Bild bietet, in ein menschliches Wesen auf gleicher Ebene wie der Patient. Hören Sie auf, die Angst und den Protest des Patienten als »Gottesübertragung« zu deuten! Solange der Analytiker sich weiterhin wie ein Priester verhält, mit all den Riten der festgelegten analytischen Sitzordnung und der zwanghaften Zeitbeschränkung (eine Analysestunde muß auf Biegen oder Brechen genau fünfundfünfzig Minuten dauern), muß der Patient den Analytiker korrekterweise als religiöses Objekt deuten, und kein Hinweis darauf, daß dies ein Übertragungsphänomen sei, wird seine Reaktion — sei es als gläubiger Anhänger oder als Ketzer der psychoanalytischen Religion — zum Schweigen bringen.

5. Bei der Durchführung dieser Übungen sollten Sie an das denken, was vorher über das »Springen« beim Beobachten von Bildvorstellungen gesagt wurde. Das Springen von einem Teil zum anderen stellt keinen guten Kontakt dar, obwohl es besser ist, als wenn Sie Ihre Aufmerksamkeit mit Gewalt auf einen Teil lenken, wobei es Ihnen vielleicht nur gelingt, ein Symptom wegzudrücken. Sie werden dieses »Wegdrücken« als Verschwinden des Symptoms erleben. Wenn Sie ein angenehmes Jucken spüren und es verschwindet, während Sie sich darauf konzentrieren, denken Sie wahrscheinlich, Sie hätten einen schönen Erfolg errungen, während das Jucken in Wirklichkeit nur in den Untergrund getrieben worden ist und sich eine Zeitlang nicht in der Sprache der organismischen Bedürfnisse geäußert hat. Es wird wahrscheinlich wiederkommen, sobald Sie mit dem Konzentrationsdruck nachlassen.

Wenn Sie ein »Springer« sind, gehen Sie von einer Empfindung zur anderen und seien Sie damit zufrieden, wenn es Ihnen gelingt, den Kontakt von einem Sekundenbruchteil auf mehrere Sekunden auszudehnen. Sie werden dann bald fähig sein, nach Belieben ein Symptom auszuwählen und es zu analysieren. Manch ein Symptom — diejenigen mit geringerem Widerstand — wird Sie interessieren und sogar faszinieren. Die Offenbarung seiner Empfindung wird Ihnen wirklich »die Augen öffnen«. Wenn die Empfindung oder das Symptom jedoch verschwindet, ohne daß eine Entwicklung stattgefunden hätte und ohne daß sein Sinn deutlich geworden wäre, sollten Sie es sich wieder zurückrufen, entweder, indem Sie es aus der Erinnerung bearbeiten, oder, noch besser, indem Sie sich mit dem Mittel beschäftigen, durch das es unterdrückt wird — mit den Muskelkontraktionen.

6. Sobald Sie im Geist eine Zeitlang an einem Ort bleiben können, können Sie mit dem Versuch beginnen, sich die Muskelkontraktionen klarzumachen, die an der »negativen« Konzentration beteiligt sind. Der Anklammerungs-»Biß« ist das Muster, nach dem alle verdrängenden Kontraktionen sich bilden. Die »Anklammerungshaltung« ist die ermüdende negative Konzentration in nuce. Sie ist die Grundlage für Unbeholfenheit, schlechte Koordination und viele unangenehme neurotische Symptome. Sie können keinen natürlichen Kontakt herstellen, indem Sie sich zwingen, sich zu konzentrieren. Ihre Fähigkeit, Ihre Aufmerksamkeit zu steuern, muß wirklich sehr schwach sein, wenn Sie »den toten Mann spielen« müssen und kaum wagen, einen Muskel zu rühren, oder wenn Sie ständig drauf und dran sind, jedem an die Kehle zu springen, der Ihre Konzentration absichtlich oder aus Versehen stört. Wie anstrengend muß es für Sie sein, irgend etwas im Leben zu erreichen, wenn Ihre Leistungsgrundlage, die Konzentration, so künstlich

und kostspielig ist. Ich habe an anderer Stelle »Faszination« als die höchste Form der Konzentration bezeichnet. Bis jetzt haben Sie aber mit so vielen Widerständen zu schaffen gehabt, daß Sie kaum damit rechnen konnten, fasziniert zu werden. Dies wird eintreten, wenn Sie nach stetiger Wiederholung erkannt haben, wie man unangenehme Empfindungen in angenehme verwandelt. Deshalb versuchen Sie, sobald Sie Ihre Muskelkontraktionen spüren können, sie zum Zweck der Freisetzung der verdrängten organismischen Funktionen und der Steigerung Ihrer motorischen Beweglichkeit beherrschen zu lernen. Sobald Sie diesen Punkt erreicht haben, werden Sie Vertrauen zu diesen Übungen gewinnen. Dann werden Sie die ersten Wogen der Faszination empfinden. Ihre Aktivität und Ihr Gedächtnis, wie auch Ihre Fähigkeit, Situationen rasch zu erfassen, werden sich stetig bessern und zunehmen, bis Sie ein gutes »Gefühl Ihrer selbst« erlangt haben. Dann werden all diese Übungen hinfällig sein.

7. Um Ihre übermäßig angespannten Muskeln beherrschen zu lernen, müssen Sie Verkrampfungen in Ichfunktionen verwandeln. Diese Kontraktionen können überall auftauchen. Sie können als Schreibkrampf in Ihrer Hand und Ihrem Arm auftreten oder als Stottern in Ihrer Sprechweise. Bei Angstanfällen versteifen sich Ihre Brustmuskeln; bei sexuellen Hemmungen erstarrt das Kreuz. Kontaktstörungen tauchen auf als Anspannung in den Kiefer- und Armmuskeln.

Beginnen sollten Sie mit der Konzentration auf die Augenmuskeln, da wir schon im Kapitel über die bildliche Vorstellung mit ihnen angefangen haben. Es ist nicht nötig, die beteiligten Muskeln zu kennen und noch viel weniger ihre lateinischen Bezeichnungen. Als diese Muskeln ursprünglich einmal kontrahiert und nervös wurden, haben Sie etwas mit ihnen gemacht, ohne ihre Anatomie oder ihre Namen zu kennen. Früher, bevor es Ihnen zur Gewohnheit wurde, haben »Sie« jeden dieser jetzt verkrampften Muskeln absichtlich zusammengezogen; Sie wollten irgendeine Empfindung, ein Gefühl oder ein Bild aus Ihrem Bewußtsein vertreiben und haben Ihre motorischen Funktionen gegen Ihre eigene Person gekehrt, um etwas zu unterdrücken, was Sie nicht fühlen wollten. Sie haben dies mit einer Ihnen wohlbekannten absichtlichen Anstrengung getan, einer Anstrengung, die Ihrer Muskeltätigkeit ähnlich ist, wenn Sie zum Beispiel den Drang unterdrücken müssen, Wasser zu lassen.

Es ist schwer festzustellen, wieweit der Einfluß der bewußten Ichsteuerung reicht. Im Lauf der Evolution sind viele der niederen Zentren des Organismus autonom geworden, sie sind nicht mehr im Bereich der bewußten Steuerung [3]. Die gestreifte Muskulatur ist jedoch der bewußten Steuerung unterworfen. Sie wird z. B. zum Zweck des Verdrängens benützt. Um Verdrängungen rückgängig zu machen, müssen Sie die bewußte Herrschaft über Ihre Motorik wiederherstellen.

Wo immer Ihnen in Ihrem Organismus Verspannungen, Verkrampfungen, Krämpfe und Kontraktionen begegnen, gehen Sie folgendermaßen vor:

a) Verschaffen Sie sich die richtige »Empfindung«. Versuchen Sie keine Auflösung, bevor Sie mindestens zehn bis fünfzehn Sekunden lang im Geist bei einer Stelle bleiben können.

b) Halten Sie Ausschau nach der leisesten Entwicklung, wie einer Zunahme oder Abnahme der Spannung, Taubheit oder Jucken. Sehr vielversprechend ist das Auftreten eines leichten Bebens oder Zitterns oder eines Gefühls der »Elektrisierung«. Jede Veränderung zeigt an, daß ein Kontakt zwischen bewußten und unbewußten Instanzen hergestellt ist.

c) Geben Sie sich zunächst damit zufrieden, die Kontraktion in der »es-Sprache« zu beschreiben, etwa: »Um mein rechtes Auge herum ist eine Spannung«, oder »Die Augäpfel sind sehr unruhig«.

d) Versuchen Sie, die Kontraktionen in »Ichfunktionen« umzuwandeln, aber ohne zusätzliche Aktivität. Versuchen Sie, eine Empfindung dafür zu bekommen, daß *Sie* die Stimmuskeln zusammenziehen oder Ihre Augen anstrengen oder was immer Sie gerade tun. Wenn es Ihnen nicht gelingt, gehen Sie zu Übung c) über.

e) Wenn Sie es nötig haben, die Verantwortung für *Ihre* Muskelkontraktionen zu meiden, wird der Übergang von dem »es« zu den »Ich«-funktionen schwierig für Sie sein. Dann ist es nützlich, bei der Autosuggestion Zuflucht zu suchen. Wiederholen Sie einen Satz wie diesen: »Obwohl ich nicht spüre, daß ich die Muskeln zusammenziehe, weiß ich, daß ich es unbewußt tue. Darum stelle ich mir vor oder glaube, daß ich es tue.« Diese Autosuggestion könnte etwas nützen, da Sie sich — im Gegensatz zu der Coué'schen Methode [4] — die Wahrheit, die Realität vorsagen.

---

[3] Ein »indirekter« Einfluß läßt sich z. B. durch eine lebhafte Vorstellungskraft erreichen. Ein guter Schauspieler kann, indem er sich in das vorgestellte Handlungsfeld versetzt und sich mit der betreffenden Person identifiziert, Gefühle erzeugen, die sich durch eine direkte, bewußte Anstrengung nicht erzeugen ließen. (Hamlet bewundert diese Fähigkeit — die im Gegensatz zu seiner eigenen emotionalen Lahmheit steht).

[4] Die Methode Coués beruht auf Selbsttäuschung, nicht auf Selbstverwirklichung.

f) Übernehmen Sie die Steuerung: Entspannen Sie den betreffenden Muskel um einen Bruchteil (!) eines Zentimeters und spannen Sie ihn wieder an.

g) Stellen Sie fest, zu welchem Zweck Sie den Muskel zusammenziehen. Bekommen Sie heraus, wogegen sich Ihr Widerstand richtet; bringen Sie ihn zum Ausdruck: »Ich will meine Großmutter nicht sehen« oder »Der Teufel soll mich holen, wenn ich weine.«

h) Mit dem Ausdruck des Widerstands haben Sie alles Erforderliche getan. Aber bleiben Sie hartnäckig. Es werden noch andere Widerstände herauskommen und den Konflikt zwischen Verdränger und Verdrängtem bewußt machen. Jedes zugelassene Bild, jede vergossene Träne stellt Ihrer bewußten Persönlichkeit ein wenig Energie zur Verfügung.

Das Gegenteil der Kontraktion, die schlaffe Lähmung als Widerstand, ist noch sehr wenig untersucht. Theoretisch sollte der Hypotonus als Widerstand keine Rolle spielen, und soweit ich sehen kann, kommt er bei der Retroflexion, bei der Verdrängung nicht akzeptierter Teile der Persönlichkeit, nicht vor. Die schlaffe Lähmung erscheint jedoch bei Projektionen. Sie ist ein Symptom der Konfluenz und der Depression. Sie tritt auf als etwas, das man als Quallen-Existenz bezeichnen könnte — als eine Technik des Nicht-Widerstands. Solche Leute sind glatt und glitschig wie ein Aal. Bei ihnen hat man das Gefühl, als schlage man in den leeren Raum. Sie bevorzugen Äußerungen wie: »Du kannst mit mir machen, was du willst«, oder »Es kommt sowieso nicht darauf an«. In extremer Form tritt die schlaffe Lähmung als »Vogel-Strauß-Politik«, »Sich-Totstellen« oder als Ohnmächtigwerden auf. Es ist ein atavistisches Verhalten, aber es kann dem homo sapiens von heute nützlich sein, um unangenehme Situationen zu vermeiden.

Solange gewisse Empfindungen vorhanden sind, ist die Konzentrationstechnik im Hinblick auf sensorische Widerstände außerordentlich einfach. Nur eine intellektuelle Anstrengung ist erforderlich, um sich auf Hyperästhesie oder Schmerzen zu konzentrieren. Schmerzen fordern soviel Aufmerksamkeit, daß sie die eindrucksvollste Figur-Hintergrund-Bildung sind. Wie W. Busch es ausgedrückt hat:

»Nur noch in des Zahnes Höhle
Ist des Dulders Geist und Seele.«

Sie müssen den Schmerz ertragen und ausdrücken, sich auf ihn mit Interesse konzentrieren, ohne um Hilfe zu schreien. Es ist oft notwendig, »durch« die Hölle zu gehen, und nicht »drumherum«. Schmerz ist das Hauptsignal des Organismus für Konzentration. Das erkrankte Organ will ursprünglich Aufmerksamkeit, nicht Schmerzmittel. Zwar wird bei

einer Reihe organischer Erkrankungen der Heilungsvorgang durch Weinen, Hyperämie usw. unterstützt (die eine Folge der richtigen Konzentration sind), aber es ist nicht ratsam, sich in irgendeiner Weise darauf zu verlassen. Im Gegenteil! Wo auch nur der leiseste Verdacht einer organischen Erkrankung besteht, muß der Arzt zu Rate gezogen werden. Viele Ärzte haben heutzutage genug Kenntnisse in medizinischer Psychologie, um entscheiden zu können, ob man eine Krankheit von der somatischen oder von der psychischen Seite angehen soll oder von beiden. Konzentration ist auf alle Fälle eine bessere Methode als die Methode Coués oder die der Christlichen Wissenschaft, die lediglich eine bestehende Realität leugnen und ausblenden. Die analytische Konzentration ist sicherlich die angezeigte Methode für alle »nervösen« Schmerzen, ebenso für jene Krankheiten, die für einen unbewußten Selbstmordwunsch symptomatisch sind.
Eine einfache Methode, sich von der Wirksamkeit der Konzentration zu überzeugen, ist die Beachtung der Müdigkeit. Wenn Sie müde sind und nicht die Zeit haben, zu schlafen, legen Sie sich hin und konzentrieren Sie sich zehn Minuten lang auf die Symptome des Müdigkeitsgefühls. Vielleicht schmerzen Ihre Augen, die Glieder sind schwer, der Kopf tut weh. Beobachten Sie in einer Art Dämmerzustand die Entwicklung dieser Phänomene, und Sie werden schon nach kurzer Zeit des Übens überrascht sein, wie erfrischt Sie sich fühlen, wenn Sie wieder aufstehen. Sie dürfen nicht einschlafen, sondern Sie müssen einen mittleren Zustand zwischen Gewahrsein und Schlaf beibehalten.
Eine sehr mühsame Aufgabe, der nur noch das Einüben des inneren Schweigens gleichkommt, ist es, die Aufmerksamkeit auf ein seelisch-geistiges Skotom zu lenken. Sie haben es wahrscheinlich auch schon erlebt, daß Sie intensiv nach etwas suchten, nur um gesagt zu bekommen, es liege ja direkt vor Ihrer Nase. Es war da, aber für Sie war es nicht da. Sie hatten, was dieses Ding anging, einen blinden Fleck. Die Wiederherstellung Ihrer vollen Wahrnehmungsfähigkeit ist ein Nachlassen der Spannung — eine Entdeckung und Überraschung, die die psychische Decke weggezogen hat. Bei vielen neurotischen und besonders hysterischen Symptomen spielt eine solche Skotomisierung (meistens in Form der Anästhesie) eine beherrschende Rolle. Die meisten Fälle von nervöser sexueller Impotenz z. B. werden nicht durch eine Skotomisierung der genitalen Empfindungen hervorgerufen, sondern sind identisch mit ihr.
Früher habe ich Sie vor einem verfrühten Versuch gewarnt, mit einem Skotom (einer Ausblendung) fertigzuwerden, aber mittlerweile sollten Sie soweit sein, es zu versuchen. Wenn Sie, indem Sie Ihre Aufmerksamkeit durch Ihren Körper wandern lassen, Stellen entdecken, die Sie

überhaupt nicht spüren, stellen Sie erst einmal die Grenzen zwischen den Teilen fest, die Sie spüren, und denen, die Sie nicht spüren können. Bleiben Sie dann mit Ihrer Aufmerksamkeit bei dem Bereich, den Sie nicht spüren. Das erfordert eine erhebliche Konzentrationsfähigkeit. Schließlich werden Sie feststellen, daß da ein besonderes Gefühl ist — eine Hypoästhesie wie eine Taubheit oder Stumpfheit, ein Schleier oder eine Wolke. Versuchen Sie, diese »Als-ob-Empfindung« wie eine Realität zu spüren, bis Sie eines Tages fast buchstäblich den Schleier lüften können; in diesem Augenblick werden die biologischen Empfindungen und Vorstellungen zum Vorschein kommen, zunächst nur für den Bruchteil einer Sekunde, dann für längere Zeit, bis sie schließlich in den Funktionen der Persönlichkeit ihren angemessenen Platz einnehmen.

Im theoretischen Teil habe ich erklärt, daß das Skotom meistens mit Projektionen gekoppelt ist. Die Vorstellung, die Empfindung oder der Impuls verschwindet aus dem inneren Bereich und taucht in der Umwelt wieder auf. Darum steigern wir, wenn wir zugleich mit dem Skotom die Frage der Projektion angehen, die innere Entwicklung und fördern so erheblich die Stabilisierung der Persönlichkeit.

10

Die Assimilation von Projektionen

Wo und wann jemand — der scheinbar Gesunde wie fortgeschrittene Paranoiker — projiziert, wird er nur zu bereit sein, seine Projektionen zu rationalisieren und zu rechtfertigen. Für viele Leute ist es fast unvorstellbar, daß z. B. sogar die Idee eines persönlichen Gottes eine Projektion, eine bloße Halluzination sein könnte.

Das Symptom jenes Patienten, der tödliche Qualen litt, weil er fürchtete, eines Tages würde ihm ein Dachziegel auf den Kopf fallen, löste sich auf, wie zu erwarten war: Es wies auf eine unabgeschlossene Situation hin, deren Vollendung durch die Projektion des fallenden Steins in der Schwebe gehalten wurde. Er hegte den Wunsch, einen Stein auf einen Feind zu werfen, und verwandelte durch die Angst vor dem fallenden Stein diese verfolgende *Aktivität* in die *Passivität* des Verfolgtwerdens. Dieses Beispiel zeigt, daß er, obwohl er seine Todeswünsche projizierte, um sich Schuldgefühle zu ersparen (in seinem Bewußtsein war er nicht länger ein potentieller Mörder), sein Ziel nicht erreichte, das in einer Verminderung seiner Leiden bestand. Im Gegenteil, indem er reagierte, *als ob* die Projektion eine Realität wäre, litt er mehr Qualen, als alle Schuldgefühle hätten erzeugen können.

Durch Projektionen verändern wir das ganze »Umweltfeld«. Nachdem wir z. B. unsere Allmachtswünsche projiziert haben, handeln wir so, »als ob« der allmächtige Gott eine Realität wäre, der all die Wunder wirken kann, die wir selber gern vollbringen würden. Dieser Gott kann eine solche Realität werden, daß wir unser ganzes Verhalten und unseren Charakter ändern, um nicht von diesem Geschöpf unserer Einbildungskraft bestraft zu werden [1]. Diese reaktive Veränderung fällt mit einer anderen zusammen, die dialektisch und gleichzeitig stattfindet. Nicht nur das »Umweltfeld« verändert sich, sondern auch das »intra-organismische Feld«. Innerhalb dieses Feldes verwandelt sich »Allmacht« in »Ohnmacht«. Selbst das ist nicht ganz richtig, denn in dieser Beschreibung sind beide Veränderungen isoliert, während in Wirklichkeit nur eine Veränderung stattfindet, die die Aspekte des »Feldes Umwelt — intra-organismischer Bereich« umfaßt. Wenn Sie Wasser

[1] Die Schöpfung selbst wird gleichermaßen projiziert. Gott wird zum Schöpfer.

aus einem Krug in ein Glas schütten, wird der Krug zur gleichen Zeit leer, in der sich das Glas füllt.

Sehr störend ist die Reaktion des Patienten auf seine Projektionen in der analytischen Situation, wo projiziertes *Eingreifen* ein ernsthaftes Hindernis für die Verständigung zwischen Analytiker und Patient darstellt. Meistens spielt sich in der analytischen Situation (und natürlich in allen anderen entsprechenden Situationen des Alltagslebens) folgendes ab: Der Psychoanalytiker findet etwas, das er dem Patienten klarmachen möchte. Er weist auf bestimmte Verhaltensweisen hin, sagen wir auf Nägelkauen. Nehmen wir an, diese Gewohnheit werde von dem Patienten verurteilt, aber sein Versuch, sie zu unterdrücken, sei gescheitert; er habe sie nur skotomisiert (ausgeblendet), sie sei zu einer unbewußten Gewohnheit geworden. Das Ziel des Analytikers ist es, diese spezifische Haltung zur Figur zu machen, auf die sich der Patient konzentrieren und die er bewältigen soll. Er möchte dem Patienten zur Bewußtheit verhelfen, um die Aufklärung dieser spezifischen Haltung zu erleichtern. Der Patient verwechselt jedoch die analytische, wissenschaftliche Haltung mit einer moralistischen, indem er seine eigene Neigung zum Moralisieren, zum Verurteilen und zum Eingreifen auf den Analytiker projiziert. Da er selber das Nägelkauen mißbilligt, bildet er sich ein, der Analytiker mißbillige es auch. Dann reagiert er auf seine Projektion, »als ob« der Analytiker und nicht er selber es mißbillige. Er schämt sich und beeinträchtigt dadurch sich selber; er möchte sein unerfreuliches Verhalten unterdrücken oder verbergen, anstatt es offen zu besprechen. Die Folge ist, daß er, anstatt den unerwünschten Zug auszudrücken und abzulegen, ihn wieder in den Untergrund treibt. Es können viele Wochen vergehen, bis er wieder auftaucht. Als Gegenmaßnahme gegen die Gefahr der erneuten Unterdrückung hat W. Reich die Technik der ständigen Konzentration auf den zentralen Charakterzug des Patienten entwickelt — eine ausgezeichnete Methode, und gewiß fruchtbarer als die Technik wahlloser Deutungen.

Obwohl Freud entdeckt hat, welch große Rolle Projektionen bei manchen Psychosen spielen, wurden sie bei den Neurosen eher vernachlässigt. Da das psychoanalytische Interesse sich mehr auf die Verdrängung konzentrierte, wurden Projektion und Retroflexion nicht genug beachtet, mit dem Ergebnis, daß der psychotische Kern der Neurose oft unberührt blieb. Erst in jüngster Zeit ist der Projektionsmechanismus mehr ins Rampenlicht geraten, besonders durch Anna Freud, Annie Reich u. a., wenn auch immer noch nicht genügend und immer noch überschattet von der Übertragungsanalyse.

Das Konzept der Übertragung hat scheinbar eine ungeheure Vereinfachung der psychoanalytischen Behandlung bewirkt. Die Psychoanalyse erwartet, daß sich durch die Befolgung der Vorschrift, alles, was in der analytischen Situation geschieht, als Übertragung zu deuten, das ursprüngliche Verhaltensmuster auffinden und die Neurose auflösen läßt. Eine Reihe von Verhaltensweisen wird tatsächlich von Kindheit an wiederholt, aber die Psychoanalyse sieht in ihnen viel zu sehr sinnlose, mechanische Wiederholungen und nicht unerledigte Probleme, die nach Vollendung verlangen, sowohl in der analytischen Situation als auch sonst. Außerdem gibt es genug Probleme des Alltagslebens, mit denen man fertigwerden muß, die nicht unbedingt auf Kindheitstraumata zurückgehen, sondern auf die Konstiution oder auf soziale Bedingungen. Den Projektionsprozeß, der an sich keine Übertragung ist, sondern ein »Deck-«Phänomen, sollte man besonders beachten. Das Material eines Kinofilms wird nicht aus dem Projektor herausgenommen und auf die Leinwand »übertragen«, sondern es bleibt im Projektor und wird lediglich projiziert.

Der orthodoxe Psychoanalytiker wird mir zustimmen, wenn ich für die Beendigung der analytischen Kur ein anderes Kriterium einführe und feststelle, nicht nur der Psychoanalytiker müsse den Patienten verstehen, sondern auch der Patient müsse den Psychoanalytiker verstehen. Er muß den Menschen sehen und nicht eine Leinwand, auf die er seine »Übertragungen« und die verborgenen Teile seines Selbst projiziert. Erst wenn es ihm gelungen ist, den aus Halluzinationen, Wertungen, Übertragungen und Fixierungen gewirkten Schleier zu durchdringen, hat er gelernt, die Dinge so zu sehen, wie sie sind: Er kommt wieder zu Sinnen, indem er seine Vernunft anwendet. Er erlangt echten Kontakt zur Realität an Stelle eines Pseudokontakts zu seinen Projektionen.

Der orthodoxe Analytiker schafft mehrere Hindernisse. Jeder persönliche Kontakt zum Patienten ist tabu, da er die »Übertragung« stören könnte. Viele Projektionen werden nicht als solche behandelt, sondern als Übertragungsphänomene, und die Analyse des paranoischen Kerns läßt sich nicht durchführen. Wie kommt dieser Fehler zustande?

Der Patient sieht oft etwas im Analytiker, das Ähnlichkeit mit wichtigen Personen seiner Kindheit hat, aber selten ist das Vorstellungsbild vom Analytiker mit der ursprünglichen Vorstellung identisch, die inzwischen den Pseudostoffwechsel und möglicherweise noch andere Veränderungen durchgemacht hat. Jeder Analytiker hat schon erlebt, daß die »übertragene« Vorstellung sich im Laufe der Analyse verändert, und daß einmal dieser, dann wieder jener Zug des Vorstellungsbildes in den Vordergrund tritt. Man könnte die sogenannte Übertragungssituation mit einem Fluß vergleichen. Die Geschichte eines Flusses zeigt, daß er seinen Ursprung in einer oder mehreren Quellen hat. Ist aber das Wasser des Flusses noch identisch mit dem der Quellen? Hat es nicht auf seinem Weg viele Chemikalien und organische Stoffe in sich aufgenommen? Ist nicht eine solche Veränderung eingetreten, daß es den Unterschied zwischen Gesundheit und Krankheit bedeuten könnte, ob man das Wasser aus der Quelle trinkt oder aus dem Fluß?

Folgendes ist typisch für die Art und Weise, in der eine »Übertragung« aufgelöst wird, und dafür, wie sich in den meisten Fällen herausstellt, daß eine »Übertragung« alles andere ist als eine einfache Verlegung der Vorstellung von der ursprünglichen Person auf den Analytiker: Sagen wir, der Patient sieht im Analytiker einen harten Mann, dem es an Verständnis fehlt, genauso, wie seinen Aussagen zufolge sein Vater ein harter Mann war. Später kommt ans Licht, daß sein Vater gar nicht so hart gewesen ist. Wir müssen den Übertragungsmechanismus also korrigieren. Wir müssen einräumen, daß er nicht einfach das Bild seines Vaters auf den Analytiker übertragen haben kann. Was er im Analytiker gesehen hatte, war das, was sein Vater in seiner *Vorstellung* war. Als Kind hatte er seine eigene Unduldsamkeit in den Vater hineinprojiziert. Später hatte er (vielleicht, um seine kleinen Schwestern beherrschen zu können) dieses Bild, sein eigenes Bild von seinem Vater, introjiziert und nachgeahmt und es dann, als es ihm nicht mehr paßte, »wie sein Vater« zu sein, wieder projiziert. Wie üblich, wird er in der Analyse auf seine Projektionen reagieren und seine eigenen Ängste und Beschränkungen der Strenge des Analytikers zuschreiben. Der ganze komplizierte Vorgang, beide Aspekte — der grausame Vater und der grausame Analytiker — reduzieren sich auf den einfachen Sachverhalt der Projektion der uneingestandenen Grausamkeit in der eigenen Persönlichkeit des Patienten. Mit anderen Worten: Die Beschäftigung mit der Übertragung bedeutet eine unnötige Komplikation — eine Zeitverschwendung. Wenn ich aus dem Wasserhahn in meinem Zimmer Wasser zapfen kann, ist es unnötig, zum Brunnen hinunterzugehen.

Wie gewöhnlich wollen wir unsere Aufgabe schrittweise lösen; der erste Schritt ist das *Bemerken* von Projektionen. Genau, wie Sie erstaunt waren, als ich erwähnte, Sie seien sich der Tatsache nicht bewußt, daß Sie nicht auf Ihre Mahlzeiten konzentriert sind, werden Sie nun leugnen, daß Sie projizieren. Aber geben Sie sich ernsthaft Mühe und versuchen Sie herauszubekommen, ob Sie wirklich frei von Projektionen sind. Sie können überall auftreten. Ich habe weiter oben auf die intra-organismische Projektion der Aggression auf das Gewissen hingewiesen. Ich habe auch erwähnt, daß Ichfunktionen in die Genitalien projiziert werden können.

Die intra-organismischen Projektionen zusammen mit einer »Schnuller-Haltung« sind Sicherheitsmaßnahmen gegen die paranoische Projektion, und oft genug kann man beobachten, wie der Zwangscharakter den endlosen Kampf zwischen Verfolger und Opfer in sich selbst entwickelt. Eine Forderung von seiten des Gewissens wird beantwortet durch einen entschlossenen Versuch von seiten der übrigen Persönlichkeit, zu gehorchen; darauf folgt jedoch bald die Gegenreaktion: man trotzt dem Gewissen. Daraus entstehen wiederum gesteigerte Schuldgefühle, die durch immer strengere Forderungen des Gewissens überlagert werden, und so fort ad infinitum [2].

Es gibt einen Bereich, in dem es nicht schwierig ist, die Projektionen zu entdecken — die Welt der Träume. Es gibt mindestens zwei Arten von Träumen, angenehme und unangenehme. Die angenehmen Träume sind direkte oder indirekte Vervollständigungen unvollständiger Situationen: Sie enthalten eine Wunscherfüllung in Freuds Terminologie. Die unangenehmen Träume enthalten ausnahmslos Projektionen; der bekannteste Prototyp davon ist der Alptraum. Die Person oder das Tier, die den Traum beherrschen, sind immer unerwünschte Teile des eigenen Selbst. Wenn Sie träumen, Sie würden von einer Giftschlange gebissen, kann es richtig sein, die Schlange als aggressives Phallussymbol zu deuten, aber es ist nützlicher, nach der Giftschlange zu suchen, die in Ihrem eigenen Charakter verborgen ist. Immer, wenn dentale Aggression nicht ausgedrückt, sondern projiziert wird, werden Sie feststellen, daß Sie in Ihren Träumen von Hunden, Löwen und anderen Tieren gejagt werden, die Beißen symbolisieren. Projizierte Wünsche, ein Einbrecher, ein Mörder, ein Polizist zu sein, und andere Knabenideale, werden im Traum als die Angst erscheinen, überfallen oder verhaftet zu werden.

Der projektive Charakter von Traumbestandteilen ist leichter zu begreifen als die meisten anderen Projektionen; während bei der gewöhnlichen Projektion Teile der Außenwelt fälschlich für etwas gehalten werden, was in Wirklichkeit intra-organismisch ist, finden wir im Traum einen Nullpunkt — das Wissen, daß ein Traum in unserem Or-

[2] Ein wichtiger Unterschied zwischen dem paranoischen und dem Zwangscharakter ist dieser: Während der Zwangscharakter bestimmte Einschränkungen seines Aktivitätsbereichs zeigt und seine Konflikte im organismischen Bereich stattfinden, entwickelt der Paranoiker eine Überaktivität, die sich aber nur auf eine Pseudowelt richtet und nur in ihr stattfindet. Da er nicht zwischen der realen und der projizierten Welt unterscheiden kann, versucht er, seine *inneren* Konflikte im Bereich der *Umwelt* zu lösen. Einschränkungen des Objektkontakts bestehen bei beiden Typen.

ganismus stattfindet, aber zugleich die Qualität hat, sich in der Außenwelt abzuspielen.

Nach dem ersten Schritt, in dem Sie die Existenz von Projektionen erkennen, und dem zweiten Schritt, in dem Sie etwas erkennen, das zu Ihrer eigenen Persönlichkeit gehört, müssen Sie die Projektionen assimilieren. Diese Assimilation ist die eigentliche Kur für alle paranoischen Tendenzen. Wenn Sie das »Projizierte« lediglich introjizieren, vergrößern Sie nur die Gefahr, paranoisch zu werden. Deshalb müssen Sie bis zum Kern gehen — bis zum Sinn jeder Projektion. Wenn Sie sich von einem Polizisten verfolgt fühlen und ihn lediglich introjizieren, dann stellen Sie sich vor, Sie seien ein Polizist, oder Sie wollen einer werden. Eine richtige Assimilation jedoch wird Ihnen zeigen, daß Sie einen bestimmten Menschen beobachten oder bestrafen wollen. Wenn Sie behaupten, Sie seien ein Bär, wird man Sie für verrückt erklären, aber es ist etwas ganz anderes, wenn Sie den Sinn dieser Identifikation ausdrücken und sagen, Sie hätten einen »Bärenhunger«. Ein Patient projizierte den Wunsch, seine Frau einzuschüchtern (engl. »to bully«), und träumte, er werde von einem Bullen (engl. »a bull«) verfolgt.
Der erste Schritt könnte ein interessanter intellektueller Zeitvertreib sein: Er könnte darin bestehen zu akzeptieren, daß Sie unter bestimmten Bedingungen gern ein Einbrecher oder ein Polizist wären: aber die wirkliche Re-Identifizierung mit dem Verfolger wird Ihnen vielleicht schwerfallen. Sie werden dem Widerstand, der zu der Projektion geführt hat, gleich wieder begegnen, sobald Sie sich alle Folgen ausdenken, die es hätte, wenn Sie selber der »Bulle« wären. Wenn man Angstträume hat, ist es nicht leicht zuzugeben, daß man ein teuflisches Vergnügen daran hat, anderen Angst einzujagen, oder daß man eine Giftschlange oder Menschenfresser ist.
Die Traumzeichnungen auf den folgenden Seiten sind sehr lehrreich. Der Träumer hatte eine schwere Psychoneurose. Er hatte religiöse Ideale, mild und selbstlos zu sein. Wenn er angegriffen wurde, konnte er nicht zurückschlagen. Seine Aggression war weitgehend projiziert. Die Folge war eine Angstneurose, die durch den Alptraum des ersten Bildes verdeutlicht wird. Der Aggressor, der Zug, ist nicht einmal zu sehen. Im zweiten Bild finden wir die Lösung: Bewußt identifiziert er sich mit dem Opfer. Er leidet all die Qualen, die der andere Mann (der ein Symbol seiner projizierten Aggressivität ist) ihm antut. In Wirklichkeit hatte er selber einen sehr starken, wenn auch unterdrückten, sadistischen Zug in sich.
Die Schwierigkeit bei der Auflösung religiöser Projektionen liegt in

ALPTRAUM

der Peinlichkeit, die mit dem Eingeständnis gewisser Allmachtsvorstellungen verbunden ist, wie sie z. B. Heine ausgedrückt hat:
»Und wär' ich der allmächt'ge Gott
und säß' im Himmel droben . . .«
Wir haben nicht oft die Phantasie, wir seien Gott, aber es gibt nur wenige, die nicht gelegentlich sagen: »Wenn ich ein Diktator wäre, dann . . .«
Bei vielen Leuten und gewiß bei jedem Neurotiker gibt es eine Charakterschwierigkeit, bei der die Auflösung von Projektionen besonders nützlich ist. Es ist das Bedürfnis nach Zuneigung, Bewunderung und Liebe, und es betrifft besonders den narzißtischen Charakter — jenen Typus, den K. Horney sehr ausführlich beschrieben hat. Dieser Typus

FOLTER

drückt keine Zuneigung usw. aus, sondern projiziert sie und will sie immer wieder haben.

Es gibt einen entscheidenden Unterschied zwischen projizierter Aggression und projizierter Liebe. Wenn Sie sich fürchten, das Gefühl »Ich hasse dich« auszudrücken, werden Sie sich bald einbilden, Sie würden von aller Welt gehaßt, und wenn Sie zu schüchtern sind zu sagen, »Ich liebe dich«, werden Sie feststellen, daß Sie von aller Welt Liebe erwarten. Der Unterschied ist natürlich, daß wir es vorziehen würden, von Liebe verfolgt zu werden, anstatt von Haß. Die narzißtische Haltung in eine Haltung der Objektbeziehung zu verwandeln, ist nicht so schwierig wie eine projizierte Aggression durchzuarbeiten. Zumindest bleibt

uns das Durcharbeiten ideologischer Widerstände erspart, da Liebe der religiöse Liebling Nummer eins ist.
Wenn wir das eben Gelernte in die Praxis umsetzen wollen, fangen wir am besten bei unseren Tagträumen an. Nehmen wir an, Sie sehen sich bewundert wegen Ihrer sportlichen Tüchtigkeit oder ausgezeichnet für eine Heldentat oder verwöhnt und bemuttert von dem Mädchen Ihrer Wahl. Dann müssen Sie ernsthaft versuchen, die Situation umzukehren und nach Gelegenheiten Ausschau halten, wo Sie es sich erlauben können, einen Sportler zu bewundern, sich für einen Helden zu begeistern oder jemand anders zu verwöhnen und zu bemuttern. Durch das Rückgängigmachen dieser Projektionen entwickeln Sie nicht nur eine aktivere und erwachsenere Haltung, sondern Sie haben auch die Möglichkeit, Situationen abzuschließen und das organismische Gleichgewicht wiederherzustellen, das durch überfließende Zuneigung, die kein Ventil finden kann, gestört ist und bleibt. Projizierte Zuneigung erzeugt, wie gesagt, unersättliche Gier nach Zuneigung.
Die größte Schwierigkeit, der wir im Umgang mit Projektionen begegnen, ist ihre Affinität zu Objekten der Außenwelt. Je mehr Verstand einer hat, desto mehr fürchtet er sich davor, sich Dinge »einzubilden«. Er wird daher seine Projektionen rationalisieren und sie dadurch rechtfertigen, daß er Beweise und Entsprechungen in der Außenwelt findet. Da in diesem Fall die Projektionstätigkeit und die Figur-Hintergrund-Bildung (Interessen) zusammenfallen, wird er ein unheimliches Geschick darin entwickeln, die Objekte zu entdecken, die der Projektion entsprechen.
Oft genügt ein bloßes Bevorzugen gewisser Aspekte und ein Ausblenden anderer (monovalente Einstellung), um eine paranoische Entstellung zu bewirken. In diesem Fall können wir von »selektiver Paranoia« sprechen, die ungefähr die schlechtest mögliche Lösung des Ambivalenzkonflikts ist. Wenn Sie nach Ansatzpunkten suchen, können Sie immer welche finden. Sie können Dinge mißdeuten, Sie können eine Seite des Charakters eines Menschen würdigen und eine andere unterschätzen, ganz wie es Ihren Zwecken dient. Sie können aus einer Mücke einen Elefanten machen und den Splitter im Auge Ihres Nächsten sehen, während Sie den Balken im eigenen Auge gar nicht bemerken.
Der Mißtrauische sollte sich selbst mißtrauen, der Gequälte quält gewiß seine Umwelt. Wenn Sie sich ungerecht behandelt fühlen, können Sie sicher sein, daß Sie der Letzte sind, der im Umgang mit anderen Billigkeit walten läßt. Nehmen wir das Beispiel des eifersüchtigen Ehemanns! Wenn er seinen eigenen Wunsch, untreu zu sein, projiziert, deutet er das harmlose freundliche Lächeln, das seine Frau einem ande-

ren Mann schenkt, als Liebeserklärung. Er leidet und verlangt, sie solle keine Annäherungsversuche machen, er gibt sich große Mühe, die kleinsten Zeichen zu entdecken, die seinen eingebildeten Verdacht rechtfertigen könnten, aber die ganze Zeit schaut er nicht in sich hinein. Im allgemeinen kann man sagen, daß Sie immer dann, wenn Sie eifersüchtig und mißtrauisch sind, wenn Sie sich ungerecht behandelt fühlen, wenn Sie sich als Opfer fühlen oder verdrossen sind, mit großer Wahrscheinlichkeit projizieren, ja, daß Sie vielleicht sogar eine paranoide Persönlichkeit sind.

All diesen unangenehmen Merkmalen des paranoiden Verhaltens steht ein großer Vorteil gegenüber. Sobald Sie den Projektionsmechanismus erkannt haben, haben Sie es leicht, eine ungeheure Selbsterkenntnis zu gewinnen. Bei der *Verdrängung* verschwinden wichtige Anteile der Persönlichkeit von der Bildfläche und können erst wiedergewonnen werden, nachdem man sich durch die dicken Mauern des Widerstands hindurchgearbeitet hat, und selbst dann werden die freigesetzten Anteile, wie ich es oft bei der Übernahme halbfertiger Analysen erlebt habe, vielleicht nicht der bewußten Persönlichkeit einverleibt, sondern oft projiziert.

Sobald Sie das Buch der Projektionen lesen können, sobald Sie die Bedeutung von *Tat twam asi* (Du bist ich) verstehen, haben Sie die Möglichkeit, den Bereich Ihrer Persönlichkeit gewaltig zu erweitern. Es ist zwar von großem Wert, soviele Projektionen wie möglich zu erkennen und zu assimilieren, aber dies wäre eine endlose Sisyphusarbeit, solange die Projektions*tendenz* bestehen bleibt; um diese Tendenz abzulegen, sind zwei weitere Schritte erforderlich.

Der erste besteht in der Behebung der analen und der oralen Frigidität, um die angemessene Grenze zwischen Persönlichkeit und Außenwelt ziehen zu können. Diese Aufgabe erfordert eine ausführlichere Behandlung. Ich habe dies bereits in den früheren Kapiteln dargelegt und werde es im nächsten Kapitel weiter ausführen.

Der zweite Schritt besteht darin zu lernen, sich vollständig auszudrükken. Ich habe schon darauf hingewiesen, daß ein unbenanntes prädifferentes Stadium von Ausdruck und Projektion besteht, und das Schicksal einer Persönlichkeit ist weitgehend davon abhängig, ob die Entwicklung in die Richtung des Projizierens oder des Ausdrückens geht. Leute, die sich ausdrücken können, sind nicht paranoisch, und Paranoiker drücken sich nicht angemessen aus.

Scheinbare Ausnahmen von dieser Regel sind die Wutanfälle, die Aggressionswellen des paranoischen Charakters. Diese Wellen sind kein echter Ausdruck. Sie sind fehlgeleitete Feindseligkeit, die sehr gefährlich sein kann[3]. Auf Grund der falschen Richtung schaffen sie den spezifischen Konflikt nicht aus der Welt. Sie sind an der Oberfläche aggressive Abwehr gegen die eigenen Projektionen des Paranoikers und auf biologischer Ebene Versuche der Wiedereinverleibung. Immer, wenn der paranoische Charakter Schuldgefühle hat und wenn es ihm zu peinlich ist, das Gefühl, im Unrecht zu sein, auszuhalten und auszudrücken, versucht er sofort, die Schuld zu projizieren, die Umwelt zu moralisieren und zu quälen (siehe Anna Freuds Beispiel von dem Jungen, der zu spät nach Hause kam).

Ein deutliches Zeichen für gehemmten Ausdruck ist der Gebrauch der »es«-Sprache, ebenso die Verwendung von Einleitungen, die Ausdruck in Aussagen verwandeln, durch die jede deutliche Emotion vernebelt wird. Solche Einleitungen sind: »Ich glaube«, »Sehen Sie«, »Ich frage mich«, »Mir scheint« usw. Versuchen Sie, ohne diese Einrahmungen zu sprechen, und Sie werden sofort Widerständen begegnen, verlegen werden, versuchen, die Formulierung zu ändern oder ganz zu schweigen.

Wenn Sie Selbstausdruck lernen wollen, drücken Sie sich zunächst in der Phantasie aus, sobald Sie einen Widerstand verspüren. In dem Kapitel über bildliche Vorstellung habe ich die Wichtigkeit der ausführlichen Beschreibung betont, aber auch erwähnt, daß die Beschreibung nur eine Zwischenstufe ist, ein Gerüst, das abgebaut werden muß, sobald das Haus fertig ist. Diesmal stellen Sie sich einen Menschen vor, auf den Sie eine Wut haben. Sagen Sie ihm genau, was Sie von ihm denken. Lassen Sie sich gehen; seien Sie so gefühlsbetont, wie Sie können; brechen Sie ihm den Hals; verfluchen Sie ihn, wie Sie noch nie geflucht haben. Fürchten Sie nicht, dies sei nun Ihr Charakter. Im Gegenteil, durch diese Phantasietätigkeit wird viel Feindseligkeit abgeführt, besonders in Fällen von latenter Feindseligkeit, wie z. B. in einer zerrütteten oder erkalteten Ehe. Der Erfolg ist oft erstaunlich! Anstatt sich zu zwingen, nett zu sein und Ihre Gereiztheit hinter einer Maske der Höflichkeit zu verbergen, klären Sie die Atmosphäre. Oft wird diese imaginäre Aktion jedoch nicht genügen, besonders, wenn Sie in der Phantasie die Angst beiseiteschieben, die Sie in der Konfrontation mit Ihrem Feind empfinden würden.

Nachdem Sie sich wieder beruhigt haben, tun Sie den nächsten, den wichtigsten Schritt: Machen Sie sich klar, daß Sie die ganze Zeit nur gegen Ihr eigenes Selbst gekämpft haben — erinnern Sie sich an den

---

[3] Das Töten einer Million Juden hilft den Nazis nicht im mindesten, jene ihrer Eigenschaften loszuwerden, die sie in die jüdische Rasse hineinprojizieren.

Splitter und den Balken. Machen Sie sich nichts daraus, daß Sie so »blöde« waren. Wenn es dazu geführt hat, daß Sie Ihre Projektionen assimiliert haben, war es der Mühe wert. Ich möchte mit einigen Beispielen das Projektionsverhalten veranschaulichen.

Es gibt zwei ausgezeichnete Filme, in denen zwei verschiedene Projektionsthemen vorgeführt werden. In dem einen geht es um die projizierte Aggression eines voll entwickelten Falles von Paranoia: *Rage in Heaven.* In dem anderen, *The Chocolate Soldier,* ist der Projektionsmechanismus weniger offensichtlich. In diesem Film wird Liebe projiziert. Der Held kann die Liebe, die er für seine Frau empfindet, nicht ausdrücken und ist deshalb reizbar und mürrisch. Er projiziert seine Liebesaktivitäten auf einen Nebenbuhler, den russischen Sänger, den er selbst erschafft und den er so spielt, daß er all die Eigenschaften hat, die er selber nicht ausdrücken kann. Erst nachdem er durch das Medium seiner Schöpfung gelernt hat, sich auszudrücken, bricht das Bedürfnis zu projizieren zusammen, und er wird selber der Liebende. Vorbei sind Eifersucht, Mißtrauen und Reizbarkeit.

Eine Dame verfügte in ihrem Testament, man solle ihren Goldfisch versorgen, aber er müsse ein Kleid tragen. Hier sehen wir eine doppelte Projektion. Kein normaler Mensch würde in einem Goldfisch etwas Unanständiges sehen. Sie projizierte ihren Wunsch, nackt zu schwimmen, auf den Fisch, aber auch ihre Abwehr, ihre Scham. Darum mußte diese arme Kreatur ein Kleid tragen, selbst noch nach dem Tod der Dame.

Komplizierter, aber recht amüsant ist die Geschichte von einem Chinesen, wie sie Arthur Schmidt erzählt. Ein Chinese besucht einen Bekannten. Er wird gebeten, in einem Raum zu warten, unter dessen Decke ein Balken verläuft. Auf dem Balken steht ein Krug mit Öl. Eine von dem Besucher aufgestörte Ratte läuft den Balken entlang und stößt den Krug um. Der Krug trifft den Gast ziemlich schmerzhaft, und das Öl befleckt sein kostbares Gewand. Als der Gastgeber eintritt, ist das Opfer rot vor Wut. Nach dem Austausch der üblichen formellen Begrüßungen sagt der Besucher: »Als ich Ihre ehrenwerte Wohnung betrat und mich unter Ihren ehrenwerten Balken setzte, habe ich Ihre ehrenwerte Ratte erschreckt, die die Flucht ergriff und Ihren ehrenwerten Ölkrug auf meine verächtlichen Kleider fallen ließ. Dies ist die Ursache meines unansehnlichen Erscheinens in Ihrer ehrenwerten Gegenwart.«

11

Die Aufhebung einer Negation (Verstopfung)

Wenige Bemerkungen Freuds haben mich so tief beeindruckt wie seine Antwort auf den Vorwurf, er stelle alles auf den Kopf. Er leugnete es: »Wenn die Leute auf dem Kopf stehen, dann ist es notwendig, sie umzudrehen, sie wieder auf die Füße zu stellen.«

In diesem Buch nennen wir eine solche Umkehrung »Auflösung«, »Behebung« (»Wieder«-Anpassung). Bei Anwendung der dialektischen Terminologie können wir die Verdrängung einer Erinnerung (isolierte Amnesie) als Negation des Sich-Erinnerns bezeichnen[1]. Die Behandlung solcher vergessener Vorfälle erfordert die Auflösung der Negation — die Rückkehr des Vergessenen in den geistig-seelischen Stoffwechsel. Oft kommt es jedoch vor, daß der Patient, anstatt sich den betreffenden Erinnerungen zu stellen, es vorzieht, aus den vergessenen Fakten ein neurotisches Symptom (allgemeine Vergeßlichkeit) zu machen. Anstatt die Negation *aufzuheben,* entwickelt er eine *Negation* der Negation.

Der Mann, der eine bestimmte Erinnerung verdrängt — wobei er ursprünglich nur auf die Verleugnung einer spezifischen Tatsache abzielt —, erkennt den Zweck seiner Amnesie nicht, sondern deutet sie als Zeichen einer geistigen Funktionsstörung. Er klagt über sein schlechtes Gedächtnis, gewöhnt sich daran, alles aufzuschreiben, und schwächt dadurch seine Merkfähigkeit noch weiter. Er wird vielleicht einen Psychologiekurs mitmachen, wo er überzeugt wird, daß er durch das Auswendiglernen von soundsovielen sinnlosen Versen pro Tag sein Gedächtnis verbessern kann. In Wirklichkeit erzeugt er nur eine neurotische Schicht, die keinen Bezug hat zu dem ursprünglichen Problem — er erzeugt eine Negation der Negation.

Wir sind schon einer Reihe solcher doppelter Verneinungen begegnet. Wir haben uns z. B. ausführlich mit dem Verzehr stark gewürzter Speisen beschäftigt, die die Negation einer Frigidität des Gaumens sind, die wiederum die Negation des Wunsches ist, sich zu erbrechen. Wir haben diesen Vorgang (in Übereinstimmung mit der psychoanalytischen Terminologie) Widerstand gegen den Widerstand genannt.

[1] Das biologische Vergessen, die Absorption eines Vorfalls durch den Organismus, unterscheidet sich vom Vergessen durch Verdrängung. Im ersten Fall löst sich die »Erinnerung« auf, im zweiten bleiben sowohl die Erinnerung als auch die Verdrängungstätigkeit sehr lebendig.

Eine doppelte Negation, ähnlich der, die im Mund vorkommt, besteht manchmal im After. Die Folge ist — manifeste oder getarnte — Verstopfung [2].

Für die normale, gesunde Defäkation sind nur drei Tätigkeiten wesentlich: zur Toilette zu gehen, den Sphinkter zu entspannen und die Defäkation selbst zu spüren. Alles, was über diese Funktionen hinausgeht, ist unnötig, krankhaft, und erzeugt viele Komplikationen und Schwierigkeiten. Merken Sie sich diese drei Punkte, und lernen Sie sie verstehen und beherzigen. Stellen Sie die drei gesunden Funktionen dem krankhaften Vorgang gegenüber!

Die Hauptbedingung für eine gesunde Defäkation besteht darin, daß Sie sich auf die Aufgabe beschränken, den Ort der Defäkation aufzusuchen, allerdings nur im Dienst eines Defäkations*drangs*, nicht, um Ihre Verstopfung zu überwinden. Wenn Sie an Durchfall leiden, ist keine Anstrengung nötig, um auf die Toilette zu gehen. Im Gegenteil, Sie werden sich dann bemühen, den Stuhl zurückzuhalten, bis Sie auf der Toilette sitzen. Der *Drang* treibt Sie an den passenden Ort. Wie anders ist die Haltung der Verstopften! Sie fühlen keinen Drang, sondern gehen auf die Toilette, weil sie von *Befehlen* getrieben werden.

Machen Sie sich klar, daß Verstopfung ein unbewußtes Widerstreben ist, sich von den Fäzes zu trennen, und Sie haben schon die halbe Schlacht gewonnen. Tatsächlich finden die meisten Menschen es sehr schwierig, dies zu akzeptieren. Aber wenn Sie an Verstopfung »leiden«, ist eine wirkliche Heilung unmöglich, wenn Sie nicht die Verantwortung dafür übernehmen, daß *Sie* den Stuhl zurückhalten, daß *Sie* nicht loslassen.

Um zu beweisen, daß ich unrecht habe, werden Sie mir sagen, daß Sie alles mögliche tun, um keine Verstopfung zu haben, daß Sie sich nicht träumen lassen würden, etwas zurückzuhalten, weil das Ihrer Gesundheit schaden würde. Dies alles sind jedoch Rechtfertigungen, Überkompensationen im Dienst des Überichs, diktiert von der Pflicht, vom Gewissen oder von dem, was angeblich »gesund« ist, wie Ihre Großmutter und die Hersteller von Abführmitteln Ihnen versichern. Es würde Ihr Gewissen belasten, wenn Sie sich bewußt erlauben würden, Verstopfung zu haben. Trotz all Ihrer Beteuerungen bleibt die Tatsache bestehen, daß Sie bei der Verstopfung einfach den Drang nicht fühlen und ihm daher nicht gehorchen, sondern introjizierte Ansichten über Verstopfung befolgen.

---

[2] Unter getarnter Verstopfung verstehe ich eine Verstopfung, die nicht durch einen Defäkationsdrang, sondern durch Gewohnheit überwunden wird, z. B. dadurch, daß jemand täglich genau zur gleichen Zeit die Toilette aufsucht.

Nehmen Sie Ihren Mut zusammen und warten Sie, bis der Stuhldrang kommt. K. Landauer hat mir einmal von jemand erzählt, der vier Wochen lang verstopft war. Das ist natürlich ein Extremfall, den ich nur erwähne, um zu zeigen, daß die Gefahr der Verstopfung heutzutage sehr übertrieben wird. Was wir erreichen wollen, ist Selbstregulierung. Eine der besten Auffassungen, die W. Reich jemals vertreten hat, ist seine Forderung, die Regulierung unseres Geschlechtslebens durch Moral sollte durch den Rhythmus der Selbstregulierung ersetzt werden. Der Sexualdrang sollte nicht durch Verdrängung verschwinden, sondern durch Befriedigung, bis die erneute Spannung wieder unsere Beachtung fordert. Im gleichen Sinn dürfen »Sie« Ihre Verdauung nicht regulieren. Was nötig ist, ist Ihre Selbstregulierung.

In dem Kapitel über Körperkonzentration haben wir uns vor allem für die Muskelkontraktionen interessiert. Muskelkontraktion ist ein Verdrängungsfaktor: Wir halten Empfindungen, Gefühle oder Gemütsbewegungen nieder bzw. zurück, die wir nicht herauslassen wollen. Die Grundlage alles »Zurückhaltens« ist das Zurückhalten der Ausscheidungen als Folge der Reinlichkeitserziehung. Von daher stammt die Vorstellung, Selbstbeherrschung sei das gleiche wie Unterdrückung. Die Psychoanalyse betrachtet, da sie sich vor allem für Verdrängungen interessiert, die Verstopfung als den grundlegenden Widerstand. Ich habe schon erwähnt, daß Fereneczi die Bedeutung der Kontraktionsfunktion des analen Sphinkters so vollständig begriffen hatte, daß er die Stärke seiner Kontraktionen das Manometer des Widerstands nannte. Ein großer Teil der geistigen wie auch der leiblichen Verstopfung fällt zusammen mit einer starken Kontraktion des Sphinkters, des analen Schließmuskels. Konzentrationsübungen und die Wiedergewinnung der bewußten Beherrschung dieses Muskels tragen zur Heilung analer Funktionsstörungen und Verdrängungen bei.

Falls Sie niemals Stuhldrang verspüren oder an einer der unangenehmen Folgen chronischer Verstopfung — an Hämorrhoiden — leiden, was für Schritte sind zu unternehmen? Hämorrhoiden sind ein ausgezeichnetes Beispiel für die Folge der Negation (Forcieren) einer Negation (Verstopfung). In den folgenden Abbildungen stellt S den Schließmuskel, den Sphinkter, M die innere Haut, die Schleimhaut des Rektums dar. Auf Abb. I ist der Sphinkter *entspannt,* und die Fäzes verlassen den Darm ohne unangebrachten Widerstand. Auf dem nächsten Bild ist der Sphinkter *ständig kontrahiert* (Verstopfung), und auf Abb. III werden die Fäzes gegen den Widerstand des kontrahierten Sphinkters hinaus*gepreßt.* Die Schleimhaut wird mit hinausgedrückt; die Folge müssen Hämorrhoiden oder sogar ein Rektum-Vorfall sein.

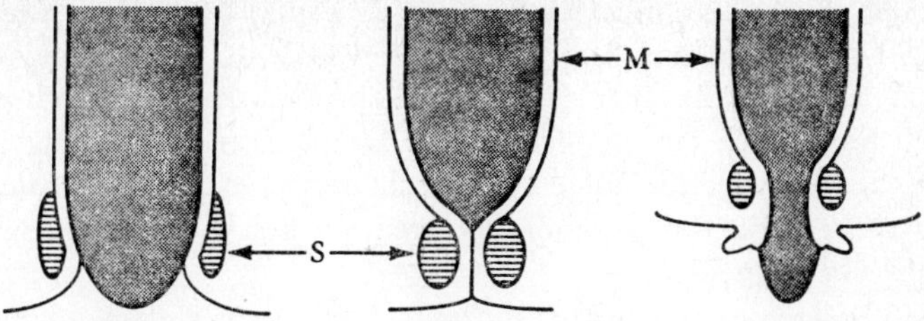

FIG. I FIG. II FIG. III

Geeignete Konzentrationsübungen, die auf eine Beherrschung der Kontraktion und der Entspannung abzielen, sind das einzige Mittel, um eine Besserung »psychogener» Hämorrhoiden herbeizuführen. Mit Hilfe der folgenden Übungen konnte eine Reihe von Fällen sehr gebessert oder eine weitere Verschlimmerung verhindert werden; die Übung ist jedoch für jede Art von Verstopfung gedacht, nicht nur für jene Fälle, in denen sich schon Hämorrhoiden gebildet haben.
Das erste, was Sie bei sich ändern müssen, während Sie auf der Toilette sitzen, ist das Vermeiden der Wahrnehmung der Defäkationstätigkeit, z. B. durch Lesen oder Geistesabwesenheit oder indem Sie an die Zukunft denken. Sie müssen sich auf das konzentrieren, was da im Augenblick vor sich geht. Jedes Vorausschauen, wie »Ich will es schnell hinter mich bringen«, »Wie lange wird es heute wieder dauern?«, »Wieviel werde ich machen?« — jede Vorwegnahme, gleichgültig, welcher Art, sollte als solche erkannt werden, und Sie sollten zu dem zurückkehren, was Sie im Augenblick in Ihrem motorischen System erleben. Machen Sie sich klar, daß Sie drücken oder pressen, und versuchen Sie, beides zu unterlassen. Warten Sie ab, was passiert, wenn Sie nicht pressen. Wahrscheinlich nichts — aber es mag Ihnen ein bemerkenswerte Einsicht dämmern: der Umstand, daß Sie nur den Narren spielen, daß Sie so tun, als ob, daß Sie einfach nur auf der Toilette sitzen, ohne irgendeinen realen Drang oder die wirkliche Absicht zu defäzieren.
In diesem Fall stehen Sie besser wieder auf und warten, bis ein wirklich echter Stuhldrang kommt. Wenn Sie das nicht wollen, konzentrieren Sie sich auf den Widerstand: Versuchen Sie herauszubekommen, wie Sie die Verstopfung hervorbringen, wie Sie den Sphinktermuskel zusammenziehen und wie Sie dadurch Ihren Darminhalt zurückhalten. Lernen Sie den Widerstand leistenden Muskel spüren und ihn willentlich kontrahieren. Sie werden bald ermüden und den Sphinkter entspannen und so die Verstopfung auf natürliche Weise beseitigen. Versuchen Sie, den angespannten Muskel von seiner Umgebung zu isolieren; eine absichtliche, aufs Geratewohl ausgeführte Kontraktion des

ganzen Hinterteils führt keine bewußte anale Beherrschung herbei. Sobald Sie gelernt haben, den Sphinkter bewußt zu isolieren und zu beherrschen, können Sie ihn nach Belieben kontrahieren oder entspannen. Sollten Sie jedoch ein Skotom für die Defäkationsempfindungen entwickelt haben, wird die obige Übung schwierig sein. Die Auflösung des Skotoms und die Entspannungsübungen werden einander mehr oder weniger überschneiden.

Bei der Diskussion der Körperkonzentration haben wir uns hauptsächlich für den kinästhetischen Sinn, für das Empfinden der Muskeln interessiert, und wir haben die Möglichkeit völliger Anästhesie ziemlich vernachlässigt. Wir haben uns für das interessiert, was tatsächlich da war, und nicht für das, was fehlte. Der nächste Schritt in unseren Übungen muß daher sein, die blinden Flecke zu finden, die Lücken, die Stellen, die wir im Empfinden unserer selbst vermeiden. Machen Sie noch einmal eine Inventur Ihres ganzen Körpers, und achten Sie darauf, welche Teile Sie überspringen oder nicht fühlen. Können Sie z. B. Ihren Gesichtsausdruck fühlen? Was für Empfindungen haben Sie im Mund? Wieviel von Ihrer Beckenregion fühlen Sie? Sind Sie sich der Existenz Ihrer Genitalien bewußt? Spüren Sie Ihren After?

Sie vermeiden all diese »Empfindungen«, weil Sie sie nicht fühlen wollen. Bekommen Sie heraus, *was* Sie vermeiden wollen, und wie Sie es anstellen, die wirkliche Empfindung zu vermeiden. Lassen Sie Ihre Aufmerksamkeit zu rasch wandern? Bilden Sie sich Empfindungen ein wie das Gefühl von Watte oder von Gefrorensein? Bemerken Sie, sobald Sie versuchen, Ihre Aufmerksamkeit an eine Stelle zu heften, daß Sie weglaufen, ins Denken, in Tagträume, in den Schlaf oder in Abwertung (»Das ist alles Unsinn«), oder erinnern Sie sich plötzlich an eine andere dringende Verpflichtung? Entlarven Sie all diese Tricks als ein Mittel, um den Kontakt Ihres »Ichs« mit anderen Teilen Ihrer selbst zu vermeiden [3].

---

[3] Diese Konzentrationsmethode ist, ob mit oder ohne Hilfe eines Analytikers, *die* Methode zur Heilung sexueller Frgidität. Es gibt keinen Fall von sexueller Unzufriedenheit bei ausreichender Wahrnehmung des genitalen Kontakts. In jedem Fall wird die Aufmerksamkeit entweder durch irgendeine Art von Angst, durch Denken oder Experimentieren in Anspruch genommen. Dies ist meiner Ansicht nach die wirkliche Grundlage des Kastrationskomplexes. Die Kastrationserinnerungen sind reine Rationalisierungen. Man kann die Empfindung des Penis herbeiführen, ohne eine einzige Kastrationsdrohung auszugraben. Die Grundlage für diese sexuelle Frgidität ist eine Negation: Die Empfindung des genitalen Orgasmus war einmal so stark, daß sie unerträglich wurde. Fügen Sie dem noch die Scheu hinzu, die entsprechenden Ge-

Die analen Empfindungen sind viel weniger stark als die genitalen. Obwohl eine Funktionsstörung in diesem Bereich keine sehr auffallenden Symptome erzeugt, ist sie doch für eine Reihe neurotischer Störungen verantwortlich. Die anale Empfindungslosigkeit ist Teil eines Teufelskreises. Die Reinlichkeitserziehung oder der Mangel an Mut, immer dann auf die Toilette zu gehen, wenn Sie den Drang dazu verspüren, bringt Sie dazu, das Gefühl des Stuhldrangs zu vermeiden. Die verminderte Empfindung vergrößert die Gefahr, vom Stuhldrang überrascht zu werden, vor allem, wenn Sie in einem Zustand der Erregung sind, darum verschließen Sie den After durch strenge Beherrschung. In manchen Fällen ist die Empfindungslosigkeit so vollständig, daß die Betreffenden völlig vergessen haben, wie sich der Stuhldrang anfühlt. Sie zeigen ausnahmslos Anzeichen eines paranoiden Charakters, obwohl das anale Bindeglied des paranoischen Mechanismus sein Zentrum eher in der Empfindungslosigkeit während des Defäkationsvorgangs hat als im fehlenden Stuhldrang.

Eine Bedingung für die Heilung des paranoiden Kerns ist die angemessene Empfindung des Defäkationsvorgangs, des Kontakts zwischen Fäzes und After. Wenn der richtige Kontakt fehlt, ist eine pathologische Konfluenz — eine Unfähigkeit, zwischen innen und außen zu unterscheiden — die Folge. Mit Hilfe dieser neuen Einsicht konnten als hoffnungslos angesehene Fälle vorzüglich gebessert und ihre desintegrierte Persönlichkeit wiederhergestellt werden. Ich bezweifle, ob diese Wirkung auch ohne diese Einsicht hätte erreicht werden können. Auf jeden Fall brauchte ihre Analyse erheblich weniger Zeit. Ich hebe deshalb die Bedeutung der analen Konzentration bei unseren Konzentrationsübungen besonders hervor; sie ist nicht einfach, da die Empfindungslosigkeit bei manchen Menschen einen solchen Grad erreicht hat, daß sie im analen Bereich überhaupt nichts spüren.

Sobald Sie erkannt haben, daß Sie nichts spüren, versuchen Sie immer wieder, den Schleier, die Empfindungslosigkeit, das Wattegefühl, oder welche Art von Widerstand Sie zwischen »Leib« und »Seele« geschaffen haben, zu durchdringen. Sobald es Ihnen gelingt, geistigen Kontakt herzustellen, gehen Sie ebenso vor wie bei den anderen Konzentrationsübungen: Halten Sie Ausschau nach Anzeichen der Entwicklung und vor allem nach Empfindungen wie Jucken oder Hitze, die an die Oberfläche kommen wollen, und gegen die Sie, wie Sie merken werden, wieder Kontraktionen einsetzen.

---

räusche und Bewegungen zu machen, und Sie werden das Ergebnis leicht erkennen: den Drang, diese starken Empfindungen überhaupt vermeiden.

Danach kommt der wichtigste Punkt: Sie müssen das Funktionieren der Defäkation spüren, das Herausgleiten der Fäzes und ihren Kontakt mit dem After fühlen. Sobald diese Empfindung vorhanden ist, wird der Teufelskreis des paranoiden Stoffwechsels unterbrochen, es wird leichter, Projektionen zu erkennen, und dieser Ort pathologischer Konfluenz wird eingezäunt und überwacht.

Auch die folgende Spekulation kann von Nutzen sein: Die anale Empfindungslosigkeit ähnelt der oralen Frigidität. Allgemein gesagt, entspricht die Empfindungslosigkeit bei der Defäkation dem Ekel. Sie sollten also immer, wenn Sie feststellen, daß mit dem Defäkationsvorgang etwas nicht in Ordnung ist, versuchen, das Parallelphänomen im oralen Bereich dingfest zu machen. Meine Untersuchungen weisen auf eine starke Beziehung zwischen analen und oralen Haltungen hin [4]. Obwohl ich noch nicht genug Material habe, um es zu beweisen, erscheint es nicht als unwahrscheinlich, daß die Projektion ursprünglich ein Vorgang des Erbrechens ist. Das würde die Nicht-Assimilierung und Ausstoßung des nicht brauchbaren Materials erklären. Eindeutig klar ist, daß der Wechsel von Introjektionen und Projektionen wie eine Lawine wirkt; immer mehr Kontaktmöglichkeiten werden hineingerissen, bis alle Beziehungen zwischen dem Individuum und der Welt leer und paranoisch werden.

---

[4] Die Tatsache, daß der After vom Mund lernt, bestätigt Freuds Beobachtungen, aber ich sehe keine Notwendigkeit, die *Libido* in diesen Vorgang einzubeziehen.

12

Über das Befangensein (Self-Consciousness)

In der Umgangssprache spricht man vom »Unterbewußtsein«, aber dieser Ausdruck wird weder in der Psychoanalyse noch in der Gestaltpsychologie anerkannt. Es gibt jedoch eine Situation, wo der Ausdruck »unterbewußt« angebracht sein kann: wenn Emotionen und Impulse danach drängen, zum Vorschein zu kommen, ihnen der angemessene Ausdruck aber verwehrt wird. In diesem Fall werden sie weder verdrängt noch ausgedrückt; zugleich ist das Gewahrsein des eigenen Selbst zu ausgeprägt, als daß ihre Projektion zugelassen würde. *Selbstgewahrsein verwandelt sich in Befangenheit.*

In diesen Fällen wird der angemessene Selbstausdruck gehemmt, sobald der Betreffende spürt, daß er entweder in ihm selbst oder in seiner Umwelt eine entscheidende Veränderung herbeiführen würde. Ein Konflikt z. B. darf nicht zum Höhepunkt, zur Krise kommen: Er muß *hypo*kritisch (engl. »hypocritical« = heuchlerisch) bleiben. Der herausfordernde Impuls, der weder ausgedrückt noch verdrängt werden kann, kann weder im Hntergrund verschwinden noch im Vordergrund herrschen. Er muß irgendein Medium finden, und so müssen wir unter diesen pathologischen Bedingungen das Vorhandensein eines Unterbewußtseins, eines »Mittelgrundes«, akzeptieren.

Im gesunden Geist gibt es keinen Mittelgrund. Es kann nur eine Vordergrundfigur geben, die aus dem Hintergrund kommt und in ihn zurücktritt. Manchmal besteht jedoch die Tendenz, daß zwei Figuren zugleich vorhanden sind; dann sprechen wir von einem Konflikt. Eine solche Konfliktsituation, eine solche doppelte Konfiguration auszuhalten, ist unvereinbar mit der dem menschlichen Geist innewohnenden holistischen Tendenz. Eine Figur neigt immer dazu, die andere beiseitezudrängen, oder aber eine Synthese, wie ein Kompromiß oder ein neurotisches Symptom, bringt eine Art von Vereinigung zustande. Oft »sitzen die zwei Figuren auf einer Wippe«, ein Geisteszustand, den wir Unentschlossenheit und Instabilität nennen.

Unter bestimmten Bedingungen jedoch ist ein Gefühl emsig aber erfolglos bemüht, in den Vordergrund zu treten, und in solchen Fällen können wir von einem Mittelgrund sprechen, aber wir dürfen nicht vergessen, daß das Mittelgrund-Phänomen ein krankhaftes Geschehen ist. Die hemmende Instanz ist zum Teil der Zensor (im Sinne Freuds), aber auch und in weit höherem Maß der *projizierte* Zensor — die Besorgnis, was die Leute sagen werden. Der Zensor ist eine retroflektierende, herabsetzende, kritische Einstellung in uns, die in der Projektion erlebt wird, »als ob« wir von anderen und im Rampenlicht kritisch gemustert würden. Wenn wir z. B. den Ausdruck von Ärger, Liebe, Neid oder irgendeiner anderen kraftvollen Gemütsbewegung, deren wir uns schämen oder deren Offenbarung uns zu peinlich ist, verbergen, dann erleben wir Befangenheit und ihr motorisches Äquivalent — Unbeholfenheit.

Vor kurzem hat mich ein Mann ausschließlich wegen seiner Befangenheit konsultiert. Er fand es überraschend, daß er, entgegen seinen Erwartungen, nicht seinen Vorgesetzten gegenüber, sondern im Umgang mit seinen Untergebenen, besonders seiner Stenotypistin, befangen war. Da er unfähig oder nicht bereit war, dem Ärger, den sie in ihm wachrief, Ausdruck zu geben, fühlte er sich in ihrer Gegenwart unbeholfen, unwohl und befangen. Nicht sein Ärger, sondern dessen Ausdruck wurde unterdrückt, und er empfand sofort Erleichterung, nachdem ich ihn gedrängt hatte, sie in der Phantasie so anzureden, wie er es in Wirklichkeit gern getan hätte, sich also gehen zu lassen. Da er seine Phantasie gut beherrschte, machte er seinem Ärger in allen möglichen Beschimpfungen ausführlich Luft und drückte freimütig all seine angestaute Wut aus, wobei er sie aus dem Hintergrund in den Vordergrund schob, wo sie hingehörte. Es ist nicht so, daß in diesem Fall allein das Handeln in der Phantasie genügt hätte; der Mann berichtete mir später, er habe die Stenotypistin gewechselt. Der Ausbruch in der Phantasie hatte ihm genug Selbstvertrauen gegeben, so daß er nun fähig war, der hochmütigen Angestellten nicht nur die Meinung zu sagen, sondern auch, sie zu entlassen.

Der Ausdruck »befangen« (*self*-conscious) ist nicht schlecht. Er weist auf eine Retroflexion hin, auf den Umstand, daß die Aufmerksamkeit eines Menschen auf das eigene Selbst gerichtet ist und nicht auf das Objekt des Ärgers oder des potentiellen Interesses. Er weist auf eine nach innen statt nach außen gerichtete Emotion hin. Befangenheit ist das Bewußtsein der eigenen verurteilten oder verachteten Züge und Verhaltensweisen.

Oft bildet die Befangenheit einen Kern, um den herum sich eine Reihe von Charakterzügen entwickelt. Unter ihrem Einfluß werden manche Leute unverschämt, schamlos, salopp, zynisch, grob oder respektlos. Andere entwickeln sich in die entgegengesetzte Richtung und werden unterwürfig, salbungsvoll (Uriah Heep) oder so unbeholfen, daß sie alles mögliche umstoßen und ihrer Aggression dadurch ein Ventil verschaffen, daß sie etwas verschütten oder zerbrechen (»zufällig«, ohne daß sie »etwas dafür können«). Die Vermeidung des Objekts des eigenen Unbehagens zeigt sich oft in der Unfähigkeit, der geliebten oder gehaßten Person in die Augen zu schauen, und der Befangene, der fürchtet, seine Haltung könnte ihn verraten, übt sich darin, sie zu überwinden, indem er sich einen starren Blick angewöhnt.

An jedem Anfall von Befangenheit ist eine unterdrückte (nicht verdrängte) Handlung oder Emotion beteiligt — etwas Ungesagtes oder Ungetanes. Die Grundlage der Befangenheit ist sehr oft die Unfähigkeit, zu Forderungen, die man ablehnen möchte, ein klares »Nein« zu sagen. Der Groll gegen die Person, die diese Forderungen stellt, hinterläßt in uns ein Gefühl der Schwäche und der Ohnmacht, das eine Atmosphäre der Spannung und der Befangenheit erzeugt. Die Unfähigkeit, »Nein« zu sagen, ist ein Ausdruck der Furcht, eine Veränderung in der Welt herbeizuführen, in diesem Fall der Furcht vor dem Verlust des Wohlwollens unserer Umgebung. Der Unterschied zwischen Projektion und Befangenheit ist in diesem Fall, daß bei der Projektion das »Nein« sich in Luft auflöst, sobald es zur Vordergrundfigur werden müßte, und wiedererscheint als das Gefühl, daß einem etwas verweigert wird. Bei der Befangenheit bleibt das »Nein« im Mittelgrund, es möchte sich vordrängen, aber der Betreffende will es im Verborgenen halten.

Es ist wichtig, die Verwechslung von Befangenheit und Gewahrsein des eigenen Selbst zu vermeiden. Leider gibt es kein Wort, das die Bedeutung von »Selbstgewahrsein« vermittelt und nicht gleichzeitig andeuten würde, daß beim Gewahrsein des eigenen Selbst ebenfalls eine Retroflexion stattfindet. Das ist jedoch nicht der Fall, Selbstgewahrsein bedeutet — zumindest verstehe ich das darunter — jenen subjektiven Zustand primären Fühlens, *daß* man existiert, ebenso das Gefühl dessen, *wie* man existiert, einen Zustand, den die Psychoanalyse »primären Narzißmus« nennt. Der Ausdruck »Intuition« im Sinne Bergsons wäre angemessen, aber dieses Wort wird gewöhnlich zur Bezeichnung einer geistigen Aktivität verwendet. Einem weitverbreiteten wissenschaftlichen Brauch folgend, Ausdrücke aus lateinischen oder griechischen Wurzeln zusammenzusetzen, würde ich »autästhetisch« vorschlagen, um den »Prozeß, des eigenen Seins und Tuns gewahr zu sein«, auszudrükken; aber ich betrachte den Ausdruck »Selbstgewahrsein« — abgesehen von der Gefahr der Verwechslung mit »Befangenheit« — als ganz geeignet dafür, den Sinn dessen zu vermitteln, was ich meine.

Wenn Sie z. B. so völlig vom Tanzen in Anspruch genommen sind, daß Sie das Einssein von Geist, Leib, Seele, Musik und Rhythmus empfinden, dann erkennen Sie die Lust des Selbstgewahrseins, des »Empfindens« Ihrer selbst. Aber es kann eine Störung eintreten, die Sie daran hindert, den Rhythmus der Musik zu erfassen, oder Geist und Körper sind nicht im gleichen Schritt, oder Ihr Partner ist nicht im Einklang mit Ihnen. Wenn Sie in solchen Fällen das Bedürfnis haben, Ihre Enttäuschung zu äußern, es aber nicht tun, verlieren Sie die Wahrnehmung Ihrer selbst und werden befangen.

Beim Selbstgewahrsein bringt selbst die stärkste Empfindung nicht nur Befriedigung, sondern inneren Frieden, der bei der Befangenheit niemals besteht, denn mit der Befangenheit ist immer etwas Unausgedrücktes, etwas Unvollständiges verbunden, das nur überwunden werden kann, wenn man durch Ausdruck die Spannung bricht. Oft genügt es, wenn man dies in der Phantasie tut, aber manchmal kann man Befangenheit nur ablegen, indem man der betreffenden Person in Wirklichkeit seine Gefühle mitteilt. Auf jeden Fall ist die Phantasiehandlung nur dann erfolgreich, wenn Sie sich Ihren Gegner plastisch vorstellen können, vierdimensional, so daß Sie das Gefühl haben können, in ihm eine Veränderung bewirkt zu haben. In Wirklichkeit wird die Veränderung in Ihnen selber stattfinden; durch die Macht des Ausdrucks werden Sie Ihre Befangenheit verlieren, und Sie werden — was soviel wichtiger ist — Selbstvertrauen gewinnen, eine neue Fähigkeit, mit schwierigen Situationen fertigzuwerden, und die Anerkennung Ihrer Umwelt.

Menschen mit hochfliegendem Ehrgeiz, die bewundert werden und der Mittelpunkt der Anziehung sein wollen, leiden oft an einer starken Form der Befangenheit. Sie müssen im Gegensatz zu den Menschen gesehen werden, die ebenfalls Bewunderung brauchen, aber nur allzu bereit sind, alles, was ihre narzißtischen Bedürfnisse befriedigen könnte, hervorzukehren. Sie zeigen sich vielleicht in kostbarem Schmuck oder präsentieren ihre gut angezogenen Kinder, sie stellen ihre Gewandtheit oder ihren Witz zur Schau und erzählen mehr oder weniger pikante Geschichten, sie tun alles mögliche, um andere zu beeindrucken, um ihren Freunden Bewunderung zu entlocken. Wenn aber dieses narzißtische Bedürfnis stark ausgeprägt ist, ohne daß die notwendigen »Mittel zum Zweck« vorhanden wären, oder wenn jemand unsicher ist, ob er die gewünschte Reaktion auch hervorrufen kann, ist Befangenheit das Ergebnis. Es gibt nur sehr wenige junge Mädchen, die nicht davon träumen, Ballkönigin zu sein, die aber dann, da sie unsicher sind, ob sie ihr Ziel erreichen können, »über die eigenen Füße stolpern«. Man vergleiche ihre Unbeholfenheit mit der Haltung der erfahrenen Frau, die sich sicher ist, daß sie soviele Verehrer haben kann, wie sie will.

Allgemein gesagt: Leute mit unbefriedigten narzißtischen Wünschen werden immer befangen, wenn eine Chance besteht, daß sie zum Mittelpunkt der Aufmerksamkeit werden, zur Figur vor dem Hintergrund ihrer Umgebung. Immer, wenn sie sich aus einer Menge herausheben, z. B. wenn sie einen mit Menschen angefüllten Raum betreten, wenn sie aufstehen müssen, um eine Rede zu halten, wenn sie die Gesellschaft verlassen müssen, um auf die Toilette zu gehen, fühlen sie sich befangen, weil sie erwarten, daß dann alle Augen auf sie gerichtet sein werden. In dem Augenblick, in dem sie ihre narzißtischen Wünsche vergessen oder ganz auf ihre Objekte anstatt auf sich selber konzentriert sind, verschwindet ihre Befangenheit. Kurz, eine Möglichkeit, Befangenheit zu kurieren, besteht darin, sie in *Objekt*bewußtsein zu verwandeln.

Eine ähnliche Befangenheit erleben viele Leute, wenn sie spüren, daß sie beim Arbeiten beobachtet werden, z. B. wenn sie Klavier spielen, auf der Schreibmaschine tippen oder schreiben. Sie sind sich der Veränderung ihrer Haltung, ihres Mangels an Konzentration, ihrer Verwirrung und ihres allgemeinen Unbehagens völlig bewußt. Sie behaupten oft — zu Unrecht —, sie litten an einem Minderwertigkeitskomplex. Der Umstand, daß all ihre Unlustgefühle aufhören, sobald ihre Arbeit die Vordergrundfigur ist und nicht sie selber, sollte ein ausreichender Beweis dafür sein, daß sie nicht an einem Minderwertigkeitskomplex leiden, sondern an Befangenheit. Wenn sie sich auf den Eindruck konzentrieren, den sie machen, geht die Konzentration auf ihre Arbeit verloren, und die Folge sind Fehler und Inkohärenz.

Was Befangenheit ist, erkennt man am besten, wenn man das Figur-Hintergrund-Phänomen von Grund auf verstanden hat. Man kann so weit gehen zu behaupten, daß Befangenheit der Störer des Figur-Hintergrund-Phänomens der »Persönlichkeit« ist. Die Einzelpersönlichkeit ist es, die sich vom Hintergrund der Umwelt abheben will. Wenn z. B. ein Schüler plötzlich aufgefordert wird, vorzutreten, wird er das genießen, wenn er keine Hemmungen hat; er wird vielleicht sogar vor Stolz glühen und ganz natürlich in den Bildvordergrund gleiten. Wenn er jedoch aufgrund seines unausgedrückten Wunsches nach Bewunderung vor dieser ihm aufgezwungenen Zurschaustellung zurückschreckt, wird er schamrot werden, am liebsten im Boden versinken und wieder Hintergrund werden wollen. Da er sich plötzlich in der Situation befindet, in der er immer sein wollte, wird er sich seiner selbst bewußt (self-conscious) und zeigt dieses »Selbstbewußtsein« in linkischer Unbeholfenheit. Eine solche Haltung kann zur Dauerhaltung werden. Der Schüchterne, der Mensch, der immer die zweite Geige spielt, der gewissenhafte Angestellte, der immer alles so vollkommen und unauffällig erledigt, daß er mit dem Hintergrund verschmilzt, der Regisseur eines Schauspiels, der Psychoanalytiker, der *hinter* einem Patienten sitzt, um nicht beobachtet zu werden — sie alle sind darauf bedacht, das Rampenlicht zu meiden, und sie alle verdammen jedes Sich-in-den-Vordergrund-Spielen als Exhibitionismus. Exhibitionismus ist jedoch nichts anderes als die befangene Form des Selbstausdrucks; er kommt zustande durch das Wegschieben von Gefühlen der Scham, der Furcht und der Verlegenheit.

Es ist offensichtlich, welche Schritte zur Heilung unternommen werden müssen: Sie müssen sich nicht nur völlig bewußt werden, welche Gemütsbewegung, welches Interesse oder welchen Drang Sie verstecken, sondern Sie müssen es auch durch Worte, Kunst oder Handeln ausdrükken.

Befangenheit und Tagträumen gehen oft Hand in Hand, da der Tagträumer voll von unausgedrücktem Material ist. Je höher er in seiner Phantasie steigt, desto größer ist der Schock, den er erleidet, wenn er in der Realität in eine Situation gerät, die ihm die Chance bietet, seine unterdrückten Wünsche zu verwirklichen. Weil er vor allem mit seiner Phantasievorstellung beschäftigt ist, kann er in der realen Situation sein motorisch-expressives System nicht einsetzen, sondern bleibt befangen und gelähmt zwischen seinen Wünschen und seinen Hemmungen stekken.

Der Wert des Feldbegriffs wird im therapeutischen Umgang mit der Befangenheit besonders deutlich. Wie man in einer Drahtspule Elektrizität induzieren kann, indem man sie in ein elektrisches Feld bringt, so kann man Befangenheit in ihrem spezifischen Gefahrenfeld hervorrufen und sie, je nach dem Abstand zu diesem Feld, verstärken oder verringern. Die beiden Pole dieses Gefahrenfeldes sind das Gewahrsein des eigenen Selbst beim Leidenden auf der einen und seine projizierte Kritik (Hemmung) auf der anderen Seite.

Durch Ausschaltung eines der beiden Pole verschwindet die Befangenheit. Um sich von dem unerträglichen Konflikt zu befreien, schalten die Betroffenen oft einen Pol aus, indem sie Alkohol trinken, oder reagieren mit Tollkühnheit, Schamlosigkeit oder anderen Mitteln, die emotionale Frigidität erzeugen [1]. Diese Methode, die Befangenheit zu überwinden, ist die »falsche«. Wenn Befangenheit die Negation von Spontaneität ist,

[1] Die Unfähigkeit, mit der eigenen Befangenheit fertigzuwerden, ist häufig der Anlaß für Drogen- oder Alkoholabhängigkeit. Ich habe von zwei Patienten in einem beklagenswerten Zustand des fortgeschrittenen Alkoholismus gehört, die in nüchternem Zustand keine Gesellschaft ertragen konnten, und die das Trinken erst aufgeben konnten, nachdem sie von ihrer Befangenheit geheilt waren.

dann sind Trinken, Unverschämtheit usw. die Negation der Negation. Die »richtige« Methode aber macht der Negation ein Ende, indem die Retroflexionen aufgelöst und die Projektionen assimiliert werden. Im Fall der Befangenheit bedeutet das: Sie müssen den Wunsch, bewundert zu werden, die Furcht, angestarrt zu werden und das Gefühl, im Mittelpunkt des Interesses zu stehen, in die aktiven Haltungen der Begeisterung, des Beobachtens und der Konzentration Ihres Interesses auf ein Objekt verwandeln.

13

Die Bedeutung der Schlaflosigkeit

Man hat immer mehr erkannt, daß das sehr unangenehme Phänomen »Schlaflosigkeit« sich mit Medikamenten, Entspannung, Stille, dunklen Vorhängen oder Schafezählen nicht heilen läßt. Zugegeben, im Einzelfall führen diese »Heilmittel« oft eine Art Bewußtlosigkeit herbei, die dem Schlaf ähnelt, dem Zweck des Schlafes, Ausgeruhtheit und Frische herbeizuführen, aber zuwiderläuft. Gelegentliche Nächte ohne Schlaf sollte man nicht als Schlaflosigkeit bezeichnen, und man sollte sie unter keinen Umständen als neurotisches Symptom behandeln. Ich würde den Ausdruck »Schlaflosigkeit« gern für einen Zustand reserviert sehen, bei dem die meisten Nächte erheblich gestört sind, und »chronische Schlaflosigkeit« für einen Zustand, bei dem über längere Zeit kaum eine Nacht durchgeschlafen wird. Nur wirkliche Schlaflosigkeit sollte man abstellen. Da mit allen oben erwähnten Rezepten Schlaflosigkeit nicht geheilt werden kann, schlage ich vor, sie von einer ganz anderen Seite her anzugehen.

Wenn der Organismus von Bakterien befallen wird, vermehren sich ihre Feinde, die Leukozyten, im Blut; wenn jemand zuviel Alkohol zu sich genommen hat, muß er sich vielleicht erbrechen. Würden Sie die vermehrten Leukozyten oder das Erbrechen als Krankheitserscheinungen betrachten, und würden Sie versuchen, sie zu unterdrücken? Sie würden, dessen bin ich sicher, eher nach der Bedeutung suchen, die in beiden Fällen ohne Zweifel die organismische Selbstverteidigung ist. *Schlaflosigkeit ist in den meisten Fällen keine Krankheit, sondern ein Symptom einer langfristigen Gesundheitspolitik des Organismus im Dienst des Holismus.* Alle Betäubungsmittel, ob es sich nun um ein Medikament, einen Schlaftrunk oder die Gewohnheit, vor dem Einschlafen zu lesen, handelt, sind Unterdrückungsmittel, die den Bedürfnissen des Organismus zuwiderlaufen.

Die Feststellung, Schlaflosigkeit sei kein krankhaftes Symptom, sondern ein Heilungssymptom, erzeugt bei den meisten Leuten die gleiche Verblüffung wie die, die die Menschheit erlebte, als sie erfuhr, daß sich die Erde bewegt und nicht die Sonne. Bevor ich jedoch beweisen kann, daß diese scheinbar paradoxe Aussage richtig ist, muß ich ein paar Worte über Ruhe, Ausruhen sagen. Sie werden mir darin zustimmen, daß das Ziel des Schlafes Ruhe ist und daß Medikamente eine Lähmung erzeugen, nicht Ruhe. Die Suche nach Medikamenten, die dem Patienten

Kopfweh und Schwindel ersparen, ist dafür ein deutliches Anzeichen. Das Streben nach Ruhe ist nur ein Ausdruck der oft erwähnten allgemeinen Tendenz unseres Organismus, sein Gleichgewicht durch Ausschaltung eines störenden Einflusses oder durch das Abschließen einer unfertigen Situation wiederherzustellen. Wie lange sind Sie an einem Kreuzworträtsel interessiert? Genau bis zu dem Augenblick, in dem Sie das Problem gelöst haben, dann wird das gelöste Rätsel ein uninteressantes Stück Papier, das man wegwirft oder bestenfalls für die nächste Papiersammlung aufbewahrt.

Ein Handlungsreisender, ein unbekümmerter Bursche, besuchte eine kleine Stadt. Der Hotelbesitzer bat ihn, so wenig Lärm zu machen wie möglich, denn sein Zimmernachbar sei sehr nervös. Er versprach es, aber er kam leicht angetrunken und fröhlich singend nach Hause. Er fing an, sich auszuziehen und warf einen Schuh an die Wand. Plötzlich erschrak er, erinnerte sich an sein Versprechen und ging leise ins Bett. Gerade als er am Einschlafen war, hörte er eine wütende Stimme aus dem Nebenzimmer: »Wann, zum Teufel, kommt denn nun der andere Schuh?«

Wir gehen oft mit unvollständigen, unabgeschlossenen Situationen ins Bett, und es gibt Hunderte von Möglichkeiten, wo es für den Organismus wichtiger ist, eine Situation zu Ende zu bringen, als zu schlafen. Meistens sind wir uns dieses organismischen Bedürfnisses nicht bewußt. Wir spüren nur, daß etwas unseren Schlaf stört, und wir machen unserer Wut auf den Störenfried Luft. Wir lenken unseren Ärger fälschlicherweise von der unabgeschlossenen Situation auf ein Hundegebell, auf den Verkehrslärm oder auf ein hartes Kissen, die wir für die Schlaflosigkeit verantwortlich machen und die als Sündenböcke herhalten müssen. In Wirklichkeit ist der Verkehrslärm kein bißchen schlimmer als in anderen Nächten, in denen wir für den Schlaf bereit sind.

Wie gesagt, es gibt zahllose Möglichkeiten unabgeschlossener Situationen. Der Störenfried kann eine Mücke sein, und die Situation wird nicht abgeschlossen sein, bis Sie das Insekt getötet haben und von der Furcht frei sind, gestochen zu werden. Vielleicht hat Sie auch jemand beleidigt, und nun sind Sie voll von Rachephantasien. Vielleicht haben Sie am nächsten Tag eine Prüfung, eine wichtige Unterredung vor sich, und Sie nehmen lieber die schwierige Situation vorweg, als sich Ruhe zu gönnen. Ein unbefriedigter Sexualdrang, ein Hungergefühl, Schuldgefühle, der Wunsch nach Versöhnung, das Verlangen, aus einer häßlichen Situation herauszukommen — all solche unabgeschlossenen Situationen können Ihren Schlaf vereiteln.

Ein altes Sprichwort sagt: »Ein gutes Gewissen ist das beste Ruhekissen.« Sie erinnern sich an das klassische Beispiel von Schlaflosigkeit:

Lady Macbeth. Sie versucht sich selber davon zu überzeugen, daß die Mordsituation abgeschlossen ist: »Ich sage es dir noch einmal, Banquo ist begraben, er kann aus seiner Gruft nicht herauskommen ... Was geschehen ist, kann man nicht ungeschehen machen.« Aber die Autosuggestionen der Lady Macbeth haben keinen Erfolg: »Wie, wollen diese Hände denn nie rein werden? ... Alle Wohlgerüche Arabiens würden diese kleine Hand nicht wohlriechend machen.«

Vor einiger Zeit behandelte ich einen Beamten mit einem sehr strengen Gewissen. Dieser Mann hatte jeden Tag eine Reihe von Problemen zu bearbeiten, und sein Ehrgeiz veranlaßte ihn, zuviele verschiedene Dinge an einem Tag anzupacken. Die unerledigten Probleme nahm er mit ins Bett, mit dem Ergebnis, daß er sich nicht genügend ausruhen konnte und den nächsten Tag schon müde begann. Die Erschöpfung schränkte wiederum seine Fähigkeiten ein, die Probleme des nächsten Tages anzugehen, und ein Teufelskreis setzte ein; die Folge war, daß er alle paar Monate einen Nervenzusammenbruch erlitt, der ihn ganz und gar von der Arbeit abhielt. Sobald er begriffen hatte, wie wichtig es war, die Anzahl der Probleme zu begrenzen und die Probleme *vor* dem Schlafengehen abzuschließen, besserte sich sein Zustand rasch.

Die Einwände gegen diesen Ansatz werden lauten: Erstens, Schlaflosigkeit ist sehr unangenehm, und der Organismus braucht Erholung; wir können es uns also nicht leisten, unsere kostbaren Nächte zu verschwenden. Zweitens wird man sagen, meine Theorie betreffe nur den psychischen Aspekt.

Zunächst zu dem zweiten Einwand: Ich behaupte, daß die physische Ursache der Schlaflosigkeit (Krankheit, Schmerzen) in die gleiche Kategorie fällt wie die psychische (z. B. Sorgen). Eine Krankheit ist immer eine unabgeschlossene Situation; sie ist erst mit der Heilung oder mit dem Tod zu Ende. In Notfällen, wenn ein mit einer Krankheit zusammenhängender Schmerz der Störenfried ist, kann man diesen vorübergehend durch ein schmerzstillendes Medikament beseitigen. (Kein Medikament beseitigt den Schmerz ganz.) Den ersten Einwand — daß Schlaflosigkeit eine Unannehmlichkeit ist — werden wir gleich durch einen angemessenen Ansatz entkräften. Sobald der Patient seine Bedeutung begriffen hat, wird er fähig sein, sich so zu rekonditionieren, daß er seine Kräfte in die richtigen biologischen Kanäle lenken und die Unannehmlichkeit, die die Schlaflosigkeit für ihn bedeutet, in ein befriedigendes und fruchtbares Erlebnis verwandeln kann.

Wenn wir Schlaflosigkeit heilen wollen, müssen wir uns einer paradoxen Situation aussetzen: Wir müssen den Willen zu schlafen aufgeben. Schlaf tritt ein, wenn das Ich dahinschmilzt. Der Wille ist eine Ichfunktion, und solange Sie sagen: »Ich will schlafen!«, funktioniert Ihr Ich, und der Schlaf kann nicht eintreten. Es ist eine sehr schwierige Aufgabe zu erkennen, daß der Organismus, obwohl wir bewußt völlig davon überzeugt sind, daß wir den Schlaf herbeiwünschen und unglücklich sind, weil wir nicht einschlafen können, tatsächlich nicht schlafen will, da Probleme zur Lösung anstehen, die wichtiger sind als der Schlaf.

Wenn Sie sich, abgesehen von ihrem Wunsch zu schlafen, auch noch darüber ärgern, daß Sie nicht schlafen können, muß eine sehr ungesunde Situation entstehen; die unterdrückte Erregung wird Ihren Schlaf noch mehr stören, und mit dem nicht entladenen Ärger haben Sie noch eine zusätzliche unabgeschlossene Situation geschaffen. Wenn Sie wenigstens der Erregung Ausdruck geben und ihr so eine Abfuhr verschaffen würden, indem Sie sich heftig im Bett herumwerfen! Aber nein! Sie zwingen sich, stillzuliegen, und passen auf wie ein Luchs (wieder eine bewußte Aktivität), ob sich nicht bald die ersten Anzeichen von Schläfrigkeit zeigen, und inzwischen kocht ihre Erregung weiter; Sie verbrennen auf diese Weise mehr Energie, als wenn Sie aufstehen und etwas arbeiten würden. *Viele Menschen erschöpfen sich durch den Versuch zu schlafen mehr als durch den Schlafmangel selbst.*

Der zweite Schritt besteht darin, sich für den Störenfried (sei es ein bellender Hund, oder seien es die Gedanken und Bilder, die ausnahmslos Bestandteile von unabgeschlossenen Situationen sind) zu interessieren, anstatt sich über ihn zu ärgern. Leisten Sie keinen Widerstand, sondern wenden Sie ihm all Ihre Aufmerksamkeit zu. Horchen Sie auf die Geräusche um Sie herum, oder betrachten Sie die Bilder, die Ihnen in den Sinn kommen, und das Gefühl der Schläfrigkeit, das der Vorläufer des Schlafes ist, wird sich bald einstellen.

Oft wird Ihnen dann plötzlich eine vergessene Erinnerung oder die Lösung eines Problems in den Sinn kommen und Ihnen das Gefühl der Befriedigung und die Belohnung eines ruhigen Schlafes schenken.

Nicht jede Situation läßt sich abschließen, weder an diesem Abend noch sonst irgendwann, aber schon die Erkenntnis dieses Sachverhalts hilft sehr viel, selbst bei unlösbaren Problemen. In diesem Fall besteht immer noch die Möglichkeit, die Situation dadurch abzuschließen, daß man sich mit dem Unvermeidlichen abfindet — mit der Tatsache, daß man nichts daran ändern kann.

Neulich habe ich die Definition gelesen, Schlaflosigkeit sei ein Mangel an Schlaf plus Sorgen. Diese Definition gilt für den Zwangscharakter; aber Schlaflosigkeit befällt auch andere Persönlichkeitstypen. Sie kommt besonders bei Neurasthenie sehr häufig vor. Sie wissen alle, daß Sorgen einen wachhalten, und daß jemand, der sich viele Sorgen macht, selten einen ruhigen Schlaf findet. Das ist kein Wunder, denn ein solcher Mensch ist im allgemeinen unfähig, Situationen abzuschließen, die Dinge in die Hand zu nehmen, zu handeln.

Es ist ein Irrtum anzunehmen, daß man einschläft, wenn man die Augen schließt. Gerade das Gegenteil trifft zu. Nicht das Schließen der Augen führt den Schlaf herbei, sondern der Schlaf bewirkt, daß man die Augen schließt. Dieser Reflex ist manchmal, während eines langweiligen Vortrags, besonders an einem heißen Tag oder spät abends, so stark, daß man die Augen kaum offen halten kann. Menschen, die über Schlaflosigkeit klagen, sind dann oft die ersten, die einschlafen.

Der Traum ist ein Kompromiß zwischen dem Schlaf und der unabgeschlossenen Situation. Man kann z. B. feststellen, daß ein Bettnässer immer seinem Drang zum Wasserlassen nachgibt, indem er träumt, er sei auf der Toilette. Zumindest in diesem Fall bin ich überzeugt, daß Sie den Schlaf nicht um jeden Preis verteidigen werden. Im Gegenteil, das, was einer Heilung des Bettnässens im Wege steht, ist das Widerstreben des Kindes, seinen Schlaf zu unterbrechen. Mit etwas mehr Schlaflosigkeit könnte Eltern und Kind viel Leiden erspart werden.

14
Das Stottern

Alle Menschen stottern. Natürlich machen es sich nur wenige klar, und oft genug ist das Stottern so geringfügig, daß man es gar nicht bemerkt. Selbst die übersprudelnde Gesellschaftsdame, die mit ihren belanglosen Worten und Sätzen alles überschwemmt und einen in einem mächtigen Strom von Trivialitäten ertränkt — selbst sie kann manchmal verblüfft, überwältigt oder um einen Ausdruck verlegen sein und dann zu stottern anfangen. Sie alle kennen den Redner, der zögert, nach einem Ausdruck sucht und die Lücken mit seinem »Äh, äh« oder mit Stottern ausfüllt.

Stottern ist eine weitere Variation des Themas »unzureichender Selbstausdruck«. Wir finden gelegentliches Stottern wegen Verlegenheit und Befangenheit. Der gleiche Mensch, der noch vor ein paar Minuten lebhaft und fließend mit Ihnen gesprochen hat, stottert erbärmlich, wenn man ihn auffordert, eine öffentliche Ansprache zu halten. Das, was über den chronischen Stotterer gesagt wird, gilt deshalb in geringerem Maß auch für all jene, deren Redeweise nur in bestimmten Situationen eine Behinderung zeigt.

Der chronische Stotterer ist gekennzeichnet durch seine Ungeduld, sein unentwickeltes Zeitgefühl und durch seine gehemmte Aggression. Seine Worte fließen nicht in einer richtig eingeteilten zeitlichen Abfolge; sein Geist und sein Mund sind übervoll von Worten, die alle darauf warten, auf einmal herauszukommen. Dies ist das genaue Gegenbild seiner Gier, alles auf einmal zu verschlingen. Bei jedem Stotterer findet man, als Überrest dieser Gier, eine Tendenz, beim Sprechen einzuatmen, womit er seine Neigung verrät, selbst seine eigenen Worte zu verschlucken. Der Stotterer gebraucht seine Zähne nicht genügend; seine Aggression ist ihrer natürlichen Funktion beraubt und sucht sich seltsame Auswege. Oft kann der Stotterer ein schwieriges Wort hervorbringen, nachdem er einen kurzen Ausbruch heftiger Aggression gehabt hat. Er schlägt sich vielleicht mit einer Hand in die andere, oder er knirscht gewaltsam mit den Zähnen oder stampft mit dem Fuß auf. Diese Art von Aggression trägt das gleiche Merkmal der Ungeduld, die das Hauptkennzeichen seines Stotterns ist. Das Bild verändert sich jedoch völlig, wenn er einen heftigen Wutanfall hat. Sobald er bereit ist, seiner Aggression Luft zu machen, stellt er fest, daß er die Mittel dazu zur Verfügung hat, und er schreit und flucht ganz fließend, ohne eine Spur von Stottern.

Es gibt noch eine Bedingung, unter der er gleichermaßen frei von Stottern sein kann: Wenn er beim Sprechen keine Gemütsbewegung ausdrückt, oder wenn kein Antrieb der Erregung da ist, kann er die Aufgabe, Wörter zu reproduzieren, die ihm entweder nichts bedeuten oder die nicht Ausdruck seines wahren Selbst sind, korrekt ausführen. Er kann z. B. beim Vortrag oder beim Singen die Technik, Wörter hervorzubringen, perfekt beherrschen, solange er sich auf die technische Seite des Sprechens konzentriert und nicht auf den Inhalt. Aber sobald er sich ausdrücken muß, wird er wieder ungeduldig, und je erregter er wird, desto schlimmer wird sein Stottern — außer bei den wenigen Gelegenheiten, wo er sich erlaubt, zu explodieren.
Die Behandlung des Stotterns, die die Reorganisation von Aggression und Ungeduld nicht berücksichtigt, kann im besten Fall einen Roboter hervorbringen, der Wörter ausspricht, aber niemals eine Persönlichkeit, die fähig ist, sich und ihre Gefühle auszudrücken. Es ist also für die Heilung des Stotterns absolut notwendig, zuerst die Aggression ins rechte Gleis zu bringen und die Übungen, die in dem Kapitel »Konzentration auf das Essen« aufgeführt sind, zu machen, besonders jene, bei der es darum geht, den Mund nach jedem Bissen richtig zu leeren.
Der Aspekt des freien Sprechens darf jedoch nicht vernachlässigt werden. Hier muß sich der Stotterer anfangs damit zufriedengeben, mit Hilfe einer künstlichen Technik Sätze hervorzubringen, bevor er versucht, sein »Selbst« auszudrücken. Er muß auch lernen — und dies ist höchst wichtig —, zwischen »Übungssituation« und »realer Situation« zu unterscheiden. Der Umstand, daß diese Unterscheidung übersehen wurde, hat die Versuche manch eines Schülers scheitern lassen. Er muß immer wieder enttäuscht werden, solange er die Wichtigkeit der »Situation« nicht richtig einschätzt. Enttäuschung führt zu Entmutigung und dazu, daß alles bisher Erreichte über Bord geworfen wird. Der Stotterer erspart sich Enttäuschungen, wenn er nicht zuviel erwartet. Am Anfang kann er richtiges Sprechen nur in der »Übungssituation« erreichen, und er darf keine Besserung in irgendeiner »realen« Situation erwarten, bevor er seine Anklammerungshaltung nicht überwunden hat. Sonst kann er lediglich die »Übungssituation« auf die »reale« Situation übertragen, indem er seine Persönlichkeit desensibilisiert — indem er seine »Seele« verliert, indem er zu einer Mumie wird.
Um diese Gefahr zu vermeiden, muß er verhindern, daß seine Erregung sich in Angst verwandelt. In einem früheren Kapitel wurde dargelegt, daß Angst gleich Erregung mit unzureichender Sauerstoffzufuhr ist. Der Stotterer bekommt immer Schwierigkeiten mit seiner Atmung. Er merkt nicht, daß er Ein- und Ausatmen durcheinanderbringt, er kann

nicht angemessen und sparsam atmen. Es klingt albern und banal, wenn man feststellt, daß der echte Stotterer sich nicht darüber im klaren ist, daß man beim Ausatmen spricht, daß er »atmungsbewußt« werden muß. Abgesehen von der spezifischen Behandlung der Angst, die im nächsten Kapitel beschrieben wird, rate ich dem Stotterer, die folgenden abgestuften Übungen durchzuführen:

1. Atmen Sie ein und aus, ohne bewußt in die Atmung einzugreifen oder etwas zu »machen«, aber achten Sie auf den Unterschied zwischen Einatmen und Ausatmen. Es darf keine Anstrengung oder Übertreibung dabei sein. Legen Sie sich einfach hin, und konzentrieren Sie sich auf das »Gefühl« Ihres Atmens. Widerstehen Sie jeder Neigung, etwas zu ändern. Machen Sie weiter, bis Sie — ohne einzugreifen oder mit den Gedanken abzuschweifen — ein paar Minuten lang »atembewußt« bleiben können.
2. Atmen Sie normal ein und atmen Sie auf »M, N, S« aus, bis Ihnen dies ganz natürlich wird. Das Ausatmen sollte eine Art Zusammenbruch sein, ähnlich dem Seufzen oder Stöhnen.
3. Nehmen Sie einen beliebigen Satz und atmen Sie nach jeder Silbe ein, etwa folgendermaßen: »Die (einatmen) Rose (einatmen), die (einatmen) ihre (einatmen) kurze (einatmen) Stunde/lebt,/wird/mehr/ge/lobt/als/die/aus/Stein.«
4. Wiederholen Sie diese Übung in der Vorstellung, wann immer Sie Gelegenheit dazu haben. Die Hauptsache ist, nach jeder Silbe einzuatmen. Wenn Sie dies fünf Minuten lang tun können, haben Sie den wichtigsten Schritt in Richtung auf eine richtige Atmung und auf die Überwindung der Ungeduld getan.
5. Erst wenn Sie die vorangegangene Übung völlig beherrschen, machen Sie die gleichen Übungen (3 und 4) mit ganzen Wörtern, anstatt mit Silben.
6. Die nächste Übung erfordert ein wenig Nachdenken. Teilen Sie all Ihre Sätze in kleine, grammatisch richtige Abschnitte ein. Zum Beispiel:
»Es ist leichter, (einatmen) zu scheinen, (einatmen) was man nicht ist, (einatmen) als zu verbergen, (einatmen) was man wirklich ist, (einatmen) aber einer, (einatmen) der beides kann, (einatmen) braucht in der Heuchelei (einatmen) nur wenig zu lernen.«
7. Reden Sie in der Phantasie mit den Leuten, und wenden Sie dabei die eben beschriebene Technik an. Tun Sie es zunächst lautlos, dann flüsternd. Danach sprechen Sie mit immer mehr Ton.
8. Lernen Sie, Ihrer Stimme »Stromlinie« zu geben. Üben Sie sich darin, jedes Wort mit einem Crescendo und einem Decrescendo zu spre-

chen. Sie können die Wichtigkeit dieser Übung gar nicht hoch genug einschätzen. Gehen Sie jene Wörter an, die die größten Schwierigkeiten bieten, z. B. jene, die mit einem P beginnen. Holen Sie tief Luft, entspannen Sie Ihre Mund- und Kehlkopfmuskeln, und sprechen Sie das P so sanft wie möglich, aber betonen Sie — mit einem Crescendo — den folgenden Vokal.

9. Übertragen Sie versuchsweise die Übungssituation auf die reale, tun Sie sich mit einem Freund zusammen, der geduldig und bereit ist, Ihnen zu helfen, und bitten Sie ihn, Sie jedesmal anzuhalten, wenn Sie in Ihr falsches Atmen zurückfallen.

10. Stellen Sie sich Situationen der Erregung, der Verlegenheit oder der Befangenheit vor, und führen Sie Übung 7 noch einmal durch.

11. Üben Sie sich im Nicht-Sprechen. Entwickeln Sie die Kunst des Zuhörens. Verschlucken Sie lieber die Wörter anderer als Ihre eigenen. Denken Sie vor allem daran: Jede Wiederkehr des Stotterns muß für Sie ein Gefahrensignal sein, das Sie warnt und Sie veranlaßt, innezuhalten und sich zu entspannen. Denken Sie daran, es gibt wenige Situationen im Leben, in denen es absolut geboten ist, etwas zu sagen.

12. Nachdem Sie gelernt haben zu schweigen und zuzuhören, bereiten Sie sich darauf vor, die Kunst des inneren Schweigens zu erlernen. Es klingt zwar paradox, aber Sie werden das richtige Sprechen durch richtiges Schweigen lernen. Die Übungen zur Körperkonzentration sind ebenfalls von großer Bedeutung; stellen Sie fest, welche Muskeln Sie kontrahieren (Kiefer, Kehlkopf oder Zwerchfell), nicht nur, wenn Sie schweigen (chronische Kontraktion), sondern auch in der Sprechsituation selbst. Das Ziel ist, herauszubekommen, wie das Stottern hervorgebracht wird. Sobald man eine bewußte und detaillierte Kenntnis darüber gewonnen hat, wie das Stottern zustande kommt, ist das Sprechen ohne zu stottern leicht zu erlernen. Wie wenige Stotterer sind jedoch bereit, bewußt zu stottern, ihre Feindseligkeit dem Stottern gegenüber aufzugeben und aufzuhören, es zu bekämpfen. Wie wenige sind bereit, die volle Verantwortung für ihr Stottern zu übernehmen!

13. Wenn diese Verantwortung erst einmal akzeptiert wird, offenbart sich der Sinn des Stotterns oft von selbst. Der Zweck kann darin bestehen, Zeit zu gewinnen, um die primäre Befangenheit zu verstecken oder, wie im folgenden Fall, den ich erlebt habe, um ein verborgenes sadistisches Vergnügen zu bemänteln.

Die Analyse eines jungen Stotterers erbrachte, daß er einen älteren Bruder hatte, der schwer stotterte. Unser Patient litt die ärgsten Qualen, wenn er ihm zuhören mußte. Da er ein sehr ungeduldiger Mensch war, erlebte er beim Zuhören eine stärkere Spannung als andere. Spä-

ter introjizierte er das Stottern des Bruders, und es wurde für ihn zu einem Mittel, um die Menschen in seiner Umgebung zu quälen, genauso, wie er durch das Stottern seines Bruders gequält worden war. Zugleich konnte er Unschuld vorschützen, indem er die Verantwortung dafür einer körperlichen Behinderung zuschob.
Wenn Sie Stotterer sind, was erreichen Sie durch Ihr Symptom?

15

Der Angstzustand

Unter den vielen Symptomen des gehemmten Ausdrucks verdient der Angstanfall eine besondere Erörterung. Kein anderes Symptom demonstriert die Notwendigkeit einer adäquaten Entladung aufgestauter Energie so überzeugend wie der Angstanfall und noch mehr die Angstneurose (habituelle Angstreaktion).

Es ist vergleichsweise einfach, die Dynamik der Angst zu verstehen und wieder die Kontrolle über die spezifischen Muskelkontraktionen zu gewinnen, vorausgesetzt, man behält zweierlei im Sinn: Erstens muß man der Erregung, die dem Angstanfall zugrunde liegt, freien Spielraum geben. Glücklicherweise können Sie, wenn Sie sich nicht gern zur Schau stellen, auch für sich allein eine ausreichende Entladung erreichen. Aber es darf Ihnen nichts ausmachen, eine halbe Stunde lang »verrückt« zu sein, wenn Sie zu jenen Menschen gehören, die jeden Gefühlsausbruch als *das* Symptom der Verrücktheit betrachten. Zwar ist es eine große Erleichterung, sich in den Armen eines geliebten Menschen richtig auszuweinen, aber Sie können auch allein in Ihrem Zimmer weinen. Sie können vor dem Spiegel Gesichter schneiden oder, wenn Sie völlig rasend vor Wut werden, auf ein Kissen eindreschen, bis Sie erschöpft sind. In einem zweiten Schritt müssen Sie den »Brustpanzer« in einen lebendigen Teil des ganzen Organismus verwandeln: Sie müssen Ihre Atmung neu aufbauen.

Während Freud und seine Anhänger die Bedeutung des Sexualtriebes, Adler die Folgen des Minderwertigkeitsgefühls, Horney das Bedürfnis nach Zuneigung, Reich den muskulären Widerstand und ich die Bedeutung des Hungertriebes untersucht haben, muß die Psychoanalyse der Atmung erst noch unternommen werden. Flache Atmung und Seufzen bei Depressionen und chronisches Gähnen bei Langeweile sind fast so bekannt wie das Ringen nach Luft im Zustand der Angst. Ich habe gezeigt, daß das Ringen nach Luft die Folge eines Konflikts zwischen dem organismischen Bedürfnis nach Sauerstoff und der Starrheit des Brustkorbs ist. Den Muskeln, die die Brust erweitern wollen, wirken unbewußt jene entgegen, die die Brust zusammenziehen. Indem wir dieser Verengung nachgeben, können wir den Angstanfall schon lindern, bevor wir vollständige bewußte Herrschaft über Kontraktion und Entspannung erlangt haben. Wir müssen uns nur der Überkompensation enthalten und dürfen nicht »tief Luft holen«. Diese Tiefatmung — der

»große Brustkorb«, das »Brust raus« — ist ein mißverstandenes Ideal, ein Fetisch unserer Gesellschaft. Die folgende Analogie wird verdeutlichen, was ich meine: Wenn Sie sich die Hände waschen wollen und Sie stellen fest, daß das Waschbecken halb mit schmutzigem Wasser gefüllt ist, dann würden Sie dem schmutzigen Wasser nicht sauberes hinzufügen, sondern Sie würden das schmutzige Wasser zuerst einmal ablaufen lassen. Genau derselbe Anspruch sollte auch für die Atmung gelten.

Im Zustand der Erregung oder der Angst ist der Sauerstoffverbrauch erhöht, deshalb enthält die Restluft (der nicht ausgeatmete Rest) mehr CO_2 (Kohlendioxyd) als normalerweise. Diese schlechte Luft muß zuerst ausgeschieden werden, bevor die (Sauerstoff enthaltende) frische Luft genügend mit den Lungenbläschen in Kontakt kommen kann. Stärkere Einatmung ist deshalb nutzlos. Die Folgerung ist selbstverständlich: Atmen Sie zunächst so gründlich wie möglich aus. Das Einatmen erfolgt daraufhin ohne Anstrengung; es wird die zutiefst willkommene Erleichterung bringen, nach der Sie sich gesehnt haben.

Eine häufig auftretende Komplikation der Angst ist die Projektion sowohl der Enge der Brust als auch des organismischen Sauerstoffhungers. Diese Komplikation nennt man »Klaustrophobie«. Der Sauerstoffhunger wird als Verlangen nach frischer Luft erlebt, der Panzer der Brust als die Unfähigkeit, sich in geschlossenen Räumen aufzuhalten. Einer meiner Patienten, ein Flugzeugmechaniker, konnte, wenn er in Aufregung geriet, nicht einmal in einem Flugzeugschuppen bleiben, obwohl dort gewiß kein Sauerstoffmangel herrschen konnte.

Die orthodoxe Psychoanalyse deutet geschlossene Räume als Symbole des Mutterleibs oder der Vagina. Eine solche Deutung ist in bestimmten Fällen korrekt, trägt aber wenig zur Heilung der Klaustrophobie bei. Um diese zu fördern, muß man:

1. die Projektion des Panzers deuten;
2. sich die spezifische Kontraktion der Brustmuskeln (Panzer) klarmachen;
3. die Starrheit des Panzers auflösen (indem man für eine angemessene Sauerstoffzufuhr sorgt), und
4. die aufgestaute Erregung zum Ausdruck bringen.

16

Dr. Jekyll und Mr. Hyde

Wenn Sie es geschafft haben, alle in diesem Buch beschriebenen Übungen durchzulesen, müssen Sie sich jetzt ziemlich verwirrt fühlen, und Sie werden nicht recht wissen, was Sie tun sollen. Vor Ihnen scheint eine so ungeheure Aufgabe zu liegen, daß Sie es vielleicht gar nicht wagen, sie anzupacken.

Aber lassen Sie sich nicht entmutigen! Sie können jede einzelne Übung als Ausgangspunkt benützen, und jede gibt Ihnen eine Möglichkeit, Konzentration zu erlangen. Wenn Sie sich erst einmal eine ganze Übung hindurch konzentrieren können, werden Ihnen die anderen Übungen keine Schwierigkeiten mehr machen.

Wenn ich die in diesem Buch skizzierte Technik als Konzentrationstherapie bezeichne, möchte ich damit zweierlei zum Ausdruck bringen:

1. Konzentration ist das wirksamste »Mittel« zur Heilung neurotischer und paranoider Störungen. Der »Endgewinn« ist negativ: die Zerstörung einer Störung.

2. Konzentration ist auch ein »Endgewinn« an sich. Sie ist eine positive Haltung, gekoppelt mit dem Gefühl des Wohlbefindens und der Gesundheit. Sie ist das Symptom eines gesunden Holismus par excellence.

Die Kunst der Konzentration stellt ein wichiges Werkzeug für die Entwicklung Ihrer Persönlichkeit dar; aber Werkzeuge, die nicht als solche verwendet werden, hören auf, Werkzeuge zu sein. Ebenso ist ein für seine Aufgabe nicht geeignetes Werkzeug überhaupt kein Werkzeug [1]. Darum ist es notwendig, die Bedeutung, die Struktur und die Anwendungsmöglichkeiten der Konzentration zu erkennen. Da wir uns mit ihrer Bedeutung und Struktur schon genug beschäftigt haben, muß ich nun nur noch einige Worte über die Anwendung sagen. Es geht uns ja um die Behebung von Persönlichkeitsmängeln; wir müssen uns deshalb auf die »Mittel« konzentrieren, durch die die psychischen Störungen herbeigeführt werden.

Wenn in Rußland beim Neuaufbau der Nation ein schwaches Glied zum Vorschein kommt, konzentriert sich das ganze Land — die Funktionäre und die Bevölkerung, Zeitungen und Radio, die Wissenschaft-

---

[1] Eine Haushaltsschere, mit der man ein Stück Papier zurechtschneidet, ist ein Werkzeug. Wenn man sie zum Schneiden von Stahl verwendet, wird sie lächerlich.

ler und die Arbeiter — auf die Beseitigung des Engpasses. In wechselseitiger Identifikation setzt jeder sein ganzes Interesse ein, um den gemeinsamen Feind zu besiegen. Die schwache Stelle wird auf diese Weise beseitigt, nicht durch Unterdrückung oder Zerstörung, auch nicht durch idealistische Forderungen, sondern durch Analyse und Reorganisation. Auch in der Kriegführung spielt Konzentration eine entscheidende Rolle; das haben die Strategen aller Zeiten sehr wohl erkannt. Wieviel Konzentration erforderlich ist, ist natürlich relativ: Je schwächer der Widerstand, desto weniger Truppen und Nachschub braucht man auf den Angriff zu konzentrieren.

Der menschliche Organismus bringt auf ähnliche Weise verschiedene Grade von Konzentration zustande. Es gehört wenig bewußte Anstrengung dazu, sich auf schwache Stellen zu konzentrieren — z. B. auf eine schmerzhafte Krankheit oder auf Zwangsgedanken, ja, sie *ziehen* die Aufmerksamkeit geradezu *an.* Andererseits gibt es die mächtigen »Holoide«, die aus der Dunkelheit ihres autonomen Daseins ins Rampenlicht des Bewußtseins gebracht werden müssen.

Diese »Holoide« sind Unterabteilungen der menschlichen Persönlichkeit, und sie sind durch eine sehr hartnäckige konservative Tendenz gekennzeichnet — eine Tendenz, die wir als selbstverständlich ansehen und als »Macht der Gewohnheit«, »Charakter«, »Konstitution« usw. rechtfertigen. Die »Holoide« ändern sich nicht aus eigenem Antrieb, und man kann sie nicht ohne bewußte Konzentration reorganisieren. Ohne diese Reorganisation kommt keine Rekonstruktion der Persönlichkeit zustande.

Die organismischen »Holoide« sind unter verschiedenen Bezeichnungen bekannt: Verhaltensreaktionen, Charakterzüge, Komplexe, »Mittel zum Zweck«. Dieser letzte Ausdruck (von F. M. Alexander) ist besonders nützlich, da er die Werkzeugbedeutung vermittelt. In seinem Buch *Constructive Conscious Control of the Individual* bringt Alexander die Notwendigkeit der sensorischen Würdigung deutlich zum Ausdruck; er macht klar, daß man sich über die »Mittel zum Zweck« Rechenschaft ablegen, sie analysieren und ändern muß, weil dies unerläßlich ist, um die erwünschte Änderung des »Endgewinns« zu erreichen. In seiner Mißbilligung der Psychoanalyse geht Alexander jedoch zu weit, wenn er die Behandlung psychischer »Holoide«, also die Behandlung von Zwängen und Komplexen, verurteilt. Es bleibt eine Tatsache, daß Freud und Alexander unabhängig voneinander die Notwendigkeit erkannten, die »Holoide« in allen Einzelheiten zu analysieren und sie ganz und gar bewußt zu machen.

Beide Methoden konzentrieren sich auf die »Mittel zum Zweck« — auf die Einzelheiten des Verfahrens. Der »Endgewinn« oder Zweck wird unterdrückt oder vergessen. Dies ist ein integrierender Bestandteil der Methode Alexanders, in der Freudschen Lehre ist es ein Nebenergebnis der Konzentration auf das tatsächliche Analyseverfahren. Diese einseitige Ausrichtung ist letzten Endes ebensowenig erfolgreich wie früher die einseitige Konzentration auf den Endgewinn, d. h. auf die Veränderung von Gewohnheiten durch Vorsatz oder Suggestion oder auf die Veränderung von Charakterzügen durch Bestrafung.

In der Psychoanalyse macht man oft folgende Beobachtung: Solange sich der Patient ausschließlich für seine Heilung interessiert und über nichts anderes spricht, kommt er nur wenig voran. Die Lage verändert sich erst, wenn er sich für den Vorgang des Analysiertwerdens zu interessieren beginnt, und wenn er den »Endgewinn«, die Heilung, vergißt. Aber trotz der scheinbaren Konzentration auf das analytische Verfahren und trotz fortwährender geringfügiger Besserungen geht die Analyse endlos weiter, ohne eine grundlegende Veränderung zu bewirken. In der vollständigen Konzentration seines Interesses an der *Behandlung* hat der Patient seinen Wunsch, *geheilt* zu werden, vergessen — verdrängt. Durch die ständige Suche nach *Ursachen* wird der *Zweck* der Behandlung verwischt: Die Psychoanalyse wird zur bloßen Ersatzbetätigung.

Alexander betont zwar mit Recht die entscheidende Bedeutung der Rekonditionierung der »Mittel zum Zweck«, aber er verwendet den Ausdruck »vergessen« falsch. Was er meint, ist nicht Vergessen, sondern ein vorübergehendes Beiseiteschieben des »Endgewinns«, die Pflege der Fähigkeit, etwas aufzuschieben (Freuds »Realitätsgefühl«). Der Golfspieler, der sich nur auf die »Mittel zum Zweck« konzentriert — nämlich darauf, wie er seinen Schläger halten, wie er sein Handgelenk drehen muß —, wird, wenn er das *Ziel* seiner Bemühungen ganz vergißt, entweder das Interesse verlieren und ganz mit dem Golfspielen aufhören, oder er gerät in eine rein zwanghafte und sinnlose Ersatzaktivität hinein.

Wenn Sie Musik studieren, werden Sie natürlich nicht lediglich durch das Streben nach dem »Endgewinn« — z. B. ein großer Künstler zu sein — zu einem Musiker; Sie werden bestenfalls ein begabter Amateur bleiben. Andererseits wird Ihr Üben, wenn Sie sich nur auf die »Mittel zum Zweck« — die Technik — konzentrieren, und den »Endgewinn« — die richtige Einschätzung, Wiedergabe und vielleicht sogar die Komposition von Musik — ganz und gar vergessen, mechanisch und sinnlos werden. Sie werden bestenfalls ein »Virtuose«, aber kein Künstler.

Der »Endgewinn« darf nicht vergessen werden. Er muß im Bereich des

Bewußtseins bleiben. Er muß im Hintergrund bleiben, aber die verschiedenen »Mittel zum Zweck« hüten und planen, die vorübergehend im Vordergrund stehen. Unter keinen Umständen dürfen die »Mittel zum Zweck« isoliert werden und ihren Sinn als Wege zu einem Ziel verlieren.

Als Sie früher schreiben lernten, brauchten Sie nur auf die »Mittel zum Zweck«, zur Reproduktion von Buchstaben, zu achten. Die Planung, die Beachtung des »Endgewinns«, war die Aufgabe des Lehrers. Aber wenn Sie erwachsen sind, haben Sie nicht immer einen Lehrer zur Verfügung, und wenn Sie vorhaben, sich die Übungen dieses Buches zunutze zu machen, müssen Sie die wechselseitige Abhängigkeit von Ziel und Technik im Sinn behalten. Sie müssen im Detail herausbekommen, »wie« Sie reagieren (die Struktur der »Mittel zum Zweck«), und um diese Details zu erkennen, müssen Sie sie fühlen (sensorische Würdigung). Wenn Sie während dieses Vorgangs den »Endgewinn« »vergessen«, konditionieren Sie sich auf eine Gedanken- oder Handlungsflucht. Ein solches Vergessen des Ziels (zielloses Reden oder Tun) ist ein Symptom des Wahnsinns. Jetzt werden Sie zu würdigen wissen, daß der Unterschied zwischen beiden — »den Endgewinn vergessen« und »den Endgewinn im Hintergrund halten« — keine Wortklauberei ist, sondern einen entscheidenden Bedeutungsunterschied in sich schließt.

Der »Endgewinn« ist ursprünglich identisch mit der biologischen Figur-Hintergrund-Bildung (siehe Teil I, 3. und 4. Kapitel). Der Organismus benützt die Werkzeuge — die »Mittel zum Zweck«, die ihm zu Gebote stehen —, und wenn sie unzulänglich geworden sind, entwickelt er neue. Das Streben des Babys nach dem »Endgewinn« — Nahrung — bedient sich einfacher »Mittel zum Zweck«: des Schreiens und des Anklammerungsbisses. Der Erwachsene muß, um sich sein Auskommen zu sichern, unzählige »Mittel zum Zweck« einsetzen, von denen das Verdienen des Lebensunterhalts nur eines ist.

In den meisten Fällen sind der »Endgewinn« und die Mittel, mit deren Hilfe er erlangt wird, zu einer leibseelischen Einheit zusammengeschweißt worden. Solange diese Einheit befriedigend funktioniert, empfindet der Organismus kein Bedürfnis, einen Vorgang zu revidieren, der sich vertraut oder »richtig« anfühlt. Aber solch befriedigendes Funktionieren kann trügerisch sein; ich habe viele Beispiele dafür angeführt. Wenn Sie nicht einschlafen können, sind Ihre »Mittel«, den Schlaf herbeizuführen, Medikamente oder die Entschlossenheit, zu schlafen, während in Wirklichkeit die Schlaflosigkeit selbst ein »Mittel zum Zweck« für den »Endgewinn« ist: den Abschluß unabgeschlossener Situationen.

Wir sind uns darüber klar, daß man ohne das erforderliche Material kein Haus bauen kann; wir begreifen, daß der Organismus in seinem Streben nach Befriedigung die Instrumente entwickelt, mit deren Hilfe die Befriedigung erreicht werden kann. In all diesen Fällen akzeptieren wir es ohne Schwierigkeiten, daß »Mittel zum Zweck« und »Endgewinn« Teile eines Ganzen sind. Aber zu dieser Regel gibt es zumindest eine Ausnahme, wo die »Mittel zum Zweck« entweder vernachlässigt oder in antibiologischer Weise verwendet werden: den Idealismus, der eine scheinbar ganz auf den Endgewinn konzentrierte Haltung ist. Ich sage scheinbar, denn sobald man die einzelnen Fälle von Idealismus näher untersucht, stellt man fest, daß die Ideale selbst die Mittel sind, durch die das Bedürfnis nach Zuneigung, Wertschätzung und Bewunderung befriedigt wird. Selbst wenn der Verfechter hoher Ideale behauptet, er strebe nach Vollkommenheit um ihrer selbst willen, irrt er sich gewöhnlich; er möchte bei Gott gut angeschrieben sein, oder er befriedigt seine Eitelkeit, indem er sich selber als vollkommen hinstellt.
Er kann sich nicht so akzeptieren, wie er ist, denn er hat das »Gefühl für sich selbst« verloren, und damit auch den Drang nach biologischen Endgewinnen. Da er das Bewußtsein seines biologischen Seins verloren hat, muß er einen »Sinn des Lebens« erfinden, um sein Dasein zu rechtfertigen. Diese erfundenen Ziele, Ideale genannt — die unverbunden sind mit seiner biologischen Realität — schweben in der Luft, und jedes Bemühen, sie zu verwirklichen, wird in ihm ein Gefühl der Minderwertigkeit, der Ohnmacht und sogar der Verzweiflung hinterlassen. Jene biologischen Ziele, die entweder noch nicht verdrängt oder überhaupt nicht verdrängbar sind, werden als Störung seiner Ideale erlebt und zugleich bis zur Erschöpfung bekämpft. Ergebnis: Nervenzusammenbrüche und impulsive Explosionen.
Eltern machen dadurch, daß sie unmögliche Verhaltensmaßstäbe vertreten, ihren Kindern das Leben zur Hölle. Sie machen den grundlegenden Fehler, nach Perfektion zu streben, anstatt nach Entwicklung. Mit ihrer idealistischen, ehrgeizigen Haltung erreichen sie das Gegenteil von dem, was sie beabsichtigen; sie bringen die Entwicklung zum Stillstand, verbreiten Verwirrung und fördern Minderwertigkeitsgefühle.
Es gibt ein berühmtes Buch, das die katastrophalen Folgen des Idealismus deutlich genug zeigt, wenn man es richtig versteht: die Geschichte von Dr. Jekyll und Mr. Hyde. Dr. Jekyll stellt ein Ideal dar, keinen Menschen. Er ist ein selbstloser Wohltäter der Menschheit, loyal trotz vieler Frustrationen, und keusch angesichts starker Triebe. Um sein Ideal zu verwirklichen, benützt er das Mittel der Verdängung; er verdrängt sein animalisches Dasein; er verbirgt den »Schakal« (engl.

»jackal« = Jekyll) in Mr. Hyde (engl. »to hide« = verstecken). Der Mensch hat sich in die Gegensätze »Engel« und »Teufel« differenziert; der eine wird begrüßt und gelobt, der andere wird verabscheut und zurückgestoßen, aber der eine kann ebensowenig ohne den anderen existieren wie das Licht ohne den Schatten.
Isolationistisches Wunschdenken liebt solche Wahrheiten nicht. Aber Idealismus und Religion schaffen — indem sie versuchen, das Unmögliche zu erreichen und aus menschlichen Organismen Dr. Jekylls zu machen — zugleich ihr Gegenteil: Millionen von Mr. Hydes. Ohne ihre biologische »Realität« zu akzeptieren, werden der »idealistische« Dr. Jekyll und der »materialistische« Mr. Hyde weiterhin existieren, bis die Menschheit sich schließlich selber zerstört.
Ein *Individuum* kann von der Opiumsucht geheilt werden; man kann es vielleicht sogar von seinem geistigen Opium, vom Idealismus, heilen. Doch wird die *Menschheit* jemals erkennen, daß ein Ideal nur eine schöne Luftspiegelung ist, die dem wirklichen Kamel bei seinem wirklichen Marsch durch die wirkliche Wüste kein wirkliches Wasser liefern kann?

CIP-Kurztitelaufnahme der Deutschen Bibliothek

Perls, Frederick S.:
Das Ich, der Hunger und die Aggression : d. Anfänge d. Gestalttherapie.
– 1. Aufl. – Stuttgart : Klett-Cotta, 1978.
(Konzepte der Humanwissenschaften)
Einheitssacht.: Ego, hunger and aggression
〈dt.〉
ISBN 3-12-906450-8

Frederick S. Perls

Gestalt-Therapie in Aktion

Aus dem Amerikanischen von Josef Wimmer.

Konzepte der Humanwissenschaften.

ISBN 3-12-906270-X

»Frederick Perls, der aus der Psychoanalyse hervorgegangene Begründer der Gestalt-Therapie, war wohl kein brillanter Theoretiker, aber ein genialer Therapeut. ...

Rede nicht über dein Problem, sondern agiere es — so ließe sich die therapeutische Methode umschreiben. Ein Traum etwa wird nicht interpretiert, sondern als Drama der Selbstbegegnung szenisch agiert; der Träumer wird aufgefordert, mit den verschiedenen Elementen (nicht nur Personen) seines Traumes in einen aktiven Dialog einzutreten, wobei er, immer wieder den Stuhl wechselnd, beide Dialogpartner zu spielen hat. So wird, unter heftigen emotionalen Erschütterungen, der Kontakt zu unterdrückten oder abgespaltenen Persönlichkeitsteilen hergestellt (›Integration‹ statt ›Analyse‹); so kommt es zur Verarbeitung unerledigter Konflikte — nicht auf dem Wege der rationalen Einsicht, sondern der einfühlenden Identifikation. ... Die Stärken der Gestalt-Therapie liegen genau dort, wo die Psychoanalyse, die sich vor lauter Kopfarbeit den Zugang zu den verschütteten Emotionen versperrt, ihre größte Schwäche hat; es gibt also auch für Psychoanalytiker keinen Grund, nicht von Perls zu lernen. Jetzt endlich kann man ihn aus erster Hand studieren.« Die ZEIT

Klett-Cotta

Lewis Yablonsky

Psychodrama

Die Lösung emotionaler Probleme durch das Rollenspiel.

Aus dem Amerikanischen von Wolfgang Krege.

Konzepte der Humanwissenschaften.
ISBN 3-12-909000-2

»Psychodrama ist ein natürlicher und spontaner Vorgang. In jedermanns Geist läuft bisweilen ein inneres Drama ab. In dieser geheimen Szene ist jeder der Star einer Psychodrama-Sitzung, und sämtliche Rollen spielen wir selbst. Die anderen, denen wir in diesem Monodram begegnen, sind vielleicht unsere Eltern, ein Arbeitgeber, ein Gott, den wir verehren oder der uns verlassen hat, eine Ehefrau oder eine Geliebte, die uns abgewiesen hat oder mehr verlangt, als wir zu geben bereit sind. Die anderen oder, wie wir sie im Psychodrama nennen, unsere Hilfs-Ichs sind vielleicht keine wirklichen menschlichen Gegenspieler, sondern irgendein idealer Jemand oder ein Etwas, das wir uns wünschen, aber nicht erlangen können: ein unerfüllter Traum, ein Verlangen nach Ruhm oder Reichtum.«
Lewis Yablonsky, Schüler, Bewunderer und Vertrauter von J. L. Moreno, beschreibt, ja, fast könnte man sagen *erzählt*, anknüpfend an das Leben und Sterben Morenos, was Psychodrama ist. In einer Reihe sehr intensiver, spannungsreicher Psychodrama-Sitzungen wird deutlich, welche Techniken angewandt werden, wie sich die Psychodrama-Erfahrung von anderen Therapien unterscheidet und in welchen Situationen sie therapeutisch eingesetzt werden kann.

Klett-Cotta